Hypnosetherapie

Hypnosetherapie

von

Walter Bongartz
und Bärbel Bongartz

2., korrigierte Auflage

Hogrefe · Verlag für Psychologie
Göttingen · Bern · Toronto · Seattle

PD Dr. rer. nat. Walter Bongartz, geb. 1946. Seit 1978 Arbeiten zur experimentellen und klinischen Hypnose an der Universität Konstanz. Seit 1997 Präsident der International Society of Hypnosis.

Bärbel Bongartz, geb. 1954. Staatlich geprüfte Heilpraktikerin Psychotherapeutin in eigener Praxis in Konstanz (Verhaltenstherapeutin, Paar- und Familientherapeutin, seit 1980 Hypnose-therapeutin).

Die Deutsche Bibliothek - CIP Einheitsaufnahme
Bongartz, Walter:
Hypnosetherapie / von Walter Bongartz und Bärbel Bongartz. - 2., korrigierte Aufl. - Göttingen ; Bern ; Toronto ; Seattle : Hogrefe, Verl. für Psychologie, 2000
ISBN 3-8017-1321-0

Umschlagbild: Pablo Picasso, Landschaft mit zwei Figuren, 1908
© Succession Picasso / VG Bild-Kunst, Bonn 1997
Gesamtherstellung: Dieterichsche Universitätsbuchdruckerei
W. Fr. Kaestner GmbH & Co. KG, D-37124 Rosdorf/ Göttingen
Printed in Germany
Auf säurefreiem Papier gedruckt

ISBN 3-8017-1321-0

Man muss mit Begeisterung, Geduld, grosser Sicherheit und Reichthum an Kniffen und Einfällen ausgerüstet sein. Wer nach einem gegebenen Schema hypnotisieren will, wer sich vor dem Misstrauen, vor dem Lachen seines Subjektes fürchtet, wer in verzagter Stimmung beginnt, wird wenig erzielen.

Sigmund Freud, 1892

Early in my career I was intrigued by the fact that under hypnosis bodily effects could be produced over which the subject had no control....Later, I found a major role for hypnosis in the development of behavior therapy.

Joseph Wolpe, 1996

Vorwort

Der (klassischen) Hypnose geht der Ruf voraus, in der hypnotischen Trance mittels Suggestionen schnell therapeutische Veränderungen bewirken zu können, die allerdings nur von kurzer Dauer seien. Das waren jedenfalls die Erfahrungen von Sigmund Freud und Joseph Wolpe, die sich beide davon enttäuscht zeigten, daß sie keine dauernden therapeutischen Erfolge mit ihren Hypnosebehandlungen erzielten (Kline, 1958, S. 10 ; Wolpe, 1996 , S.138), sich deswegen von der Hypnose abwandten und dann die Psychoanalyse bzw. die Verhaltenstherapie entwickelten. Insbesondere die innovativen Hypnosetechniken Milton H. Ericksons haben aber das Bild der Hypnosetherapie in den letzten drei Jahrzehnten (nimmt man das Buch von Jay Haley, 1967, als zeitliche Wendemarke) gewandelt und die Grundlage für eine neue, moderne Hypnosetherapie gebildet. Diese moderne Form der Hypnosetherapie beschreibt unser Buch.

Das Buch richtet sich an psychotherapeutische Kolleginnen und Kollegen, denen wir eine möglichst praxisnahe Beschreibung der hypnosetherapeutischen Arbeitsweise geben wollen. Es geht uns daher nicht um einen Überblick über die Einsatzmöglichkeiten der Hypnosetherapie für verschiedene Anwendungsfelder, was einer späteren Publikation vorbehalten bleiben muß, sondern um die detaillierte Darstellung der hypnosetherapeutischen Techniken anhand vieler ausformulierter Beispiele. Dabei wird die Lektüre zeigen, daß Hypnosetherapie nicht gleichbedeutend mit der Vorgabe rein symptomorientierter Suggestionen ist, sondern durchaus als eine ursächlich arbeitende Form einer emotionalen Psychotherapie gelten kann.

In unserem Buch werden Sie also häufig Transskriptionen von Patient-Therapeuten-Interaktionen bzw. die Formulierungen von Tranceinduktionen oder therapeutischen Interventionen finden. Damit wollten wir aber kein 'Rezeptbuch' zusammenstellen. Die vielen konkreten Beispiele sollten vielmehr eher als Anregungen dienen, deren Umsetzung dem jeweiligen persönlichen therapeutischen Stil angepaßt werden kann.

Und nun ein ganz wichtiger Punkt. Schon Franz Anton Mesmer (1734-1815) wies darauf hin, daß der 'animalische Magnetismus', der als Vorläufer der modernen Hypnosetherapie gilt, weder über Definitionen noch über Beschreibungen, sondern nur über die unmittelbare Erfahrung begriffen werden könne ("Einem von Geburt an Blinden würde man vergeblich die Farbtheorie erklären. Man muß ihn die Farben sehen lassen...Mit dem animalischen Magnetismus ist es das gleiche (Mesmer, 1781, S. 24f, *unsere Übersetzung*).") Und dies gilt auch für die Hypnose. Die in unserem Buch wiedergegebenen 'Trancetexte' können nur dann richtig 'verstanden' werden, wenn man sie in einem Trancezustand hört und für sich in Erleben umsetzt. Daß die Wiederholungen und Pausen, wie Sie sie etwa in den Textbeispielen von Kapitel 4 finden werden, notwendig sind, wird man nur in Trance als zutreffend erfahren; mit der normalen Wachorientierung erscheinen sie vermutlich eher merkwürdig. Sie können unsere Behauptung leicht überprüfen, indem Sie zunächst eine Tranceinduktion aus Kapitel 6 und darauf folgend etwa einen der Texte aus Kapitel 4 (Entspannungsszenen) oder Kapitel 7 (Indirekte Kommunikation) auf Band sprechen, sich genügend Zeit nehmen und Ihren inneren 'Erfahrungsraum' betreten. Wenn Sie dann im Wachzustand denselben Text lesen, den Sie zuvor von Band gehört haben, und mit Ihrem Erleben während der Trancesequenz vom Tonband vergleichen, wissen Sie, was wir meinen. Also, wollen Sie es nicht einmal ausprobieren?

Dieses Buch ist von einer Frau und einem Mann geschrieben worden und wir fanden, dies sollte auch in entsprechend geschlechtsneutralen Formulierungen zum Ausdruck kommen. Wir begannen zunächst mit der Formulierung "die/der TherapeutIn", was uns aber schon nach 20 Seiten einfach zu künstlich erschien. Wir haben uns dann für eine andere Lösung entschieden: In den Kapiteln mit ungerader Zahl agiert 'die Therapeutin', in den Kapiteln mit gerader Zahl ist es 'der Therapeut'.

Die Inhalte des vorliegenden Buches haben vielfältige Quellen und es wäre schwer für uns, die Elemente unserer hypnosetherapeutischen Konzeption einzelnen Autoren bzw. Personen zuzuordnen. Unsere Konzeption von Hypnosetherapie ist das Resultat unserer langjährigen psychotherapeutischen Tätigkeit, der Rückmeldungen und Ideen unserer Seminarteilnehmer, der Diskussion mit Fachkollegen, des 'inputs' aus der Fachliteratur und von vielen Kongressen, so daß wir für unsere Konzeption natürlich keine Originalität beanspruchen wollen. Letztendlich wurde unsere hypnosetherapeutische Arbeit aber von unseren Patienten 'gesteuert', deren Erfolge das Kriterium für die Entwicklung unserer hypnosetherapeutischen Interventionen bedeuteten. Neben unseren Kollegen und Seminarteilnehmern wollen wir uns daher besonders herzlich bei unseren Patienten bedanken.

Dem Hogrefe-Verlag, und hierbei insbesondere Herrn Dr. Michael Vogtmeier, danken wir für seine ungewöhnliche Geduld und die stete Förderung unseres Buchprojektes.

Bärbel Hansen hat während der Erstellung des Buchmanuskripts nicht nur ihre Meisterschaft im 'desk-top publishing' unter Beweis gestellt, sondern ist auch unseren vielfältigen Änderungswünschen mit erstaunlicher Ruhe begegnet. Diese wurde vielleicht durch das häufige Lesen der vielen Tranceinduktionen bewirkt; wahrscheinlicher ist sie aber ihrer natürlichen, heiteren Gelassenheit zuzuschreiben. Wir danken ihr hiermit herzlich.

Konstanz, Oktober 1997   Bärbel Bongartz
                                                          Walter Bongartz

Inhaltsverzeichnis

1 HYPNOSE UND HYPNOSETHERAPIE

Mit dem vorliegenden Buch wollen wir den Leser mit der modernen Form der Hypnosetherapie bekanntmachen und dabei möglichst nahe an der Praxis bleiben. Um dies zu erreichen, werden wir die Komponenten der Hypnosetherapie, nämlich Trancesprache, Tranceinduktionen, indirekte Kommunikation und die hypnosetherapeutischen Interventionsformen in den folgenden Kapiteln nicht einfach beschreiben, sondern sie über ausführliche Formulierungsbeispiele, Ausschnitte von Gesprächen zwischen Therapeutin und Patient sowie Fallbeispielen lebendig werden lassen. In diesen Kapiteln, beginnend mit Kapitel 2, wird also primär das "Handwerkliche" der Hypnosetherapie im Vordergrund stehen.

Auch wenn dieses Buch (fast) ausschließlich der Praxis der Hypnosetherapie gewidmet ist, müssen wir doch zu Beginn auf das Phänomen 'Hypnose' eingehen, dessen Möglichkeiten und Grenzen schließlich den Rahmen der therapeutischen Möglichkeiten der Hypnosetherapie bestimmen. Dabei wollen wir Hypnose weniger vom Standpunkt des Hypnoseforschers beschreiben, sondern uns eher auf die Fragen beschränken, die für den klinischen Praktiker von Interesse sind. Hier ist es zunächst die Frage, was denn Hypnose überhaupt ist. Statt eine Definition zu geben oder eine Theorie zu formulieren, werden wir diese Frage auf empirischem Niveau beantworten und zum einen darlegen, was sich eigentlich beim Patienten in Hypnose verändert, und zum anderen, wie sich Hypnose von anderen Bewußtseinszuständen abgrenzen läßt. Weiterhin beschäftigen wir uns mit der Frage nach der Hypnosefähigkeit, d.h. welche Merkmale zeichnen Patienten aus, die Hypnose gut erfahren können. Danach gehen wir im Rahmen der Gegenüberstellung von klassischer und moderner Hypnose der Frage nach, welche Funktion der hypnotischen Trance in der Hypnosetherapie zukommt. Schließlich behandeln wir die Frage nach der Effektivität der Hypnosetherapie.

Auf Hypnosetheorien sowie Methoden, Ergebnisse und Probleme der Forschung gehen wir hier nicht ein. Zu diesen Bereichen liegt eine ausführliche Literatur vor: Die aktuellen Hypnosetheorien sind in dem Buch von Lynn & Rhue (1991) dargestellt. Eine repräsentative Auswahl von Ergebnissen und Problemen der Forschung findet sich in dem Sammelband von Fromm & Nash (1992) sowie bei Kossak (1989). Methodische Fragen werden von Barabasz & Barabasz (1992) erörtert sowie in dem immer noch wichtigen Buch von Sheehan & Perry (1976).

1.1 Veränderungen in Hypnose

Das äußere Erscheinungsbild und Verhalten eines Patienten in Hypnose läßt zunächst nicht auf besondere Veränderungen schließen. In Hypnose vermittelt der Patient in der Regel den Eindruck als sei er in einem schlafähnlichen Zustand. Mit geschlossenen Augen atmet er ruhig und tief, die Bewegungen sind verlangsamt, sofern er sich überhaupt bewegt. Wenn er auf Fragen der Therapeutin antwortet, ist die Sprache oft leise und stockend. Nach der Hypnose scheint der Patient sich erst einmal wieder - wie nach einem Schlaf - zurecht finden zu müssen. Welche subjektiven und physiologischen Veränderungen in Hypnose auftreten, läßt sich "von außen" nicht beobachten. In zahlreichen Experimenten wurden diese Veränderungen untersucht, zumeist nicht an Patienten, sondern an (überwiegend studentischen) Versuchspersonen. Die Ergebnisse werden wir im folgenden summarisch darstellen.

1.1.1 Subjektive Veränderungen

Versuchspersonen berichten nach einer Hypnose oft, daß störende Geräusche nicht wahrgenommen wurden. So werden z.B. Außengeräusche kaum, die Stimme der Therapeutin hingegen deutlich wahrgenommen. Dies wird mit einer *Einengung der Aufmerksamkeit* erklärt, die experimentell u.a. von Fehr & Stern (1967) untersucht wurde. Bei Personen, die in Hypnose eine Vigilanzaufgabe durchführten, beobachteten die Autoren eine geringere physiologische Reaktion (elektrodermale Reaktionen,

Herzschlagrate) auf irrelevante akustische Reize als bei einer Kontrollgruppe im Wachzustand. Über die Erhebung akustisch evozierter Potentiale konnte ebenfalls gezeigt werden, daß in Hypnose irrelevante Umweltreize besser ausgefiltert werden können (Galbraith, Cooper & London. 1972). Das gleiche wird mit der Arbeit von Grond et al. (1995) belegt, die bei Untersuchung des regionalen Glukosestoffwechsels im Gehirn von hypnotisierten hochsuggestiblen Probanden mittels Positronen-Emissions-Tomographie zeigen, daß die 'Bereitschaft' zur Reizverarbeitung in primären visuellen und akustischen Zentren reduziert ist.

Neben der Einengung der Aufmerksamkeit berichten Personen in Hypnose auch über spontane, d.h. nicht suggerierte *Veränderungen in der Körperwahrnehmung*: Während einer längeren Hypnose kann es geschehen, daß etwa Beine und Arme länger oder kürzer wahrgenommen werden oder sich andere Teile des Körpers scheinbar verändern - sich z.B. die Lippen ausweiten oder der Kopf größer als normal zu sein scheint. Auch Scheinbewegungen können auftreten: Patienten berichten dann von einem Drehen des Körpers oder von dem Empfinden, von der Liege zu gleiten. Manchmal entsteht bei Patienten der Eindruck, daß bestimmte Körperteile wie Arme oder Beine nicht mehr vorhanden sind. Spontan können auch ein Schweregefühl oder eine als angenehm empfundene Leichtigkeit auftreten, begleitet von einem Gefühl muskulärer Entspannung, die sich im Elektromyogramm objektivieren läßt (Miller & Cross, 1985).

Als weiteres Kennzeichen des hypnotischen Erlebens gilt die *Trancelogik*. Unter "trance logic" (Orne, 1959) wird die Toleranz gegenüber logischen Widersprüchen in Hypnose verstanden: Wird hochsuggestiblen Versuchspersonen suggeriert, daß sich außer ihnen und dem Versuchsleiter nichts im Versuchsraum befindet, und werden sie aufgefordert, sich im Raum zu bewegen, so umgehen sie den Stuhl, den sie "eigentlich" nicht wahrnehmen dürften (Orne, 1962). Geringsuggestible Versuchspersonen hingegen, die den hypnotischen Zustand nur simulieren sollen, stoßen gegen den Stuhl in der Meinung, daß sich auch hochsuggestible Versuchspersonen logisch verhalten würden. Bei einer hypnotischen Rückführung in die Kindheit (hypnotische Altersregression) kann es bei Versuchspersonen, die in der Kindheit noch nicht die Sprache des Versuchsleiters (z.B. Englisch oder Deutsch) beherrschten, geschehen, daß sie auf die Fragen des Versuchsleiters richtig in der Sprache ihrer Kindheit (z.B. Deutsch oder Portugiesisch) antworten (Orne, 1972; Bongartz & Bongartz, 1988, S.15). Dies ist aber "unlogisch", da für die Versuchspersonen die Fragen in der Kindheit unverständlich gewesen wären. Experimentelle Untersuchungen der Trancelogik verwenden noch eine Reihe weiterer Aufgaben (Spanos, 1986, S. 462 - 466). Dabei zeigt sich, daß Phänomene der Trancelogik zwischen Simulanten und hypnotisierten, hochsuggestiblen Versuchspersonen trennen (z.B. Sheehan, Obstoj & McConkey, 1976 ; Spanos et al., 1985; Stanley, Lynn & Nash, 1986), aber Trancelogik bei hochsuggestiblen Versuchspersonen auch auftritt, ohne daß formell eine Hypnose induziert wurde (Ham & Spanos, 1974; Spanos et al., 1983).

Nach einer Hypnose sind Versuchspersonen oft über die Lebendigkeit der Vorstellungen verblüfft, die ihnen suggeriert wurden. Hochsuggestible Versuchspersonen, denen z.B. das Erleben einer Szene aus der Schulzeit suggeriert wurde, kommentieren das Erleben der entsprechenden Vorstellungen manchmal mit den Worten:
"Es war so, als wenn ich dort gewesen wäre." Derartige Berichte haben dazu geführt,
die im Vergleich zum Wachzustand *verbesserte Bildung visueller Vorstellungen* als
kennzeichnend für den hypnotischen Zustand aufzufassen und im Experiment zu
untersuchen. In den Experimenten von Crawford & Allen (1983) wurde den Versuchspersonen in mehreren Durchgängen jeweils in Hypnose oder im Wachzustand
ein Bild gezeigt. Anschließend wurde ihnen ein zweites Bild gezeigt, das mit dem
ersten bis auf einige abweichende Details identisch war. Hochsuggestible Versuchspersonen fanden in Hypnose mehr abweichende Details als geringsuggestible,
während für den Wachzustand kein Unterschied zwischen der gering- und hochsuggestiblen Gruppe bestand. Die Verbesserung der internen Repräsentation der darge-
botenen Bilder bei den hochsuggestiblen Versuchspersonen in Hypnose scheint von
einem Wechsel in der Verarbeitungsstrategie begleitet worden zu sein: Im Wachzustand wurde eher eine detailorientierte Strategie verwendet (Bilddetails aufsuchen
und memorieren), während in Hypnose eher eine holistische Strategie verfolgt wurde
(das Bild als Ganzes zu kodieren und zu erinnern).
Ein weiteres Kennzeichen der hypnotischen Erfahrung ist die *verzerrte Zeitwahrnehmung*. Sowohl klinische wie experimentelle Untersuchungen belegen, daß Patienten und Versuchspersonen die Zeit, die sie in Hypnose verbrachten, oft deutlich
unterschätzen (Bowers, 1979; St.Jean et al., 1982; Schwartz, 1978); nach unseren
Erfahrungen können diese Unterschätzungen sogar um 80 Prozent betragen, d.h. die
Dauer einer einstündigen Hypnose wird vom Probanden mit 10 Minuten angegeben.
Zeitintervalle werden in Hypnose auch im Vergleich zu einer Entspannungskontroll-
gruppe signifikant unterschätzt (von Kirchenheim & Persinger, 1991; Zimbardo et
al., 1973). Die Unterschätzung der Zeit in Hypnose kann nicht mit der Amnesiehy-
pothese erklärt werden, also damit, daß für das zu beurteilende Zeitintervall Erinne-
rungslücken bestehen: Zeitschätzungen in Hypnose bleiben gleich, unabhängig davon
ob die Probanden eine Amnesie berichten oder nicht (Bowers, 1979; St.Jean et al.,
1982). Die Unterschätzung der Zeit in Hypnose ist wohl eher auf eine veränderte
Informationsverarbeitung in Trance zurückzuführen (St.Jean et al., 1994).
Fragt man eine Person, die Hypnose gut erfahren kann, nicht nach den bisher genannten einzelnen Erlebniskomponenten (Zeitwahrnehmung etc.), sondern bittet sie,
den Zustand in Hypnose zu beschreiben, hört man oft die Antwort, es sei wie kurz
vor dem Einschlafen. Der Zustand sei zwischen Wachen und Schlafen, in dem man
eher in Bildern denkt, die unkontrolliert und spontan auftreten und logisch ungeord-
net sind. Wegen dieser Form eines bildhaften, spontanen, nicht rationalen Denkens in
Hypnose wird Hypnose von psychoanalytischen Hypnoseforschern auch als primär-
prozeßhafter Zustand bezeichnet (Gill & Brenman, 1959, S. 58 und 146).

Auf das subjektive Erleben von hypnotischen Phänomenen wie posthypnotische Amnesie bzw. posthypnotische Suggestion oder Altersregression werden wir hier nicht eingehen (siehe dazu Peter, 1993). Statt dessen wollen wir hier auf die Faktorer hypnotischen Erlebens verweisen, die die Grundlage für das Auftreten dieser Phänomene in Hypnose bilden (sozusagen deren Katalysatoren) und die auch therapeutisch von Belang sind, nämlich auf die erhöhte Suggestibilität, den leichteren Zugang zu Gefühlen und das Auftreten dissoziativer Erfahrungen. Hypnose gilt als ein Zustand, in dem therapeutische Suggestionen wirksamer sind als im Wachzustand. Diese Annahme bildet geradezu das therapeutische Fundament der klassischen Hypnosetherapie, die fast ausschließlich über direkte hypnotische Suggestionen versucht, Veränderungen im Erleben und Verhalten von Patienten zu erzielen. Bezüglich der wichtigen Frage, ob denn Suggestionen in Hypnose tatsächlich wirksamer seien als im Wachzustand hat schon Barber (1969) für eine Reihe von hypnotischen Phänomen gezeigt, daß diese auch im Wachzustand allein mit entsprechender Motivierung der Probanden auftreten. Dem gegenüber steht aber eine Fülle von Arbeiten, die empirisch einen Unterschied zwischen Wachzustand und Hypnose zeigen, den allerdings wichtige Vertreter der zeitgenössischen Hypnoseforschung auf Erwartungseffekte zurückführen (Kirsch, 1990; Spanos & Chaves, 1989). Eine kritische Diskussion dieser Argumentationsweise findet sich bei Nadon, Laurence & Perry (1991), denen es gelingt, anhand von Daten einer Studie von Radtke & Spanos (1982) zu zeigen, daß diese Art von Erklärung, die auch Radtke & Spanos geben, nicht ausreicht, sondern die Hypnosefähigkeit eine entscheidende Rolle spielt.

In der hypnosetherapeutischen Arbeit mit Patienten ist immer wieder zu beobachten, daß Patienten in Hypnose schneller und spontaner gefühlsmäßige Reaktionen zeigen als im Wachzustand. Der Zusammenhang Hypnose-Gefühl läßt sich auch experimentell bestätigen, wenn geringsuggestible Personen, die Hypnose nicht oder kaum erfahren können, mit hochsuggestiblen verglichen werden. Hochsuggestible Probanden berichten statistisch signifikant intensivere körperliche und subjektive gefühlsmäßige Reaktionen auf indirekte Suggestionen zur Erfahrung von Fröhlichkeit bzw. Traurigkeit als geringsuggestible Personen (Boos, 1996; Lange, 1996). Dies wird auch bei Verwendung physiologischer Maße bestätigt. De Pascalis et al. (1989) fanden für positive Emotionen in beiden Hemisphären bei hochsuggestiblen Probanden einen höheren Anteil des 40hz-Bandes im EEG und bei negativen Gefühlen einen Anstieg der 40hz-Dichte nur in der rechten Hemisphäre. Bei geringsuggestiblen Probanden traten diese Veränderungen im EEG nicht auf.

KASTEN I/1

ÄNDERUNGEN DURCH HYPNOSE

1. Subjektive Änderungen

- Einengung der Aufmerksamkeit
- Veränderung der Körperwahrnehmung
- Trancelogik
- Zunahme der Vorstellungsaktivität
- Veränderte Zeitwahrnehmung (in der Regel Verkürzung)
- größere Emotionalität
- Verbesserung dissoziativer Prozesse
- erhöhte Suggestibilität

2. Physiologische Änderungen

hirnphysiologisch:
- Zunahme der Theta-Aktivität
- Ereigniskorrelierte Potentiale belegen Einfluß von Hypnose auf kognitive Vorgänge
- Zunahme der Alpha-Aktivität nicht gesichert

endokrinologisch:
- Abnahme von Katecholaminen, Vanillinmandelsäure
- Abnahme von Kortisol fraglich

hämatologisch:
- Zunahme der Haftfähigkeit von Leukozyten am Endothel und darüber Abnahme der Leukozyten in der Zirkulation unmittelbar nach Hypnose.
- ca. 2 Stunden nach Hypnose Verschiebung des Differentialblutbildes (Abnahme von Neutrophilen, Zunahme von Lymphozyten).

autonomes Nervensystem:
Die Dämpfung des sympathischen Erregungsniveaus führt zu entsprechenden Veränderungen autonomer Reaktionen (Atemrate, Blutdruck, Temperatur etc.)

Neben erhöhter Suggestibilität und leichterem Zugang zu Gefühlen gilt Trance auch als ein Zustand, der dissoziative Prozesse erleichtert. Dissoziation kann sich zum

Beispiel auf das Ausblenden äußerer Reize beziehen wie es etwa bei hypnotischer Analgesie der Fall ist, wobei starke äußere Reize bei chirurgischen Eingriffen wie Kaiserschnitt, Blinddarmoperation etc. (eine Übersicht gibt z.B. Hilgard & Hilgard, 1975, S. 134), Zahnextraktion (Schmierer,1986; 1993) bzw. Einsetzen eines Zahnimplantats (Gheorghiu, 1982) oder gar eine Gallenblasenoperation nur mit Selbsthypnose als Anästhetikum (Rausch, 1980) nicht zu einer Schmerzwahrnehmung führen Hypnotische Dissoziation kann aber auch das 'Abspalten' von Bewußtseinsinhalten betreffen wie etwa bei posthypnotischer Amnesie, bei der normalerweise zur Verfügung stehende Information nach der Suggestion, sie zu vergessen, bewußt nicht mehr präsent ist. Die 'vergessene' Information ist aber durchaus noch vorhanden und funktional präsent wie Untersuchungen, die mit proaktiver bzw. retroaktiver Interferenz arbeiten, belegen (Bongartz & Blum, 1986; Coe et al., 1976).

1.1.2 Physiologische Veränderungen

Physiologische Veränderungen in Hypnose werden überwiegend über hirnphysiologische und kardiovaskuläre Parameter erfaßt. Darüber hinaus werden neben der kardiovaskulären Parametern weitere Indikatoren für die Aktivität des autonomen Nervensystems verwendet wie Atemrate, Hautwiderstand etc. Endokrinologische Reaktionen, die gerade in der Streßforschung häufig erhoben werden, wurden bisher wenig berücksichtigt.

Hirnphysiologische Maße: Seitdem bestimmte Frequenzbänder des EEG als physiologische Entsprechungen voneinander abzugrenzender Bewußtseinszustände wie Wachzustand (Beta-Wellen), wache Entspanntheit (Alpha-Wellen) oder Schlafzustand (Delta und Theta-Wellen) gelten (Lindsley, 1960), wurde versucht nachzuweisen, daß sich der hypnotische Zustand durch eine Zunahme der Alpha-Aktivität auszeichne, wobei die Alpha-Aktivität über die Dauer des Auftretens von Alpha-Wellen (Alpha-Dichte), zusätzlicher Berücksichtigung der Amplitude der Alpha-Wellen (Alpha-Power) sowie ausschließlicher Berücksichtigung der Alpha-Amplitude erfaßt wurde. Dabei wurde von der Arbeitshypothese ausgegangen, daß bei Personen mit hoher hypnotischer Suggestibilität in Hypnose mehr Alpha-Aktivität auftreten sollte als bei geringsuggestiblen Personen. Solche Zusammenhänge wurden insbesondere von früheren Arbeiten bestätigt. Spätere Untersuchungen konnten diese Ergebnisse aber entweder nicht replizieren oder fanden nur geringe positive Zusammenhänge (ein kritischer Überblick findet sich bei Perlini & Spanos, 1991).

Während die Alpha-Aktivität nicht bzw. nur unzuverlässig zwischen hoch- und geringsuggestiblen Probanden trennt, ist dies aber für den Theta-Frequenzbereich nachgewiesen. Ein Anstieg von Theta wird u.a. mit der Ausblendung äußerer Reize in Verbindung gebracht. Einige Arbeiten zeigen, daß bei hochsuggestiblen Personen das Niveau der Theta-Power höher ist als bei geringsuggestiblen (Graffin, Ray &

Lundy, 1995; Sabourin et al., 1990). Die Ausblendung externer Reize wurde ja auch mit der oben erwähnten positronen-emissions-tomographischen Untersuchung von Grond et al. (1995) belegt. Die Theta-Power nimmt übrigens auch während des Autogenen Trainings zu (Dierks, Mauer & Zacher, 1989).

Als Grundlage der hypnotischen Suggestibilität gelten u.a. imaginative Fähigkeiten. Da angenommen wird, daß die Bildung von Vorstellungen von der rechten Hemisphäre vermittelt wird, wird die Fähigkeit zur Erfahrung eines hypnotischen Zustandes als rechtshemisphärische Funktion betrachtet. Diese Annahme war der Ausgangspunkt von Untersuchungen, die die Alpha-Aktivität für beide Hirnhälften getrennt bestimmt haben und von der Annahme ausgingen, daß die Alpha-Aktivität der rechten Hemisphäre in Hypnose größer wäre als in der linken. Auch diese (in hypnosetherapeutischen Kreisen populäre) Annahme der Alpha-Lateralisierung ist durch entsprechende Arbeiten kaum belegt (Crawford & Gruzelier, 1992). Auf die komplexen methodischen und inhaltlichen Überlegungen zu der unsicheren Beziehung zwischen Alpha-Aktivität und Hypnose gehen wir hier nicht ein (s. dazu die Übersichtsartikel von Perlini & Spanos, 1991; Crawford & Gruzelier, 1992). Die mangelnde Bestätigung für die rechtshemisphärische Dominanz in Hypnose durch die lateralisierte Alpha-Aktivität bedeutet aber nicht, daß die Annahme einer rechtshemisphärischen Vermittlung von hypnotischen Erfahrungen verworfen werden müßte. Ein positiver Zusammenhang zwischen Hypnose bzw. hypnotischer Suggestibilität und rechtshemisphärischer Dominanz konnte bei Verwendung anderer abhängiger Variablen gefunden werden, und zwar für bilaterale Hautwiderstandsänderungen, Sortiergeschwindigkeit mit der linken vs. der rechten Hand und Reaktionszeit bei Helligkeitsdiskrimination im linken vs. dem rechten Gesichtsfeld (Gruzelier, 1990).

Allerdings wäre die seit den 70er-Jahren bestehende populäre Annahme, daß Hypnose mit einer allgemeinen Zunahme der rechtshemisphärischen Aktivität verbunden sei, zu einfach. Weder die dazu passende Zuordnung verbal-linkshemisphärisch/nonverbal-rechtshemisphärisch noch die Zuordnung analytisch-linkshemisphärisch/ganzheitlich-rechtshemisphärisch läßt sich aufrechterhalten. Auch wenn räumlich-visuelle bzw. räumlich-manipulative Prozesse und die Erzeugung und Wahrnehmung von Emotionen eher rechtshemisphärische Funktionen zu sein scheinen (Bradshaw & Nettleton, 1983; Kosslyn, 1987), lassen sich die Hirnareale, die an den Komponenten kognitiver und imaginativer Prozesse beteiligt sind, nicht einfach einer Hirnhemisphäre zuordnen, sondern sind zwischen *und* innerhalb der Hemisphären verteilt (Hellige, 1990). Überdies wird nun auch diskutiert, ob hypnotische Erfahrungen nicht primär über die linke Hemisphäre vermittelt sind (Jasiukaitis et al.,1997): Nach Ansicht dieser Autoren bedeutet die (unsichere) Zunahme der Alpha-Aktivität in der rechten Hemisphäre während Hypnose *nicht*, daß die rechte Hemisphäre aktiv ist, sondern daß sie eher zur Ruhe kommt, während die linke Hemisphäre vielmehr die aktive ist. Denn es ist die linke Hemisphäre, die die Funktionen vermittelt, die für die hypnotische Erfahrung entscheidend sind, nämlich zum einen die fokussierte Aufmerksamkeit und zum anderen die Übersetzung von Sprache in innere Erfahrungen.

Während abschließende empirische Belege für die Beziehung zwischen Alpha-Aktivität und Hypnose noch ausstehen, liegen Arbeiten vor, die die Beeinflussung ereigniskorrelierter Potentiale (EKP) über die hypnotische Veränderung von Wahrnehmungs- und Vorstellungsprozessen belegen. Barabasz & Lonsdale (1983) boten hoch- und geringsuggestiblen Versuchspersonen olfaktorische Reize in Hypnose und im Wachzustand dar. Sowohl im Wachzustand wie in Hypnose sollten Versuchspersonen den Geruch 'ausblenden'. Nur bei den hochsuggestiblen Versuchspersonen fanden sie für die Hypnosebedingung eine signifikante Änderung der P_3 Amplitude. Galbraith, Cooper & London (1972) boten ihren Versuchspersonen gleichzeitig akustische und visuelle Reize dar, wobei jeweils nur auf eine Reizmodalität zu achten war. Die Autoren fanden nur bei den hochsuggestiblen Versuchspersonen verringerte EKP-Amplituden (nach 100 msec) auf irrelevante Reize. Arendt-Nielsen, Zachariae & Bjerring (1990) berichten für hochsuggestible Versuchspersonen eine Abnahme der N_1-Amplitude nach suggerierter Schmerzunempfindlichkeit und eine Zunahme der N_1-Amplitude nach suggerierter Schmerzempfindlichkeit auf laserinduzierte Schmerzreize. Spiegel et al. (1985) instruierten hoch- und geringsuggestible Versuchspersonen, eine Schachtel vor einem reizgebenden Bildschirm zu halluzinieren, die die Wahrnehmung der Bildschirmreize (kurzfristig dargebotene Farbgitter) blockieren sollte. Nur bei den hochsuggestiblen Versuchspersonen zeigte sich eine signifikante Abnahme der N_2- und P_3-Amplituden im EKP. Veränderungen im EKP fanden Spiegel et al. hingegen nicht für die Instruktion, die Farbgitter zwar zu beachten, aber Teile der Gitter subjektiv als heller bzw. dunkler zu erleben. Da die berichteten Veränderungen für die Hypnosebedingungen erst ab der N_1-Komponente im EKP auftreten und nicht vorher, ist durch Hypnose offenbar nicht die Registrierung der physikalischen Reizmerkmale betroffen, sondern kognitive Vorgänge wie Aufmerksamkeitsverteilung, Vergleichsprozesse etc.. Trotz der hypnotischen Instruktion, den Reiz auszublenden, wird er offensichtlich doch registriert.

Einen Hinweis auf die Hirnstrukturen, die an der Erfahrung eines hypnotischen Zustandes beteiligt sind, gibt die Arbeit von DeBenedittis und Sironi (1988). Bei einem Epilepsiepatienten, der sich einer Hirnoperation unterzog, implantierten die Autoren stereotaktisch Elektroden in das limbische System, und zwar zum einen in die Amygdala und zum anderen in das Ammonshorn, einem Teil des Hippocampus. Mittels Füllung der zerebralen lateralen Ventrikel mit einem Kontrastmedium konnten Amygdala und Ammonshorn über einen Röntgenschirm sichtbar gemacht und damit die richtige Position der Elektroden kontrolliert werden. Zwei Wochen nach Implantation der Elektroden wurden die genannten Regionen des limbischen Systems sowohl im Wachzustand wie in Hypnose elektrisch stimuliert. Nach Induktion einer Hypnose wurde der hypnotische Zustand nur bei elektrischen Stimulationen der Amygdala unterbrochen, nicht aber bei Stimulationen des Hippocampus. Pseudostimulationen, die zwischen den echten Stimulationen gegeben wurden, hatten ebenfalls keinen Einfluß auf den Verlauf der Hypnose. Das im Wachzustand wie in Hypnose von Amygdala und Ammonshorn abgeleitete EEG zeigt für Hypnose eine Abnahme der Aktivität der Amygdala und eine Zunahme der Hippocampusaktivität, für den Wachzustand hingegen ein umgekehrtes Muster. Nach Ansicht der Autoren ist Trance- und Wachzustand bestimmt durch das Verhältnis zwischen der Aktivität von Hippocampus (hemmende Funktion) und von Amygdala (aktivierende Funktion).

Veränderung autonomer Funktionen: In zahlreichen Experimenten wurde die Beeinflussung autonomer Reaktionen mittels Hypnose nachgewiesen - allerdings nicht immer durchgehend (s. Bongartz (1996, S.89 ff)). Die in Hypnose erlebte Entspannung geht einher mit einer Dämpfung des sympathischen Erregungsniveaus und führt damit zu einer Reduktion der körperlichen Funktionen, die durch das autonome Nervensystem gesteuert sind. Dazu zählt die Abnahme der Atemrate (z.B. Reid & Curtsinger, 1968), die Abnahme der Herzschlagrate (z.B. Tebecis & Provins, 1976) und die Abnahme des systolischen Blutdrucks nach Hypnose (z.B. Bongartz, Lyncker & Kossmann, 1987).

In einigen Arbeiten wurden Veränderungen der Körpertemperatur untersucht: Spontane, nicht vom Versuchsleiter suggerierte Erhöhungen der Temperatur wurden etwa von Jackson, Barkley & Pashko (1976) beobachtet, was auf eine Zunahme des peripheren Blutflusses in Hypnose zurückzuführen ist (Peters & Stern, 1973).

Arbeiten, in denen die elektrodermale Reaktion in Hypnose untersucht wird, zeigen durchgehend eine Abnahme der spontanen elektrodermalen Reaktion (z.B. Edmonston, 1968), die auf eine reduzierte Aufnahmebereitschaft für externe Reize zurückgeführt wird.

Körperliche Entspannung führt in der Regel zu einer Senkung der im Elektromyogramm erfaßten elektrischen Muskelaktivität. Eine Abnahme der Frontalisaktivität im EMG für Ruhehypnose berichten Miller & Cross (1985).

Die Abnahme der erwähnten autonomen Reaktionen betrifft allerdings nur die Entspannung mit Hypnose. Wie wir weiter unten sehen werden, ist Hypnose nicht ausschließlich definiert durch den Zustand der körperlichen Entspannung. Bei der Verarbeitung von belastenden Gefühlen in Hypnose wie Angst, Wut wird mit einem Anstieg der autonomen Reaktionen zu rechnen sein. So steigt die Herzschlagrate an, wenn etwa Emotionen wie Furcht suggeriert werden (Hughes & Bowers, 1987).

Endokrinologische Parameter wurden in der Hypnoseforschung kaum berücksichtigt. Gerade der nachgewiesene Einfluß von Hypnose auf autonome Funktionen wie Herztätigkeit etc. hätte nahegelegt, die anzunehmende Dämpfung des sympathischen Nervensystems in Hypnose über eine Reduktion der Katecholamine im zirkulierenden Blut zu erfassen. Indirekt wurde die Abnahme von Katecholaminen in Hypnose im Vergleich zu entsprechenden Kontrollbedingungen (Ruhe, Streß) über die Konzentration von Vanillinmandelsäure, einem Produkt des Katecholaminstoffwechsels, im Urin nachgewiesen (Bongartz, Lyncker & Kossmann, 1987). Bei einem Vergleich von einer Hypnosebedingung mit einer Streß- (Strooptest mit verzögerter akustischer Rückmeldung) und einer Kontrollbedingung (ruhiges Sitzen und Lesen) wurden Plasmaadrenalin und -noradrenalin jeweils vor, unmittelbar nach und 90 Minuten nach den Bedingungen bestimmt (Bongartz 1996, Experiment I). Dabei zeigte sich am Ende der Hypnosebedingung ein deutliches Absinken von Adrenalin und Noradrenalin im Vergleich zur Streßbedingung, in der eine Zunahme der Katecholamine auftrat, die signifikant höher als in der Kontrollbedingung war.

Den Einfluß von Hypnose auf die Konzentration von Kortisol im Blutplasma wurde vor unserer Arbeit nur von Sachar, Cobb & Shor (1966) untersucht, die eine Abnahme des Plasmakortisols 90 Minuten nach Hypnose beobachteten. Ein Absinken des Plasmakortisolspiegels nach Hypnose fanden auch wir (Bongartz, 1986; 1996); dies allerdings gleichermaßen für hoch- und geringsuggestible Versuchspersonen (Bongartz, 1986), so daß in unserer Arbeit ein Einfluß von Hypnose auf die Abnahme der Kortisolkonzentration nicht nachgewiesen ist.

Auch das Blutbild verändert sich nach Hypnose. So kommt es zu einer Abnahme der Leukozytenzahl um ca. 20 Prozent nach Hypnose (Bongartz 1986, 1996) was über die schon erwähnte Abnahme von Adrenalin und Noradrenalin gesteuert wird die zu einer Zunahme der Haftung (Adhärenz) der Leukozyten am Gefäßendothel führt (Bongartz 1996, Exp. IV). Wegen der vermehrten Haftung der Leukozyten an den Gefäßwänden sind weniger Leukozyten in der Zirkulation und damit auch weniger in der (venösen wie kapillären) Blutprobe. Die geringfügige, wenn auch statistisch signifikante Abnahme von Erythrozyten und Thrombozyten um etwa 3 Prozent sind auf die geringfügige Zunahme des Plasmavolumens zurückzuführen, d.h. ihre Zahl bleibt gleich; nur der prozentuelle Anteil am Plasma hat sich verringert (Bongartz, 1996, Exp. I). Etwa zwei Stunden nach der Hypnose haben wir eine Differentialblutbildverschiebung beobachtet, d.h. eine Zunahme von Lymphozyten und Abnahme von Neutrophilen (Bongartz, 1996, Exp. V; Rothbauer, 1993).

Klinische Befunde: Nachweise für längerfristige Einflüsse von Hypnose auf physiologische Vorgänge finden sich in klinischen Arbeiten. Die im folgenden zitierten Untersuchungen verwenden klar definierte Patientenstichproben, achten auf eine randomisierte Verteilung der Patienten auf Behandlungs- und Kontrollgruppe(n) und detaillieren Behandlungsmaßnahmen und Erfolgskriterien: Friedman & Taub (1977, 1978) finden eine signifikante Senkung des Bluthochdrucks nach einem Hypnosetraining, die auch sechs Monate nach Abschluß anhält und einem Biofeedbacktraining überlegen ist. Spanos, Stenstrom & Johnston (1988) finden im Vergleich zu einer Placebo- und einer Kontrollgruppe eine deutliche Abnahme von Warzen nach einer Hypnosebehandlung. Nach der hypnotischen Behandlung von Hämophilie (Blut-erkrankheit) zeigt sich eine signifikante Reduktion der benötigten Medikamente im Vergleich zur normalen medizinischen Versorgung (Swirsky-Sacchetti & Margolis, 1986) bzw. einer nicht behandelten Kontrollgruppe (LaBaw, 1975). Bei Patienten mit Zwölffingerdarmgeschwüren, die auf eine konventionelle medizinische Behandlung nicht ansprachen, fanden Colgan, Faragher & Whorwell (1988) eine deutliche Verbesserung nach einer Hypnosebehandlung im Vergleich zu einer nur medikamentös behandelten Kontrollgruppe. Auch bei Asthmapatienten zeigte eine Hypnosebehandlung gegenüber verschiedenen Kontrollgruppen eine signifikante Verbesserung (Maher-Loughnan et al., 1962; Maher-Loughnan, 1970; Ewer & Stewart, 1986). Auf die Behandlung von Schmerzen gehen wir in Kapitel 10 ein.

1.2 Abgrenzung von Hypnose gegen andere Bewußtseinszustände

Während Hypnose in der klassischen Tradition z.T. noch als ein besonderer, dem Schlaf verwandter Zustand aufgefaßt wird (Stokvis 1955, S. 121; Langen, 1972, S. 110), gilt heute der mittels Hypnose erzielte Bewußtseinszustand als ein Zustand, der auch bei ähnlichen Verfahren wie dem Katathymen Bilderleben, Phantasiereisen, gelenkter Imagination, Autogenem Training und anderen Entspannungsverfahren, aber auch spontan im Alltag (Tagträumen, 'Autobahnhypnose') auftritt. Im folgenden werden wir darstellen, inwieweit die bisher beschriebenen Veränderungen in Hypnose geeignet sind, um Hypnose gegen andere Bewußtseinszustände abzugrenzen.

Schlaf: Das Erscheinungsbild einer Person in Hypnose - geschlossene Augen, ruhiges Atmen, geringe Mobilität, spontane Amnesie über die Dauer der Hypnose (die allerdings selten ist) - hat dazu geführt, Hypnose als eine abgewandelte Form des Schlafes aufzufassen. So wurde der hypnotische Zustand im Anschluß an die Vertreter eines "animalischen Magnetismus" (Mesmer, 1781, 1814; de Puységur, 1807) als "sommeil lucide" (Faria, 1819) oder "nervous sleep" (Braid, 1843) bezeichnet. Dies kommt auch heute noch in dem Adjektiv "somnambul" zur Bezeichnung eines sehr tiefen hypnotischen Zustandes zum Ausdruck (*somnus*, lat. für Schlaf, *ambulare*, lat. für wandern), und auch das Wort "Hypnose" verweist auf die frühere Gleichsetzung von Hypnose mit Schlaf (hypnos, der griechische Gott des Schlafes). Hypnose und Schlaf sind aber verschiedene Bewußtseinszustände. Zwar kann man auch bei schlafenden Personen (stage I sleep) Reaktionen auf Suggestionen hervorrufen, und dies insbesondere bei hochsuggestiblen Probanden (Evans et al., 1969, 1970), auf physiologischer Ebene aber lassen sich Schlaf und Hypnose klar voneinander trennen. Anders als in Hypnose ist die Reflexintensität im Schlaf deutlich reduziert (Hull, 1933). Das Schlaf- EEG unterscheidet sich ebenfalls klar vom Hypnose-EEG (Evans, 1972). Das gleiche trifft auch auf die elektrodermale Aktivität zu (Tart, 1963). Es wurde auch versucht, über den Vergleich von hypnotisch induzierten Träumen und Träumen während des Schlafes auf die Beziehung von Schlaf und Hypnose rückzuschließen. Es ist bekannt, daß Personen, bei denen in aufeinanderfolgenden Nächten die Traumphasen, erkennbar an den schnellen Augenbewegungen (rapid eye movements), systematisch unterbrochen wurden, in den folgenden Nächten häufiger träumten ('REM-rebound'). Das Traumdefizit mußte in der folgenden Nacht 'aufgearbeitet' werden. Halper, Pivik & Dement (1969; zitiert nach Evans, 1972) haben versucht ein solches Traumdefizit durch längere Traumphasen in Hypnose wettzumachen, was aber nicht gelang. Auch die Inhalte der Träume in Hypnose und im Schlaf sind verschieden voneinander (Gill & Brenman, 1959; Moss, 1967). Eine schlafende Person ist sich ihres Zustandes in der Regel nicht bewußt. Dies tritt zwar auch in Hypnose auf (spontane Amnesie), ist aber selten (Hilgard & Cooper, 1965; Nace, Orne & Hammer, 1974). Zusammenfassend läßt sich sagen, daß Hypnose und Schlaf als voneinander zu trennende Bewußtseinszustände aufzufassen sind.

Entspannung: Gehen wir eine Stufe weiter vom Schlaf in Richtung Wachzustand und betrachten die Beziehung zwischen Entspannung und Hypnose, die Edmorston ausführlich in seinem Buch "Hypnosis and Relaxation" (1981) untersucht. Darin vergleicht er neutrale Hypnose (Zustand nach der Hypnoseinduktion ohne weitere Suggestionen) mit Entspannung bezüglich ihrer physiologischen Auswirkungen (Herzschlag, EMG etc.) und kommt zu dem Schluß, daß die Folgen von neutraler Hypnose und Entspannung identisch seien. Abgesehen davon, daß - anders als bei Entspannung - bei der Anwendung von Hypnose die psychotherapeutische Arbeit in "Trance" wesentlich ist und nicht die neutrale Hypnose, sind zwei Gesichtspunkte zu berücksichtigen, die eine Gleichsetzung von Hypnose mit Entspannung fragwürdig erscheinen lassen. Zum einen sind hypnotische Induktionen wirksam auch ohne körperliche Entspannung, z.B. beim Fahren eines Fahrradergometers (Banyai & Hilgard, 1976; Cikurel & Gruzelier, 1990). Zum anderen scheint die Fähigkeit zur Trance-erfahrung nicht trainierbar zu sein (Perry, 1977), wohingegen die Entspannung durch Übung vertieft werden kann (Jacobson, 1929; Schultz, 1942). In einer Fülle von Untersuchungen wurde mit zum Teil drastischen Methoden wie sensorischer Deprivation oder den Halluzinogenen Mescalin, Psilocybin und LSD versucht, die hypnotische Suggestibilität zu verbessern (zusammenfassende Darstellung in Diamond, 1974). Hypnotische Suggestibilität wurde dabei mit standardisierten Verhaltenstests (Weitzenhoffer & Hilgard, 1959, 1962, 1967; Shor & Orne, 1962) erfaßt. Zum Teil konnten zwar statistisch signifikante Verbesserungen der Suggestibilität nachgewiesen werden (etwa mit einer Verbesserung der Testwerte von ca. 2 Punkten bei 12 möglichen Punkten). Doch die Umwandlung eines geringsuggestiblen Probanden in einen somnambulen ist nur für wenige Fälle belegt (Vogt, 1896; Erickson, 1952; Blum, 1963), wobei Erickson und Vogt ihr Ziel erst nach Hunderten von Sitzungen erreichten. Zumindest auf physiologischem Niveau sind Hypnose und Entspannung aber nicht zu trennen; beide weisen die von Hess (1957) beschriebenen 'trophotropen' Merkmale auf (verringerter Blutdruck, reduzierter Sauerstoffverbrauch, Reduktion spontaner elektrodermaler Reaktionen etc.), wie sie auch bei Meditation (Wallace, Benson & Wilson, 1971) und Entspannung (Benson, 1975) auftreten. Die physiologische Entsprechung von Hypnose und Entspannung bzw. Meditation wird etwa durch die Arbeit von Morse et al. (1977) belegt, die in ihrer Untersuchung Hypnose, Entspannung und Meditation miteinander verglichen. Diese Bedingungen unterschieden sich nicht voneinander bezüglich spontaner hautelektrischer Reaktion, Atemrate, Blutdruck, Herzschlagrate und EEG, waren aber für alle physiologischen Parameter signifikant verschieden von einer Wachkontrolle. Die Entsprechung von Hypnose und Entspannung zeigt sich auch in den Untersuchungen von Evans (1967), der bei insgesamt 296 Versuchspersonen anstelle einer Hypnoseinduktion eine Entspannungphase verwendete, an die sich die in Hypnosetests üblichen Testsuggestionen anschlossen (z.B. Altersregression, visuelle und akustische Halluzinationen, Amnesien). Die Häufigkeit für die Befolgung der einzelnen Suggestionen nach Entspannung wies die gleiche Verteilung auf wie für die befolgten Suggestionen nach einer Hypnoseinduktion.

Wachzustand: Das Interesse an Hypnose, nicht nur des Laien, beruht häufig auf der Erwartung, daß im Gegensatz zum Wachzustand Hypnose die Kapazität von Gedächtnis und Muskelkraft steigert, die Entscheidungsfreiheit bzw. das moralische Urteil des Hypnotisierten hingegen mindert. Dieser Erwartung wird aber durch die Resultate experimenteller Untersuchungen nicht entsprochen. Zusammenfassend läßt sich sagen, daß es keine Belege für die Steigerung von Gedächtnisfunktionen (Putnam, 1979; Erdelyi, 1988; Orne et al., 1988) bzw. eine Steigerung der muskulären Belastbarkeit (Orne, 1959; Barber & Calverly, 1964) in Hypnose gibt. Eine Minderung der moralischen Urteilskraft durch Hypnose kann ebenfalls ausgeschlossen werden (Orne, 1983); dazu reichen Autoritätsstrukturen vollständig aus, wie die Milgram-Experimente (Milgram, 1965) zeigen. Hypnose kann aber helfen, eine Amnesie für ein traumatisches Ereignis zu beseitigen und so den Zugang zu Erinnerungen freizumachen, die im Wachzustand nicht erreichbar, emotional blockiert waren. So etwa im Fall einer Entführung und einer Vergewaltigung, bei der die in Hypnose erinnerten Tatumstände zur Ergreifung der Täter führten (Kroger & Douce, 1979).

1.3 Hypnosefähigkeit

Eines der großen Themen der Hypnoseforschung ist die Frage nach den Merkmalen der Personen, deren hypnotische Suggestibilität besonders hoch ist. Zur Beantwortung dieser Frage mußten Meßverfahren entwickelt werden, um die hypnotische Suggestibilität quantitativ zu erfassen. Derartige Kennwerte für die Suggestibilität können dann in Bezug gesetzt werden zu Testwerten aus Persönlichkeitstests, wobei die Korrelation zwischen den Kennwerten von Hypnosetest und Persönlichkeitstest dann ein Maß für den Zusammenhang zwischen hypnotischer Suggestibilität und Persönlichkeitsmerkmal wäre. Wir werden im folgenden zunächst auf die Hypnosetests eingehen und dann auf die Merkmale, die mit der hypnotischen Suggestibilität zusammenhängen.

KASTEN I/2

ABGRENZUNG GEGEN ANDERE BEWUßTSEINSZUSTÄNDE

1. Schlaf

Schlaf-EEG und Hypnose-EEG verschieden

Reflexe im Schlaf stärker reduziert

2. Entspannung, Meditation

Physiologisch vergleichbar (trophotropes Reaktionsmuster)

Unterschied: Hypnose und Autogenes Training

1. Trainierbarkeit (Hypnose nicht trainierbar)
2. Körperlicher Zustand der Entspannung ist kein definierendes Merkmal der Hypnose

3. Wachzustand

Im Vergleich zum Wachzustand führt Hypnose nicht zu einer Steigerung von körperlichen oder mentalen Fähigkeiten (muskuläre Belastbarkeit, Gedächtnis) oder Minderung der Entscheidungsfreiheit bzw. der moralischen Urteilskraft

----

Hypnose ist kein einzigartiger Bewußtseinszustand, sondern eine von vielen Methoden, mit denen eine Trance erzeugt werden kann. *Hypnosetherapie* unterscheidet sich von anderen Therapien durch die Art der therapeutischen Nutzung der Trance.

Zuvor aber noch eine Bemerkung zum Begriff 'hypnotische Suggestibilität', der manchmal den Eindruck vermittelt, daß der Patient den Suggestionen willenlos gegenüberstünde. Wie wir oben gesehen haben, ist dies aber nicht der Fall. Uns erscheint daher die Bezeichnung 'Hypnosefähigkeit' geeigneter, um zu unterstreichen, daß der Patient in Trance aktiv an der Umsetzung der therapeutischen Vorgaben beteiligt ist. Dies wurde übrigens auch schon von der klassischen Hypnose betont: "Der Prozeß der Hypnose findet...auf dem Wege der Autosuggestion statt (Stokvis, 1955, S. 134)." Ähnlich wird es von Langen (1972, S. 111) formuliert: "..jede Heterohypnose"..[ist].."gleichzeitig eine Autohypnose."

1.3.1 Messung der Hypnosefähigkeit

Da nicht jede Person gleichermaßen auf eine Hypnoseeinleitung anspricht, wurden
Hypnoseskalen zur Bestimmung der hypnotischen Suggestibilität für Forschung und
klinische Anwendung entwickelt (zur Beziehung zwischen hypnotischer Suggestibilität und Wachsuggestibilität siehe Gheorghiu, 1989). Die gebräuchlichsten Hypnoseskalen wurden an der Stanford University von Weitzenhoffer & Hilgard entwickelt,
und zwar die Stanford Hypnotic Susceptibility Scale Form A und B (Weitzenhoffer
& Hilgard, 1959), von Shor & Orne (1962) als Harvard Group Scale of Hypnotic
Susceptibility zur Anwendung in Gruppen weiterentwickelt, sowie die Skalen mit
schwierigeren Suggestionen, die Stanford Hypnotic Susceptibility Scale Form C
(Weitzenhoffer & Hilgard, 1962) und die Stanford Profile Scales, I und II (Weitzenhoffer & Hilgard, 1967). Bei allen genannten Skalen handelt es sich um die Bewertung von beobachtbarem Verhalten, was eine hohe Übereinstimmung zwischen den
Versuchsleitern garantiert (Evans & Schmeidler, 1964). Dabei werden nach einer
Hypnoseinduktion eine Reihe von Testsuggestionen vorgegeben (z.B. den ausgestreckten Arm nicht beugen zu können), die zu offen beobachtbarem Verhalten führen (z.B. Arm wird innerhalb von 10 Sekunden gebeugt oder nicht). Sofern ein Verhalten aufgetreten ist, das eine Befolgung der Suggestion auf Verhaltensebene bedeutet, wird dafür ein Punkt gegeben. Bei 12 Testitems pro Test (Form A, B oder C)
werden Probanden, die 9 bis 12 Testsuggestionen befolgen als hochsuggestibel und
Probanden, die 0 bis 3 Testsuggestionen Folge leisten, als geringsuggestibel einge-
stuft. Diese Einteilung in hoch- und geringsuggestible Probanden mittels eines Hypnosetests läßt sich nicht nur anhand des Verhaltens auf die Testsuggestionen vornehmen, sondern auch über physiologische Reaktionen auf die Suggestionen nachvollziehen. Wird die Herzschlagvariabilität (über die fouriertransformierten individuellen Herzschlagintervalle) bei der Durchführung von Testsuggestionen bestimmt,
zeigen sich deutliche Unterschiede zwischen hoch- und geringsuggestiblen Versuchspersonen (Unterweger, Lamas & Bongartz, 1992). Dabei zeigt ein Aspekt der
Daten (mittleres Frequenzband des Powerspektrums (0.07 - 0.14 Hz) der fouriertransformierten Herzschlagintervalle), der auf die geistige Belastung (mental load) anspricht, daß Probanden mit hoher Hypnosefähigkeit weniger geistige Belastung zeigen als Probanden mit geringer Hypnosefähigkeit; hypnotische Suggestionen bei hoher Hypnosefähigkeit umzusetzen erfordert eben weniger 'mental load' (Mulder &
Mulder, 1981) als bei geringer Hypnosefähigkeit.
Die hypnotische Suggestibilität ist ein stabiles Merkmal, das normalverteilt ist (Hilgard, 1965). Hilgard (1965) berichtet Retest-Reliabilitäten von über .90. Auch wenn
Versuchspersonen erst nach langer Zeit wiedergetestet werden, ergibt sich noch eine
Korrelation mit dem ursprünglichen Test von .60 nach 10 Jahren (Morgan, Johnson
& Hilgard, 1974), von .82 nach 15 Jahren und von .71 nach 25 Jahren (Piccione et
al., 1989). Die Hypnoseskalen haben sich auch im nicht-englischen Sprachbereich

bewährt. Normative Studien zur Harvard Group Scale of Hypnotic Susceptibility (Shor & Orne, 1962) liegen für eine deutsche (Bongartz, 1985), eine spanische (Lamas et al., 1989) sowie eine dänische (Zachariae, 1996) Adaptation des Hypnosetests vor. Weitere Arten von Hypnoseskalen werden von Perry, Nadon & Button (1992) beschrieben.

1.3.2 Korrelate der Hypnosefähigkeit

Schon zu Beginn der Geschichte der Hypnose, die damals noch als "animalischer Magnetismus" (Mesmer, 1781) verstanden wurde, gab es Vermutungen über die Merkmale der Personen, die am leichtesten "mesmerisiert" werden konnten. So vertrat der Abbé Faria (1819) die Auffassung, daß insbesondere "dünnblütige" Menschen einfacher zu hypnotisieren wären. Und folgerichtig versuchte er, die Suggestibilität von Personen via Aderlaß zu erhöhen, wobei er vermutlich eine momentane Kreislaufschwäche mit hypnotischer Suggestibilität verwechselte. Daneben vertrat er aber auch eine sehr modern anmutende These, derzufolge die Möglichkeit, hypnotische Phänomene zu erfahren, von der Konzentrationsfähigkeit (einem 'kognitiven' Faktor also) des Probanden abhinge. Leider hat sich diese 'moderne' Betrachtung nicht in unsere Zeit hinüberretten können, die eher negative Persönlichkeitsmerkmale (Hypochondrie, Neurotizismus, Leichtgläubigkeit, soziale Angst) mit der Fähigkeit, einen hypnotischen Zustand zu erfahren, in Zusammenhang brachte. Dies geht zurück auf den berühmten französischen Neurologen Jean-Martin Charcot (1835-1893) der Hypnose bei hysterischen Patientinnen untersuchte und dabei hysterische Symptome mit hypnotischen Phänomenen verwechselte (Ellenberger, 1973 S. 143 ff). Aufgrund seiner Autorität wurde aber Hypnose als ein untersuchenswertes Phänomen in die Wissenschaft eingeführt, doch damit auch ein schwer aus der Welt zu schaffendes Mißverständnis der Korrelate der hypnotischen Suggestibilität begründet. Die Versuche, in entsprechenden Untersuchungen eine Beziehung zwischen Persönlichkeitsmerkmalen der genannten Art (gemessen mit Persönlichkeitsinventaren wie MMPI etc.) einerseits und der hypnotischen Suggestibilität herzustellen, schlugen fehl (z.B. Deckert & West, 1963; Barber, 1964; Dana & Cooper, 1964). Es wurden keine zuverlässigen positiven Korrelationen nachgewiesen. Die Folge war, daß diese Forschungstradition nicht weiter verfolgt wurde und man statt dessen mit dem Aufstieg der Kognitiven Psychologie in einer Vielzahl von Experimenten nach kognitiven Faktoren suchte, die die hochsuggestible Person auszeichnen. Dabei wurden Zusammenhänge zwischen hypnotischer Suggestibilität, gemessen mit den oben genannten Skalen, und den Werten der *Absorptions*skala von Tellegen & Atkinson, (1974) festgestellt, die die Fähigkeit erfaßt, im Erleben einer Situation (z.B. einen Film sehen) aufzugehen und sich nicht durch irrelevante Reize ablenken zu lassen. Weiterhin wurde in zahlreichen Untersuchungen ein Zusammenhang zwischen Suggestibilität und *imaginativen Fähigkeiten* festgestellt, die eine lebendige und stabile Vorstellung von Objekten und Situationen erlauben (eine Übersicht bietet Holroyd, 1985). Hilgard (1977) nimmt *dissoziative Fähigkeiten*, die ein Ausklammern bewußtseinsfähiger Inhalte aus dem bewußten Erleben ermöglichen, als Grundlage hypnotischer Phänomene wie der hypnotischen Schmerzunempfindlichkeit an (Bongartz, 1990 a). Nach Ansicht Kirschs (1990) ist - ähnlich wie bei Placebo-Effekten - allein die *Erwartung*, in Hypnose zu gelangen, die Basis für das subjektiv überzeugende Erleben von Hypnose. Spanos (1986) betont die Bedeutung *sozialpsychologischer Variablen* (z.B. die Motivation, eine 'gute' Versuchsperson zu sein) für die Erzeugung hypnotischen Verhaltens, betont aber auch imaginative Fähigkeiten (Spanos, 1990). Die Entwicklung der genannten kognitiven Ansätze zur Erklärung hypnotischen Verhaltens und Erlebens ist von einer kaum zu übersehenden Flut von Experimenten begleitet, die wir hier nicht darstellen wollen. Eine Übersicht über die aktuelle theoretische Diskussion bietet der Artikel von Spanos (1986) in "The Behavioral and Brain Sciences" mit kritischen Kommentaren von Hypnoseforschern mit anderen theoretischen Ansätzen sowie das Buch "Theories of Hypnosis" (Lynn & Rhue, 1991). Anders als kognitive Faktoren wie Imaginationsfähigkeit etc. haben Alter (bei Erwachsenen) und Geschlecht (Bongartz, 1985) von Probanden keinen Einfluß auf die Hypnosefähigkeit (eine geringfügige Abnahme der Hypnosefähigkeit mit zunehmendem Alter ist klinisch nicht von Bedeutung); Kinder sind suggestibler als Erwachsene (Hilgard, 1965, S. 285 ff).

Man hat auch untersucht, ob ein Zusammenhang zwischen bestimmten Störungsbildern und der Hypnosefähigkeit besteht. Dies ist in der Tat der Fall: Bulimikerinnen haben eine höhere Hypnosefähigkeit. Im Vergleich mit einer gesunden Kontrollgruppe (Kranhold, 1990; Covino et al., 1994) bzw. im Vergleich mit Anorektikerinnen (Pettinati, Horne & Staats, 1985) verfügen Bulimikerinnen über eine größere Hypnosefähigkeit. Eine höhere Hypnosefähigkeit haben auch Patienten mit posttraumatischen Belastungsstörungen (Spiegel, Hunt & Dondershine, 1988; Frischholz et al., 1992). Schizophrene Patienten hingegen haben eine geringere Hypnosefähigkeit im Vergleich mit gesunden Probanden (Barber, Karacan & Calverley, 1964).

Für eine künftige Hypnosetherapeutin ist natürlich auch wichtig zu wissen, wie viele ihrer Patienten denn überhaupt eine Hypnose erfahren können. Wenn es nur ein paar Prozent wären, würde die Beschäftigung mit einer solchen Methode kaum lohnen. Aber wie schon erwähnt, ist die Hypnosefähigkeit normalverteilt, d.h. es gibt nur wenige Patienten, die Hypnose nicht erfahren können, und andererseits nur wenige, die Hypnose besonders gut erfahren können, während die meisten Patienten eine mittlere Hypnosefähigkeit haben. Und da eine mittlere Hypnosefähigkeit für eine hypnosetherapeutische Behandlung völlig ausreicht, kommen die meisten Patienten für eine derartige Therapie in Frage. Außerdem ist zur Verwirklichung therapeutischer Ziele weniger die Tiefe der Trance, als vielmehr deren (emotionaler) Inhalt entscheidend.

1.4 Klassische versus moderne Hypnosetherapie

Bis Mitte der 70er Jahre dominiert in Deutschland die sogenannte klassische Hypnose, die aber mehr und mehr von einer modernen Form der Hypnosetherapie abgelöst wurde. Die klassische Hypnose versteht den hypnotischen Zustand als einen veränderten Bewußtseinszustand (Trance), der zu einer erhöhten Suggestibilität des Patienten führt. In diesem Zustand gegebene direkte Suggestionen sollten daher - anders als im Wachzustand - von besonderer Wirkung sein und den Alltag des Patienten auch außerhalb des therapeutischen Rahmens beeinflussen. Oft wird mit diesem Vorgehen rein symptomorientiert gearbeitet und belastendes Erleben oder Verhalten suggestiv zu ändern versucht, ohne psychodynamische Zusammenhänge zu berücksichtigen.

Stokvis (1955) suggeriert einer Patientin mit Trigeminusneuralgie "als konversionshysterische Erscheinung" (S. 156 f): "In diesem Zustand der Ruhe werden Sie gegen Schmerzgefühle unempfindlich.....und die Schmerzen immer weniger bewußt empfinden. Als Folge dieser Behandlung werden Sie feststellen, wie....der Zustand immer besser wird...und wie Sie gesund werden." Nach drei Monaten geht es der Patientin ausgezeichnet, was sich über weitere zwei Monate - von gelegentlichen Kopfschmerzen abgesehen - fortsetzt. Danach meldet sich die Patientin nicht mehr. Obwohl also Stokvis, einem der herausragenden und erfolgreichsten klassischen Hypnosetherapeuten, schon die Psychodynamik der Symptomatik klar war, behandelte er sie - als klassischer Hypnosetherapeut - rein symptomorientiert.

Während Trance für die klassische Hypnosetherapie wegen der damit verbundenen erhöhten Suggestibilität von Bedeutung ist, ist sie für die moderne Hypnosetherapie wegen des besseren Zugangs zu Gefühlen wichtig. Anstelle der klassischen "Implementierung" direkter Suggestionen werden die belastenden/hemmenden Gefühle des Patienten in Trance bearbeitet, auf denen der Leidensdruck des Patienten beruht und die an unangemessenen Verhaltensweisen und Kognitionen (pathogenes Selbstbild, negative Routinegedanken) beteiligt sind. Dabei wird auch die Lebensgeschichte des Patienten berücksichtigt und es werden u.U. auch 'alte' Gefühle und Konflikte in der hypnotischen Altersregression bearbeitet. "Bearbeiten" bedeutet hier das Neu- oder Wiedererleben belastender Situationen mit hypnotisch induzierten positiven Emotionen, die der Patient aus eigener Erfahrung kennt. Die therapeutische Nutzung positiver Lebenserfahrungen des Patienten wird auch mit Bezug auf den bekannten amerikanischen Hypnosetherapeuten Milton Erickson als "Utilisation von Ressourcen" bezeichnet (Erickson u. Rossi, 1979).

KASTEN I/3

KLASSISCHE vs. MODERNE HYPNOSETHERAPIE

Klassische Hypnosetherapie

1. Funktion der Trance: Trance erhöht Suggestibilität der Patienten

2. Direkte Suggestionen nutzen die erhöhte Suggestibilität: Suggestionen der Therapeutin führen zu Veränderungen.

3. Symptomorientierte Behandlung

Moderne Hypnosetherapie

1. Funktion der Trance: Trance erleichtert den Zugang zu emotionalen Erfahrungen.

2. Ressourcenorientiertes Arbeiten (Utilisationsprinzip): Eigene emotionale Erfahrungen des Patienten werden genutzt und führen zu Veränderungen.

3. Keine rein symptomorientierte, sondern auch ursächliche Behandlung.

Ein 69jähriger Patient leidet nach einer Beinamputation gegen Kriegsende seit Jahrzehnten an schweren Phantomschmerzen. Die Schmerzen treten auf, als ihm im Lazarett in Rußland beim Bewußtwerden der Amputation schlagartig klar wird, daß die Übernahme der väterlichen Schreinerei (in vierter Generation), auf die er schon als Junge vorbereitet worden war, nicht möglich sein wird. Die seit der Kindheit erwartete Übernahme des väterlichen Betriebes schien damals ein wesentlicher Bestandteil seines Selbstwertgefühls und seiner Identität zu sein. Während der Jahrzehnte danach erlebt er sich in seinen Träumen immer mit beiden Beinen, so als könne eine unbewußte Instanz den Verlust des Beines (und damit eines Verlustes an Selbstwert) nicht akzeptieren. Die chronischen Phantomschmerzen ließen sich als eine Konversionsreaktion im Sinne einer "Entlastung von 'schmerzhaften' Affekten" verstehen (Egle, 1994, S. 187). Während der einwöchigen Behandlung läßt die Therapeutin den Patienten immer wieder die traumatische Situation im Lazarett erleben, allerdings mit einem Ausblick auf sein künftiges (tatsächlich gelebtes) Leben. Dabei erlebte der Patient Gefühle von Stolz und Zufriedenheit, die seiner erfolgreichen beruflichen Tätigkeit und seiner Aktivität im Musikverein der Gemeinde "entlehnt" waren. Auf diese Weise sollte der seelischen Ebene, für die der Verlust des Beines mit einem Verlust von Lebenssinn und Abgleiten in Minderwertigkeit verknüpft war, emotional erlebbar mitgeteilt werden, daß das Leben auch nach der Amputation lebenswert sein wird. Der Patient blieb unmittelbar nach der Behandlung und während der Katamneseperiode von sechs Monaten beschwerdefrei. Zwei Monate nach der Behandlung erlebte er sich in zwei Träumen mit nur einem Bein (Bongartz, 1988).

Wie bei der Patientin von Stokvis wurden auch hier die Schmerzen als Ausdruck einer Konversionsstörung verstanden, aber anders als bei Stokvis nicht die Schmerzen, sondern die quälenden Affekte (Minderwertigkeit), die die Konversionsreaktion steuerten, behandelt. Die verwendeten Ressourcen waren die Erfahrungen von Stolz und Zufriedenheit in Zusammenhang mit erfolgreichen Situationen seines späteren Lebens.

Vereinfacht kann die klassische Hypnosetherapie als symptomorientierte *Suggestivtherapie in Trance* und die moderne Hypnosetherapie als eine *emotionale Therapie in Trance* bezeichnet werden, die die Bedeutung des Symptoms und dessen lebensgeschichtliche Begründung berücksichtigt. Die Arbeitsweise der letzteren wird in den folgenden Kapiteln dargestellt.

1.5 Effektivität der Hypnosetherapie

1.5.1 Empirische Studien

Die therapeutische Effektivität der Hypnosetherapie gilt als wissenschaftlich abgesichert (Grawe, Donati & Bernauer, 1994). Auch wenn nicht so zahlreiche Effektivitätsstudien vorliegen wie etwa für die Verhaltenstherapie, belegen inzwischen doch ca. 200 klinische Studien die Wirksamkeit hypnosetherapeutischer Maßnahmen für eine Vielfalt von Störungsbildern (Crasilneck & Hall, 1975; Rhue, Lynn & Kirsch, 1993).

Anders als andere Therapien verfügt die Hypnosetherapie neben dem üblichen Effektivitätsnachweis über ein weiteres Kriterium für ihre spezifische Wirksamkeit: Falls es bei den vorliegenden Effektivitätsstudien wirklich die Hypnose war, die den Patienten geholfen hat, müßte eine positive Korrelation zwischen therapeutischem Erfolg und Hypnosefähigkeit bestehen. Denn insbesondere nur solche Patienten sollten von einer *Hypnose*therapie profitieren, die auch *Hypnose* gut erfahren können. Legt man dieses Kriterium zugrunde, so erweist sich Hypnosetherapie als effektiv bei der Behandlung von Ängsten (Crawford & Barabasz, 1993, S. 328 f) und psychosomatischen Störungen (Wadden & Anderton, 1982).

Auch bei der Behandlung von Süchten (Rauchen, Übergewicht, Alkoholismus) hilft Hypnose, allerdings ist hier der Zusammenhang zwischen Hypnosefähigkeit und Therapieerfolg nicht nachgewiesen (Wadden & Anderton, 1982), so daß der therapeutische Erfolg nicht auf die Anwendung von Hypnose zurückgeführt werden kann, auch wenn der therapeutische Erfolg im Rahmen einer Hypnosetherapie erzielt wurde. Allerdings ist in den entsprechenden Studien überwiegend mit direkten Suggestionen gearbeitet worden, ohne individuell auf den Patienten einzugehen bzw. die Ursachen der Sucht in die Behandlung miteinzubeziehen. Dies wurde in der Arbeit von Andersen (1985) berücksichtigt, der neben direkten Suggestionen auch *indivi-dualisierte* Visualisierungen, Altersregression etc. einsetzte. Dabei zeigte sich nun der Zusammenhang zwischen Hypnosefähigkeit und therapeutischem Erfolg: Ge-ringsuggestible Patienten nahmen während der insgesamt fünfmonatigen Behand-lungsperiode durchschnittlich 10 Pfund ab, Patienten mit mittlerer Hypnosefähigkeit dagegen 16 Pfund, während hochsuggestible Patienten im Durchschnitt 32 Pfund verloren. Von den acht Patienten, die die Behandlung abbrachen, waren sechs ge-ringsuggestibel.

Kontrollierte Studien zur Behandlung von Depressionen mit Hypnosetherapie lie-gen noch nicht vor. Dies ist unverständlich, da eine Reihe von Falldarstellungen zeigt (z.B. Harris, 1993; Savage, 1993), daß Hypnosetherapie auch bei Depressionen er-folgreich angewendet werden kann, was wir auch in der eigenen Arbeit mit depressi-ven Patienten erfahren. Aber auch hier sind es nicht symptomorientierte, direkte Sug-gestionen, sondern die hypnosetherapeutische Arbeit an belastenden Erfahrungen oder Defiziten, die zu einer positiven Änderung der depressiven Symptomatik führt (Yapko, 1992).

Hypnosetherapie gilt zur Behandlung von psychotischen Störungen als kontraindi-ziert (Stocksmeier, 1984). Lavoie et al. (1978) berichten aber, daß die Anwendung von Hypnose bei über 200 schizophrenen Patienten zu keinen negativen Effekten geführt habe. Allerdings wurden hier nur Hypnosetests von jeweils einer Stunde durchgeführt und keine längere Hypnosetherapien. Es liegen aber eine Reihe von Falldarstellungen zur erfolgreichen Anwendung von Hypnosetherapie bei Psychoti-kern vor. In diesem Zusammenhang ist besonders Murray-Jobsis (1992, 1993) zu nennen. Studien, die die Effektivität von hypnosetherapeutischen Interventionen bei Psychotikern untersuchen, fehlen allerdings völlig.

Wie ist die Effektivität der Hypnosetherapie im Vergleich zu anderen Psychothe-rapieformen? Untersuchungen, die einen solchen Vergleich ermöglichen, liegen dazu noch nicht vor. Zumindest aber zeigt die Metaanalyse von Kirsch und Mitarbeitern (Kirsch, Montgomery & Sapirstein, 1995; Kirsch, 1996), daß kognitive Verhaltens-therapie mit Hypnose therapeutisch effektiver ist als Verhaltenstherapie ohne zusätz-liche Hypnose. Bei der Behandlung von Adipositas zeigt sich eine Überlegenheit der Kombination von Verhaltenstherapie mit Hypnose auch noch bei einer Katamnese von 24 Monaten. Was Kirsch und Mitarbeiter für die Kombination von Verhaltenst-herapie und Hypnose berichten, gilt auch für die Kombination von Hypnose mit psy-chodynamischen Therapieansätzen. Auch hier ist die Kombination mit Hypnose ef-fektiver (Kirsch, 1996).

1.5.2 Trance in traditionellen Kulturen

Abgesehen von den klinischen Studien, die die Effektivität der Hypnosetherapie bestätigen, gibt es noch ein anderes, gewichtiges Argument für die therapeutische Verwendung von Trance, und zwar ein anthropologisches. Bourguignon (1973) berichtet in ihrer Studie über die Verwendung von Trance in 488 traditionellen, über die ganze Welt verteilte Kulturen. Dabei stellte sie fest, daß bei 90 Prozent der Kulturen Trancerituale institutionalisiert sind bzw. waren, also einen festen Platz im sozialen Leben der jeweiligen Kultur haben bzw. hatten. Warum haben sich im Laufe der Jahrtausende Trancerituale auf der ganzen Welt herausgebildet, und dies auch bei Kulturen, die aufgrund der geographischen Gegebenheiten niemals Kontakt miteinander hatten? Die Antwort auf diese Frage ergab sich aus einer überraschenden Regelmäßigkeit bezüglich der Beziehung zwischen Trancetyp, Kulturstufe und Geschlecht der Teilnehmer an Tranceritualen.

Zunächst einige Bemerkungen zum Trancetyp: Wie Bourguignon aufgrund ihrer Untersuchungen herausfand, lassen sich weltweit zwei Grundtypen von Trance unterscheiden. Zum einen die sogenannte Besessenheitstrance, in der ein Medium von einem Geist besessen ist, wobei die Persönlichkeit des Mediums in Trance vollkommen in den Hintergrund tritt. Diese Trance wird in der Regel vor einem Publikum erlebt und ist gewöhnlich von einer völligen Amnesie begleitet. Der zweite Trancetyp ist dadurch gekennzeichnet, daß der in Trance Befindliche nicht seine Persönlichkeit verliert, sondern seine Identität behält. In der Trance hat er die Möglichkeit, Kontakt zu einer spirituellen Ebene aufzunehmen, zu den Geistern, Göttern oder Dämonen. Eine Amnesie tritt in der Regel nicht auf.

Und nun zu den schon erwähnten Regelmäßigkeiten zwischen Trancetyp, Kulturstufe (Jäger-Sammler versus Ackerbau-Viehzucht) und Geschlecht der Tranceteilnehmer: In den Jäger- und Sammlerkulturen sind es in der Regel die Männer, die an den Tranceritualen teilnehmen, in denen Tranceinhalte des zweiten Typs auftreten. Sie behalten also ihre Identität und es besteht keine Amnesie für das in Trance Erlebte. Diese Zuordnung läßt sich über alle Kontinente hinweg beobachten, sei es bei den Buschmännern der Kalahari, bei den Amazonasindios, den nordamerikanischen Indianern oder den Fischern der Südsee.

Bei den Ackerbau und Viehzucht treibenden Kulturen sind es in der Regel die Frauen, die an Tranceritualen teilnehmen, bei denen in Trance ein Geist Besitz von ihnen ergreift, und die sich nach der Trance an nichts mehr erinnern können.

Diese weltweit zu beobachtende Regelmäßigkeit erklärt Bourguignon folgendermaßen: Im Verlaufe der Menschheitsentwicklung hat sich die Verwendung von Trance als Mittel zur Reduktion seelischer Belastungen und damit zur Verhütung psychischer Erkrankungen herausgebildet, sozusagen als psychohygienische Prophylaxe. Bei den Jägern und Sammlern sind es die Männer, die oft alleine im Urwald mit seinen vielen Dämonen jagen und die Krieg führen müssen. Um die dabei auftretende starke Angst und Unsicherheit zu kontrollieren, haben sie sich in früheren Tranceritualen einen Schutz bzw. einen Begleiter gesucht (Totemtier, persönlicher Schutzgeist), der ihnen in der angstauslösenden Situation Ruhe und Sicherheit vermittelt.

Bei den Frauen in den Ackerbau- und Viehzuchtgesellschaften werden ebenfalls seelische Spannungen in den Tranceritualen, den Besessenheitstrancen vermindert. In diesen Kulturen haben Frauen einen sehr geringen Status. Ihre Lebensplanung ist vollkommen abhängig von ihrem Ehemann, der sie u.U. für ein paar Stück Vieh gekauft hat; es wird Wert auf Gehorsam und Mitarbeit gelegt. Sie müssen sich gegen Nebenfrauen und u.U. gegen eine Schwiegermutter durchsetzen, wobei extreme Eifersucht und Haß auftreten können. Um sich von diesen starken Emotionen, die ohne Bearbeitung krank machen können, zu befreien, werden diese in der Besessenheitstrance ausgelebt, ohne daß die Frauen dafür belangt werden können. Denn dem Geist, der

---

KASTEN I/4

TRANCE IN TRADITIONELLEN KULTUREN

(nach Bourguignon, 1979)

Kulturtyp:

Jäger und Sammler (z.B. Pygmäen Nordamerikanische Indianer)	**Ackerbau/Viehzucht** (z.B. Zar-Kult/Äthiopien, Voodoo/Haiti)
Teilnehmer an Tranceritualen: Männer	Frauen
Tranceerfahrung: Kontakt mit übernatürlichen Mächten	von Geistern besessen
Erinnerung an Trancerfahrung Keine Amnesie	Amnesie
Funktion der Tranceerfahrung Befreiung von Angst, Erleben von Schutz und Vertrauen	Befreiung von verdrängten Gefühlen wie Hass, Wut

von den Frauen Besitz ergreift, ist es erlaubt, voll Haß und Wut zu sein, Verwün-
schungen und Flüche auszustoßen, nicht aber der Frau, die den Geist während der
Trance beherbergt. Im übrigen ist das Medium während der Trance ja 'eigentlich'
auch gar nicht präsent, denn in ihrem Bewußtsein nistet der Geist, was durch die
Amnesie der besessenen Frau für die Tranceinhalte unterstrichen wird.

Bei der Beurteilung der Effektivität der therapeutischen Nutzung von Trance sollten wir also nicht nur die letzten 65 Jahre der experimentellen und klinischen Hypnoseforschung berücksichtigen (wenn man Clark Hulls Buch 'Hypnosis and suggestibility: An experimental approach' von 1933 als Beginn der modernen Hypnoseforschung annimmt), sondern auch die jahrtausendealte Verwendung von Trance zur
'Gesundheitsvorsorge'.

1.6 Begriffsbestimmung: Hypnose, Trance, Suggestion

Bevor wir nun dazu übergehen, die Praxis der Hypnosetherapie darzustellen, möchten wir noch auf die Begriffe "Hypnose", "Trance" und "Suggestion" eingehen: Wie
wir gesehen haben, ist der Zustand nach einer Hypnoseeinleitung kein einzigartiger
Bewußtseinszustand, der sich von anderen Bewußtseinszuständen abgrenzen läßt.
Wir sind daher der Auffassung, daß der Begriff "Hypnose" nicht zur Bezeichnung
eines besonderen Bewußtseinszustandes verwendet werden sollte, sondern um eine
Methode zu kennzeichnen, mit der ein veränderter Bewußtseinszustand induziert
werden kann, den wir "Trance" nennen wollen. Mit "Trance" bezeichnen wir den
Bewußtseinszustand, der sich durch die subjektiven Veränderungen auszeichnet, die
wir oben S. 14ff beschrieben haben (Einengung der Aufmerksamkeit, Veränderung
der Körperwahrnehmung, Trancelogik, intensivere Vorstellungsaktivität, veränderte
Zeitwahrnehmung, Zunahme von Suggestibilität, Erleichterung dissoziativen Erlebens, Nähe zu Gefühlen) und der von den oben S. 19ff beschriebenen physiologischen Prozessen begleitet ist, die im wesentlichen auf eine Dämpfung des sympathischen Erregungsniveaus zurückgehen. Die unter "Trance" zusammengefaßten subjektiven und physiologischen Veränderungen lassen sich nicht nur mit der Methode
"Hypnose", sondern auch mit anderen Verfahren erzielen, sei es mit Autogenem
Training, Meditation, geleitetem Imaginieren, Katathymen Bilderleben und so weiter.
Wie nach Rom, so führen auch viele Wege in die Trance. Hypnose ist also eine Methode, die mit einer bestimmten Sprache (Trancesprache, siehe Kapitel 2, 3 und 4)
sowie Verfahren zur Einengung der Aufmerksamkeit (Induktionsmethoden, siehe
Kapitel 6) einen Trancezustand erzeugt wie andere Methoden auch. Die Art und
Weise, allerdings, wie Hypnosetherapie Trance in der klinischen Arbeit einsetzt, unterscheidet sich von anderen therapeutischen Ansätzen. Dies betrifft nicht nur die
indirekte Kommunikation in Trance (siehe Kapitel 7), sondern auch die therapeuti-

schen Interventionen (siehe die Kapitel 9, 10, 11 und 12) im Rahmen einer Hypnosetherapie. Der hypnosetherapeutische Behandlungsrahmen wird in Kapitel 8 dargestellt.

Der Wirkungsmechanismus von Suggestionen kann auch heute noch nicht befrie-
digend beschrieben werden (Gheorghiu, 1989). Wir verwenden daher den Begriff
"Suggestion" nicht als ein theoretisches Konstrukt, das Erklärungswert hätte, sondern
lediglich zur Bezeichnung eines sprachlichen Ausdruckes, der die Aufforderung zu
einem bestimmten Erleben oder Verhalten beinhaltet (z.B. "Sie fühlen sich stark und
sicher."), die einem Patienten in Trance gegeben wird.

2 TRANCESPRACHE: GRUNDREGELN, OFFENE SUGGESTIONEN, ZEIT

Bevor Sie sich mit den technischen Einzelheiten der Trancesprache in diesem und dem folgenden Kapitel beschäftigen, sollten Sie unbedingt wenigstens einige der Textbeispiele in Kapitel 4 (ab S. 86ff) lesen. Falls Sie gleich hier beginnen, könnte es sein, daß Sie den Wald vor lauter Bäumen nicht sehen. Deswegen bitten wir Sie, sich erst einmal den Wald in Kapitel 4 anzuschauen, damit Sie leichter erkennen, welche Rolle die einzelnen Bäume im Wald spielen.

Die typische Trancesequenz in einer hypnosetherapeutischen Sitzung hat nach dem Vorgespräch mit dem Patienten etwa folgende Struktur:

Trancesequenz
- Tranceinduktion
- Änderung des Körpererlebens (Entspannung bzw. positive Anspannung)
- Erleben einer Entspannungsszene bzw.
  das Erleben therapeutischer Inhalte
- direkte Suggestionen
- Rücknahme der Trance.

Darauf folgt das Nachgespräch mit dem Patienten über seine Erfahrungen. Nun wäre es didaktisch eigentlich sinnvoll, mit dem Anfang zu beginnen, d.h. die Einleitung einer Trance (Tranceinduktion) zu beschreiben. Da aber in allen Phasen einer solchen Trancesequenz die Sprache des Therapeuten anders als im alltäglichen Gespräch ist, wollen wir in diesem und im nächsten Kapitel zunächst auf die Trancesprache eingehen, die die sprachliche Grundlage für die Formulierung aller Abschnitte einer Trancesequenz bildet.

Dabei werden wir zunächst die Regeln zur Formulierung eines Trancetextes mit vielen Beispielen darstellen und in Kapitel 4 dann die Regeln auf Entspannungstexte anwenden. Es sei hier ausdrücklich betont, daß die Trancesprache nicht nur für Entspannungen gilt, sondern auch für die Formulierung von hypnosetherapeutischen Interventionen und ebenfalls für die hypnosetherapeutische Gesprächsführung (etwa bei der Exploration) wesentlich ist. Da wir diese Themen aber erst später behandeln, werden wir die Sprache der Trance und ihre Regeln in Kapitel 4 zunächst auf Entspannungsszenen anwenden.

2.1 Funktion und Prinzipien der Trancesprache

Wie wir im vorherigen Kapitel gesehen haben, ist die mittels Hypnose eingeleitete Trance ein Zustand, der sich durch ein Denken in Bildern bzw. Vorstellungen auszeichnet, die als real erlebt werden und von Gefühlen und Erfahrungen mit entsprechenden körperlichen Reaktionen begleitet sind. Um dieses 'primärprozeßhafte' Erleben zu erzeugen und während der Trancephase aufrechtzuerhalten, verwendet die Hypnosetherapie eine Sprache, die Trancesprache, die sich deutlich von unserer Alltagssprache unterscheidet.

Natürlich hat die Hypnosetherapie nicht allein entdeckt, daß Sprache auch die Funktion haben kann, Bewußtseinszustände zu verändern. Aus den frühen Hochkulturen (z.B. Babylon) wie von traditionellen Kulturen (z.B. den zentralafrikanischen Wadschagga) liegen Texte vor (Kasten II/1), die bei Heilungs- und/oder religiösen

Ritualen gesprochen wurden, und wohl suggestive und bewußtseinsverändernde Funktion hatten. Der Text für ein Heilungsritual der Wadschagga beinhaltet offenbar direkte Suggestionen, die durch Erfahrungen aus dem Alltag der Patienten belegt werden, die leicht in 'innere' Bilder umgesetzt werden können. Mit den gewählten Bildern aus der Alltagserfahrung der Patienten werden die gegebenen Suggestionen verstärkt. Neben der Verwendung von Bildern finden sich in den Ritualtexten der Wadschagga auch viele Wiederholungen, die sich übrigens auch in den Ritualtexten der frühen Hochkulturen finden (Kasten II/1). Daß die *Ritualtexte* nicht nur die Funktion haben, Bedeutungen zu vermitteln bzw. einfach nur Beschreibungen eines Sachverhaltes liefern, zeigen die schriftlichen Anweisungen zur *Durchführung des Rituals* bzw. Anweisungen, wie die Ritualtexte zu sprechen sind. Da die Anweisungen zur Durchführung des Rituals kein rituelles Erleben vermitteln wollen, sondern nur Durchführungshinweise, stellen sie sozusagen die Kontrollbedingungen zu den Ritualtexten dar: Und in der Tat, bei den Anweisungen zur Durchführung des Rituals finden sich keine (bewußtseinsverändernden) Wiederholungen, sondern nur nüchterne Hinweise zur Durchführung.

Wiederholungen spielen natürlich auch in religiösen Ritualen der Gegenwart eine wichtige Rolle. Wir erinnern nur an das Rosenkranzbeten der katholischen Kirche, bei dem das Ave Maria und die Fürbitten häufig wiederholt werden. In allen Ritualtexten werden im übrigen nur einfache, leicht verständliche Sätze verwendet.

KASTEN II/1: *Trancesprache: Texte für Heilungs- und religiöse Rituale zeichnen sich durch einfachen Satzbau, eine bildhafte Sprache und Wiederholungen aus, während die Anweisungen zur Durchführung der Rituale in einer 'nüchternen' Alltagssprache ohne Wiederholungen gehalten sind.*

WIEDERHOLUNGEN IN RITUALTEXTEN

Wadschagga, Zentralafrika: Der Medizinmann wiederholt Suggestionen, die mit verschiedenen Alltagserfahrungen der Patienten belegt werden bzw. mit der Nennung bekannter Orte bekräftigt werden und leicht in innere Bilder umgesetzt werden können (Beispiel aus Gutmann, 1924-25).

"Krankheit, die lösch ich, so wie der Regen den Steppenbrand auslöscht.
Krankheit, die verweh ich, wie der Wirbelwind aufweht das Dürrblatt
und in die Flucht treibt.
Du Krankheit sollst auch wehen und fliehen. Ich treib dich von dannen
Krankheit im Leibe (S. 48)."
"Sei mutig wie der nadali-Berg in Madschame.

Sei mutig wie der Männerrasen, den Renguo hatte.
Sei mutig wie der Jahrberg bei Aruscha.
Sei mutig wie der andere Berg dort, der Berg der Alten....(S. 51)."

Navajo/Südwesten der USA: Der Schamane spricht ein Gebet mit vielen Wiederholungen, das der Patient Satz für Satz laut wiederholt (Ausschnitt aus dem Gebet an die göttliche Eule aus dem 'night chant' der Navajos (Matthews, 1978)).

Ritualtexte

"Eule.
Ich habe Dein Opfer bereitet........
Mache für mich wieder meine Füße gesund.
Mache für mich wieder meine Beine gesund.
Mache für mich wieder meinen Geist gesund.
Mache für mich wieder meine Stimme gesund.
Nimm heute Deinen Zauber von mir.
Heute ist dein Zauber von mir genommen....etc.
(S.73; unsere Übersetzung)"

Babylon: Auch in babylonischen *Ritualtexten* finden sich häufig thematische Wiederholungen, während die Texte zur *Durchführung der Rituale* keine Wiederholungen enthalten, sondern aus nüchternen und konkreten Handlungsanweisungen bestehen.

Ritualtext: Ausschnitt aus einem Gebet zur Göttin Taschmitu (ca. 650 v. Chr.) aus King (1975).

".........mögen Gott und Göttin mich gnädig behandeln,
möge die Krankheit meines Körpers fortgerissen werden,
möge das Stöhnen meines Fleisches beseitigt werden,
möge die Zerstörung meiner Muskel aufgehalten werden,.......
möge der Bann von mir gerissen werden (S. 99; unsere Übersetzung)".

Ritualanweisung: In diesem Ausschnitt aus Texten zum Umgang mit Schutzgeistern und der Durchführung entsprechender Zeremonien (hier: Formen von Schutzgeistern aus Lehm) finden sich keine Wiederholungen (Wiggermann, 1992).

> "....am Morgen bei Sonnenaufgang sollst Du zur Lehmgrube gehen
> und sie weihen, mit Weihrauchfaß, Fackel und heiligem Wasser sollst
> Du die Lehmgrube reinigen, Du sollst sieben Körner Silber, sieben
> Körner Gold, Karneol, hulalu-Stein in die Lehmgrube werfen, dann
> bereite den Ort für Schamasch vor, stelle ein Weihrauchfaß mit Wa-
> cholderholz auf, gieße bestes Bier aus, knie nieder, stehe auf und rezi-
> tiere die Beschwörung....(S. 13; unsere Übersetzung)."

Die wenigen Beispiele in Kasten II/1 genügen schon, um die Ähnlichkeit zur Trancesprache, wie wir sie heute verwenden, zu betonen. Auch wir verwenden eine bildhafte Sprache mit einfachen Sätzen und Wiederholungen, mit Inhalten, die auf den
Erlebnisrahmen des Patienten 'zugeschnitten' sind. Dabei wird in Trance nicht ratio-
nal argumentiert ('Das ist so, *weil*....'). Die Argumente der Trance sind eher Vergleiche ('Das ist so *wie*.....') und Wiederholungen.

Wie müssen nun Trancetexte formuliert sein, damit sie ihrer Aufgabe gerecht
werden, den Patienten auf eine emotional-erlebnismäßige Ebene zu führen? Die entsprechenden Formulierungsregeln lassen sich zwei Prinzipien zuordnen, die wir kurz
erläutern wollen:

> *Prinzip I:*   Bei der Vorgabe von Erlebnisinhalten sollte der Therapeut 'Wahr-
> nehmungssätze' verwenden, körperliche Reaktionen ansprechen und
> (möglichst) einfache Sätze ohne Verneinungen bilden.

Eine derart beschaffene Trancesprache schafft beim Patienten einen 'inneren' Erleb-
nisraum (mit Vorstellungen, Gefühlen, Körperempfindungen, Gedanken). Angenommen wir möchten einem Patienten in Trance die Erfahrung vermitteln, im eigenen Garten zu sein, was für ihn schön und entspannend ist. Das könnte man nach
einer Tranceinduktion über die direkte Suggestion versuchen: "Sie sind jetzt in Ihrem
Garten und es ist schön und entspannend." Um dies den Patienten aber lebendiger
erleben zu lassen, ist es besser die abstrakten Beschreibungen "im Garten sein", das
"Schöne" und das "Entspannende" in Erleben zu übersetzen. Unsere Umwelt erleben
wir über unsere Wahrnehmung eben dieser Umwelt. Wenn wir unseren Patienten also
den Garten erleben lassen wollen, sollten wir ihn das "im Garten sein" wahrnehmen
lassen. Dazu verwenden wir "Wahrnehmungssätze", in denen gesehen, gerochen,
gespürt, gehört, geschmeckt wird, die das Erleben, im Garten zu sein, vermitteln
("Sie hören die Amsel singen. Sie schmecken die frischen Erdbeeren, etc.").

Das gleiche gilt für die Umsetzung "Es ist schön." in Erleben. Für den Patienten in
Trance das Schöne des "im Garten seins" lebendig werden lassen, bedeutet ebenfalls
für den Patienten die Erfahrungen anzusprechen, die die Grundlage, sozusagen die
'Datenbasis', für das Urteil "schön" bilden (die Pastellfarben der Blüten des Kirsch-

baumes, das Gefühl von Geborgenheit "in meinem Garten", der Gedanke "Etwas wächst durch mich, etc."). Genauso sollte das "Entspanntsein" in (körperliches) Erleben umgesetzt werden (Weite im Oberkörper, Leichtigkeit in den Armen, ein Gefühl von Gelöstheit und Fließen in den Beinen, etc.). Um die abstrakten Vorgaben des Patienten ("In meinem Garten ist es schön und entspannend.") über Wahrnehmungssätze in Erleben umformulieren zu können, muß der Therapeut natürlich aus dem Vorgespräch wissen, was für den Patienten "im Garten sein", das "Schöne" dort und "entspannt sein" bedeuten.

Die Umsetzung von Prinzip I
    1. Verwendung von Wahrnehmungssätzen
    2. Ansprechen körperlicher Reaktionen
    3. einfache Sätze, keine Verneinungen,
werden wir im Anschluß an die Darstellung von Prinzip II näher erläutern.

> *Prinzip II:*   Damit die vom Therapeuten vorgegebenen Erlebnisinhalte nicht im Widerspruch zum Erleben des Patienten stehen, sollte der Therapeut offene bzw. indirekte Formulierungen verwenden und sich Zeit lassen.

Damit die vom Therapeuten vorgegebenen Erlebnisinhalte nicht im Widerspruch zum Erleben des Patienten stehen, sollte der Therapeut offene bzw. indirekte Formulierungen verwenden und sich Zeit lassen.

    Wenn die vom Therapeuten vorgegebenen Inhalte nicht mit dem Erleben des Patienten übereinstimmen, kann es passieren, daß der Patient sich gestört fühlt, anfängt über das Gesagte nachzudenken und die Trance 'verläßt'. Im Falle unseres Patienten, der sich in seinem Garten entspannt, könnten unpassende Suggestionen beispielhaft so aussehen: "Sie schauen auf die hohen Bäume", aber er hat nur niedriges Spalierobst in seinem Garten; "Sie setzen sich auf eine Bank auf dem Rasen.", aber es gibt weder eine Bank noch einen Rasen in seinem Garten; "Sie spüren nun die Entspannung mit einer großen Schwere in den Armen", aber Entspannung ist bei ihm von Leichtigkeit begleitet. Der Patient bemerkt dabei, daß sein Tranceerleben nicht in den Formulierungen des Therapeuten abgebildet ist. Die Formulierungen des Therapeuten können ihn daher auch nicht in seinem Tranceerleben leiten und er kehrt von der emotional-erlebnismäßigen Ebene auf eine rational-realitätsbezogene Ebene des Wachbewußtseins zurück. Und somit erreichen wir den Patienten nicht mehr mit unseren Suggestionen.

    Dies kann mit den in Prinzip II genannten Regeln verhindert werden:
    1. offene Formulierungen
    2. indirekte Formulierungen
    3. 'Zeit lassen',
wobei offene und indirekte Formulierungen dem Patienten den Freiraum geben, seine 'inneren' Erfahrungen ohne sprachliche Einengung durch den Therapeuten zu ma-

chen, und den Therapeuten davor schützen, am Erleben des Patienten vorbeizureden. Dies wird im folgenden deutlicher werden, wenn wir die aufgeführten beiden Prinzipien in diesem und dem nächsten Kapitel anhand von Beispielen verdeutlichen und in Kapitel 4 auf die Formulierung von Trancetexten anwenden.

2.2 Formulierungsregeln zur Beschreibung der Tranceinhalte (Prinzip I)

Nehmen wir einmal an, ein Patient hat sich in früheren Urlauben oft am Meer entspannt und wir wollen diese Erfahrung in der Trance wieder wachrufen, so könnten wir nach der Einleitung der Trance einfach folgende direkten Suggestionen geben.

> "Sie sind jetzt am Meer. Sie erleben das Meer und Sie fühlen sich sehr wohl dabei. Und Sie werden jetzt völlig entspannt, völlig entspannt. Je deutlicher Sie jetzt das Meer erleben, um so entspannter fühlen Sie sich."

2.2.1 'Wahrnehmungssätze'

Um die Meeresszene durch entsprechende Formulierungen lebendiger zu gestalten, werden wir die 'trockenen', abstrakten direkten Suggestionen in ein Mosaik von wahrnehmbaren Ereignissen auflösen. Dazu wird in einem ersten Schritt das "am Meer sein" in Erlebniseinheiten zerlegt (das Erleben von Strand, Wind, Wasser, Sonne etc.). Weiterhin sollte in den Sätzen, in denen die Erlebniseinheiten geschildert werden, das Wahrnehmen der Umgebung angesprochen werden (sehen, hören, riechen, schmecken, fühlen), denn unsere Umgebung erleben wir schließlich über die Vermittlung unserer fünf Sinne.

abstrakte, direkte Suggestion	*Auflösung in direkte Suggestionen zur Wahrnehmung des Meeres*
"Sie sind jetzt am Meer."	"Sie sind jetzt am Meer mit allen seinen Eindrücken. Während Sie auf das Blau des Meeres schauen und dem Rauschen der Wellen lauschen, spüren Sie auch den Wind in Gesicht und Haaren. Sie atmen die Frische des Windes ein, riechen das Meer und schmecken das Salz auf Ihren Lippen."

2.2.2 Ansprechen körperlicher Reaktionen

Die Formulierung des "am Meer seins" sollte aber nicht nur die Umgebung betreffen, sondern auch die körperlichen Reaktionen des Patienten auf die angenehme Umgebung enthalten, da dies die emotionale Beteiligung des Patienten verstärkt, was auch Ergebnisse der Emotionsforschung bestätigen (Lang, 1979).

Wie wird nun das Meer körperlich erlebt? Dazu gehört alles, was man dort spürt wie die Temperatur von Sonne, Wind oder Wasser, die Reaktion des Körpers auf die entspannende Umgebung, wozu auch die gelöstere Atmung zählt oder die freien Bewegungen beim Schlendern entlang des Meeres etc. Wenn der Therapeut z.B. die Wahrnehmung des Meeres, des Windes, der Sonne suggeriert, kann jeweils auch die entsprechende Körperempfindung mit einbezogen werden:

> "Sie sehen das weite Blau des Meeres, während Ihr Blick über das Meer bis zum Horizont schweift, atmen die Weite geradezu in sich hinein und *schmecken dabei das Salz auf ihren Lippen.*"

> "Und während Sie das Geräusch des Windes hören , *spüren Sie auch, wie er durch Ihr Haar fährt und erleben seine Kühle auf Ihrer Haut.*"

> "Und das Gesicht mit geschlossenen Augen der Sonne zuzuwenden, kann von einer *intensiven Wahrnehmung der Wärme* begleitet sein, das eine beginnende *Gelöstheit und Entspanntheit im ganzen Körper* einleitet."

2.2.3 Einfache Sätze, keine Verneinungen

Schließlich sollten die Sätze einer Trancesequenz positiv formuliert werden, d.h. keine Verneinungen enthalten, da verneinte Sätze schwerer zu verstehen sind und vom Patienten auch schwerer in Vorstellungen umsetzbar sind. So ist etwa die folgende Suggestion

> "Sie sehen nicht, daß Ihre Mutter nicht da ist."

für den Patienten kaum in ein inneres Bild umzusetzen.

Weiterhin sollte eine Trancesequenz mit einfachen Sätzen formuliert sein und nicht etwa viele verschachtelte Nebensätze enthalten. Je mehr Mühe der Patient hat, den Ausführungen des Therapeuten zu folgen, um so größer ist die Wahrscheinlichkeit, daß das rationale Bemühen des Patienten um Verständnis des Gesagten die Trance unterbricht. Schließlich ist Trance gerade nicht durch kontrollierte, realitätsorientierte Denkoperationen gekennzeichnet, sondern durch ein spontanes, ungerichtetes Denken in Vorstellungen/Bildern, das wenig kognitive Kontrolle benötigt.

Eine Formulierung sollte also nicht so komplex sein wie die folgende,

"Sie bemerken, daß keine Menschen, die mit ihrem Spiel oder ihren Fahrzeugen Lärm machen könnten, der so laut ist, daß er Sie stören würde, am Strand, auf den Sie sich so gefreut haben, anwesend sind."

(Ein solcher Satz ist schon im Wachzustand schwierig zu verstehen, wird aber in Trance bei langsamer Sprechweise fast unverständlich.)

sondern eher so:

"Sie sind völlig allein an Ihrem Strand, genießen die tiefe, tiefe Ruhe und spüren Ihre Freude wie ein belebendes Prickeln unter der Haut, während das regelmäßige Rauschen der Wellen die Ruhe und die wohltuende Zurückgezogenheit unterstreicht."

Beide Sequenzen sind etwa gleich lang. Um aber die erste zu verstehen, muß man Aufmerksamkeit aufwenden, um den ganzen Satz zu behalten, während die zweite Sequenz eine Folge von kurzen, abgeschlossenen Bedeutungseinheiten enthält, ohne daß das Gedächtnis belastet würde.

Berücksichtigen wir die genannten Regeln (Zerlegen in Erlebniseinheiten, Wahrnehmungssätze für Erleben der Umwelt und der eigenen körperlichen Reaktionen sowie einfache Sätze und Vermeidung von Verneinungen), dann könnte die oben formulierte abstrakte Suggestion "Sie sind jetzt am Meer. Sie erleben das Meer und Sie fühlen sich sehr wohl dabei. Und Sie werden jetzt völlig entspannt, völlig entspannt. Je deutlicher Sie jetzt das Meer erleben, um so entspannter fühlen Sie sich." durch einen Text ersetzt werden, wie er in Kasten IV/3 (s. unten S. 87ff) wiedergegeben ist.

2.3 Regeln zur Vermeidung von Formulierungen, die im Widerspruch zum Erleben des Patienten stehen (Prinzip II)

Nun haben wir zwar das "am Meer sein" in ein Mosaik von verschiedenen Erlebniseinheiten zerlegt, dabei aber direkte Suggestionen der Art "Sie sehen das Blau des Meeres. Sie sind nun entspannt. Sie sehen die Wolken am Himmel. Nun spüren Sie den Sand unter den Füßen." verwendet, wodurch wir Gefahr laufen, in Widerspruch zum Erleben des Patienten zu geraten. Wenn der Patient - anders als vom Therapeuten suggeriert - erlebt, daß er eben kein blaues, sondern ein graues Meer sieht, noch nicht entspannt ist, anstelle der Wolken einen wolkenfreien Himmel sieht oder einen felsigen Meeresstrand unter den Füßen spürt anstelle eines Sandstrandes, wird er feststellen, "Nein, stimmt nicht. Ich bin eben nicht entspannt, ich erlebe keinen Sandstrand..." und so fort. Das könnte den Patienten so stören, daß er den Suggestionen des Therapeuten nicht mehr folgt und keine Trance entwickelt. Der Therapeut formuliert am Patienten vorbei und erreicht das Erleben des Patienten nicht mehr. Um dieser Gefahr zu entgehen, werden offene und indirekte Suggestionen verwendet.

2.3.1 Offene Suggestionen

Bei offenen Suggestionen wird der Patient zwar noch direkt angeredet, aber der Inhalt der Suggestion wird noch nicht als eingetreten behauptet, sondern als möglich bzw. wird das Eintreten des genannten Inhalts zeitlich offen formuliert. Der Therapeut kann aber auch offen bleiben, indem er dem Patienten die Ausgestaltung einer suggerierten Vorstellung überläßt: Zum einen läßt er die genaue Spezifikation eines Wahrnehmungsereignisses offen und legt sich nicht auf bestimmte Umstände, z.B. eine Farbe fest, zum anderen kann er durch Vorgabe von Alternativen den Patienten einladen, die für ihn passende auszusuchen.

2.3.1.1 Möglichkeit einer Suggestion

Anstelle der direkten Suggestion ("Sie spüren Ihr Herz ruhiger schlagen") wird ihr Zutreffen als möglich bezeichnet ("Vielleicht spüren Sie nun Ihr Herz ruhiger schlagen."). Zur Bezeichnung der Möglichkeit können Wörter verwendet werden wie "möglicherweise, vielleicht, kann sein, könnte." Hier sind einige Beispiele für offene Suggestionen:

direkte Suggestion	offene Formulierung
Ihre Arme und Beine sind schwer.	Vielleicht sind Ihre Arme und Beine schon schwer.
Ihre Arme und Beine sind völlig ruhig.	Möglicherweise kann eine Gelöstheit in Armen und Beinen auftreten.
Sie spüren die Kühle des Meerwassers.	Vielleicht ist es Ihnen möglich, die Kühle des Meerwassers zu erleben.

2.3.1.2 Zeitlich offene Formulierungen

Die direkte Suggestion ("Sie spüren Ihr Herz ruhiger schlagen.") läßt sich auch zeitlich offen formulieren ("Früher oder später wird ihr Herz ruhiger schlagen."). Zur Formulierung zeitlich offener Suggestionen bieten sich z.B. an: "In einer Weile, manchmal dauert es noch eine kurze Zeit bis, früher oder später" oder die Verwendung von solchen Verben in der Zukunftsform oder zusammen mit "kann", die einen Verlauf bezeichnen wie "wird/kann zunehmen, abnehmen, sich vertiefen, sich verstärken".

direkte Suggestion	zeitlich offene Formulierung
Ihre Atmung wird nun tiefer.	In einer Weile kann Ihre Atmung natürlich tiefer werden.
Sie sind entspannt.	Die beginnende Entspannung wird sich früher oder später vertiefen.
Und nun erleben Sie ein Gefühl innerer Ruhe.	Das zunehmende Gefühl einer inneren Ruhe wird sich bald bei Ihnen einstellen.

Mit offenen Formulierungen dieser Art behauptet der Therapeut nicht, daß die Suggestion eingetreten ist. Er gibt vielmehr eine 'Anregung', daß dies möglich ist oder später eintreten wird. Und damit ist auch der Patient nicht festgelegt: Falls er die 'Anregung' nicht erlebt, muß er die Suggestion noch nicht als gescheitert betrachten, sondern kann die Erwartung entwickeln, daß z.B. eine 'beginnende Entspannung' auftreten wird. Diese Erwartung läßt ihn dann nach Anzeichen für diese "beginnende Entspannung" suchen - und finden, indem er etwa seine Aufmerksamkeit auf seine Arme, Beine etc. lenkt und dabei vielleicht die - im Vergleich zur Anspannung des Oberkörpers - geringere muskuläre Anspannung in den Beinen als Anfang einer Entspannung interpretiert und erlebt.

2.3.1.3 Keine Festlegung

2.3.1.3.1 Allgemeine Qualitäten

Falls dem Patienten ein konkreter Vorstellungsinhalt suggeriert wird - z.B. "Sie sehen den *schneeweißen* Strand und dahinter das tiefe *Blau* des Meeres." - besteht wieder die Gefahr, daß der Patient diesen Inhalt anders erlebt als er suggeriert wurde (Der Patient sieht halt einen grauen, felsigen Strand und dahinter ein graues Meer.), und damit einen störenden Widerspruch zur Suggestion des Therapeuten erlebt. Eine solche Suggestion kann dadurch 'offen' werden, daß der Therapeut sich nicht durch eine konkrete Angabe festlegt, sondern einfach die genauere Spezifikation der Wahrnehmung - in unserem Fall die Farbe - offenläßt.

direkte Suggestion	*offene Formulierung*
Sie sehen den *schneeweißen* Strand und dahinter das tiefe *Blau* des Meeres.	Sie nehmen deutlich die *Farben* des Meeres und des Strandes wahr.
Und während Sie im Meer schwimmen, spüren Sie die *Wärme* des Wassers.	Und während Sie im Meer schwimmen, spüren Sie die *Temperatur* des Wassers.
Und die beginnende Entspannung läßt die Atmung *tiefer* und den ganzen Körper *schwer* werden.	Und die beginnende Entspannung führt zu einer angenehmen *Änderung* der Atmung und des gesamten Körper*empfindens*.

2.3.1.3.2 Berücksichtigung von Alternativen

Eine andere Möglichkeit, sich als Therapeut nicht festzulegen, besteht darin, anstelle der konkreten Vorgabe des Erlebens verschiedene oder im Idealfall alle Möglichkeiten anzugeben und damit dem Patienten die Wahl zu lassen. Damit entgeht man wiederum der Gefahr, in Widerspruch zum Erleben des Patienten zu geraten.

direkte Suggestion	*offene Suggestion*
Sie sind entspannt, Beine und Arme sind schwer.	Sie sind entspannt, wobei Arme und Beine leicht oder schwer sein können oder ein Empfinden haben, daß für Sie eine beginnende oder schon vertiefte Entspannung bedeutet.
Sie spüren den trockenen, warmen Sand unter den Füßen.	Und während Sie barfuß über den Strand gehen, spüren Sie, ob er warm ist oder kühl, ob er feucht oder trocken ist, ob er hart oder weich ist und können dabei auch spüren, ob er sandig oder felsig ist.
Sie hören das mächtige Rauschen der	Und vielleicht achten Sie einmal dar-

riesigen Wellen.	auf, ob Sie das Meer auch hören können, das bei hohen Wellen sehr laut und stürmisch sein kann, bei schwachem Wellengang eher ruhig ist, aber dabei doch in einem natürlichen Rhythmus an das Ufer schlägt. Und manchmal wird erlebt, wie eine große Ruhe allein durch die riesige, unbewegliche Fläche des Meeres bei Windstille vermittelt wird.

2.4 'Zeit lassen'

In Widerspruch zum Erleben des Patienten geraten kann man nicht nur durch Vorgabe der 'falschen' Inhalte, sondern auch durch den 'falschen' Zeitpunkt, zu dem sie vorgegeben werden. Gerade jeweils am Ende einer Erlebniseinheit (z.B. "...die Weite des Meeres zu sehen und sie geradezu einzuatmen...") benötigt der Patient eine Weile, um die vorgegebene Erfahrung in ein persönliches Erleben umzusetzen. Wenn man gleich zur nächsten Erlebniseinheit übergeht ("...um dann die Wärme der Sonne zu genießen und nun einmal hoch in den Himmel zu schauen"), wird der Patient von einer Erfahrung zur nächsten 'gehetzt', ohne sie wirklich für sich in eine bedeutungsvolle Erfahrung umsetzen zu können. Und damit gerät der Therapeut allein durch die ungünstigen zeitlichen Bedingungen der suggestiven Vorgaben in Widerspruch zum Erleben des Patienten.

Die Verwendung von Pausen, Wiederholungen, 'Warteschleifen' und Zählen hat aber noch andere Vorteile. Man kann damit leicht eine Trancesitzung 'verlängern', ohne dauernd neue Tranceinhalte produzieren zu müssen. Dies ist bei Patienten wünschenswert, die einmal - ohne daß eine besondere therapeutische Intervention durchgeführt wird - für längere Zeit (z.B. eine Stunde) einfach eine erholende Entlastung erleben sollen (z.B. bei chronischen Schmerzpatienten, schweren Erschöpfungszuständen etc.).

Weiterhin sind Pausen und Wiederholungen hilfreich, wenn dem Therapeuten während einer Trancesequenz ein Gedanke für eine Intervention kommt, den er noch kurz überdenken muß, bevor er ihn umsetzt. Die Vorbereitung der Intervention könnte dann während einer Pause geschehen bzw. bei wenig Aufmerksamkeit fordernden Wiederholungen oder einfachem Zählen.

2.4.1 Pausen

Als Anfänger hat man bei der Formulierung von Trancesequenzen oft das Bedürfnis, nur ja keine Pausen entstehen zu lassen und möglichst durchgehend zu sprechen. Aber wie schon erwähnt, helfen Pausen geradezu, das vom Therapeuten vorgegebene Bild entstehen zu lassen und zu vertiefen. Und manchmal sind gerade längere Pausen bei der Formulierung die Phasen, in denen der Patient tiefe Erfahrungen macht und das Erlebte ohne eventuell einschränkende Vorgaben des Therapeuten weiterführen kann.

Pausen haben also zwei Funktionen: Zum einen helfen kürzere Pausen nach Darstellung einer Erlebniseinheit dem Patienten, die vom Therapeuten vorgegebenen Inhalte in inneres Erleben umzusetzen und zum anderen tragen längere Pausen zur Vertiefung der Trance bei.

Aber was ist eine kürzere und was ist eine längere Pause? Eine kurze Pause nach einer Erlebniseinheit beträgt etwa fünf bis zehn Sekunden. Es wäre allerdings nicht nützlich für den Therapeuten, jedesmal präzise die Sekunden zu zählen, sondern statt dessen den vorgegebenen Inhalt für sich selbst imaginativ nachzuvollziehen, und dadurch die 'richtige' Pause zu bestimmen.

Eine längere Pause wird etwa zwei bis drei Minuten betragen und sollte vorher angekündigt werden, damit der Patient nicht beginnt darüber nachzudenken, warum denn nichts mehr gesagt wird und er dadurch in seinem Tranceerleben gestört wird. Eine solche längere Pause sollte aber nicht schon im Anfangsteil der Trancesequenz gegeben werden, sondern erst später, wenn ein Tranceerleben schon eingesetzt hat. Andernfalls würde die Pause, in der der Patient dann noch rational-realitätsorientiert ist und sich mit eigenen Gedanken beschäftigt, störend wirken. Die Ankündigung einer solchen Pause könnte etwa so lauten:

> "Und wenn ich jetzt eine Zeitlang nichts sage, kann sich die Erfahrung einer zunehmenden Gelöstheit (Ruhe, Entspannung, Gelassenheit) noch vertiefen."

Wichtiger als allgemeine Zeitvorgaben für längere und kürzere Pausen sind die Erfahrungen des Patienten mit diesen Pausen. Erst das Gespräch mit dem Patienten nach einer Trance, in dem der Patient u.a. gebeten wird zu berichten, wie er die Pausen erlebt hat, entscheidet über die künftige Verwendung von Pausen und deren Länge.

2.4.2 Wiederholungen

Wie wir oben gesehen haben, sind Wiederholungen ein wesentliches Stilmerkmal ritueller Texte, die auch heute bei tranceinduzierenden Texten verwendet werden. Zu wiederholen heißt - wie bei der Pause nach einer Erlebniseinheit -, dem Patienten Zeit zu lassen, den suggerierten Inhalt in ein Erleben umzusetzen, indem das Thema des Tranceinhaltes bei den Wiederholungen nicht geändert wird. Überdies kann jede Wiederholung einen erneuten Anstoß bedeuten, den suggerierten Inhalt zu erleben.
Nun kann man natürlich auch des Guten zuviel tun, so daß sich auch hier - ähnlich wie bei der Dauer der Pause - die Frage stellt, wie oft soll denn wiederholt werden? Hier sollte man unterscheiden zwischen wörtlichen Wiederholungen

> "Sie nehmen die Weite des Meeres wahr.....nehmen die Weite des Meeres wahr.......einfach die Weite wahrnehmen...."

und 'thematischen' Wiederholungen, die den suggerierten Inhalt variieren:

> "Sie nehmen die Weite des Meeres wahr.....lassen den Blick über das Meer schweifen.......atmen diese Weite geradezu an.....um sie in sich aufzuneh- men.....und während Sie auf die riesige, weite Fläche schauen...kann sich dabei ein Gefühl innerer Weite einstellen....und der Blick auf die äußere Weite ist dann oft begleitet von einem Gefühl innerer Freiheit..."

Bei wörtlichen Wiederholungen wird man es bei zwei bis dreifachen Wiederholun- gen bewenden lassen, bei thematischen können die Wiederholungen öfter gemacht werden.

2.4.3 'Warteschleife'

Bei der 'Warteschleife' handelt es sich auch um Wiederholungen, z.B. um variierte Wiederholungen der Adjektive "gelöst, ruhig, gelassen"; es können natürlich auch andere sein. Da eine solche 'Warteschleife' wenig Aufmerksamkeit vom Therapeuten benötigt, ist sie besonders geeignet, um während der Trance Zeit für Überlegungen zu gewinnen, wobei der Patient aber weiter von der Stimme des Therapeuten begleitet wird. Damit die 'Warteschleife' wenig Aufmerksamkeit benötigt, sollte man die ent- sprechenden Formulierungen schon öfters probiert haben, auch wenn es sich nur um drei Begriffe handelt. Dann ist die 'Warteschleife' automatisiert und der Therapeut ist völlig frei, eine neue Idee für die nächste Intervention zu entwickeln. Die Formulie- rung könnte etwa so lauten:

"...gelöst....ruhig und gelassen sein......völlig gelassen, ruhig und gelöst......... voller Ruhe...und Gelassenheit...eine tiefe Gelöstheit spüren....gelassen und ruhig.....einfach tragen lassen in tiefer Ruhe....und Gelöstheit"

Wie bei den anderen Wiederholungen gilt auch hier, daß die 'Warteschleife' erst später verwendet werden sollte, wenn der Therapeut den Eindruck hat, daß sich eine gute Trance entwickelt hat.

2.4.4 Zählen

Noch automatisierter als das Formulieren einer 'Warteschleife' ist natürlich das einfache Zählen, wobei der Therapeut jede Zahl mit dem Ausatmen des Patienten synchronisiert und das Einatmen mit einem "und" begleitet. Zwischendurch können immer wieder Wörter wie "völlig ruhig und gelassen" etc. eingefügt und dafür ruhig eine Zahl ausgelassen werden. Für die therapeutische Praxis wird man sich mit dem Zählen bis 10 oder 20 begnügen. Hier ein Beispiel:

"Und wenn ich im folgenden im Rhythmus Ihrer Atmung zähle, sich ruhig mit jeder Zahl noch mehr in die sich ausbreitende Gelöstheit einschwingen....und.....eins..... eintauchen...mehr und mehr eintauchen in eine tiefe Ruhe....zwei.. ....und...drei... zunehmend gelöst.....und....vier...eine angenehme Schwere im ganzen Körper erfahren......und...fünf.....ein Gefühl, das begleitet sein kann von einem Empfinden von Zuversicht und Sicherheit....und....sieben..."

Nun könnte man fragen, warum brauche ich die Warteschleife, wenn ich das Gleiche mit Zählen erreichen kann? Sicher, sowohl mit Zählen wie der Warteschleife kann ich das gleiche erreichen, allerdings ist es gut, über Variationsmöglichkeiten zu verfügen, damit bei einer längeren Trance die gleiche Funktion auf verschiedene Weise ausgeführt werden kann. Für manche Patienten könnten mehrmalige Zählphasen störend wirken.

Bevor wir nun die bisher kennengelernten Regeln zur Formulierung von Entspannungsszenen verwenden, werden wir im nächsten Kapitel noch auf die Formulierung indirekter Suggestionen eingehen.

3 TRANCESPRACHE:
INDIREKTE UND DIREKTE SUGGESTIONEN

3.1 Indirekte Suggestionen

Bisher haben wir den Patienten noch direkt angesprochen ("*Sie* empfinden ein Gefühl von Gelöstheit, das sich noch vertiefen kann."), so daß der Patient jede Suggestion auf sich bezieht und nachprüfen kann, ob die Suggestion auch wirklich eingetroffen ist oder (bei offenen Suggestionen) eintreffen könnte. Er kann also die von der Therapeutin gegebenen Suggestionen 'innerlich' mit "Ja, stimmt." oder "Nein, stimmt nicht." kommentieren. Bei indirekten Formulierungen kann man (eigentlich) nur "Ja" zu allen Äußerungen der Therapeutin sagen. Und dies ist das entscheidende Kriterium, in dem sich direkte und offene Suggestionen von indirekten Suggestionen unterscheiden: Indirekten Formulierungen kann man nicht widersprechen.

Die Indirektheit wird erreicht, indem zum einen der Patient nicht mehr direkt angesprochen wird und zum anderen die Äußerungen der Therapeutin so vage und unbestimmt formuliert sind, daß der Patient mit seinem Erleben nicht in Widerspruch zu den Äußerungen der Therapeutin gelangt. Wie wir gleich sehen werden, erhalten die Formulierungen der Therapeutin dabei anstelle der Direktheit klassischer Suggestionen eher den Charakter von Vorschlägen, denen man sich in Trance aber nur schwer entziehen kann. Im folgenden wollen wir einige wichtige Formulierungsregeln darstellen.

3.1.1 Allgemeinplätze (Truismen)

Bei dieser Regel wird vor eine direkte Suggestion z.B.

> Sie schauen jetzt zurück in die Vergangenheit, um die Gegenwart besser zu verstehen.

eine Formulierung der Art:

"Ist es nicht so, daß..."
"Oft kann es geschehen, daß..."
"Manchmal erleben wir, daß..."
"Wir alle wissen, daß..."
"Die meisten haben erfahren, daß..."
"Die Lebenserfahrung zeigt nicht selten, daß..."
"Seit urdenklichen Zeiten passiert es immer wieder, daß..."
"Eine Grundkonstante unseres Lebens ist, daß..."
"Es gehört zur Erfahrung vieler Menschen, daß..."
"In allen Epochen der Menschheit..."
"Jeder weiß, was..."

etc. gesetzt und dann im folgenden Nebensatz die direkte Anrede weggelassen. Wenn noch die Möglichkeit des Gesagten betont wird, wird aus unserer direkten Suggestion folgende indirekte Formulierung:

> Oft kann es geschehen, daß ein Blick in die Vergangenheit zu einem besseren Verständnis der Gegenwart führen kann.

Oder

> Für manche Menschen ist der Blick in die Vergangenheit eine Möglichkeit, die Gegenwart besser zu verstehen.

Hier sind noch weitere Beispiele für die Transformation von direkten in indirekte Suggestionen:

direkte Formulierung	indirekte Formulierung
Stellen Sie sich nun Ihren Traum-strand vor.	Und jeder weiß, wie sein Traumstrand aussieht.
Ihr Körper ist nun völlig entspannt und Sie erleben dabei eine tiefe seeli-sche Erholung.	Für viele ist eine körperliche Entspan-nung wie ein Tor zu einer tiefen seeli-schen Erholung.
Und spüren Sie nun ein Gefühl von Liebe, das Ihnen von einem wichtigen Menschen aus der Vergangenheit ent-gegengebracht wird, und erleben Sie dabei ein Gefühl von Geborgenheit und Sicherheit.	Und in allen Epochen der Menschheit war die Erfahrung der Liebe von einem anderen, wichtigen Menschen wie das Eintauchen in eine tiefe Geborgenheit und Sicherheit.

Indem direkten Suggestionen solche Allgemeinplätze vorangestellt werden, bekom-men sie eine (scheinbare) Allgemeingültigkeit, die vom Patienten zudem kaum in Frage gestellt wird, weil er ja - da nicht direkt angesprochen - auch nicht den Ein-druck gewinnt, gemeint zu sein. Und doch werden sich in der Regel die von der The-rapeutin beabsichtigten Assoziationen und Empfindungen beim Patienten als Reakti-on auf die indirekten Formulierungen einstellen. Dabei ist der Patient völlig frei in der Ausgestaltung seiner inneren Bilder und seines Erlebens. Er unterliegt dabei nicht dem Druck, seine Erfahrungen mit den von der Therapeutin suggerierten zu verglei-chen, um festzustellen, ob er es auch "richtig macht" bzw. sich in Übereinstimmung mit der Therapeutin befindet. Falls beim Patienten keine Assoziationen oder Erleb-nisse auftreten, wird er das nicht als Scheitern einer Suggestion und damit als Mißer-folg erfahren, denn er war ja nicht direkt angesprochen und gemeint. Das gilt auch für die weiteren Regeln zur indirekten Formulierung.

3.1.2 Nominalisierung

Eine weitere Art, die direkte Anrede des Patienten bei einer Suggestion zu vermeiden besteht darin, eine direkte Suggestion zu nominalisieren (nomen, *lat.*, bedeutet u.a. Hauptwort). Dabei wird das Prädikat der Suggestion zum Subjekt. Zum Beispiel werden in der direkten Suggestion

Sie spüren jetzt eine innere starke Kraft und Sie wollen sich nun bald entschlossen Ihren Problemen stellen.

die Prädikate ("spüren", "wollen") zu Hauptwörtern ("Das Spüren", "das Wollen bzw. der Wille") der nominalisierten Suggestion:

> Das Spüren einer starken inneren Kraft kann die Basis sein für den Willen, sich entschlossen den eigenen Problemen zu stellen.

Wie man sieht, bekommt die direkte Suggestion durch das Weglassen der Wörter "jetzt" und "bald", wodurch die Andeutung eines aktuellen zeitlichen Bezugs vermieden wird, sowie durch die Vermeidung der direkten Anrede des Patienten wieder den Charakter einer allgemeingültigen Aussage wie wir es im vorgehenden Abschnitt kennengelernt haben. In gewisser Weise wird die direkte Suggestion durch die Allgemeingültigkeit der indirekten Suggestion 'demokratisiert': Anstelle der 'diktatorischen' direkten Suggestion ("Sie sind...") tritt die Herrschaft aller ("Wir alle kennen, daß..."). Die damit verbundene Form der Sprache hat zwar etwas Vages und Unbestimmtes, das aber wie eine verbale Projektionsleinwand wirkt, auf die der Patient präzise seine eigenen Erfahrungen projizieren kann, ohne daß Inhalte suggeriert werden, die im Widerspruch zum Erleben des Patienten stehen und ihn damit stören würden.

Das Beispiel, das wir für die direkte Suggestion gewählt haben, bestand nicht von ungefähr aus zwei Teilsuggestionen (1."Sie spüren jetzt eine innere starke Kraft." 2. "Sie wollen sich nun bald entschlossen Ihren Problemen stellen.") Wenn man nur eine Suggestion nominalisiert, entsteht nämlich nur ein unvollständiger Satz. Teilsuggestion (1) wird nach der Nominalisierung zu "Das Spüren einer inneren Kraft." und Teilsuggestion (2) zu " Der Wille, sich entschlossen den eigenen Problemen zu stellen." Um diese Unvollständigkeit zu verhindern, sollte man immer zwei direkte Teilsuggestionen nominalisieren und sie mit Elementen wie

> ...ist wie...
> ...kann dazu führen, daß.../...kann zu ...führen
> ...ist ein Weg um/zu....
> ...kann begleitet sein von...
> ...lädt ein zu/ ist wie eine Einladung...
> ...bedeutet oft...
> ...ist die Basis für...
> ...fördert/unterstützt...

etc. verbinden.
Wenn man Verben (z.B. riechen) nominalisiert, muß man natürlich nicht ausschließlich die Verlaufsform, sondern kann auch das entsprechende Hauptwort verwenden.

das Wollen	der Wille
das Schauen	der Blick
das Riechen	der Geruch
das Erleben	das Erlebnis
das Entspannt sein	die Entspannung
das Gelassen sein	die Gelassenheit
das Fühlen	das Gefühl

Zur Illustration der Nominalisierung haben wir wieder einige Beispiele angeführt:

direkte Formulierung	*Nominalisierung*
Folgen Sie Ihren Gefühlen und Sie werden den Weg zur Lösung Ihrer Probleme finden.	Den eigenen Gefühlen zu folgen ist wie ein Wegweiser zur Lösung der eigenen Probleme.
Sie gehen am Meer entlang und riechen jetzt die frische, salzige Luft.	Am Meer entlang zu gehen, lädt dazu ein, den frischen, salzigen Geruch zu genießen.
Sie werden jetzt ruhiger und ruhiger und finden dabei den Zugang zu einer tiefen Gelassenheit.	Eine mehr und mehr zunehmende Ruhe ist wie ein sicherer Weg zu einer tiefen Gelassenheit.
Sie schauen über die Weite des Meeres und Sie spüren jetzt über Ihre Atmung auch eine große, innere Weite und fühlen sich dabei völlig befreit.	Der Blick über die Weite des Meeres ist wie eine Aufforderung, diese Weite über die Atmung in sich aufzunehmen, was von einem intensiven Gefühl des Befreitseins begleitet sein kann.

3.1.3 'Erklärung' einer Suggestion

Mit dieser Regel wird eine direkte Suggestion 'erklärt' und damit in eine indirekte übertragen. Dabei nominalisiert die Therapeutin bei einer Folge thematisch verbundener direkter Suggestionen die erste Suggestion (z.B. "Sie erleben ein Gefühl von Freiheit." mit "Ein Gefühl von Freiheit erleben.") und benutzt die folgenden Suggestionen als 'Erklärung', wobei die 'Erklärung' eingeleitet wird mit

> bedeutet,
> heißt,
> führt zu,
> ist verbunden mit,
> ist begleitet von,
> besteht aus.

Die Folge direkter Suggestionen

> Sie erleben ein Gefühl von Freiheit und spüren eine innere Weite. Sie empfinden eine Frische und Beweglichkeit und sind nicht für die Ansprüche von außen erreichbar, was für Sie mit einer tief empfundenen Gelassenheit verbunden ist.

könnte dann 'erklärt' folgendermaßen lauten, wobei die direkte Anrede mit "Sie" wieder herausfällt:

> Ein Gefühl von Freiheit erleben ist oft *begleitet* von einem Gefühl der inneren Weite oder ist mit einem Empfinden von Frische und Beweglichkeit *verbunden*. Und zusammen mit der Erfahrung, für die üblichen Ansprüche von außen einfach nicht mehr erreichbar zu sein, kann dies zu einer tief empfundenen Gelassenheit *führen*.

Auch bei der 'Erklärung' der Suggestion wird wiederum die direkte Anrede des Patienten vermieden. Die Suggestion bekommt zusätzlich wieder etwas Allgemeingültiges, wenn offen formuliert wird wie auch die folgenden Beispiele zeigen:

direkte Suggestion	*'erklärte', indirekte Suggestion*
Sie erleben und genießen nun das Meer und werden sich dabei der Weite des Meeres bewußt. Sie atmen die salzige Luft tief ein und schlendern dabei in aller Ruhe über den Strand und lauschen dem Rauschen der Wellen.	Das Meer zu erleben und zu genießen, *heißt*, sich einmal wirklich der Weite des Meeres bewußt zu sein und dabei die salzige Luft tief einzuatmen, aber auch in aller Ruhe über den Strand zu schlendern und dem Rauschen der Wellen zu lauschen.
Sie sind entspannt.	Und Entspannung *bedeutet*, die Arme und Beine als leicht oder als schwer zu erleben, wobei sich die Atmung vertie-

	fen und sich im Magen ein Gefühl der Gelöstheit einstellen kann.

3.1.4 Suggestion als Frage

Wird eine direkte Suggestion ("Sie sind entspannt.") als Frage formuliert ("Wo würden Sie eine beginnende Entspannung spüren?"), so führt die in eine Frage gekleidete Suggestion nicht nur unverbindlich ein Thema ein, zu dem der Patient Assoziationen und Vorstellungen entwickeln kann oder nicht, sondern hat doch schon mehr den Charakter einer Aufforderung, etwas zu empfinden oder sich vorzustellen, ohne daß der Patient direkt dazu angehalten wird.

Als Fragen formulierte Suggestionen können beim Patienten spontan innere Bilder und Vorstellungen hervorrufen, die ja ein wesentlicher Bestandteil des Tranceerlebens sind. Dazu werden Fragen formuliert, die der Patient eben nur nach Bildung einer Vorstellung beantworten kann. Wenn Sie, liebe Leserin, lieber Leser, gefragt würden, wieviele Fenster Sie zu Hause haben, werden Sie vermutlich eine innere bildhafte Vorstellung Ihrer Wohnung entwickeln und die Fenster zählen, indem Sie durch die vorgestellten Räume Ihrer Wohnung oder Ihres Haus 'gehen'. Genau dieses Prinzip läßt sich auch bei der Formulierung von Trancesequenzen verwenden. Dabei kann die Therapeutin eigentlich nicht viel falsch machen. Da sie nur fragt, gibt sie keine konkreten Inhalte vor, die zutreffen können oder auch nicht. Die konkreten Inhalte, die sich der Patient als Antwort auf die Frage der Therapeutin vorstellt sind immer 'richtig', da der Patient völlig frei ist, genau seine eigenen Erfahrungen innerlich nachzuerleben. Insbesondere die Formulierung "Und ich weiß nicht,...." gefolgt von einer Frage, die die direkte Suggestion enthält, ist eine einfache Möglichkeit, eine direkte Suggestion in eine indirekte zu überführen ("Und ich weiß nicht, wie Ihr Traumstrand aussieht?" anstelle der direkten Suggestion "Sie denken nun an Ihren Traumstrand."). Damit kann der Patient direkt angesprochen werden, ohne daß er die Suggestion mit "stimmt" oder "stimmt nicht" bewerten kann, wobei in der Regel automatisch die Vorstellungen auftreten, die von der Therapeutin angesprochen wurden.

Hier wieder einige Beispiele:

direkte Formulierung	*Suggestion als Frage*
Sie sehen Ihren Vater vor sich und sehen die Veränderungen in seinem Gesicht, wenn er Sie anlächelt.	Wie sieht das Gesicht Ihres Vaters aus, wenn er lächelt? Und ich weiß nicht, wie das Gesicht Ihres Vaters sich verändert, wenn er Sie anlä-

	chelt.
Sie fühlen sich nun völlig gelöst und entspannt.	Und was bedeutet eine völlige Gelöstheit und Entspannung für Sie? Und ich weiß nicht, was eine völlige Gelöstheit und Entspannung für Sie bedeutet?
Sie spüren nun eine tiefe Ruhe in Schultern und Beinen und gleich auch im ganzen Körper. Dabei erleben Sie ein Gefühl einer umfassenden Sicherheit.	Und wie würden Sie eine tiefe Ruhe in Schultern, Beinen oder im ganzen Körper spüren? Und könnte diese Erfahrung für Sie auch mit einem Gefühl von Sicherheit verbunden sein? Und ich weiß nicht, wie Sie eine tiefe Ruhe in Schultern, Beinen oder im ganzen Körper erleben würden und wie weit diese Erfahrung auch mit einem Gefühl von Sicherheit verbunden sein könnte.

In den bisher genannten Beispielen für Suggestionen in Frageform ist der Patient noch direkt angesprochen. Die direkte Ansprache mit "Sie" läßt sich auch hier wieder ganz aus der "Fragesuggestion" nehmen, indem über die Verwendung von offenen Formulierungen (kann, könnte), von Nominalisierung oder der Formulierung der Frage als Allgemeinplatz ("Und wissen nicht die meisten, daß...?"), die so gestellte Frage eine scheinbare Allgemeingültigkeit nahelegt. Dies belegen auch die folgenden Beispiele:

direkte Formulierung	*Suggestion als Frage*
Sie spüren nun eine tiefe Ruhe in Schultern und Beinen und gleich auch im ganzen Körper. Dabei erleben Sie ein Gefühl einer umfassenden Sicherheit	Und kann eine beginnende tiefe Ruhe nicht auch in den Schultern und in den Beinen und früher oder später auch im ganzen Körper gespürt werden, die sich mehr und mehr zu einem Gefühl des Aufgehobenseins und einer umfassenden Sicherheit entwickelt?
Und während Sie sich nun als Kind erleben, greifen Sie mit der Hand zur Türklinke des Wohnzimmers.	Und weiß nicht jeder, wie hoch er als Kind mit der Hand greifen mußte, um die Türklinke des Wohnzimmers zu erreichen.

Sie schauen bis zum Horizont und sehen dort nun das helle Blau des Himmels und das dunkle Blau des Meeres.	Und der Blick kann bis zum Horizont gehen. Und wie ist dort die Farbe des Meeres im Vergleich zur Farbe des Himmels?
Sie fühlen sich nun frei und völlig ungebunden und dabei erfahren Sie eine Leichtigkeit und Beweglichkeit und spüren, daß Sie viel Raum haben.	Und haben nicht die meisten Menschen eine Vorstellung von dem Gefühl, sich wirklich frei und völlig ungebunden zu fühlen, was oft verknüpft ist mit der Erfahrung von Leichtigkeit oder Beweglichkeit und dem Gefühl, viel Raum zu haben.

3.1.5 Stellvertreter

Die letzte Regel zur indirekten Formulierung von Suggestionen findet sich auch in den Texten von Dichtern und Schriftstellern, insbesondere der Romantik. Gerade sie haben in ihrer Prosa und Dichtung die Natur mit menschlichen Eigenschaften versehen, sie "anthropomorphisiert". Dazu wurde die Natur mit menschlichen Eigenschaften bzw. Erfahrungsweisen ausgestattet, z.B. *seufzen* die Bäume *traurig* oder Büsche stehen *vereinsamt* in einem kalten, *abweisenden* Nebel; geschlossene, in der kalten Dunkelheit des Schnees eingekerkerte Blüten *sehnen* sich nach der wärmenden Sonne etc. Mit dieser Vorgehensweise gelang es ihnen, die Stimmung der handelnden Personen in der Natur widerzuspiegeln bzw. auch Stimmungen zu erzeugen, ohne daß ein Bezug zu einer handelnden Person hergestellt wurde. Dabei geschieht es oft, daß der Leser die Stimmungen nachvollzieht, die stellvertretend für ihn von Bäumen, Büschen oder Blumen 'erlebt' werden. So spiegeln etwa die verschmähten Blumen des "Taugenichts" von Joseph von Eichendorff auch dessen Stimmung wider: "...so oft ich des Morgens frühzeitig nachsah, lagen die Blumen noch immer da wie gestern und sahen mich mit ihren verwelkten, niederhängenden Köpfchen und darauf stehenden Tautropfen ordentlich betrübt an, als ob sie weinten (von Eichendorff, 1987)."

Mit dieser Technik läßt sich auch hypnosetherapeutisch arbeiten, indem die Therapeutin die Erfahrungen, die der Patient machen soll, auf einen Stellvertreter 'montiert', und damit für den Patienten Stimmungen oder Erfahrungen einführt, die vom Patienten nachvollzogen werden können, ohne daß er direkt angesprochen wurde. Hier wieder einige Beispiele, die etwa in die Schilderung eines entspannenden Frühlingsspaziergangs eingebaut werden könnten.

direkte Suggestion	*Stellvertretertechnik*
Sie sind heiter und gelöst.	Die Zweige des Kirschbaumes lassen sich geradezu heiter und gelöst vom Winde hin und her wiegen.
Und während Sie Ihr Gesicht der Sonne zuwenden, genießen Sie die Wärme und spüren dabei eine tiefe Gelöstheit und Freiheit.	Und die weiß-roten Blüten, die sich der Sonne zugewendet haben, scheinen die Wärme intensiv zu genießen, wobei die Blütenblätter die Wärme der Sonne geradezu völlig gelöst und frei in sich aufnehmen.
Sie spüren das frische Neue und Lebendige des Frühlings in sich und bemerken, wie es sich mehr und mehr Raum in Ihnen schafft.	Äste und Zweige haben nach einer langen, dunklen Zeit wieder die Empfindung, daß etwas frisches Neues und Lebendiges in ihnen ist und sich unaufhaltsam mehr und mehr Raum schafft.

Durch Einfügen eines Wortes wie "geradezu" oder "gleichsam" vor den anthropomorphen Eigenschaften kann die 'Vermenschlichung' der Natur abgeschwächt werden. Wir werden später die Stellvertretertechnik noch ausführlicher als eine vielfältig nutzbare Möglichkeit zur indirekten Kommunikation mit dem Patienten kennenlernen (s. unten S. 193ff). Aber auch schon bei reinen Entspannungsszenen lassen sich 'Anthropomorphismen' punktuell in eine Entspannungssequenz einbauen. Dies zeigen auch die Textbeispiele im folgenden Kapitel.

3.2 Direkte Suggestionen

Mit dem Aufstieg der modernen Hypnosetherapie Ericksonscher Prägung galt die Verwendung direkter Suggestionen, wie sie in der klassischen Hypnose üblich ist, als altmodisch und für den Aufbau einer guten Patient-Therapeutin-Beziehung als nicht mehr angemessen. Statt autoritär dem Patienten zu sagen, was er körperlich und seelisch zu erleben habe, sozusagen von oben (Therapeutin) nach unten (Patient), wie es dem Therapeutin-Patienten-Verhältnis der ersten Hälfte unseres Jahrhunderts entsprach, galt es nun, Suggestionen offen, permissiv und indirekt zu formulieren. Dabei wurde 'direkt', das ja zunächst nur meint, dem Patienten genau zu sagen, was er erleben soll, oft (unausgesprochen) gleichgesetzt mit "wenig einfühlsam, militärischer

Dressur, kein Eingehen auf die Individualität des Patienten, unelegant, schlechte Therapie" und so fort. Nun ist und war sicher auch das Auftreten mancher direkt arbeitender Therapeuten dazu angetan, diesen Eindruck zu bestärken. Aber zur erfolgreichen Anwendung der klassischen Methode gehört selbstverständlich ebenfalls ein besonderes Maß an therapeutischem Einfühlungsvermögen und psychotherapeutischer wie zwischenmenschlicher Kompetenz. Das wird z.B. durch die Arbeit des herausragenden holländischen Psychiaters Berthold Stokvis belegt (Stokvis, 1955), eines typischen Vertreters der klassischen Methode, dessen Fallbeispiele sich ebenso beeindruckend lesen wie die Berichte Ericksons.

Nun kann aber die direkte Suggestionstherapie so schlecht auch nicht sein bzw. gewesen sein; schließlich war sie für knapp 125 Jahre *die* Hypnosetherapie (wenn man das Erscheinen des Buches von James Braid "Neurohypnology" im Jahre 1843 als Beginn der klassischen Hypnosetherapie und das Erscheinen von Haleys "Selected Papers of Milton H. Erickson" im Jahre 1967 als Beginn der modernen Hypnose annimmt) und dabei offensichtlich erfolgreich, sei es bei größeren chirurgischen Eingriffen, psychischen oder psychosomatischen Störungen. Außerdem beruhen die meisten der über 100 vorliegenden kontrollierten Studien, die die Effektivität von Hypnose nachweisen, auf der Anwendung der klassischen Hypnose. Und überdies hat Erickson selbst, auf den schließlich die indirekte Arbeitsweise zurückgeführt wird, oft direkt gearbeitet wie Kollegen, die über viele Jahre mit ihm zusammengearbeitet haben, auch bestätigen (Hammond, 1986).

Wenn sich etwas Neues etabliert, wird das Alte oft herabgesetzt, um das Neue wichtig und notwendig erscheinen zu lassen. Vermutlich ist die (frühere) Abwertung der direkten Vorgehensweise in diesem Zusammenhang zu sehen, denn wie Ericksons Arbeit zeigt, sind direkte und indirekte Vorgehen durchaus miteinander zu vereinbaren und ergänzen sich. In unserer therapeutischen Arbeit kombinieren wir fast immer direkte Suggestionen mit der offenen, indirekten Arbeit, wobei direkte Suggestionen allerdings nicht die Aufgabe haben, Erfahrungen, Gefühle oder Verhalten beim Patienten zu *erzeugen* wie in der klassischen Hypnose, sondern um über hypnosetherapeutische Interventionen erzeugte Erfahrungen, Gefühle des Patienten zu *bestärken*. Häufig verwenden wir dabei die abgeschwächte Form der direkten Suggestion (s. unten S. 73f).

3.2.1 Entspannungs- und therapeutische Suggestionen

Als Beispiel für eine direkte Entspannungsinduktion haben wir die Induktion eines weit verbreiteten Hypnosetests in Kasten III/1 wiedergegeben, der eine Fixationsmethode mit einer Entspannungsinduktion verknüpft. Es handelt sich dabei um die Harvard Group Scale of Hypnotic Susceptibility, Form A (s. oben S. 28f). Diese in den USA entwickelte Gruppeninduktion, die aus der von Weitzenhoffer & Hilgard (1959) erstellten Stanford Scale of Hypnotic Susceptibility konstruiert wurde, hat sich auch in Kanada, Australien, Deutschland, Spanien und in Dänemark bewährt und führt in allen Ländern zu vergleichbaren Ergebnissen.

KASTEN III/1: *Entspannungsinduktion der Harvard Group Scale of Hypnotic Susceptibility, Form A (Shor & Orne, 1962; Bongartz 1982, 1985).*

DIREKTE ENTSPANNUNGSINDUKTION

Nun setzen Sie sich bitte bequem in den Stuhl und legen Sie bitte beide Hände in den Schoß. So ist es gut! Lassen Sie die Hände im Schoß ruhen. Nun schauen Sie bitte auf die Hände und suchen sich bitte einen Punkt auf einer der beiden Hände aus und fixieren ihn bitte. Es ist egal, welchen Punkt Sie sich aussuchen. Suchen Sie sich irgendeinen Punkt aus. Gut.... entspannen Sie die Hände und fixieren Sie deutlich den gewählten Punkt. Die folgenden Anweisungen sollen Ihnen helfen sich zu entspannen und nach und nach in einen hypnotischen Zustand zu gelangen. Entspannen Sie sich nur und machen Sie es sich auch im Sessel bequem. Schauen Sie bitte unverwandt auf den gewählten Punkt, und während Sie den Punkt fixieren, achten Sie bitte deutlich auf das, was ich sage. Ihre Fähigkeit, einen hypnotischen Zustand zu erfahren, hängt zum Teil von Ihrer Bereitschaft zur Kooperation ab und zum Teil von Ihrer Konzentration auf den zu fixierenden Punkt und auf das, was ich sage.

Sie haben schon Ihre Kooperation gezeigt, indem Sie heute hierhergekommen sind, und mit Ihrer weiteren Kooperation wird es möglich sein, daß Sie in einen hypnotischen Zustand gelangen. Sie können nur in Hypnose gelangen, wenn Sie es wollen. Ich nehme an, daß Sie es wollen und daß Sie voll und ganz mitarbeiten, indem Sie sich auf den Punkt konzentrieren und auf das achten, was ich sage, und ansonsten geschehen lassen, was geschieht. Lassen Sie es einfach geschehen. Falls Sie aufmerksam auf das achten, was ich Ihnen sage, können Sie leicht erfahren, wie es ist, in Hypnose zu sein. Es ist eine vollkommen normale Konsequenz bestimmter psychologischer Prinzipien Es ist lediglich ein Zustand großen Interesses an einer bestimmten Sache. In gewisser Weise sind Sie in Hypnose, wenn Sie einen guten Film sehen, dabei alles um sich herum vergessen und Teil des Stückes werden.

Viele Versuchspersonen berichten, daß die beginnende Hypnose zuerst wie Einschlafen ist, aber mit dem Unterschied, daß meine Stimme wie eine Art Hintergrund ist, gegen den sie andere Erfahrungen, welcher Art auch immer, machen. Hypnose ist allerdings eine individuelle Erfahrung und nicht bei jedermann gleich. Der hypnotische Zustand ist in etwa vergleichbar mit Schlafwandeln, denn man ist in der Lage, auch komplexe Tätigkeiten auszuführen, ohne den hypnotischen Zustand zu verlassen. Alles, was Sie tun sollen, ist Ihre Aufmerksamkeit und Ihr Interesse aufrechtzuerhalten. Es passiert nichts, was Sie in Verlegenheit bringen könnte. Fast alle Versuchspersonen empfinden den hypnotischen Zustand als sehr angenehm.

Entspannen Sie sich und fixieren Sie weiterhin den gewählten Punkt. Sollten Ihre Augen wandern, dann macht das nichts..... bringen Sie einfach Ihre Augen zurück zu dem gewählten Punkt. Sie werden bemerken, daß der Punkt undeutlich wird, sich vielleicht bewegt oder die Farbe verändert. Das ist in Ordnung. Sollten Sie sich schläfrig fühlen, macht das nichts. Was immer passiert, lassen Sie es einfach geschehen und fixieren Sie weiterhin den gewählten Punkt auf Ihrer Hand. Es kommt aber ein Zeitpunkt, wo Ihre Augen so angestrengt und müde sind und so schwer, daß Sie die Augen nicht mehr aufhalten können und sie lieber schließen würden, vielleicht einfach unwillkürlich zufallen lassen würden. Falls das passiert, lassen Sie es einfach geschehen.

Während ich weiterspreche, werden Sie mehr und mehr schläfrig werden, aber nicht alle reagieren auf die gleiche Weise. Die Augen von einigen werden sich früher als die anderer schließen. Wenn sich Ihre Augen geschlossen haben, lassen Sie sie einfach geschlossen. Sie werden merken, daß ich Ihnen weiterhin Suggestionen zum Schließen der Augen gebe, was Sie aber nicht kümmern sollte. Diese Suggestionen sind für andere Teilnehmer. Lassen Sie sich dadurch einfach weiterentspannen.

Sie können sich völlig entspannen und gleichzeitig ohne große Mühe im Sessel sitzen. Sie können Ihre Position im Sessel verschieben, daß Sie noch bequemer sitzen, ohne daß dies Ihre Konzentration beeinträchtigen wird. Nun konzentrieren Sie sich auf Ihre Muskulatur, entspannen Sie jede Muskelpartie Ihres Körpers. Entspannen Sie die Muskulatur in den Beinen.... entspannen Sie die Füße.. entspannen Sie die Armmuskulatur.... entspannen Sie die Muskeln der Hände... der Finger.... entspannen Sie die Muskeln im Nacken.... die Brustmuskulatur... entspannen Sie den ganzen Körper.... lassen Sie sich einfach hängen.... hängen... hängen.... Entspannen Sie sich mehr und mehr.... entspannen Sie sich vollkommen.... vollkommen entspannen.... voll entspannen.

Wenn Sie sich nun mehr und mehr entspannen, tritt vielleicht ein Gefühl der Schwere in Ihrem Körper auf. Schwere in den Beinen und Armen... Schwere in den den Füßen... und Händen.... Schwere im ganzen Körper. Die Beine fühlen sich ganz schwer und schlaff an, ganz schwer und schlaff.... die Arme sind schwer,

Direkte Entspannungsinduktion

schwer.... der ganze Körper wird schwer, schwerer und schwerer. Wie Blei. Die Augenlider sind besonders schwer. Schwer und müde. Sie fühlen sich zunehmend schläfrig.... schläfrig.... schläfrig.... entspannter.... Ihr Atem wird zunehmend langsamer und regelmäßiger.... langsam und regelmäßig..... Sie werden zunehmend entspannter und schläfriger ... mehr und mehr entspannt und schläfrig, während Ihre Augenlider schwerer und schwerer werden, mehr und mehr ermüdet und schwer. Ihre Augen sind müde vom Fixieren. Die Schwere in den Augenlidern nimmt noch mehr zu. Bald können Sie die Augen nicht mehr offen halten. Bald schließen sich die Augen von selbst. Die Augenlider werden zu schwer sein, aufgehalten zu werden. Augen sind müde und angestrengt vom langen Fixieren.... sind vielleicht sogar etwas feucht.... so als wollten sie gleich tränen.... Sie werden zunehmend entspannt und etwas schläfrig. Die Anstrengung der Augen wird größer und größer... größer und größer.... es wäre gut, die Augen zu schließen und einfach schläfrig auf meine Stimme zu hören.... Sie würden gern die Augen schließen und ganz entspannen, vollkommen entspannen. Sie werden bald die Grenze erreicht haben die Augen sind so angestrengt, die Augen sind so müde.... die Augenlider werden so schwer, daß die Augenlider sich schließen.... von alleine schließen....

Die Augenlider werden schwer... sehr schwer.... Sie fühlen ich vollkommen entspannt.... sehr entspannt.... ein angenehmes Gefühl der Wärme und Schwere stellt sich im ganzen Körper ein.... Sie fühlen sich müde und schläfrig.... müde und schläfrig.... schläfrig....schläfrig.... schläfrig.... achten Sie nur auf meine Stimme. Richten Sie Ihre Aufmerksamkeit auf nichts anderes als meine Stimme.... Ihre Augen werden verschwommen.... Sie haben Schwierigkeiten, zu sehen. Die Augen sind überanstrengt. Die Anstrengung wird größer und größer, größer und größer.

Ihre Augenlider sind schwer. Bleischwer. Sie werden schwerer und schwerer, schwerer und schwerer. Sie werden nach unten gezogen.... tiefer....tiefer.... Die Augenlider scheinen mit Bleigewichten besetzt, die die Lider nach unten ziehen.... tiefer.... tiefer.... Ihre Augen flimmern.... flimmern.... schließen sich.... schließen sich....

Ihre Augen sind jetzt ganz geschlossen.... oder würden sich bald von alleine schließen.... aber es ist nicht notwendig, sie weiter anzustrengen. Selbst wenn die Augen noch nicht ganz geschlossen sind, haben Sie sich gut auf den Punkt konzentriert und sind entspannt und schläfrig geworden. Lassen Sie nun Ihre Augen sich vollkommen schließen.... Genau so, Augen vollkommen geschlossen. Schließen Sie nun Ihre Augen.

Sie sind nun angenehm entspannt, aber Sie werden sich noch mehr entspannen, viel mehr. Ihre Augen sind nun geschlossen. Sie werden Ihre Augen geschlossen halten, bis ich Ihnen etwas anderes sage, beziehungsweise ich Ihnen sage, daß Sie aufwachen sollen. Sie fühlen sich entspannt und schläfrig und hören nur meiner Stimme zu. Achten Sie aufmerksam auf meine Stimme. Richten Sie Ihre Gedanken auf das, was ich sage.... hören Sie einfach zu. Sie werden noch mehr entspannt und schläfrig. Bald werden Sie tief entspannt sein, aber Sie werden mich weiter hören. Sie werden nicht aufwachen, bis ich es Ihnen sage. Ich werde nun anfangen zu zählen. Bei jeder Zahl fühlen Sie, wie Sie in einen tiefen, tiefen Schlaf fallen, in einen tiefen, angenehmen, einen tief erholsamen Schlaf, in einen Schlaf, in dem Sie in der Lage sein werden, all die Dinge zu tun, die ich Ihnen sagen werde.

1.... Sie werden tief schlafen.... 2.... tiefer, tiefer in einen tiefen, gesunden Schlaf.... 3.... 4.... tiefer und tiefer.... 5.... 6.... 7.... Sie sinken, sinken in einer tiefen, tiefen Schlaf.... Nichts wird Sie stören. Achten Sie nur auf meine Stimme und nur auf die Dinge, auf die ich Ihre Aufmerksamkeit lenke. Richten Sie bitte weiterhin Ihre Aufmerksamkeit auf meine Stimme und auf die Dinge, die ich Ihnen sage.... 8 - 9 - 10 - 11 - 12.... tiefer und tiefer, immer tiefer schlafend. 13 - 14 - 15.... Obwohl tief schlafend, können Sie mich deutlich hören. Sie werden mich immer hören können, wie tief schlafend Sie sich auch fühlen werden.... 16 - 17 - 18 .... tief schlafend, fest schlafend. Nichts wird Sie stören. Sie werden viele Dinge erfahren, von denen ich Ihnen sage, daß Sie sie erfahren sollen....- 19 - 20. Tief schlafen! Sie werden nicht eher aufwachen, als bis ich es Ihnen sage. Sie möchten schlafen und werden das erfahren, was ich Ihnen gleich beschreibe.

Nach der Entspannungsinduktion folgen dann 12 Testsuggestionen, z.B. den Arm nicht beugen zu können, sich auf ein Signal (3 mal klopfen) an das Ohr zu fassen, alles zu vergessen etc., also Suggestionen ohne klinischen Bezug.

Direkte klinische Suggestionen finden sich in Hartland's "Ich-stärkenden" Suggestionen, die auch in verschiedenen Effektivitätsstudien zur Hypnosetherapie verwendet werden und in Kasten III/2 wiedergegeben sind.

KASTEN III/2: *Hartland's direkte klinische Suggestionen (Waxman, 1989).*

DIREKTE KLINISCHE SUGGESTIONEN

Sie sind nun so tief entspannt,...so tief schlafend,...daß Ihr Bewußtsein so empfänglich,....so aufnahmebereit geworden ist für das, was ich sage,....daß alles, was ich in Ihr Bewußtsein bringe,...so tief in den unbewußten Teil Ihres Geistes sinken wird....und dort einen tiefen und dauernden Eindruck hinterlassen wird,...daß dies durch nichts ausgelöscht wird.

Und das hat zur Folge, daß die Dinge, die ich in Ihr Unbewußtes bringe,... einen größer und größer werdenden Einfluß auf Ihre Art zu denken,...auf Ihre Art zu fühlen...und auf Ihr Verhalten haben.

Direkte klinische Suggestionen

Und...weil diese Dinge bleiben werden,...fest eingebettet in den unbewußten Teil Ihres Geistes,...nachdem Sie gleich gegangen sein werden,...wenn Sie nicht mehr bei mir sind,...werden sie weiterhin denselben großen Einfluß ausüben...über Ihre Gedanken,...über Ihre Gefühle,...über Ihr Verhalten,...genauso stark,...genau so sicher,...genauso kraftvoll,...auch dann, wenn Sie zurück nach Hause gekommen sind...oder sich am Arbeitsplatz befinden,...genauso wie wenn Sie mit mir in diesem Raum wären.

Sie sind nun so sehr in einem tiefen Schlaf,...daß alles, von dem ich sage, daß es Ihnen geschehen wird,...passieren wird,...zu Ihrem eigenen Besten,...passieren wird,...genauso wie ich es Ihnen sage.

Und jedes Gefühl, ...von dem ich Ihnen sage, daß Sie es erfahren werden,...werden Sie erfahren...genauso wie ich es Ihnen sage.

Und dieselben Dinge werden Sie weiterhin erfahren,...jeden Tag,...und Sie werden weiterhin dieselben Gefühle erleben,...jeden Tag...genauso stark...genauso sicher...genauso kraftvoll,...sei es zu Hause...oder bei der Arbeit,...genauso wie wenn Sie mit mir in diesem Raum wären.

Während dieses tiefen Schlafes...werden Sie sich körperlich stärker und belastungsfähiger fühlen. Sie werden sich viel wacher...völlig wach...voller Energie erleben.

Sie werden viel weniger leicht müde werden....viel weniger ermüdet...viel weniger entmutigt...viel weniger leicht deprimiert sein.

Jeden Tag...werden Sie völlig an dem interessiert sein, was Sie gerade tun...an dem, was um sie herum geschieht,...so daß Ihr Geist völlig von Ihnen selbst abgelenkt sein wird. Sie werden bei weitem nicht mehr soviel über sich nachdenken...Sie werden bei weitem nicht mehr so bei sich selbst und Ihren Schwierigkeiten verweilen...Sie werden sich viel weniger Ihrer selbst bewußt sein...viel weniger mit sich selbst beschäftigt sein...und mit Ihren eigenen Gefühlen.

Jeden Tag...werden Ihre Nerven stärker und beständiger werden...Ihr Geist ruhiger und klarer...gelassener...gelöster ..ruhiger. Sie werden viel weniger besorgt sein...viel weniger leicht aufgeregt...viel weniger furchtsam und besorgt...viel weniger leicht aus der Fassung zu bringen.

Sie werden in der Lage sein, klarer zu denken...Sie werden in der Lage sein, sich leichter zu konzentrieren. Sie werden in der Lage sein, Ihre ungeteilte Aufmerksamkeit auf alles zu richten, was Sie gerade tun...und dabei alles andere negieren.

In der Folge...wird sich Ihr Gedächtnis schnell verbessern...und Sie werden in der Lage sein, die Dinge aus der richtigen Perspektive zu sehen...ohne Ihre Schwierigkeiten zu übertreiben...ohne es diesen je zu erlauben, daß sie außer Fasson geraten.

> Jeden Tag...werden Sie emotional viel ruhiger werden...viel beständiger.... viel weniger leicht verwirrt.
>
> Jeden Tag...werden Sie...und dies wird andauern...mehr und mehr völlig entspannt sein...jeden Tag viel weniger angespannt...und zwar sowohl geistig wie körperlich...selbst wenn Sie nicht länger hier sind.
>
> Und während Sie entspannter werden...und es bleiben...und jeden Tag weniger verspannt sind ...werden Sie viel mehr Vertrauen in sich selbst entwickeln...ein größeres Vertrauen in Ihre Fähigkeit nicht nur das zu tun, was Sie jeden Tag zu tun haben,...sondern mehr Vertrauen in Ihre Fähigkeit, das zu tun, wozu auch immer Sie befähigt sein sollten...ohne Furcht zu versagen...ohne Furcht vor den Folgen ...ohne unnötige Angst...ohne Unbehagen.
>
> Und daher...werden Sie sich jeden Tag...zunehmend unabhängiger fühlen...mehr in der Lage sein, sich selbst zu verteidigen...auf Ihren eigenen Füßen zu stehen...sich zu behaupten....gleichgültig wie schwierig oder mühsam die Dinge sind.
>
> Jeden Tag...werden Sie eine Zunahme Ihres persönlichen Wohlbefindens erfahren...ein größeres Empfinden persönlicher Sicherheit und Geschütztseins....mehr als Sie es seit langer, langer Zeit erlebt haben.
>
> Und weil all' diese Dinge geschehen werden, ...genauso wie ich es Ihnen sage, daß sie geschehen werden...schneller und schneller...kraftvoll...und vollkommen...mit jeder Behandlung, die Sie bei mir erfahren...werden Sie viel glücklicher...viel zufriedener...und auf jede Art viel optimistischer sein.
>
> Und Sie werden daher viel mehr in der Lage sein, sich auf sich selbst zu verlassen...auf sich selbst zu stützen...auf Ihre eigenen Bemühungen...Ihr eigenes Urteil...Ihre eigenen Meinungen. Sie werden viel weniger das Bedürfnis spüren..sich auf andere verlassen zu müssen...von anderen Menschen abzuhängen.

Auch wenn die "Ich-stärkenden Suggestionen" der modernen Hypnosetherapeutin wie ein direkt-suggestiver "Rundumschlag" erscheinen mögen, erleben wir immer wieder, daß doch einige Kursteilnehmer nach einer praktischen Übung mit diesen Suggestionen positive Erfahrungen berichten, obwohl sie bei der Vorbesprechung eher ablehnend reagiert haben. Ein Seminarteilnehmer übernahm Hartlands Technik und las den entsprechenden Text (s. Kasten III/2) einer Patientin nach einer Tranceinduktion vor. Diese war so davon beeindruckt, daß sie ihm am selben Tag einen Brief schrieb, aus dem wir (mit Genehmigung des Behandlers) zitieren:

"Ich habe das Bedürfnis, Ihnen nochmals zu danken. Nach dem Mittagessen versank ich für eine halbe Stunde in einen tiefen Schlaf. Danach fühlte ich mich topfit und unheimlich stark. Ich machte 'einfach so' diesen Nachmittag frei. Beim Spaziergang fiel mir auf, daß meine Gangart viel sicherer ist als sonst. Bei der Begegnung eines Bekannten fühlte ich mich als eine selbstbewußte, starke Frau, ich strahlte. Dies macht mich sehr, sehr glücklich. Ich sehe endlich ein Ziel vor Augen und hoffe, wir können dieses Glücklichsein stabilisieren, indem noch einige Konsultationen folgen. Dann möchte ich versuchen, allein auf meinem Weg zu gehen."

3.2.2 Formen direkter Suggestion

Direkte Sugestionen können über unterschiedliche Grade der Direktheit verfügen, wobei mit Direktheit hier gemeint ist, inwieweit die Therapeutin als Garantin für das Eintreten der Suggestion auftritt. Suggestionen der Form "*Sie* werden künftig keine Angst mehr haben." sind sehr direkt und vermitteln den Eindruck, daß die Therapeutin mit ihrer suggestiven 'Macht' hinter der Suggestion steht ("Und ich sage Ihnen, daß Sie....."). Patienten, die Hypnose nur von der Bühne her kennen, wo sie derartige Suggestionen schon gehört haben, verlangen manchmal geradezu danach. Je nach Patient sollte man ein derartiges Ansinnen nicht unbedingt zurückweisen, weil hier u.U. der Erwartungshorizont des Patienten genutzt werden kann (s. auch unten S. 131ff "Berücksichtigung des 'Patiententyps'").

Th: Um Ihre Eßstörungen zu beseitigen, müssen wir uns in der Hypnose auch mit den Ursachen für die Störungen beschäftigen und das kann bedeuten, das wir an Gefühlen arbeiten müssen, die für Sie belastend sind und im beruflichen bzw. im privaten Bereich auftreten.

P: Können Sie mir denn nicht in Hypnose, also dem Unbewußten, einfach sagen, daß ich nicht mehr so viel essen soll, es in den kritischen Situationen einfach nicht brauche, das dieses 'Muß-Gefühl' nicht auftritt?

Th: In der Tat ist es für manche Patienten mit Ihrer Problematik hilfreich, derartige Suggestionen im Trancezustand zu bekommen, wobei das Unbewußte die Botschaften bekommt, die es dann ganz alleine für Sie umsetzen kann. Erfahrungsgemäß läßt sich das aber am besten kombinieren mit der psychotherapeutischen Arbeit an Ihrem Problem, das heißt der Bearbeitung der Ursachen, wobei natürlich auch Ihre Mitarbeit wichtig sein wird und den Erfolg beschleunigt. Wir beide werden dann sehen, welcher Weg Ihnen dann letztendlich geholfen hat. Vielleicht sind es beide.

Später während der Trance: ....und während Sie in diesem Zustand nahe an unbewußten Ebenen sind, lassen Sie das, was ich nun sagen werde, in sich aufklingen, so daß die Resonanz des Gesagten auch die unbewußten Ebenen erreicht, die diese Botschaften aufnehmen und umsetzen werden: Sie werden sich künftig in kritischen Situationen gelassen fühlen und in dieser Gelassenheit Zugang zu einem Empfinden kraftvoller Ruhe haben. Ihr Unbewußtes wird Ihnen den Zugang zu einem großen Reservoir an Gelassenheit und Ruhe verschaffen...Sie werden dann völlig ruhig und gelassen sein...völlig ausgefüllt von einer Ruhe und Gelassenheit...Beim ruhigen Einatmen werden Sie sich dann leicht fühlen...leicht und frei..so als würde Ihr Unbewußtes Sie tragen...Sie lassen sich dann von Ihrem Unbewußten ganz gelassen und ruhig tragen...dabei spüren Sie, daß die kritische Situation (*Essenswunsch, Kühlschrank, etc.*) keine Macht über Sie hat...Sie spüren ganz deutlich, daß Sie frei sind und nicht essen müssen....Sie sind völlig frei, ohne das 'Muß-Gefühl' und ruhen in dem Getragensein durch Ihr Unbewußtes, daß Sie frei macht und ruhig und gelassen sein läßt. Und dabei spüren Sie auch eine Geborgenheit und Sicherheit in diesem Getragensein...Sie fühlen sich in der kritischen Situation völlig geborgen und sicher..Dann verlassen Sie die kritische Situation, wobei Sie tief in der Gelassenheit ruhen...völlig gelassen sind..und verspüren nun ein Empfinden von Stolz und Leichtigkeit....und Sie erleben, daß Sie es wert sind, daß eine mächtige Kraft sich um sie kümmert...Sie werden dann dieses Empfinden von Stolz und Wert tief ein-atmen, tief einatmen bis in den Magen hinein und spüren, wie dieses Empfinden von gelassener Ruhe und Geborgenheit und die Erfahrung, ein wertvoller, wichtiger Mensch zu sein, hier in diesem Bereich alles ausfüllt, den Magenbereich ausfüllt und die Emp-findung auftritt, die eigene Mitte zu spüren, ganz bei sich zu sein, das eigene Zentrum zu erfahren, wo nichts Fremdes benötigt wird, um wirklich befreit zu sein.

In diesem Beispiel finden sich zwar direkte Suggestionen der Form "Sie werden ge-lassen sein.", aber anders als bei den "ich-stärkenden" Suggestionen von Hartland (s. oben Kasten III/2) tritt hier das Unbewußte des Patienten als Garant für das Eintref-fen der Suggestionen auf, so daß trotz der Verwendung von "Sie werden." die Thera-peutin nicht als eine mächtige Person in Erscheinung tritt.

Wird anstelle der Formulierung "Sie sind voller Kraft und Sicherheit." die Formu-lierung "Ich bin voller Kraft und Sicherheit." gewählt, spricht die Therapeutin sozu-sagen für den Patienten und nimmt sich dabei zurück.

Th: Und in diesem Trancezustand sind Sie offener für Botschaften, die Ihr Verhalten ändern werden. Und ich bitte Sie, das Folgende in sich nachklingen zu lassen und geradezu mit der Atmung in sich aufzunehmen, so daß es sich im ganzen Körper verteilen kann und gespürt wird: "Ich fühle in mir eine Festigkeit und Bestimmheit, mit der ich meinen Kollegen voller Entschlossenheit und Gelassenheit gegenübertreten kann. Ich werde voller Gelassenheit und Entschlossenheit meinen Standpunkt klarmachen können. Ich werde ruhig und gelassen sagen: "Ich habe in der letzten Zeit häufig die Werkstatt aufge-räumt. Heute gehe ich früher nach Hause." und danach spüren: Ich kann stark sein. Ich kann gelassen und entschlossen auftreten. Und dabei kann ich zufrieden mit mir selbst sein.

Die Direktheit von Suggestionen läßt sich über die "Abschwächung direkter Sugge-stionen" noch weiter 'herabdosieren' bis letzlich über die Einstreutechnik eine 'Indi-rektheit direkter Suggestionen' erreicht wird. Darauf wollen wir in den folgenden beiden Abschnitten eingehen.

3.2.2.1 Abgeschwächte direkte Suggestionen

Bei Abschwächung der direkten Suggestion nimmt sich die Therapeutin als Garant für das Eintreffen der Suggestion zurück, indem sie die Realisierung der Suggestion durch das Körpererleben des Patienten in Trance 'garantieren' läßt. Wenn die Thera-peutin den Eindruck hat, daß eine Entspannung, Gelöstheit aufgetreten ist oder der Patient ein Gefühl von Leichtigkeit etc. berichtet, kann sie dieses Körpererleben zum Sprecher der Suggestion machen, etwa mit der Formulierung "Und die Entspannung ist wie eine Garantie, die ihnen sagt:", worauf dann die direkte Suggestion folgt wie die folgenden Beispiele zeigen:

direkte Suggestion	Abschwächung
Sie fühlen sich stark und sicher.	Und die tiefe Ruhe und Gelassenheit ist wie eine Garantie, die Ihnen sagt:"*Sie fühlen sich stark und sicher.*"
Sie werden es schaffen.	Die Entspannung ist wie eine Freundin, die sie genau kennt und überzeugt ist?: "*Sie werden es schaffen.*"
Sie sind voller Kraft und Energie.	Der ruhige, gelassene Atem ist wie ein mächtiger Begleiter, der Ihnen versichert: "*Du bist voller Kraft und Energie.*"
Alles wird Ihnen gelingen, wenn Sie sich nur auf den Weg begeben.	Das innere Gefühl von Freiheit und Leichtigkeit ist wie eine Basis, von der aus *Ihnen alles gelingen wird, wenn Sie sich nur auf den Weg begeben.*

3.2.2.2 Einstreutechnik: 'Indirekte' direkte Suggestionen

'Indirekte direkte Suggestionen' hört sich zunächst wie ein unauflösbarer Widerspruch an. Dahinter verbirgt sich aber eine einfache Technik, mit der direkte Suggestionen durch den Kontext, in dem sie geäußert werden, nicht als direkte Suggestionen erkennbar sind, aber doch als solche wirken können. Dazu werden direkte Suggestionen in eine 'cover-story' , etwa eine Entspannungsszene 'eingestreut', wobei sich die Suggestionen auf Inhalte der Entspannungsszene zu beziehen scheinen, aber auch der Patient gemeint sein kann. Gerade im Deutschen läßt sich diese Technik elegant einsetzen, da hier die dritte Person Plural ("sie/ihnen") mit der höflichen Anrede ("Sie/Ihnen") akustisch identisch ist. Hier ist ein erstes Beispiel:

Für viele Wanderer ist es bei einer entspannenden Rast - sei es in den Bergen oder im Wald - faszinierend, ein Wildrudel zu beobachten, in dem jedes Tier seine Position gefunden hat und wo im Zusammensein mit den anderen Tieren des Rudels eine Sicherheit entsteht. Auch die jungen Tiere werden in dieses Rudel hineinwachsen. Und auch *sie* werden die Fähigkeit entwickeln, in der Nähe zu anderen eine Sicherheit zu finden, die *ihnen* helfen wird, sich frei zu entfalten und dabei eine Position zu finden, die *ihnen* gerecht wird und in der *sie* sich geborgen und

> aufgehoben fühlen. Und diese Entwicklung wird vielleicht noch eine Weile dauern, aber *sie* werden es mit Sicherheit schaffen.

In diesem Beispiel kann sich z.B. der Satz "Sie werden es mit Sicherheit schaffen " auf die Jungtiere des Rudels beziehen, aber auch auf den Patienten, sofern man ihn mit "Sie" anredet. Um den Bezug zum Patienten herzustellen, kann man das "Sie" oder "Ihnen" etwas betonen oder nur bei diesen Wörtern den Kopf zum Patienten wenden.

In anderen Sprachen läßt sich die Einstreutechnik nicht so elegant verwenden wie im Deutschen bis auf das Dänische. Auch hier ist die dritte Person Plural des Personalpronomens ("sie") identisch mit der höflichen Anrede ("Sie"). Allerdings duzen sich alle Dänen untereinander, nur die Königin wird mit "Sie" angeredet, so daß die elegante Form des Einstreuens direkter Suggestionen nur der königlich-dänischen Hof-therapeutin vorbehalten bleibt.

Was macht man nun, wenn man den Patienten duzt und die Einstreutechnik verwenden will? Hier wird man anstelle der direkten Suggestion "Sie werden die Fähigkeit entwickeln, in der Nähe zu anderen eine Sicherheit zu finden." die entscheidenen Elemente des Satzes im Infinitiv wiederholen : "die Fähigkeit entwickeln, in der Nähe zu anderen eine Sicherheit zu finden." Die Wiederholung von Wörtern wird den Patienten nicht befremden, da Wiederholungen zur Trancesprache gehören und dem Patienten ja schon geläufig sein werden. Hier ist noch einmal das Beispiel von oben, diesmal aber mit eingestreuten Infinitiven, die manchmal eine kleine Änderung des wiederholten Textes benötigen.

> Für viele Wanderer ist es bei einer entspannenden Rast - sei es in den Berger oder im Wald - faszinierend, ein Wildrudel zu beobachten, in dem jedes Tier seine Position gefunden hat und wo im Zusammensein mit den anderen Tieren des Rudels eine Sicherheit entsteht. Auch die jungen Tiere werden in dieses Rudel hineinwachsen. Und auch sie werden die Fähigkeit entwickeln, in der Nähe zu anderen eine Sicherheit zu finden,... *die Fähigkeit entwickeln, in der Nähe zu anderen eine Sicherheit zu finden...* die ihnen helfen wird, sich frei zu entfalten ...*sich völlig frei entfalten...* und dabei eine Position zu finden, die ihnen gerecht wird und in der sie sich geborgen und aufgehoben fühlen....*eine angemessene Position finden, die Geborgenheit und Aufgehobensein vermittelt...*Und diese Entwicklung wird vielleicht noch eine Weile dauern, aber sie werden es mit Sicherheit schaffen.....*es sicherlich schaffen, in nicht allzuferner Zukunft Geborgenheit zu finden.*

Es folgen noch weitere Beispiele für die Einstreutechnik, wobei vorausgesetzt wird, daß der Patient mit "Sie" angeredet wird:

'Einstreuen' von Suggestionen

Therapeutisches Thema: Entscheidung für therapeutisches Ziel

'cover- story': Zugvögel vor dem Flug in den Süden

"Wer hat nicht schon Zugvögel beobachtet, die sich im kalten Spätherbst sammeln und dabei sehr aufgeregt scheinen, was verständlich ist. *Sie* müssen sich entscheiden, ob *sie* in der kalten, bedrohlichen Umgebung bleiben wollen oder sich auf einen Weg machen, der vielleicht länger ist, aber *sie* in die Wärme bringt, wo *sie* frei und leicht leben können. Natürlich wird diese Reise für die Vögel nicht einfach sein. Aber auch, wenn *sie* schwach scheinen, haben *sie* doch die Kraft dazu. Und nach gar nicht allzu langer Zeit werden die Vögel im Süden angekommen sein. *Sie* werden dann geradezu stolz auf sich sein, diesen Weg geschafft zu haben, um dann nach dem Dunklen und Kalten das Helle und Warme zu genießen. Und die Angst vor dem langen Weg ist dann vorbei. *Sie* brauchen dann keine Angst mehr zu haben."

Therapeutisches Thema: Selbstvertrauen angesichts einer Bedrohung

'cover- story': Bäume im Sturm

"Wenn man gerade junge Bäume bei einem starken Sturm beobachtet, ist es schon überraschend wie diese einer solchen geradezu zerstörerischen und wütenden Kraft standhalten können. Auch wenn *sie* nicht vom Platz weggehen können, auf dem *sie* nun mal stehen, können *sie* doch auf die Gefahr reagieren. Anstatt steif und unbeweglich und damit zerbrechlich den Sturm abzuwarten, biegen sich die Bäume immer gerade soviel wie nötig ist, um dem Sturm standzuhalten. Indem *sie* flexibel auf die Bedrohung reagieren können, können *sie* der Gefahr wirkungsvoll begegnen., wobei *sie* sich halt nur soviel anstrengen müssen wie nötig. Aber neben der Flexibilität sind es natürlich die Wurzeln tief unter der Erde, die den Bäumen Halt und Kraft geben, dem Sturm stand zu halten. Und über welche Kraft müssen *sie* verfügen, daß *sie* bis jetzt standgehalten haben. Auch wenn die Wurzeln nicht sichtbar sind, erhalten die Bäume daher die Kraft zum Widerstand., wobei natürlich Wurzeln und Bäume eine Einheit bilden. Das Nichtsichtbare, das *ihnen* diese große Kraft gibt und geben wird, gehört natürlich auch zu *ihnen,* ist Teil von *ihnen* und darauf können *sie* sich voll und ganz verlassen. Dies und die Flexibilität garantieren *ihnen,* daß *sie* trotz der Gefahr wachsen und sich weiterentwickeln können."

Weitere Beispiele für das Einstreuen von Suggestionen finden sich bei Behandlung der "Stellvertretertechnik" (s. unten S. 193f).

Die Formen direkter Suggestion haben wir noch einmal in Kasten III/3 zusammengefaßt.

KASTEN III/3:	*Die Direktheit von Suggestionen kann 'herabdosiert' werden, womit die Therapeutin als Garant für das Eintreten der Suggestion in den Hintergrund tritt.*

FORMEN DIREKTER SUGGESTION

Direkte Suggestion (Therapeutin ist Garantin für den suggestiven Erfolg):

"Sie fühlen sich stark und sicher. Sie werden es schaffen. Sie sind voller Kraft und Energie. Alles wird Ihnen gelingen, wenn Sie sich nur auf den Weg begeben."

Direkte Suggestion (Therapeutin spricht für den Patienten):

"Ich fühle mich stark und sicher. Ich werde es schaffen. Ich bin voller Kraft und Energie. Alles wird mir gelingen, wenn ich mich nur auf den Weg begebe."

Abgeschwächte direkte Suggestion (das Erleben garantiert den Erfolg der Suggestion):

Die   *Entspannung, <u>die Sie jetzt empfinden,</u> ist wie*   *eine Garantie,*
      Gelöstheit   *eine Basis, die*
      Ruhe   *ein Versprechen, das*
      Festigkeit   *ein Fundament, das*
Der   *beständige und tiefe Atemrhythmus*   <u>ist wie</u>   *ein mächtiger Begleiter, der*
      Zustand, in dem Sie sich befinden,   *ein Freund, der*
<u>Ihnen sagt</u>:   *"Sie fühlen sich stark und sicher."*
              "Sie werden es schaffen."
              "Sie sind voller Kraft und Energie."
              "Alles wird Ihnen gelingen, wenn Sie sich nur auf den Weg begeben."

Einstreutechnik: die 'indirekte direkte Suggestion'

Bei dieser Technik werden direkte Suggestionen in eine 'cover-story' (z.B. über Zugvögel) 'eingestreut', ohne daß der Patient direkt angesprochen ist. Da im Deutschen die dritte Person Plural ("sie/ihnen") mit der höflichen Anrede ("Sie/Ihnen") akustisch identisch ist, können sich die Suggestionen auf das Subjekt der 'cover-story' ("*sie*"- Zugvögel), aber auch auf den Patienten ("*Sie*") beziehen.

"Im Herbst treffen sich die Zugvögel zum Aufbruch, um sich vor dem Winter auf die Reise in die Wärme zu machen. *Sie fühlen sich stark und sicher.* Auch wenn zu Beginn eine gewisse Unsicherheit vorhanden ist, *sie werden es schaffen,* denn *sie sind voller Kraft und Energie.* Natürlich ist diese Reise ein Wagnis. Aber trotz der vielen Gefahren werden die Vögel nicht im kalten Winter zurückbleiben, der kaum ein Überleben ermöglichen würde. *Alles wird ihnen gelingen, wenn sie sich nur auf den Weg begeben.*"

Damit wollen wir es mit den Formulierungsregeln für die Sprache der Trance bewenden lassen. Im nächsten Kapitel finden Sie ausformulierte indirekte Entspannungsinduktionen, die den direkten Vorgaben gegenübergestellt sind, wobei die verwendeten Regeln angegeben sind. Damit ist leicht nachvollziehbar, wie direkte Formulierungen in indirekte/offene überführt werden können.

4 TRANCESPRACHE: TEXTBEISPIELE

Nachdem wir nun die Regeln zur Formulierung von Trancetexten anhand von einzelnen beispielhaften Suggestionen besprochen haben, wollen wir nun diese Art der Formulierung an zusammenhängenden Texten verdeutlichen. Dabei werden wir zunächst drei Entspannungsszenen darstellen (Meer, Berge, Wald), für die wir jeweils die direkte und die indirekte Form gegenüberstellen. Am Rand der indirekten Texte sind (nicht für jede Suggestion) die Regeln angegeben, nach denen die direkten Suggestionen in indirekte umgewandelt wurden. Wenn Sie dann jeweils die direkten mit den indirekten Suggestionen vergleichen, werden Sie schnell merken, wie einfach es ist, anhand der wenigen Regeln offen und indirekt zu formulieren.

Wir werden oft gefragt, wie man sich denn das indirekte Formulieren am besten aneignen könne. Unser Rat ist, sich nicht die Regeln einzuprägen, sondern direkte Suggestionen anhand von schriftlich vorliegenden Regeln indirekt zu formulieren, also "Lernen durch Tun", was mit den drei genannten Texten einfach durchzuführen ist: Decken Sie die indirekte Version so ab, daß die angegebenen Regeln noch sichtbar sind, und 'übersetzen' Sie die direkte Version anhand der Regeln.

Natürlich gibt es auch ein "Lernen durch Zuhören". Sprechen Sie doch die vorgegebenen Texte, vielleicht mit Änderungen, die Ihnen sinnvoll erscheinen, jeweils auf eine Tonbandkassette. Hören Sie sich die Texte dann öfters an. Sie werden dann das offene und indirekte Formulieren zwar nicht wie im Schlaf, aber doch ohne Anstrengung und entspannt lernen. Darüber hinaus werden Sie über das Zuhören feststellen, ob Sie etwa zu schnell sprechen, ob die Pausen richtig sind und ob die Lautstärke angemessen ist. Dazu haben wir noch weitere Tranceszenen formuliert (rauhes Meer, Radfahren, Spaziergang mit dem Partner).

4.1 Aufbau einer Entspannungsszene

Situationen, die sich zur Entspannung eignen, sind interindividuell verschieden, so daß wir nicht für jeden Patienten dieselbe Entspannungsszene verwenden können. Wenn wir seine Individualität berücksichtigen wollen, müssen wir natürlich wissen, welche Umgebung überhaupt für ihn entspannend ist, welche Aspekte dieser Umgebung für ihn besonders wichtig sind und wie er Entspannung erlebt.

Anstatt unseren Patienten mit einer vorgefertigten Entspannungsszene (z.B. Wanderung in der Heide) zu 'überfallen', bitten wir also um folgende Information:

---

1. eine **Entspannungssituation**,
2. **Elemente der Situation**, die für die Entspannung bedeutsam sind,
3. **subjektives Erleben** der Situation,
4. **körperlichen Reaktionen**, die als Entspannung erlebt werden.

Tabelle IV/1: Information zur Formulierung einer Entspannungsszene

Th: Da ich Sie wirklich kennenlernen möchte, interessieren mich nicht nur die Momente Ihres Lebens, die für Sie belastend sind und unter denen sie leiden, sondern auch Situationen, in denen Sie sich wohl fühlen oder wohl gefühlt haben. Und sich Wohl fühlen ist ja oft auch eine Art von Entspannung. Wo haben Sie sich denn einmal wirklich entspannt erlebt? Und das muß nicht im Urlaub des letzten Jahres gewesen sein, sondern kann auch weit zurückliegen. Wichtig ist mir nur, daß Sie von dieser Situation wissen, daß Sie sich in ihr richtig wohl und entspannt gefühlt haben.

P: Ja, das war wohl schon der Urlaub vor vier Jahren, damals am Meer in Spanien.

Th: Gab es denn da eine Situation, die für Sie in besonderem Maße mit Entspannung verbunden war und wenn ja, was war es eigentlich, das Ihnen dieses angenehme Erleben vermittelt hat?

P: Es war einfach diese intensive Farbe des Meeres und diese unendliche Weite. Ja, und dann auch die Wärme vom Sand und der Sonne, die mir so gut getan hat...und dieser beruhigende Rhythmus der Wellen...und auch, dort einmal ganz allein zu sein und zu mir zu finden.

Th: Abgesehen von den Einzelheiten, die einen dann beeindruckt haben, läßt sich eine solche Situation auch allgemeiner beschreiben, z.B. wenn ein Wanderer in den Bergen von dem 'Urwüchsigen' oder dem 'Majestätischen' der Berge spricht. Welche Merkmale dieser Art waren für Sie mit dem 'am Meer sein' verbunden?

P: Für mich stand dieses Freie, Weite im Vordergrund; da löste sich was in mir...mein Leben war da einfach nicht mehr so anstrengend....es hatte so den Charakter, als würde alles von alleine gehen und ich wäre irgendwie getragen.

Th: Solche angenehmen Momente erlebt man ja auch körperlich und an den Reaktionen des Körpers kann man dann geradezu ablesen, ja, nun geht es mir gut. Wie haben Sie Ihren Körper in dieser angenehmen Umgebung erlebt.

P: Schwer, ganz schwer und ruhig. Und der Wind war so erfrischend und kühl in der Wärme. Und in der Brust war alles so weit und offen. Trotz der Schwere habe ich mich aber als ganz gelöst gespürt, so als wäre etwas von mir abgefallen.

Aufgrund eines solchen Berichtes läßt sich die Information zur Formulierung der Entspannungsszene am Meer folgendermaßen zusammenfassen:

Entspannungssituation
Aufenthalt an einem Strand am Mittelmeer
Elemente der Situation
Meereswellen; Wärme von Sand und Sonne; die weite, blaue Fläche des Meeres.
Subjektives Erleben
Freisein; erleben von innerer Weite; sich getragen fühlen.
Körperliche Reaktionen
Wärme, aber auch Kühle des Windes; Weite in der Brust; Schwere; Gelöstheit.

Tabelle IV/2: Vorgaben für die Entspannungsszene 'Mittelmeer'

Auf ein solches Vorgespräch mit den vom Patienten vorgegebenen Erfahrungsinhalten könnte dann eine Entspannungsszene folgen, die in direkter Form in Kasten IV/2 geschildert ist und der die indirekte Form in Kasten IV/3 gegenübersteht.

4.2 Vergleich indirekter und direkter Formulierungen

Indirekte und direkte Formulierungen unterscheiden sich in ihrer Auswirkung auf den Patienten in der Regel nicht besonders gravierend. Dies scheinen auch die bisher vorliegenden Untersuchungen zu bestätigen, die allerdings überwiegend direkte Suggestionen mit permissiven bzw. offenen Formulierungen vergleichen, bei denen der Patient noch weiß, daß er gemeint ist. Untersuchungen, in denen der Patient nicht merkt, daß er gemeint ist, also indirekt angesprochen wird, gibt es kaum.

In eigenen Untersuchungen fanden wir Hinweise auf Unterschiede in physiologischen (Hautleitfähigkeit, Pulswellenlaufzeit) und subjektiven Maßen (Kasten IV/1): Versuchspersonen, die einen indirekt formulierten Entspannungstext hörten, und zwar eine Meeresszene wie die in Kasten IV/3 beschriebene, zeigten physiologisch

eine größere Entspannung als nach der direkt formulierten Meeresszene (wie in Kasten IV/2). Wir vermuten, daß die indirekte Formulierung das spontane, also nicht
von der Versuchsperson aktiv gesteuerte Auftreten von inneren Bildern begünstigt,
die entsprechende körperliche Reaktionen hervorrufen, während die direkte Anweisung, etwas zu erleben, zu inneren, von der Versuchsperson gesteuerten Suchprozes-
sen führt, die wegen der rationalen Beteiligung eine völlige Ausschöpfung der imaginativen Fähigkeiten nicht zuläßt. Mit anderen Worten, wer zuviel steuern bzw. denken muß, kann nicht soviel imaginieren und empfinden. Allerdings wurde die direkte
Entspannungsszene subjektiv über Ankreuzen auf einer Skala von 1 (sehr entspannt)
bis 7 (nicht entspannt) als entspannter erlebt. Dieser 'Widerspruch' (subjektiv bessere
Entspannung bei direkt, und physiologisch bessere Entspannung bei indirekt formu-
lierter Entspannungsszene) ist vermutlich auf folgenden Umstand zurückzuführen:
Bei direkter Formulierung werden die Versuchspersonen direkt auf ihre Entspannung
aufmerksam gemacht ("Sie sind jetzt entspannt."), was dazu führt, dies für sich einmal zu überprüfen und festzustellen, ja, dies trifft zu. Bei indirekter Formulierung
wird die Aufmerksamkeit der Probanden nicht direkt auf den Körper gelenkt, die im
übrigen hier mehr die Möglichkeit haben, ihren eigenen inneren Bildern zu folgen,
ohne sich dauernd aufgefordert zu fühlen, das umzusetzen, was ihnen vom Therapeuten direkt vorgeben wird. Und damit achten sie vermutlich weniger auf ihre körperliche Befindlichkeit. Dies hat zur Folge, daß sie nach der Trance nicht so eine
deutliche Erinnerung an ihre Entspannung wie die Probanden bei direkter Formulierung haben, die immer wieder direkt darauf hingewiesen wurden.

In der Forschung zum Vergleich von indirekter und direkter Vorgehensweise werden keine Patienten, sondern nur Versuchspersonen berücksichtigt, die in einer neu-
tralen Versuchssituation keinen besonderen persönlichen Bezug zu dem vom Versuchsleiter vorgegebenen standardisierten Text entwickeln. Falls dennoch einige wenige Versuchspersonen die direkte Form ablehnen, würde dies bei dem in der psychologischen Forschung üblichen Vergleich von Gruppen vielleicht signifikante Effekte geben, aber keinen dramatischen Unterschied belegen. In der klinischen Arbeit
haben wir eine andere, sozusagen eine "Alles oder Nichts"-Situation: Entweder akzeptiert der Patient, daß der Therapeut mit seinen direkten Suggestionen oft an seinem Erleben "vorbeisuggeriert" und es gelingt ihm, eine Trance zu erfahren, oder
aber der Patient kann den Suggestionen, die im Widerspruch zu seinem Empfinden
stehen, nicht folgen und gibt auf.

Die Haltung, überwiegend gehe es auch mit direkten Suggestionen gut, wird einem Therapeuten bei manchen Patienten Schwierigkeiten bereiten. Aber auch von
Seminarteilnehmern haben wir nach praktischen Übungen immer wieder gehört, daß
die indirekte Hypnosetechnik angenehmer sei. Allerdings gibt es (selten) auch Patienten, die explizit direkte Formulierungen wünschen.

Th: (*nach direkten Suggestionen*): Na, wie haben Sie die Hypnose gerade erfahren?

P: Es war wie bei meinem Vater, der sagte mir auch immer, wo es lang ging, was richtig ist und leider auch, was ich schön und gut zu finden hätte. Und komischerweise habe ich das während der Hypnose auch so erlebt; wie bei einem Spaziergang mit meinem Vater früher, wurde mir immer gesagt, was ich zu spüren, zu sehen und zu riechen habe. Das hat mich innerlich so wütend gemacht, daß ich mich kein bißchen entspannen konnte. Und Entspannung bräuchte ich doch endlich mal.

Natürlich wird man auch mit direkten Suggestionen das Erleben des Patienten gut leiten können, wenn man bei sorgfältiger Exploration genau weiß, wie der Patient eine bestimmte Entspannungssituation erlebt. Aber auch hier kommt es zu spontanem Verlassen der vom Therapeuten vorgegebenen Situation seitens des Patienten, der vielleicht plötzlich ganz andere Situationen 'betritt' und dann durch indirekte Formulierungen weniger gestört wird, seine eigenen Erfahrungen zu machen. In diesem Zusammenhang sei noch auf die folgende Grundregel hingewiesen, die lautet: Je besser der Rapport, also die therapeutische Beziehung zwischen Therapeut und Patient, um so weniger wichtig ist die Indirektheit und um so eher "verzeiht" der Patient dem Therapeuten Formulierungen, die auf das momentane Erleben des Patienten nicht zutreffen.

Während zur Induktion von körperlicher Entspannung die Verwendung von direkter und indirekter Vorgehensweise vielleicht nicht so gravierend ist, haben wir die Erfahrung gemacht, daß zur Erzeugung von Gefühlen bzw. für die Erinnerung an emotionale Inhalte die indirekte Methode besser geeignet ist. Dies ist vermutlich darauf zurückzuführen, daß die indirekte Formulierung eher zu assoziativem Denken führt, während direkte Suggestionen ein aktives Erinnern in Gang setzen.

Auch wenn klassisch-direkte Suggestionen üblicherweise weniger Einzelheiten zum Umsetzen einer Suggestion vorgeben (siehe oben S. 69ff die 'ich-stärkenden' Suggestionen von Hartland), muß das natürlich nicht so sein; man kann durchaus sehr direkt viele Einzelheiten des Erlebens von z.B. Entspannung suggerieren. Wir haben uns bemüht, für direkte und indirekte Formulierungen von Suggestionen die gleichen Inhalte zu vermitteln. Gerade wenn Sie die direkte und indirekte Formulierung des Textbeispiels 'Wanderung in den Bergen' (Kasten IV/7 und Kasten IV/8) miteinander vergleichen, werden Sie feststellen können, wie derselbe Inhalt sowohl direkt wie indirekt formuliert werden kann. Allerdings wird Ihnen beim Vergleich der direkten mit den indirekten Texten auffallen, daß die direkten etwas kürzer sind. Das hängt damit zusammen, daß das Übersetzen der direkten Suggestionen in indirekte in der Regel mehr Wörter benötigt.

Bevor nun die einzelnen Texte folgen, wollen wir noch darauf hinweisen, daß diese Texte beliebig 'verlängerbar' sind, indem Sie viel wiederholen bzw. 'Warteschleifen fliegen' (siehe oben, S. 51ff).

4.2.1 Entspannungsszene "Meer"

Einmal die Sorgen und den Alltag hinter sich zu lassen, sich einfach frei zu fühlen von den Zwängen der Arbeitswelt und den Belastungen des üblichen Trotts zu entkommen, ist oft mit dem Bild eines schönen Tages am Meer verbunden - und da braucht man nicht nur die Werbung zu konsultieren. Aber wenn wir unseren Patienten eine entspannte Unbeschwertheit am Meer vermitteln möchten, ist es natürlich wichtig zu wissen, welche Art von Meer den geeigneten befreienden Erlebnisrahmen für diesen Patienten vor uns bildet, Mittelmeer oder Nordsee, an welchen körperlichen und subjektiven Reaktionen der Patient erkennen würde, ja, nun bin ich entspannt und gelöst etc. In Kasten IV/2 und Kasten IV/3 folgen die direkten und indirekten Vorschläge, die sich nach den in Tabelle IV/2 gegebenen Angaben richten.
Bei der Gegenüberstellung von direkter und indirekter Formulierung haben wir bei beiden Texten die aufeinander bezogenen Textteile, für die eine Regel zur indirekten Formulierung angegeben ist, in Kursivschrift gesetzt.

KASTEN IV/1   *Experimenteller Vergleich von direkten und indirekten Formulierungen*

Direkte vs. Indirekte Suggestionen

Direkte und indirekte Suggestion von Entspannungsszenen (wie die direkte (Kasten IV/2) und indirekte Formulierung der Meeresszene (Kasten IV/3)) wurden miteinander über subjektive und physiologische Variablen verglichen (Bongartz, 1997). Dabei zeigte sich, daß die Versuchspersonen bei direkten Suggestionen subjektiv eine größere Entspannung (gemessen über eine Entspannungsskala, Abbildung 1) als bei indirekter Formulierung angaben, während die physiologischen Daten (Pulswellenlaufzeit für 9 Meßperioden während der Entspannungsszenen; Abbildung 2) eine intensivere körperliche Entspannung bei indirekter Suggestion von Entspannung belegen, da hier ein signifikant niedrigerer Blutdruck auftrat (Je länger die Pulswellenlaufzeit desto niedriger der Blutdruck). Die Versuchspersonen scheinen auch durch die indirekte Vorgabe von Entspannungsinhalten weniger auf äußere Reize zu reagieren. Sowohl in der direkten wie in der indirekten Bedingung wurde während der Entspannungsszene ein lautes Geräusch vorgegeben (Bei der Aufnahme der Entspannungstexte auf Tonband wurde jeweils 10 Minuten nach Beginn des Entspannungstextes neben dem Mikrophon ein Kaffeebecher aus 50 cm Höhe auf die Tischplatte fallengelassen.) Die Hautleitfähigkeit, die als Maß für die Sensibilität auf äußere Reize gilt, war dabei in der indirekten Bedingung signifikant geringer als in der direkten (Abbildung 3), d.h. die Versuchspersonen reagierten in der indirekten Bedingung geringer auf äußere Reize, was auf eine größere Absorption durch die Tranceinhalte deutet.

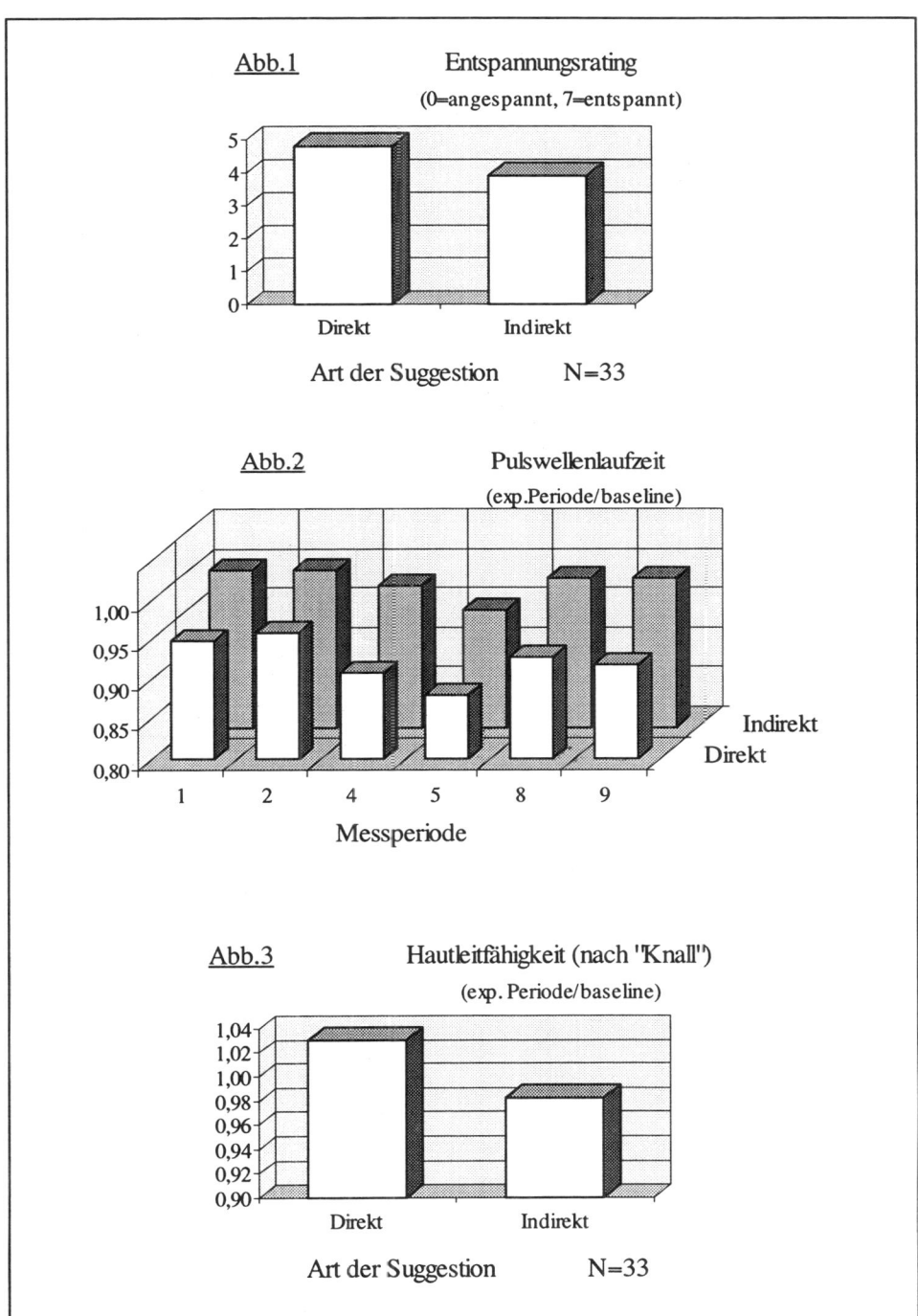

KASTEN IV/2   *Direkte Suggestionen zum Erleben eines Aufenthalts am Meer*

MEER (direkt)

Nach Tranceinduktion:

"Setzen Sie das, was ich im folgenden sage, in innere Bilder um, womit Sie Ihren Körper beeinflussen werden. Sie sind jetzt an einem Sandstrand am Meer und Sie gehen am Meer entlang. Sie schauen nun über die Weite des Meeres bis zum Horizont, der wie eine Grenze das Blickfeld begrenzt. *Nun spüren Sie den Sand unter den Füßen* und Sie spüren die Wärme des Sandes. Spüren Sie die Wärme des Sandes. Bei jedem Schritt fühlen Sie den *weichen, trockenen* Sand unter den Füßen. .....pause.....Und während Sie weitergehen, *sehen Sie das Muster* der am Strand auslaufenden Wellen und hören deren Geräusch. Achten Sie auf die Wellen des Meeres und hören Sie auf deren Rauschen. Tauchen Sie in diese Erfahrung mehr und mehr ein. .....pause.....

Schauen Sie nun auf die Wellen des Meeres. Sie sehen die Höhe der Wellen und achten deutlich auf ihre blaue Farbe und den weißen Schaum auf dem Wellenkamm. Und nun achten Sie auf den Rhythmus der Wellen und hören Sie deren Rauschen. *Passen Sie Ihre Atmung diesem Rhythmus der Wellen an*, die hier seit Jahrtausenden an das Ufer schlagen. .....pause..... Atmen Sie im Rhythmus der Wellen und atmen Sie dabei tief den Geruch des Meeres ein. *Spüren Sie dabei intensiv* den salzigen Geschmack auf Lippen und Zunge. .....pause..... *Sie spüren die Frische* der Luft in Ihren Lungen und bemerken, wie Arme und Beine gelöster und entspannter werden. Achten Sie auf das Kommen und Gehen der Wellen und entspannen Sie sich völlig dabei. *Sie spüren zunehmend eine tiefe Ruhe, Gelöstheit und angenehme Entspannung.* .....pause.....

Nun schauen Sie über die Weite des Meeres bis zum Horizont. Sie schauen bis zum Horizont und wenn Sie darüber hinaus hoch in den Himmel sehen, bemerken Sie kleine, weiße Wol-

KASTEN IV/3: *Indirekt/offene Suggestionen zum Erleben eines Aufenthalts am Meer*

M E E R (indirekt) **Nach Tranceinduktion:** "Das Erleben innerer Bilder kann auch körperliche Prozesse beeinflussen genauso wie das tatsächliche Erleben etwa eines Spaziergangs am Meer; und im Badeanzug am Meer entlang zu schlendern kann dazu einladen, den Blick über die Weite des Meeres streifen zu lassen...einfach den Blick schweifen lassen bis hin zum Horizont, der wie eine Grenze das Blickfeld zu begrenzen scheint. *Und dabei den Strand unter den Füßen zu spüren,* heißt natürlich auch zu fühlen, ob der Boden *weich oder fest, trocken oder feucht ist* und welche Temperatur die Füße spüren .....pause..... Und während diese Empfindungen beim Weiterschlendern noch deutlicher werden können, ist *die Betrachtung des Musters* der hier auslaufenden Wellen und die Wahrnehmung des begleitenden Geräusches wie eine Tür zu einem tiefer und tiefer werdenden Eintauchen in diese Erfahrung. .....pause.....	*Nominalisierung* *keine Festlegung* *Nominalisierung*
Sich dann einmal alle Zeit der Welt zu nehmen, die Wellen wirklich zu betrachten, läßt ihre Höhe, aber auch ihre Farbe deutlich werden, die für Wellenkamm und Wellental oft unterschiedlich ist? *Manchmal paßt sich dann* unwillkürlich die Atmung des Betrachters an diesen Rhythmus an, der hier seit Jahrtausenden an das Ufer schlägt .....pause..... ein geradezu zeitloser Rhythmus...ein ewiges Kommen und Gehen....begleitet von der eigenen Atmung.....und mit der Atmung wird dann zunehmend der Geruch des Meeres deutlicher, oft verstärkt von dem salzigen Geschmack auf Lippen und Zunge.....und *ich weiß nicht, wie intensiv* Sie es schon einmal erlebt haben .....pause..... und *ist nicht oft diese Erfahrung* von einem Gefühl der Frische in den Lungen begleitet und einer zunehmenden Gelöstheit und Entspannung?....Ruhe, Gelöstheit und Entspannung, die mehr und mehr *gespürt werden kann.* .....pause.....	*Truismus* *Sugg. als Frage* *Truismus/Frage* *Möglichkeit*
Wie angenehm ist es dann oft, den Blick über die Weite des Meeres - über den Horizont hinaus - wandern zu lassen, hoch in den Himmel, bis er etwa auf Wolken ruhen bleibt, *die vorüber*	*Truismus*

M E E R (direkt)

ken, die *langsam nach rechts* ziehen, um dann wieder *das Blau des Meeres* zu sehen. .....pause...... Sie werden sich der Weite des Meeres bewußt und atmen nun die Weite tief ein, tief die Weite des Meeres einatmen, während Sie Ihren Blick über die riesige Fläche des Meeres schweifen lassen. *Dabei spüren Sie*, wie Sie sich ruhiger und freier fühlen und Arme und Beine zunehmend gelöster sind. *Ihre Arme und Beine sind nun völlig gelöst, ruhig und entspannt.* Sie sind voll innerer Ruhe und Gelöstheit im ganzen Körper. .....pause.....

Und während Sie weiter am Meeresstrand entlang gehen und *Sie das Schlendern genießen* und den weichen warmen Sand unter Ihren Füßen spüren, *empfinden Sie die Wärme der Sonne* auf Ihrem Gesicht, auf den Schultern und auf Ihren Armen. Und nun spüren Sie den Wind, der vom Meer herkommt. Sie spüren den Wind in den Haaren und auf der Stirn. *Sie bemerken, wie der Wind sanft über die Arme, die Schultern und den gesamten Körper streift.* Der Spaziergang am Meer tut Ihnen gut und Sie fühlen sich sehr entspannt im ganzen Körper. Sie sind jetzt völlig gelöst und entspannt in Armen und Beinen, *wobei Sie jetzt ein Gefühl von grenzenlosem Aufgehobensein spüren*...dabei geht Ihre Atmung völlig ruhig, völlig entspannt und ruhig, so ruhig wie die Wellen des Meeres in ihrem gleichförmigen Rhythmus. .....pause.....

Wenn Sie nun in den Himmel schauen, *nehmen Sie jetzt auch hier* eine große Weite wahr wie bei Betrachtung der Weite des Meeres...eine große, freie Weite, die Sie jetzt deutlich erleben, wenn Sie die Grenzen der Weite am Horizont mit den Blicken abmessen .....pause..... Jetzt sehen Sie eine Schar von Möwen, die sich vom Wind tragen lassen. Folgen Sie mit ihrem Blick

M E E R (indirekt)	
ziehen oder unbeweglich am Himmel zu stehen scheinen und sich in Ihrer *Farbe deutlich von der Farbe des Meeres* abheben können. .....pause..... Und das Bewußtsein der unermeßlichen	*keine Festlegung*
Weite des Meeres *lädt* dann geradezu dazu ein, sie mit der eigenen Atmung in sich aufzunehmen .... die Weite in sich aufnehmen und sich verbreiten lassen, so als würde innerlich alles	*Erläut. d. Sugg.*
weit....und *diese Erfahrung ist für viele eine Möglichkeit,* sich ruhiger und freier zu fühlen...völlig ruhig und frei ..... ein tiefes	*Truismus*
Gefühl von Freisein und Ruhe ...., *was natürlich auch in der Gelöstheit von Armen und Beinen erfahrbar ist* .... gelöst, ruhig und frei ...... voller Ruhe ..... eine tiefe Gelöstheit erfahren und sich frei fühlen in der inneren Weite. .....pause.....	*körp. Reaktionen*
Und in dieser tiefen Gelöstheit *das Schlendern* entlang des Meeres zu genießen... und dabei deutlich den Boden unter den Füßen zu spüren.. wird dann auch von der Wärme der Sonne unterstrichen, die dann im Gesicht, auf den Armen oder Schultern und anderen Teilen des Körpers spürbar wird...*die Wärme*	*Nominalisierung*
auf der Haut wird dabei angenehm erlebt....eine angenehme Wärme, wobei dann gerade der Kontrast mit der Kühle des Windes, der über die Weite des Meeres kommt, etwas Erfrischendes hat....etwas Erfrischendes, vielleicht gerade auf der	*körp. Reaktionen*
Stirn. *Und das sanfte Streifen des Windes* über Arme, Schultern und den gesamten Körper führt zu einer Vertiefung von Gelöstheit und Entspannung .....wobei spürbar wird, wie gut ein solcher Spaziergang am Meer tut....und völlige Gelöstheit, Ruhe und Entspannung auftreten kann......gelöst, ruhig und frei....völlig entspannt....mit ruhiger, entspannter Atmung, die sich dem entspannten Rhythmus der Wellen anpassen kann..,	*Nominalisierung*
wobei sich *manchmal* ein Gefühl von grenzenlosem Aufgehobensein einstellen *kann* oder einer tiefen Zugehörigkeit zu der umgebenden Natur. .....pause.....	*Truismus plus Möglichkeit*
Und wir sprachen von der riesigen Weite des Meeres..... und die Erfahrung einer solchen großen, freien Weite kann *früher oder später* auch die Betrachtung der Weite des Himmels vermitteln.....eine große, freie Weite, die besonders dann erlebt wird, wenn man sich einmal Zeit nimmt, die Grenzen dieser Weite mit dem Blick abzumessen.....um diese Weite dann auch	*zeitlich offen*

M E E R (direkt)

dem Flug der Möwen, die sich auf das Meer hinaus tragen lassen und auf den Horizont zu gleiten. *Erleben Sie nun eine tiefe Ruhe, spüren Sie eine gelöste Ruhe und Schwere.* Und wenn Sie jetzt alles auf einmal sehen und empfinden, spüren Sie deutlich diese tiefe Ruhe in sich. Sie werden ruhiger und ruhiger und Ihre Entspannung wird tiefer und tiefer. Sie fühlen sich jetzt im ganzen Körper völlig schwer an, ganz schwer. Sie spüren, daß das Ihrem Körper sehr gut tut und Sie genießen dieses Gefühl dabei. Sie sind nun völlig entspannt und ruhig. Ihr Atem geht ruhig und völlig frei. .....**pause**..... *Künftig werden Sie öfter diese Gelöstheit spüren und wissen, daß diese Erfahrung ganz von alleine auftreten wird, wenn Sie sie brauchen.*

Gut, ich werde nun von drei auf eins zählen. Bei drei werden Sie die Augen öffnen, tief durchatmen und wieder ganz im Hier und Jetzt sein."

M E E R (indirekt)	
geradezu innerlich zu erleben .....pause..... und manchmal kann beim Betrachen des Himmels dann ein Schwarm von Möwen auftauchen, die sich vom Wind tragen lassen, ohne etwas zu tun .. *sie* tun einfach nichts und sie lassen sich tragen...einfach tragen lassen...und während die Möwen sich in die Weite von Himmel und Meer hinaustragen lassen, scheinen sie dies entspannt und gelöst zu genießen .... *sie* sind entspannt und sie genießen diese Gelöstheit, ohne sich anstrengen zu müssen ... *und ist es nicht so, daß* ein solcher Spaziergang voller Muße mit der Wahrnehmung der Farben des Meeres und des Himmels...der Wärme der Sonne und der Kühle des Windes .... begleitet vom Geräusch der Wellen zu einer tief empfundenen Ruhe führen kann; und eine gelöste Ruhe und Schwere *kann bedeuten*, vielleicht auch eine Leichtigkeit in Armen und Beinen zu spüren .... eine gelöste Ruhe in Armen und Beinen ....völlige Ruhe und Gelöstheit ...... wobei die *Atemzüge* ruhig und frei sind.....*sie* sind völlig ruhig und frei....*sie* sind völlig gelöst....und eine ruhige Gelöstheit läßt sich dann noch weiter vertiefen , wenn mit dem Zählen der Atmung jeder Atemzug dazu einlädt, noch tiefer in die Entspannung und Gelöstheit zu gleiten. Und *eins* ...... gelöst und entspannt ...... und *zwei* ...... und *drei* ...... völlig ruhig und entspannt ...... und *vier*...... und *fünf* ...... eintauchen in eine innere Weite, die von Ruhe und Gelöstheit angefüllt ist ...... eintauchen ...... *sechs* ...... *sieben* ...... völlig gelöst und ruhig ...... *acht* ...... *neun* .... und *zehn*......pause..... *und das körperliche Empfinden, das Sie jetzt verspüren ist wie eine Garantie, die Ihnen sagt: "Diese Gelöstheit gehört zu Ihnen. Dieses Gefühl wird dann ganz von alleine auftreten, wenn Sie es wieder einmal brauchen."*	*Einstreuen 'Sie'* *Truismus* *Erläut. d. Sugg.* *Einstreuen 'Sie'* *Zeit verlängern* *abgeschwächte, direkte Suggest.*
Gut, und wenn ich nun von drei auf eins zähle, öffnen Sie dann bei eins die Augen, oder dann, wenn es Ihnen angenehm ist, sei es vorher oder nachher ...... drei .... zwei ..... eins."	

4.2.2 Entspannungsszene "Wald"

Ein Spaziergang durch einen Wald, der zur Entspannung dient, ist vielen Menschen bekannt und ist daher auch für viele Patienten geeignet, um eine Entspannung zu erleben. Auch hier heißt es wieder, für den individuellen Patienten die Erlebniskomponenten eines Waldspaziergangs zur erfragen, die ihn in der Trance dann wirklich in 'seinem' Wald sein lassen. Unsere Beispiele für einen 'direkten' und einen 'indirekten' Waldspaziergang folgen in Kasten IV/5 und Kasten IV/6 und berücksichtigen die Information, die wir vom Patienten bekommen haben (Tabelle IV/3).

Entspannungssituation Spaziergang im Wald an einem sonnigen Sommertag
Elemente der Situation Ruhiges Gehen oder Sitzen unter einem Baum; Geruch im Wald (Harz, Waldboden); Rauschen der Blätter; das viele Grün sehen..
Subjektives Erleben Gelassenheit; irgendwie behütet sein, sich erholen und lebendig fühlen.
Körperliche Reaktionen Entspannung, Ruhe und Gelöstsein.

Tabelle IV/ 3: Vorgaben für die Entspannungsszene 'Waldspaziergang'

KASTEN IV/4: *Experimenteller Vergleich von 'richtigen' und 'falschen' Pausen*

PAUSEN IM TEXT

Wenn wir einen durchlaufenden Text sprechen, machen wir natürlich Pausen, meistens, nachdem wir eine 'Bedeutungseinheit' gesprochen haben. (z.B.: "Als ich gestern nach Hause kam...pause..., war gerade mein Freund zu Besuch gekommen."). Beim langsameren Sprechen während einer Tranceinduktion oder bei der Schilderung einer Entspannungsszene kann es passieren, daß diese Segmentierung von Bedeutungseinheiten über die Sprechpausen nicht beachtet wird. Für den Patienten wird es dann schwierig, dem Therapeuten zu folgen und das Gesagte in innere Bilder umzusetzen, was natürlich auch die Trancetiefe verringert. Wie 'falsche' Pausen die Imagination beeinträchtigen, zeigt das folgende Experiment, das indirekte Formulierungen zur Erzeugung von Imaginationen aus der Kindheit verwendete, und von dem wir zwei Bedingungen zeigen, wobei die Pausen jeweils drei Sekunden dauerten: In Bedingung "richtige Pausen" werden die Pausen jeweils nach einer Bedeutungseinheit gemacht, in der Bedingung "falsche Pausen" wird eine Bedeutungseinheit durch die Pause getrennt. Hier zunächst ein Textbeispiel:

Bedingung: 'Richtige Pause'
>   Zu Hause mit der Mutter in der Küche zu sein, ...pause....
>   vielleicht gerade in der Weihnachtszeit, ...pause...
>   wenn es draußen kalt ist und stürmt, ...pause...
>   ist für viele Kinder verbunden mit einem Gefühl von Geborgenheit. ..pause..

Bedingung: 'Falsche Pause'
>   Zu Hause mit der ...pause... Mutter in der Küche zu sein,
>   vielleicht gerade in ...pause... der Weihnachtszeit,
>   wenn es draußen kalt ...pause... ist und stürmt,
>   ist für viele Kinder verbunden mit ...pause... einem Gefühl von Geborgenheit.

Auf die Frage "Wieviel Prozent der vorgegebenen Einzelheiten wurden von Ihnen in innere Bilder umgesetzt?" wurde von den Versuchspersonen in der Bedingung "Falsche Pause" (N= 21) ein hochsignifikant geringerer Prozentsatz (19.5 %; p<.005) als in der Bedingung "Richtige Pause" (N=22) angegeben.

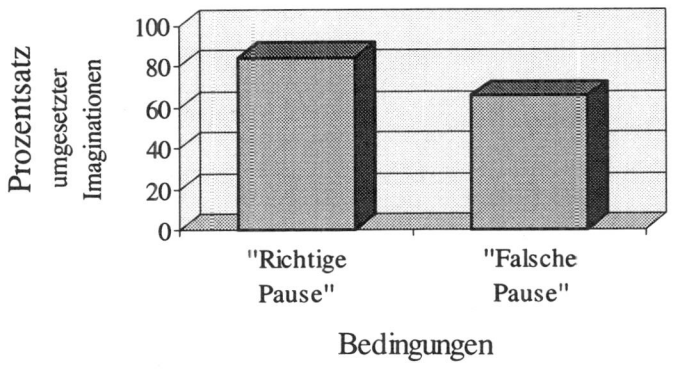

KASTEN IV/5: *Direkte Suggestionen zum Erleben eines Waldspaziergangs*

W A L D (direkt)

Nach Tranceinduktion:

"Lassen Sie das, was ich im folgenden sagen werde, als eine innere Realität entstehen. Sie machen nun einen Spaziergang im Wald. Und hier in der Natur ziehen Sie sich damit vom Alltag zurück und kommen dabei mehr und mehr zur Ruhe. Sie machen nun allein einen Spaziergang im Wald und lassen den Alltag einfach zurück, befreien sich völlig von ihm. Sie beginnen, eine innere Zurückgezogenheit zu erfahren. Die Bewegungen Ihrer Gliedmaße werden dabei ruhiger und ruhiger. Und während Sie jetzt über einen Waldweg gehen, erleben Sie, wie Ihre Arme und Beine freier und gelöster sind. Ihre Bewegungen bekommen einen eigenen Rhythmus, der sich frei dem natürlichen Rhythmus des Waldes anpaßt. Sie finden nun eine Gelöstheit in Ihren freien und ruhigen Bewegungen...eine völlige Gelöstheit spüren ......**pause**.....

Sie erleben nun, wie der Rhythmus der Atmung ruhiger wird. Der Rhythmus der Atmung verbindet sich mit dem Rhythmus der ruhigen Bewegungen Ihrer Arme und Ihrer Beine. Ihr ganzer Körper wird von Ruhe und Gelöstheit durchströmt und von einer tiefen Gelöstheit erfaßt. Ihre Bewegungen sind von einer inneren Ruhe begleitet. Die Schultern, die Arme und der Oberkörper sind ruhig. In den Oberbeinen, den Waden bis in die Füße hinein spüren Sie eine Ruhe, Gelöstheit und entspannte Schwere. Sie spüren Ihre eigene Mitte im Magen und empfinden dabei eine große Gelassenheit. Nehmen Sie nun den Geruch des Waldes wahr und riechen Sie das Harz der Tannen. Atmen Sie tief die Frische dieses Geruchs ein. Nehmen Sie intensiv den Geruch des Waldbodens wahr....und nun den des feuchten Laubes. Achten Sie nun auf die Bäume, die Sie wie lebendige Wesen umgeben. Nehmen Sie geradezu wahr, wie die Bäume atmen und dabei frei und gelöst sind. Sie gehen allein im Wald spazieren, aber Sie fühlen sich dabei nicht einsam, sondern Sie erleben sich im Einklang mit der Natur. Sie gehören dazu und fühlen sich gelöst und entspannt,

KASTEN IV/6: *Indirekt/offene Suggestionen zum Erleben eines Waldspaziergangs*	
W A L D (indirekt)	
Nach Tranceinduktion:	
"*Sich vom Alltag zurückzuziehen, einmal wirklich zur Ruhe zu kommen*, ist für viele Menschen mit einem Hinauskommen in die Natur verbunden, wo man einmal wirklich mit sich allein sein kann, wie etwa bei einem Spaziergang im Wald. *Im Wald zu sein und ihn auch deutlich zu erfahren und wahrzunehmen*, ist dann oft eine einfache, aber doch wichtige Möglichkeit, den Alltag einfach zurückzulassen und sich von ihm völlig zu befreien. *Und oft wird diese Phase des Übergangs zu einer inneren Zurückgezogenheit eingeleitet* durch ruhiger und ruhiger werdende Bewegungen der Gliedmaße des Körpers. *Wer hat nicht schon beim Spaziergang über einen Waldweg erlebt*, wie plötzlich Arme und Beine gelöster und freier scheinen und dabei einen eigenen Rhythmus gefunden, der nicht mehr von außen bestimmt ist, sondern sich frei dem natürlichen Rhythmus des Waldes anpaßt....eine Gelöstheit in den eigenen freien, ruhigen Bewegungen finden. .....pause.....	Nominalisierung Nominalisierung Truismus Sugg. als Frage
Und *es dauert dann nicht lange* bis der Rhythmus der Atmung, der ruhiger werden *kann*, sich mit dem Rhythmus der ruhigen Bewegungen von Armen und Beinen verbindet, wobei sich dann eine Gesamtheit bildet von beginnender Ruhe und sich vertiefender Gelöstheit, die den ganzen *Körper durchströmt; Ruhe und Gelassenheit, die den ganzen Körper erfaßt*. Und die Bewegung *kann* von einem inneren Zur-Ruhe-Kommen begleitet sein... mit Ruhe in den Schultern, den Armen und im Oberkörper, und einer Ruhe und entspannten Schwere oder Gelöstheit in den Oberbeinen, den Waden bis in die Füße hinein. *Und dabei die eigene Mitte zu finden*, die man vielleicht deutlich und konzentriert im Magen spüren kann, kann zu einer großen Gelassenheit führen......zu einer tiefen Gelöstheit und Gelassenheit. *Und für manche ist diese Erfahrung begleitet* vom typischen Geruch des Waldes. *Für die einen sind es eher* die Tannen mit ihrem Harz, die diesen typischen Geruch verbreiten, den man beim tiefen Einatmen dann als eine Frische erlebt. *Für andere mag es eher* das feuchte Laub sein oder der Geruch des Waldbodens, der so	zeitlich offen Möglichkeit körp. Reaktionen Nominalisierung Truismus keine Festlegung

W A L D (direkt)

atmen völlig gelöst...völlig gelöst und ruhig atmen......**pause**.....

Sie stehen nun unter einem mächtigen Laubbaum und schauen nach oben. Sie sehen, wie die Sonne durch die Blätter scheint und nehmen die Vielfalt des Grüns wahr, das von einem hellen, zarten bis zu einem tiefdunklen Grün reicht. Sie sehen die vielfachen Überlagerungen der Blätter, die dadurch wie ein natürlicher, lebendiger Mosaikteppich aus unterschiedlichsten Grüntupfen aussehen. Sie spüren, wie von dem Grün etwas Beruhigendes ausgeht und fühlen sich sicher. Sie bemerken nun, wie der Wind durch die Blätter geht und sehen, wie sich die Blätter gleich lebendigen Farbteppichen bewegen, die sich genießerisch sanft vom Wind hin- und her wiegen lassen. Sie empfinden das Lebendige der Blätter und atmen die saubere, frische und sauerstoffreiche Luft ein. Sie atmen nun aus und spüren dabei, wie Ihr Körper tief gelöst und ruhig ist. Sie sind sehr entspannt, entspannt im Gesicht, in den Schultern und in den Armen, Sie spüren eine große Entspannung in den Beinen bis hinunter in die Füße hinein. .....**pause**.....

Sie hören nun wie der Wind durch die Zweige geht, der die vielen Blätter geradezu zum Sprechen und Flüstern bringt. Achten Sie auf dieses feine Rauschen. Kommen Sie ins Träumen, so als würden Sie dabei ein Gespräch mit der Natur haben. Alles das läßt Sie sich frei fühlen. Sie fühlen sich wohl, frei und offen. Ihre Arme, Beine und der Oberkörper sind mit Ruhe aufgefüllt. Im Zentrum Ihres Körpers spüren Sie eine tiefe Ruhe und Gelöstheit. Sie sind voll Gelöstheit

W A L D (indirekt)	
intensiv werden kann, daß das Einatmen geradezu das Erleben vermittelt, von vielen lebendigen Wesen umgeben zu sein, den Bäumen, Sträuchern, Gräsern und Blättern, die ebenfalls zu atmen scheinen und dabei frei und gelöst sind....wobei erfahren werden kann, daß *diese Einsamkeit* eigentlich nicht *bedeutet* alleine zu sein, sondern dazu zu gehören und im Einklang mit der Natur zu atmen und zu leben .... *gelöst und entspannt atmen .. .völlig entspannt .... voll innerer Ruhe und Gelassenheit ..... gerade beim Ausatmen noch mehr eintauchen in eine große Ruhe ...*	*Erläut. d. Sugg.* *Wiederholungen*
Und *unter mächtigen Laubbäumen sich Zeit zu nehmen*, einmal hochzuschauen, gerade dann, wenn die Sonne durch die Blätter scheint, *läßt die Vielfalt des Grüns aufscheinen*. Von einem hellen zarten Grün bis hin zu einem tiefdunklen Grün. Und bei der vielfachen Überlagerung der Blätter ergibt sich ein natürlicher, lebendiger Mosaikteppich aus unterschiedlichsten Grüntupfen ...... Gerade Grün hat etwas Beruhigendes, Sicheres, und wenn der Wind von oben durch die Bäume geht, werden sich bewegende, lebendige Farbteppiche, sichtbar, die sich genießerisch sanft vom Wind hin- und her wiegen lassen... hin und her .....pause......und alle diese Blätter sind lebendig und geben Sauerstoff. Jetzt mit geschlossenen Augen *diese saubere, frische Luft tief einzuatmen, läßt ahnen*, wieviel Lebendigkeit, wieviel Leben hier ist, und *beim Ausatmen dann spüren*, wie - begleitet von diesem vielfältigen Leben - eine tiefe Gelöstheit und Ruhe sich einstellt. Eine große Entspanntheit...im Gesicht, in den Schultern und Armen....Entspannung im Magen und hinunter in die Beine bis in die Füße hinein. .....pause.....	*Nominalisierung* *Erläut. d. Sugg.* *Erläut. d. Sugg.* *Nominalisierung*
Und wenn dann der Wind durch die Zweige weht, beginnen diese vielen Blätter geradezu zu reden, zu wispern, zu flüstern. *Und auf dieses feine Rauschen zu achten, lädt dazu ein*, ins Träumen zu kommen und teilzuhaben an diesem Gespräch der Natur und sich frei zu fühlen, sich wohl zu fühlen und sich zu öffnen für die gewisperten Botschaften, die vielleicht dazu einladen, Arme, Beine und den Oberkörper mit Ruhe aufgefüllt zu erleben .... *die Ruhe und Gelöstheit im Zentrum*	*Nominalisierung* *plus Erläuterung*

W A L D (direkt)

und Ruhe. .....pause.....

Sie gehen durch den Wald und spüren den harten Boden des
Waldweges. Sie verlassen nun den Weg und treten voll Vertrauen in das Dunkle des Waldes und suchen sich einen eigenen Weg. Dabei spüren Sie, wie weich und federnd sich der
Waldboden anfühlt, dessen Geruch Sie jetzt wahrnehmen.
....deutlich auf den Geruch achten .....pause..... Setzen Sie sich
unter einen großen Baum, lehnen Sie sich an seinen Stamm an
und spüren Sie dabei den Halt, den der Stamm gibt. Nach dem
ermüdenden Gehen empfinden Sie beim Zurücklehnen, wie
Sie sich völlig lösen und entspannen. Der Baum hält Ihren
Körper und stärkt Ihnen geradezu den Rücken, obwohl Sie
sich so gelöst fühlen. Sie sehen die schützenden Äste des
Baumes über Ihnen, genießen die gelöste Entspannung des
Körpers und empfinden eine Sicherheit und ein Beschütztsein.
..... pause.... Sie sind fest in sich verankert, Sie spüren, daß
Sie Bedrohungen standhalten können und sich nicht von ihnen
beugen lassen.....Sie sind fest in sich verankert .....pause.....

Hören Sie jetzt noch deutlich das Zwitschern der Vögel und
erfahren Sie dabei noch einmal eine tiefe Gelassenheit und
Ruhe. Erleben Sie eine tiefe Ruhe und Gelöstheit. Tauchen
Sie nun völlig in eine große Gelassenheit und einen inneren
Frieden ein und spüren Sie dabei eine tiefe Entspannung im
ganzen Körper. .....pause..... *In Zukunft werden Sie spüren, daß
Sie ein großes Reservoir an Gelassenheit haben, auf das Sie
zurückgreifen werden. Sie werden auch in Zukunft die Fähigkeit haben, in belastenden Situationen eine tiefe Ruhe zu verspüren.*

W A L D (indirekt)	
des Körpers vertieft zu spüren....Gelöstheit und Ruhe zu er- *fahren......pause.....*	*Wiederholungen*
Oft haben die vorgegebenen Wege, die durch den Wald füh- *ren, einen harten Boden,* was mit der Zeit ermüdet. Aber *das* *spontane Verlassen* des geraden, vorgeschriebenen Weges	*Truismus*
und dann *das vertrauensvolle Eintreten* in das Dunkle des Waldes führt dazu, frei einen eigenen Weg zu suchen....., ei-	*Nominalisierung*
nen eigenen Weg suchen, um dann zu spüren wie weich und federnd sich der Waldboden mit seinem besonderen Geruch nun anfühlt .....pause..... und *der Boden lädt dazu ein, sich*	*Erläut. d. Sugg.*
niederzulassen, sich vielleicht unter einen großen Baum zu setzen, um dann den in sich ruhenden Stamm des Baumes beim Anlehnen zu spüren...., der Halt gibt nach dem Gehen.	
Und kann dieses erlebte Gehaltenwerden es nicht ermögli- *chen,* sich beim Zurücklehnen völlig zu lösen und dabei zu spüren, wie trotz der Gelöstheit geradezu der Rücken gestärkt	*Sugg. als Frage*
ist? Und die starken Äste *können* dann wie die Arme eines Freundes sein, die schützend über einen gehalten werden, was	*Möglichkeit*
der gelösten Entspannung des Körpers etwas Schützendes und Sicheres verleiht .....pause..... und dabei kann ein Empfinden dafür auftreten wie fest und tief die Bäume im Boden verwur- zelt sind...auch wenn diese Wurzeln unter dem Waldboden	
verborgen sind ...der *Bäume,* die schon vielen Stürmen und Bedrohungen standgehalten haben.....*sie* halten den Bedrohun-	*Stellvertreter*
gen stand, *sie* lassen sich nicht beugen und sind dabei fest in *sich selbst* verankert .....pause.....	*Einstreuen "Sie"*
Und beim Gesang und Zwitschern der Vögel, die hier in der Ruhe des Waldes besonders deutlich zu hören sind, *fällt es*	
leicht, eine tiefe Erfahrung von Gelassenheit und Ruhe zu *erleben* und mehr und mehr in diese Erfahrung einzutau-	*Erläut. d. Sugg.*
chen...in eine tiefe Ruhe und Gelöstheit...völlig eintauchen in eine große Gelassenheit und einen inneren Frieden....Ruhe	
und Gelassenheit .....pause..... und diese Erfahrung jetzt ist wie *ein Fundament, das Ihnen versichert, "Sie haben in sich ein*	*Wiederholungen*
großes Reservoir an Gelassenheit, auf das Sie zurückgreifen *können.";* wie ein Versprechen, das Ihnen sagt: " Sie haben	*abgeschwächt.*
die Fähigkeit, in eine tiefe Ruhe einzutauchen, auch in bela-	*direkte Suggest*

W A L D (direkt)	
Gut, ich werde nun von drei auf eins zählen. Bei drei werden Sie die Augen öffnen, tief durchatmen und wieder ganz im Hier und Jetzt sein."	

W A L D (indirekt)	
stenden und bedrohlichen Situationen." Gut, und wenn ich nun von drei auf eins zähle, öffnen Sie dann bei eins die Augen, oder dann, wenn es Ihnen angenehm ist, sei es vorher oder nachher.......drei....zwei.....eins."	

4.2.3 Entspannungsszene "Berge"

Die Berge haben wir als dritte 'Standardentspannungssituation' vorgesehen, weil sie ebenfalls für viele Menschen ein häufig aufgesuchter Erholungsort ist - natürlich nicht von Menschen mit Höhenangst; aber das erfahren wir ja aus dem Vorgespräch. Die vom Patienten erhaltene Information, die in Tabelle IV/4 zusammengetragen ist, würde dann zu folgenden direkten (Kasten IV/7) bzw. indirekten (Kasten IV/8) Formulierungen der Entspannungsszene "Berge" führen. Sie werden beim Lesen bemerken, daß in diesem Text öfter der Stellvertreter "die Wanderer" verwendet wurde, was die Möglichkeit bietet, direkte Suggestionen über die Verwendung des "sie" einzustreuen, wobei sich das "sie" auf die Wanderer oder auf den Patienten ("Sie") beziehen kann (siehe auch oben S. 74ff 'Einstreutechnik').

Entspannungssituation   Wanderung in den Bergen
Elemente der Situation   Farben in den Bergen (Schnee, blauer Himmel); Verweilen an Bergbächen ist eine wichtige Erfahrung der Bergwelt; Bergwiesen mit Blumen (Farben, Duft).
Subjektives Erleben   innere, 'abgeklärte' Ruhe; Heiterkeit.
Körperliche Reaktionen   Leichtigkeit; Gelöstheit, besonders in Armen und Beinen; aber auch entspannte Schwere nach längerem Gehen..

Tabelle IV/4: Vorgaben für die Entspannungsszene 'Wanderung in den Bergen'

KASTEN IV/7: *Direkte Suggestionen zum Aufenthalt in den Bergen*

B E R G E (direkt)

Nach Tranceinduktion:

"Was ich im folgenden sagen werde, sollten Sie in innere Bilder umsetzen, denn dadurch werden Sie auch Ihren Körper beeinflussen. Sie wissen natürlich, daß eine Umgebung, in der Sie sich wohl fühlen, z.B. die Bergwelt, auch Ihr Empfinden beeinflußt. *Sie sind nun in den Bergen* und erholen sich dort nicht nur körperlich, sondern auch seelisch. *Sie erleben jetzt einen Aufstieg* aus dem Tal und atmen dabei die frische Luft ein. Sie fühlen sich wohl und nehmen die Farben der Umgebung wahr. Sie sehen das Grün der Bäume und *das Blau der Berge*. Sie sehen die Farben der Bergwelt und sie spüren einfach, wie es Freude macht, diese Farben auf sich wirken zu lassen. *Sie sehen hoch oben* in der Gipfelregion das helle, saubere Weiß des Schnees und Sie spüren bei Betrachtung der Berge, die völlig in sich ruhen, eine innere abgeklärte Ruhe. Schauen Sie in das intensive Blau des Himmels und erleben Sie dabei eine innere Heiterkeit und eine optimistische Stimmung. Schauen Sie nun einfach in die Höhe, in die Weite und spüren Sie dabei, wie sich eine Leichtigkeit und Heiterkeit im Körper bemerkbar macht. Sie empfinden nun beim Einatmen wie sich eine innere Tür öffnet zu eigenen Erfahrungen von Heiterkeit, Freude und Lachen. .....pause.....

Sie sehen jetzt zu Beginn des Aufstiegs noch Bäume und sehen zwischen den grünen Blättern Vögel sitzen. Sie hören den Gesang der Vögel und erleben dabei *wie Ihnen geradezu das Herz aufgeht* und Sie eine unmittelbare Freude spüren. Dabei *erleben Sie ein Gefühl von Leichtigkeit und innerer Gelöstheit, die Sie in Armen und Beinen spüren.* Und beim Atmen spüren Sie diese Gelöstheit im ganzen Körper .....pause.....

KASTEN IV/8: *Indirekt / offene Suggestionen zum Aufenthalt in den Bergen*

B E R G E (indirekt)	

Nach Tranceinduktion:

"Und Bilder sind die Sprache des Unbewußten, die auch körperliche Prozesse beeinflussen können, ohne daß wir uns darum kümmern müssen. Genauso wie eine wahrgenommene Umgebung, z.B. die Bergwelt, unser Empfinden beeinflußt. Und in den Bergen zu wandern *ist für viele Menschen n*icht nur eine körperliche, sondern auch eine seelische Erholung. *Truismus*

Wanderer werden beim Aufstieg aus dem Tal nicht nur die *Stellvertreter*
frische Luft tief einatmen und sich dabei wirklich wohl fühlen, sondern auch die Farben der Umgebung, das Grün der Bäume, die *Farbe* der Berge wahrnehmen. *Sie* sehen die Far- *keine Festlegung*
ben der Bergwelt und *sie* spüren einfach wie es Freude macht, *Einstreuen 'Sie"*
diese Farben auf sich wirken zu lassen. Da ist oben in der Gipfelregion das helle, saubere Weiß des Schnees, auf das die Wanderer schauen, wobei die Betrachtung des Berges, der völlig in sich ruht, auch etwas von dieser abgeklärten Ruhe auf den Betrachter überträgt .....pause..... Und während die *Stellvertreter*
Wanderer nach oben schauen, werden *sie* auch die Farbe des *Einstreuen "Sie"*
Himmels sehen, die an manchen Tagen so intensiv ist, daß es wie ein Meer von freier Heiterkeit und Optimismus wirkt. Und bei manchen Wanderern kann man beobachten wie sie versonnen, als wären sie tief in Gedanken, in die Höhe schauen. *Sie* haben den Blick nach oben in die Weite verloren und empfinden *vielleicht*, wie dieses Leichte, Heitere sich auch in *Möglichkeit*
ihrem Körper bemerkbar macht, *vielleicht* beim Einatmen, und sich dabei - wie von selbst - eine innere Tür öffnet, zu eigenen Erfahrungen des Lächelns, der Freude oder des Lachens mit Anderen .....pause.....

Und zu Beginn des Aufstiegs gibt es natürlich noch Bäume - Tannen, Lärchen, Buchen, in deren Grün sich Vögel aufhalten. Und beim Gesang der Vögel in der Ruhe der Berge *kann* *Möglichkeit*
geradezu das Herz aufgehen und zu einem unmittelbaren Zugang zu einem lebendigen, sinnlich erfahrbaren Ausdruck von Freude führen, der sich natürlich auch *körperlich erleben läßt* *körp. Reaktionen*
als ein Gefühl von Leichtigkeit und innerer Gelöstheit, die

B E R G E (direkt)

Und während Sie weiter in die Bergwelt aufsteigen, hören Sie
den Gesang der Vögel und nun auch das Rauschen eines Baches, der entlang des Weges verläuft und Ihnen entgegentost.
Der Weg führt nun über den herabstürzenden Bach und Sie
überqueren den Bach auf großen Steinen. Sie werden dabei
von den Tropfen des Baches bespritzt. Sie verweilen dort einen Moment und lassen sich erfrischen. Sie spüren das kalte
Wasser auf der warmen Haut .....pause..... *Sie haben einen
deutlichen Eindruck von der Frische und Kühle des Wassers*
auf Ihrer erhitzten Haut. Und nun erleben Sie, wie diese Erfahrung von einer Gelöstheit, Ruhe und Gelassenheit von den
Schultern bis runter zu den Füßen begleitet ist. .....pause.....

Schauen Sie nun auf das über die Steine schießende Wasser.
Richten Sie Ihre Aufmerksamkeit auf das Springen des Wassers von Stein zu Stein. Dabei bemerken Sie, wie die Tropfen
sich in der Sonne brechen und die Tropfen geradezu wie
Edelsteine über das Gestein hüpfen. Nun erleben Sie sich völlig aufgehoben in der Natur und spüren ihre Nähe. Sie sind
frei und entspannt. Sie fühlen sich hier aufgehoben.
.....pause..... Hören Sie mit geschlossenen Augen deutlich das
Geräusch des Baches, *das wie ein Murmeln ist,* das Ihnen etwas Beruhigendes und Befreiendes zuflüstert. *Hören Sie einfach zu und erleben Sie* die Frische des Wassers. Spüren Sie,
wie das freie Tosen und Springen des Baches Sie fröhlich und
heiter stimmt. Sie spüren eine angenehme, entspannende
Schwere und sind völlig gelöst und ruhig. Sie empfinden im
ganzen Körper eine völlige Ruhe und Entspannung.
.....pause.....

B E R G E (indirekt)	
nicht nur in Armen und Beinen sein kann, sondern sich auch beim Atmen mitteilen kann...ein Gefühl der Gelöstheit im ganzen Körper .....**pause**.....	*Möglichkeit*
Ein solcher Aufstieg in den Bergen wird aber nicht nur vom Gesang der Vögel begleitet, sondern manchmal auch vom Rauschen eines Baches, der in den Bergen oft entlang eines Weges verläuft und den Wanderern entgegentost. Und wenn der Weg über den herabstürzenden Bach führt und die Wanderer über große Steine den Bach überqueren, werden sie von den Tropfen des Baches bespritzt, was *sie* dazu einlädt, zu verweilen und sich erfrischen zu lassen, und darauf zu achten, wo die Spritzer *sie* naß machen und wie *sie* das auf der Haut empfinden .....**pause**..... *Oft wird man sich dabei* des Temperaturunterschiedes zwischen dem kühlen Wasser und der vom Aufstieg warmen Hautfläche bewußt.....Wenn man sich dann Zeit nimmt, diesem Unterschied *nachzuspüren*, bekommt man einen deutlichen Eindruck von der Frische, die von der Kühle des Wassers auf der erhitzten Haut ausgeht...., um dabei auch die begleitende Gelöstheit, Ruhe und Gelassenheit von den Schultern bis runter in die Füße zu erleben .....**pause**.....	*Einstreuen "Sie"* *Truismus* *körperl. Reaktion*
Und in das über die Steine schießende Wasser zu schauen, und der Blick auf das Springen des Wassers von Stein zu Stein, voller Leichtigkeit, in dessen Tropfen sich die Sonne bricht, die geradezu wie Edelsteine über das Gestein hüpfen, ist wie ein Eintauchen in einen kostbaren Moment der Nähe und des völligen Aufgehobenseins in der Natur.....frei und entspannt...aufgehoben sein .....**pause**..... Und mit geschlossenen Augen ist das Geräusch des Baches noch deutlicher zu hören, das wie ein Murmeln sein *kann*, das etwas Beruhigendes, Befreiendes flüstert. *Und einfach zuzuhören, bedeutet auch*, die Frische des Wassers zu erleben, und zu spüren, wie das freie Tosen und Springen des Baches eine Fröhlichkeit und Heiterkeit mit sich bringt, die körperlich als Befreitsein und Leichtigkeit oder auch als eine angenehm entspannende Schwere voller Ruhe und Gelöstheit erlebt werden kann ... *völlige Ruhe und Entspannung im ganzen Körper ... gelöst und entspannt ... eine angenehme Gelöstheit und Ruhe ... ein-*	*Nominalisierung* *Möglichkeit* *Erläut. d. Sugg.* *Wiederholung*

B E R G E (direkt)

Und während Sie nun immer höher in die Berge kommen, bemerken Sie nur noch wenige Bäume und sehen statt dessen die Almwiesen, die hier noch saftig und voller Blumen sind. Schauen Sie nun auf die Blumen und *bemerken Sie, das einige blau sind, andere hingegen gelb.* Aber *Sie sehen auch* rote und rosa Blumen, die gerade jetzt im Frühsommer nach oben geschossen sind. Sie fühlen sich leicht, heiter und gelassen in der hellen Stille, die Sie umgibt...**pause**.... Betrachten Sie nun die Wiese. Und während Sie den Blick über sie schweifen lassen, erscheint sie ihnen wie ein großer bunter Teppich. Sie nehmen auf ihm Platz, um hier zu rasten und alle Glieder von sich zu strecken und dabei zu bemerken wie nach dem Aufstieg nun eine angenehme wohlige Entspannung durch den ganzen Körper zieht. Sie sind völlig gelöst und entspannt. ...**pause**... Sie bemerken den feinen Duft der Blumen: Sie atmen tief den Geruch des Grases und der Blumen ein. Dabei hören Sie das beruhigende Summen der Bienen oder beobachten, während Sie im weichen Gras liegen, oben am blauen Himmel einen Greifvogel, der frei in der Höhe in aller Ruhe, über allem schwebend, seine Bahnen zieht. Achten Sie auf den Duft der Blumen und lauschen Sie dem Summen der Insekten. Dabei spüren Sie, wie sich ein entspanntes Gefühl im ganzen Körper verbreitet, das Sie insbesondere beim Ausatmen noch intensiver erleben. Und sie spüren nun, wie angenehm und gelöst sich Beine und Arme anfühlen ..gelöst, ruhig und gelassen. .....**pause**.....

Sie werden immer leicht den Zugang zu einer tiefen Entspannung auch im Alltag finden. Sie werden künftig mehr und mehr entspannt sein.
Gut, ich werde nun von drei auf eins zählen. Bei drei werden Sie die Augen öffnen, tief durchatmen und wieder ganz im Hier und Jetzt sein."

B E R G E (indirekt)	
fach eintauchen in diese angenehme Erfahrung. .....pause.....	
Höher in den Bergen gibt es immer weniger Bäume und statt dessen treten dann oft Almwiesen in den Vordergrund, die hier noch saftig und voller Blumen sind. *Und welche Farben herrschen hier vor?* Vielleicht dominiert an manchen Stellen ein stilles, gelassenes *Blau*, oder das helle, leichte *Gelb* von Blumen, die gerade im Frühsommer nach oben geschossen sind. Aber es gibt auch heitere, *rote* und *rosa* Blumen, die den *Wanderern* auffallen .....pause..... Insgesamt erscheint so eine Wiese hier oben - ja, wenn man sich wirklich Zeit nimmt, sie zu betrachten und den Blick über sie schweifen läßt - wie ein großer bunter, weicher Teppich, *der einlädt,* auf ihm Platz zu nehmen, um hier zu rasten und alle Glieder von sich zu strecken und dabei zu bemerken wie nach dem Aufstieg nun *eine angenehme wohlige Entspannung durch den ganzen Körper zieht...eine völlige Gelöstheit und Entspannung auftritt* .....pause..... Und *Wanderer,* die hier rasten, werden auch den feinen Duft der Blumen bemerken. *Sie* atmen tief den Geruch des Grases und der Blumen ein..... Dabei hören *sie* das beruhigende Summen der Bienen oder beobachten, während *sie* im weichen Gras liegen, oben am blauen Himmel einen Greifvogel, der frei in der Höhe in aller Ruhe, über allem schwebend, seine Bahnen zieht...Und mit dem Duft der Blumen, und dem Summen der Insekten verbreitet sich ein *entspanntes Gefühl im ganzen Körper, das insbesondere beim Ausatmen noch intensiver erlebt wird....*Und *sie* spüren dann, wie angenehm und gelöst sich nun Beine und Arme anfühlen ..gelöst, ruhig und gelassen. .....pause.....	*Sugg. als Frage* *keine Festlegung* *Stellvertreter* *Erläut. d. Sugg.* *körperl. Reaktion* *Stellvertreter* *Einstreuen "sie"* *körperl. Reaktion*
Und diese vertiefte körperliche Erfahrung ist wie eine Garantie, die Ihnen versichert, "Sie werden immer leicht den Zugang zu einer tiefen Entspannung auch im Alltag finden. Sie werden künftig mehr und mehr entspannt sein. Gut, und wenn ich nun von drei auf eins zähle, öffnen Sie dann bei eins die Augen, oder dann, wenn es Ihnen angenehm ist, sei es vorher oder nachher.......drei....zwei.....eins."	*abgeschwächte* *direkte Sugg.*

4.3 Weitere Textbeispiele

Bei den Beispielen bisher ging es nur um eine ruhige Entspannung, mit Suggestionen, die direkt oder indirekt formuliert wurden. In den folgenden Textbeispielen, die nur offen bzw. indirekt formuliert sind, geht es um das Erleben von Entspannung bei aktiver Beweglichkeit ('Radfahren', Kasten IV/9) und der Erfahrung von emotionaler Nähe ('Spaziergang mit Partner', Kasten IV/10).

4.3.1 Radfahren

Bei diesem Text geht es zwar wieder um Entspannung, aber diesmal um Entspannung in der Bewegung, und zwar beim Fahrradfahren. Das gibt die Möglichkeit, zu betonen, und zwar für den Patienten in der Trance erlebbar, daß Entspannung auch in der Bewegung möglich ist. Dies könnte etwa zur Vorbereitung eines Patienten dienen, der lernen soll, sich auch dann zu entspannen, wenn er Tätigkeiten durchführt, die Bewegungen erfordern.

Entspannungssituation
Radfahren entlang eines kleinen, klaren Flusses an einem sonnigen Sommermorgen.

Elemente der Situation
'weiche' Flußluft; das Grün des Flusses und der Bäume; mit dem Rad entlang an Kornfeldern und Sonnenblumenfeld.

Subjektives Erleben
beruhigend, erholsam, gelassen und heiter; ein Gefühl des "Fließens".

Körperliche Reaktionen
Entspannt; freie Atmung; Leichtigkeit ; freie, fließende Bewegungen.

Tabelle IV/5 Vorgaben für die Entspannungsszene 'Radfahren'

Kasten IV/9

R A D F A H R E N

Nach Tranceinduktion:
"Oft ist eine Entspannung mit Bewegung verbunden, wobei gerade einförmige Bewegungen die Entspannung in der Bewegung vertiefen - wie es etwa beim Radfahren entlang eines Flusses der Fall sein kann. Und jeder weiß, in welchem Ab-

stand voneinander die Hände das Lenkrad des eigenen Rades umfassen und wie
der Rücken bei der Fahrt gebeugt ist und mit welcher Kraft zu Beginn in die Pe-
dalen getreten werden muß. Und all dies sind nur die Vorbereitungen für eine entspannende Fahrt. .....pause..... Eigentlich ist es doch die Wahrnehmung der Umgebung, die eine beruhigende und erholsame Wirkung ausübt. Zu sehen, wie der
Fluß mit seinem grünen Wasser sich alle Zeit der Welt nimmt, um sich gemäch-
lich fortzubewegen, sich in seinem Bett frei fließend wohl fühlt, und hier noch gar
nicht daran denkt, daß dieses ruhige Fließen völlig ausreicht, um sein Ziel zu erreichen. Und längere Zeit den Fluß in seinem Fließen zu betrachten und zu begleiten, lädt dazu ein, auch in sich selbst so ein ruhiges Fließen zu spüren, das von
einer zunehmend ruhigeren Atmung begleitet wird .....pause..... In dem immer wie-
derkehrenden Treten des Rades, in diesem Bewegungsfluß spiegelt sich auch die
ruhige Bewegung des Flusses wider, wobei der ruhige Atemfluß und der Fluß der
eigenen Bewegungen sowie das ruhige Fließen des Flusses eine Einheit zu bilden
scheinen, die auch ein seelisches Fließen, ein sich tragen lassen ermöglicht.. .sich
tragen lassen und sich im Fluß der eigenen Bewegungen einfach wohl fühlen, ohne an ein Ziel denken zu müssen, um damit die unmittelbare Gegenwart in dieser
Flußlandschaft um so deutlicher zu erleben. Dabei fällt es leicht, in der fließenden
Bewegung zu ruhen so wie ein Ölstrahl, der sich ruhig nach unten ergießt, gleichzeitig fließt und doch in sich ruht, ja geradezu still zu stehen scheint .....pause.....
Und mit der gleichförmigen Bewegung weicht dann auch der Alltag zurück, und
die Bilder der Alltagsroutinen, seien es Vorstellungen von der Arbeit oder dem
privaten Alltag, werden durch die unverstellte Wahrnehmung der Umwelt ersetzt,
so als würde das Bewußtsein die Fesseln des Routineerlebens abstreifen und spüren, wieviel Raum für neue, frische, farbige Wahrnehmungen vorhanden ist. Einfach das frische Grün der Bäume am Ufer sehen, die feuchte, frische Flußluft hier
am Ufer an diesem Morgen einatmen und spüren, wie diese weiche Luft innerlich
weit und frei macht. Diese einfachen Bewegungen befreien mehr und mehr, wozu
auch der freie Gesang der Vögel beiträgt, auf den eine Zeit lang geachtet werden
kann .....pause.....
Und aus dieser fließenden Bewegung entwickelt sich nun mehr und mehr eine
tiefer werdende Entspannung des Körpers; Arme und Schultern sind ruhig und
gelöst ebenso wie Magen und Gesäß. Und auch die Oberbeine und Waden haben
teil an der zunehmend tiefer werdenden Entspannung, gerade wegen der sich immer und immer wiederholenden Bewegungen. Das Weichwerden und Nachlassen
der Muskeln spiegelt sich in einem seelischen Loslassen wider, einer tiefer werdenden Gelassenheit, mit der man sich vom Rad durch die Landschaft tragen läßt
wie ein Boot auf dem ruhig dahinfließenden grünen Fluß, ohne Anstrengung,
völlig entspannt und gelöst .....pause.....
Und wir sprachen eben von den Feldern entlang des Flusses, wo ebenfalls eine
tiefe, natürliche Ruhe in der Bewegung zu beobachten ist. Die Getreidehalme las-

Radfahren

sen sich sanft vom Wind bewegen, was wie eine Welle erscheint, die gelassen und mit einem leisen Rascheln über das Feld fließt und wogt, und doch wird diese Welle von festverwurzelten Halmen getragen. Und dieser Welle zuzuschauen, wie sie über dieses Feld wie über einen goldgelben, in sich ruhenden See hinweggeht, vertieft auch die Ruhe des Betrachters in der eigenen Bewegung, während er den festverwurzelten Getreidehalmen zuschaut, die diese freie Bewegung tragen. *Sie* bewegen sich und *sie* ruhen doch tief in sich selbst. .....pause.....

Und die Gelassenheit der heiteren Bewegungen der Wellen im Kornfeld wird vom Wind auch auf den Betrachter übertragen, der sie sogar im Haar spüren kann oder auf den Händen, die dem Rad die richtige Richtung weisen....den Wind spüren und genießen, während die Hände ganz von alleine die richtige Richtung finden. .....pause.....

In solchen Momenten, in denen man sich der Natur nahe fühlt, kann die Natur als etwas Lebendiges erfahrbar sein, so als ob die Bäume oder die vielen Sonnenblumen auf einem großen Feld wie Freunde wären, die dem Fahrer zulächeln. Und mit dem Rad entlang eines Sonnenblumenfeldes zu fahren lädt dazu ein, in die vielen runden, lächelnden Gesichter der mannshohen Sonnenblumen zu schauen, und geradezu die Gegenwart so vieler Freunde zu spüren. Und diese Erfahrung wird auf der körperlichen Ebene oft als eine heitere Leichtigkeit und Gelöstheit erlebt, die die Atmung frei macht und manchmal so etwas Schwebendes, Fließendes vermittelt, während die vielen lächelnden Gesichter der Sonnenblumen diese Erfahrung begleiten. .....pause.....

Und die Erfahrung, in der Bewegung doch in sich selbst zu ruhen, wird ein wichtiger Begleiter für künftige Situationen sein, in denen er Ihnen zur Seite steht und Ihnen versichert: "Du kannst auch in der Belastung und Bewegung in Dir ruhen.", und Sie damit unterstützen wird, auch bei Anforderungen am Arbeitsplatz gleichzeitig und wie selbstverständlich Ihre innere Mitte der Gelassenheit und Ruhe zu finden und aus dieser Ruhe überlegt und souverän zu handeln. .....pause.....

Gut, und wenn ich nun von drei auf eins zähle, öffnen Sie bei eins die Augen, oder dann, wenn es Ihnen angenehm ist, sei es vorher oder nachher, um sich hierhin zurück zu orientieren ....drei .... zwei .....eins."

4.3.2 Spaziergang mit Partner

In den bisher gegebenen Beispielen für Entspannungssituationen stand das Erleben von Naturszenen im Vordergrund, wobei es ein wenig einsam zuging. Deswegen wollen wir in dem folgenden Beispiel die Erfahrung einer angenehmen Situation über das Erleben der Gemeinsamkeit mit einem Partner darstellen. Dabei besteht das Angenehme nicht so sehr in der körperlichen Erfahrung, sondern im emotionalen Erleben von Nähe und Harmonie. Während in den vorhergegangenen Texten durchgehend auf die Indirektheit geachtet wurde, d.h. der Patient nie mit "Sie" angesprochen wurde, wird im folgenden Text Direktheit und Indirektheit vermischt. Da wir ja aus den Angaben des Patienten wissen, welche Erfahrungen wichtig sind, können wir diese auch ansprechen, aber dem Patienten über indirekte Formulierungen dennoch Freiräume lassen, die er für sich selbst gestalten kann (z.B. "Und ich weiß nicht, vor welchem Geschäft Sie mit Ihrer Frau öfter stehenbleiben und plaudern?").

Beachten Sie auch, das der Text eine Einleitung hat (mit dem Thema: 'Die einfachen emotionalen Erfahrungen des Alltags sind wichtiger als herausragende Lebensereignisse.'), die den Rahmen für das kommende Erleben setzt. Die Elemente, aus denen wir die Entspannungsszene zusammensetzen, sind nach Auskunft des Patienten folgende:

Entspannungssituation
Einkaufsbummel mit Ehefrau am Wochenende

Elemente der Situation
Durch Einkaufspassagen schlendern; Einkaufen für Abendessen und Vorfreude darauf; andere Leute sehen und sich dabei der Nähe zur Ehefrau bewußt sein; plaudern mit Ehefrau über Kleinigkeiten und spüren, 'das ist wichtig'.

Subjektives Erleben
Sich treiben lassen können und kein Zeitdruck; sich Geborgenfühlen in der Gemeinsamkeit; eine heitere Zufriedenheit mit eigentlich 'kleinen' Dingen.

Körperliche Reaktionen
Wärme; eine Leichtigkeit im Inneren und doch eine ruhige 'Trägheit' nach außen; den Körper anlehnen können; die Hand der Ehefrau spüren und manchmal den 'heimlichen' Händedruck, der das gegenseitige Verständnis und Einvernehmen bekräftigt.

Tabelle IV/6 Vorgaben für die Entspannungsszene 'Spaziergang mit Partner'

Kasten IV/10

SPAZIERGANG MIT PARTNER

Nach Tranceinduktion:

"Für viele ist das, was das Leben lebenswert macht, verbunden mit herausragenden Ereignissen und ganz besonderen Erlebnissen, Erlebnissen, mit denen wir
unserem Leben manchmal ein zeitliches Gerüst geben und zum Beispiel sagen,
dies war vor der großen Reise nach Afrika und das war kurz nach der wichtigen
Prüfung. Aber sind es nicht doch eher die vielen, vielen ganz normalen Situationen, die darüber entscheiden, ob eine Lebensphase schön ist oder nicht; Situationen, die sich oft wiederholen, ja wiederholen müssen, um uns die Erfahrung zu
vermitteln, ein lohnenswertes Leben zu leben, wobei lohnenswert sich auf Gefühle
wie Sicherheit, Zufriedenheit, Freude und Geborgenheit bezieht.

Und vielleicht lohnt es sich gar nicht so sehr, den großen Ereignissen des Lebens
nachzulaufen und um sie zu kämpfen, sondern vielleicht lieber die kleinen, eher
unscheinbaren Erlebnisse besser zu pflegen, sie achtsam zu behandeln und diesen
Momenten des kleinen Glücks die Möglichkeit zu geben, unser Leben zu berei-
chern, wobei diese Momente wie Wegweiser sein können, die uns sagen, "Du bist
auf dem richtigen Weg".

Und wir sprachen eben über solche Momente in Ihrem Leben und es ist vielleicht gut, sich einmal jetzt wieder, in diesem veränderten Bewußtseinszustand, zu
öffnen für diese Erfahrungen wie Sie sie an vielen Wochenenden schon gemacht
haben. Und sich daran zu erinnern, wie Sie den Arm um Ihre Frau gelegt haben,
um einen Einkaufsbummel zu beginnen, ist wie eine Tür, die sich öffnet zu den
scheinbar einfachen, scheinbar unwichtigen Erfahrungen, deren Summe aber über
die Erfülltheit eines Lebens bestimmen kann. Und jetzt durch diese Einkaufspassage zu gehen, bedeutet, den Geräuschpegel dort wahrzunehmen, der sich aus den
vielfältigen Gesprächen der Passanten zusammensetzt, die an Ihnen vorbeiziehen
oder an denen Sie zusammen mit Ihrer Frau vorbeibummeln. Und dieses Bum-
meln zeichnet sich durch ein ganz bestimmtes Tempo aus, mit dem Sie beide sich
bewegen und sich mit gelösten, entspannten Bewegungen an den Geschäften vor-
beibewegen, wobei Sie die Nähe zu Ihrer Frau spüren. Und ich weiß nicht, wie
eng Sie dabei Ihre Frau umfassen und wo Sie beide sich berühren, aber einmal
darauf achten, bedeutet, dieses Gefühl von Zusammengehörigkeit und Zweisamkeit auch auf der körperlichen Ebene deutlich zu empfinden und zu genießen, indem man einfach diese Nähe spürt, die etwas Selbstverständliches hat und vielleicht gerade deswegen etwas Besonderes ist. .....**pause**..... Und beim Stehenbleiben
vor einer Geschäftsauslage kann das Anlehnen aneinander die Nähe noch verstärken, eine ganz selbstverständliche Berührung ohne Vorbehalt, wobei vielleicht
über die Geschäftsauslage geplaudert wird. Und ich weiß nicht, vor welchem Ge-

schäft Sie mit Ihrer Frau öfters stehenbleiben und plaudern? Aber ist es nicht so, daß in diesem Plaudern über etwas eher Belangloses eine innere Übereinstimmung deutlich wird, in der ein seelischer Gleichklang spürbar wird und wo ohne Schranken und Hemmnisse eine Offenheit zueinander erlebt wird? Diese Erfahrung ist auch von einem körperlichen Empfinden begleitet, und ich weiß nicht, in welchem Bereich Ihren Körpers Sie dies am deutlichsten empfinden, wenn Sie jetzt einmal darauf achten? .....pause.....

Übereinstimmungen können natürlich auch wortlos sein. Lustigen Kindern zuzusehen oder einem besonders auffallenden Passanten zu begegnen, wird manchmal mit einem Händedruck von Ihnen beiden quittiert, der ohne große Worte die gemeinsame Wahrnehmung bestätigt, die Übereinstimmung darüber bekräftigt und das Erleben des Beisammenseins, der Gemeinsamkeit betont. In solchen Momenten schaut man sich auch oft mit einem kurzen Lächeln der Übereinstimmung kurz in die Augen, um den Bummel dann fortzusetzen. Und danach noch eine Weile auf die Hand zu achten, die jetzt in der eigenen gehalten wird, ihre Wärme und Weichheit zu spüren, kann das Erleben von Nähe vertiefen. .....pause.....

Und während diese Hand Sie weiter begleitet auf diesem Bummel, nun einmal auf das ruhige Tempo achten, mit dem Sie sich und Ihre Frau zusammen mit den vielen anderen Passanten auf dieser Straße oder in der Einkaufspassage dahintreiben lassen. Und in diesem ruhigen Fluß der Bewegungen nun auch auf das Körpererleben achten, wie die Bewegungen außen eine eher schwere und eine erholsame Trägheit haben, während Sie sich innerlich leicht fühlen und vielleicht jetzt auch eine deutliche innere Wärme spüren.....einfach auf dieses Körperempfinden achten, während Sie sich zusammen mit Ihrer Frau angenehm dahintreiben lassen und sich dabei der inneren Leichtigkeit und äußeren Trägheit bewußt werden, einer Erfahrung, die etwas Erholsames, Entspannendes hat. .....pause.....

Die Nähe zu Ihrer Frau und das Empfinden von Gemeinsamkeit wird auf einem solchen Bummel am Wochenende manchmal auch dann besonders deutlich, wenn man Bekannten begegnet, und sich zusammen mit seiner Frau als eine Einheit erlebt. Und vielleicht nehmen Sie sich jetzt einmal die Zeit, solchen Bekannten zu begegnen, deren Gesichter zu sehen oder deren Stimmen zu hören, während Sie Ihre Frau im Arm halten und diese Gemeinsamkeit mit ihr spüren .....pause.....

Und ein solcher angenehmer Bummel kann damit enden, etwas weiterhin Angenehmes vorzubereiten, indem für das gemeinsame Abendessen einkauft wird und Sie beide jetzt am Wochenende vielleicht etwas Besonderes an Speisen oder Getränken kaufen. Und ich weiß nicht, was das für Sie und Ihre Frau sein könnte, während Sie sich mit Ihrer Frau dort umschauen und gemeinsam aussuchen...........und dabei kann allein schon beim Einkaufen die Harmonie und Nähe gespürt werden, die sich am Abend weiter fortsetzen wird. Ruhig diese Harmonie und Nähe anatmen und im ganzen Körper verströmen lassen. .....pause.....

Spaziergang mit Partner

Und wir sprachen zu Beginn von dem Wert des kleinen Glücks, von der einfachen Zufriedenheit und Harmonie im Alltag und dieses Einfache läßt uns das Komplexe und Komplizierte des Alltags bestehen. Und Sie wissen, daß es sich lohnt, diese Harmonie und Gemeinsamkeit zu pflegen, um aus dem Geborgenfühlen in der Gemeinsamkeit die scheinbar wichtigen Dinge und großen Herausforderungen als weniger bedeutend zu erleben. Und diese Erfahrung unterstützt Sie und sagt Ihnen: "Ich weiß, daß ich fest in diesem Zentrum meines Lebens verwurzelt bin und aus dieser Mitte heraus den wichtigen Anforderungen des Alltags gelassen und voll Zuversicht begegnen kann. .....**pause**.....

Gut, und wenn ich nun von drei auf eins zähle, öffnen Sie dann bei eins die Augen, oder dann, wenn es Ihnen angenehm ist, sei es vorher oder nachher, und atmen Sie dann tief ein ....drei .... zwei .....und eins."

4.4 Fraktionierung

Wenn der Therapeut sehr indirekt formuliert, läßt er dem Patienten die Freiheit, seine ganz eigenen Assoziationen und Bilder zu entwickeln. Trotz dieser sehr allgemeinen Art zu formulieren, kann der Therapeut dennoch am Patienten 'vorbeireden', wenn der Patient das 'Thema wechselt', d.h. anstatt am Meer zu sein (wie vom Therapeuten vorgegeben), zum Beispiel ein Familienfest 'besucht'. Um zu wissen, wo der Patient sich gerade befindet und welche Erfahrungen für ihn gerade wichtig sind, wäre es von Vorteil, ihn während der Trance befragen zu können. Dazu eignet sich die Fraktionierungsmethode, die von Vogt entwickelt (Langen, 1972, S.41) und von Brodman (1898) beschrieben wurde. Mit diesem Vorgehen ist eine mehrfache Unterbrechung der Trance gemeint, in der der Patient jeweils befragt wird. Die gerade erlebten Inhalte, über die der Patient berichtet, berücksichtigt der Therapeut für die nächste Trancesequenz bis zur nächsten Fraktionierung. Auf diese Weise kann der Therapeut während der Trance in verbalem Kontakt mit dem Patienten bleiben und damit nahe an seinem Erleben. Für die klassische Hypnosetherapie lag der Vorteil der Fraktionierung u.a. in dem Schutz vor Autoritätsverlust wie schon der erfolgreiche 'klassische' Hypnosetherapeut Levy-Suhl (1922) betont.

"In den Fällen, in denen der Patient von Anfang an keinerlei Wirkung verspürt, schützt dieses Verfahren [*Fraktionierung*] den Arzt doch wenigstens vor falschen Erwartungen und Selbsttäuschungen, und damit auch unter Umständen vor der Einbusse seiner Autorität. Das Verfahren ermöglicht es uns weiter, die einleitenden Suggestionen alsbald zu wechseln und mit neuen unser Glück zu versuchen oder aber rechtzeitig zu einer anderen Methode überzugehen (1922, S. 79)."

Der Begriff 'Fraktionierung' stammt eigentlich aus der Chemie; in der Hypnosetherapie wird er in der Regel gleichgesetzt mit 'Unterbrechung'.

"Wir möchten diese Bezeichnung [*Fraktionierung*] in Vorschlag bringen unter gleichzeitigem Hinweis auf eine analoge Nomenklatur in der Chemie, wo ein etappenmässig abgestuf-
ter Destillationsprozess 'fraktioniert' genannt wird (Brodmann, 1898, S. 279)."

Wird eine Trance fraktioniert, also unterbrochen, muß die folgende Trancesequenz
nicht wieder mit einer Tranceinduktion eingeleitet werden. Daß die Trance nach einer
Fraktionierung an Tiefe verlieren würde, muß ebenfalls nicht befürchtet werden; im
Gegenteil, in der Regel wird die Trance mit zunehmender Zahl von Fraktionierungen
tiefer. Dies hängt vermutlich damit zusammen, daß der Therapeut mit seinen Formulierungen nahe am Erleben des Patienten bleibt, da er nach jeder Fraktionierung auf
die aktuellen Erfahrungen des Patienten Bezug nehmen kann. Bei Entspannungstrancen reichen drei bis fünf Fraktionierungen. Bei der Exploration in Trance werden dies
mehr sein und können etwa bei der symbolischen Behandlung hin bis zu einem
"Trancegespräch" führen (siehe unten Kapitel 7, S. 216ff).

Für die Einleitung einer Fraktionierung eignet sich etwa folgende Formulierung

Th: "Und wenn ich Sie jetzt bitte, mir über Ihre Erfahrungen zu berichten, mit geschlossenen oder geöffneten Augen, so wie es Ihnen recht ist, können Sie von den Schultern ab
bis zu Ihren Füßen in dem jetzigen Zustand bleiben."

Nach der Befragung des Patienten könnte die Einleitung der folgenden Trancesequenz etwa folgendermaßen lauten:

Th: "Und nun wieder mit der Atmung in die Gelöstheit eintauchen, die Entspannung vertiefen, völlig ruhig und entspannt spüren, wie Oberkörper, Arme und Beine wieder
teilhaben an einer ruhigen, entspannten Gelöstheit. Und noch einmal jetzt beim Ausatmen (*mit dem tatsächlichen Ausatmen des Patienten synchronisieren*) die Tranceerfahrung vertiefen."

Da der Therapeut nach jeder Fraktionierung genau weiß, welches konkrete innere
Erleben beim Patienten vorliegt, wird er in seinen Formulierungen immer direkter
werden können. Schließlich kann er darauf vertrauen, daß er aufgrund der genauen
Kenntnis der Erfahrungen des Patienten nicht in Widerspruch zum Erleben des Patienten gerät.

Th: (*nach Tranceinduktion und fortgeschrittener Entspannungsinduktion über die Vorgabe
einer Meerszene*): ....und sich beim Schwimmen tragen lassen vom Wasser und dabei
den Geruch des Meeres einatmen. Und wenn ich Sie jetzt bitte, mir über Ihre Erfahrungen zu berichten, mit geschlossenen oder geöffneten Augen, so wie es Ihnen recht
ist, können Sie von den Schultern ab bis zu Ihren Füßen in dem jetzigen Zustand bleiben.

P: (*Patient hält die Augen geschlossen*) Ja, das Meer habe ich gesehen, aber der Geruch
war nicht der vom Mittelmeer, bei dem ich zuerst war, sondern merkwürdigerweise
der Geruch eines Süßwassersees. Dieser Geruch hat mich plötzlich an die Seen meiner
Jugend in Schleswig-Holstein erinnert. Und ich mußte daran denken, wie wir im Boot,
einem Ruderboot, lagen und das Schilf so rauschte und flüsterte; dann konnte ich wie

im Traum so eine Art von Ruhe oder....Geborgenheit erleben.

Th: Was hat noch zu dieser Ruhe oder Geborgenheit beigetragen?

P: Das Schwanken des Ruderbootes....und dazu hat meine Freundin Marianne immer dasselbe Lied gesungen.

Th: Welches Lied?

P: Irgendwas mit hohen Tannen....und....Rübezahl, glaub' ich; es war eigentlich ein schwermütiges Lied, aber für mich ...ich habe mich immer sehr geborgen gefühlt dabei.

Th: Und nun bitte ich Sie, wieder mit der Atmung in die Gelöstheit einzutauchen, die Entspannung zu vertiefen, völlig ruhig und entspannt zu spüren, wie Oberkörper, Arme und Beine wieder teilhaben an einer ruhigen, entspannten Gelöstheit oder auch Geborgenheit. Und nun bitte deutlich das Rauschen des Schilfs an diesem See hören....und das Schwanken des Bootes spüren...und sich dafür Zeit nehmen..., deutlich das Schwanken des Bootes spüren und dabei erleben, wie das Schwanken Sie mehr und mehr in eine tiefe Entspannung begleitet....wirklich den Rhythmus dieses Schwankens erleben..., der Sie, zusammen mit dem Rauschen des Schilfs, das vielleicht im selben Rhythmus wie das Boot schwankt, zu dieser Geborgenheit hinführt....zu einer umfassenden Geborgenheit, in der sich das Ich entfalten kann, Raum gewinnt und wirklich zur Ruhe kommt. Und wenn Sie nun in das Gesicht Ihrer Freundin schauen und den Gesichtsausdruck wahrnehmen, wenn sie dieses schwermütige Lied singt, ihren Mund beim Singen sehen und in ihre Augen schauen, während Sie das Lied deutlich mit der Stimme Ihrer Freundin hören..... nur zuhören.... spüren Sie einfach, was dieses Lied bei Ihnen bewirkt......erleben Sie, in welcher Stimmung Sie sich dabei befinden oder wie nahe Sie sich Ihrer Freundin fühlen......wirklich in diese Erfahrung eintauchen.....und wenn ich eine Zeitlang nichts sage, das Rauschen des Schilfs und dieses Lied hören, und auch das Schwanken des Bootes spüren. ......(nach etwa einer Minute) Und wenn ich Sie jetzt wieder bitte, mir zu berichten, bleiben Sie ruhig von den Schultern bis zu den Füßen weiterhin in dem Zustand, in dem Sie sich jetzt befinden, wobei Sie die Augen öffnen oder auch geschlossen halten können.

P: Oh ja, ich habe dieses Lied gehört, die Stimme war so deutlich und auch das Gesicht von Marianne.....und dabei dachte ich, ich müßte eigentlich froh sein, so wie damals....aber irgendwie trat so eine Traurigkeit auf,......nicht schlimm...eher eine Traurigkeit, so eine, ja süße Traurigkeit, ..ich kann es nicht anders beschreiben...

Th: Kennen Sie dieses Gefühl aus einem anderen Zusammenhang, zum Beispiel aus der Zeit, als Sie in der Schule oder im Kindergarten waren, oder auch von zu Hause her.

P: Nein,.......dazu fällt mir jetzt gar nichts ein.

Th: Nun bitte ich Sie, wieder mit der Atmung in die Gelöstheit einzutauchen, die Entspannung zu vertiefen, völlig ruhig und entspannt zu spüren, wie Oberkörper, Arme und Beine wieder teilhaben an einer ruhigen, geborgenen Gelöstheit und sich dabei noch mehr dieser besonderen Traurigkeit zu nähern....sie beim Einatmen zu spüren wie sie sich geradezu im ganzen Körper verbreitet. Schauen Sie doch noch einmal in das Gesicht Ihrer Freundin Marianne, in ihre Augen... und spüren Sie noch einmal der Traurigkeit nach, während Sie dem Lied zuhören.... Wohin trägt Sie dieses Gefühl, in welche Umgebung, zu welchen Menschen? Lassen Sie sich Zeit und atmen Sie einfach nur dorthin, wo Sie die Traurigkeit verspüren, um sich dann von diesem Gefühl einfach führen zu lassen.

P: Mir kommt so ein Bild, als ich zusammen mit meiner Mutter war, kurz bevor sie zu meiner Tante fuhr. Ich war damals sechs Jahre alt, glaube ich. Ich stand neben ihrem Koffer und schaute zu ihr auf....und ich glaube, ich weinte....da nahm sie mich hoch, auf ihre Arme und ich legte meinen Kopf an ihren Hals und fühlte mich geborgen, war aber trotzdem sehr traurig.

Th: Gibt es Erinnerungen an die Situation, als die Mutter zurückkam.

P: ......nein, aber mir fallen andere Situationen ein, wo mich meine Mutter bei meiner Rückkehr nach Hause in die Arme nimmt. Das war auch so eine Geborgenheit, aber zusammen mit einem Gefühl von Zufriedenheit und Geschütztsein...oder von 'mir kann nichts passieren'.

Th: Gut. Ich bitte Sie nun, mit der Atmung in Ihren Körper dorthin zu atmen, wo Sie diese Geborgenheit und die Zufriedenheit und den Schutz spüren......und lassen Sie diese Empfindungen sich ausbreiten, so als würde über die Atmung der ganze Körper von dieser Erfahrung ausgefüllt. Und ich weiß nicht, wie genau Sie jetzt noch Ihre Wange am Hals der Mutter spüren können und ob sie Sie dabei hin- und hergeschaukelt hat oder Ihnen etwas zugeflüstert hat....aber jetzt dort zu sein ist eine Möglichkeit, wieder in die Erfahrung von Schutz, Geborgenheit und Zufriedenheit einzutauchen und dabei zu erleben, wie sich das auch körperlich erleben läßt, vielleicht gerade beim Einatmen.

Zum Abschluß dieses Kapitels wollen wir noch betonen, daß die Formulierung von Trancesequenzen, wie sie hier vorgestellt wurde, natürlich nicht nur zur Entspannungsinduktion nützlich ist, sondern auch die Grundlage für die Formulierung von hypnosetherapeutischen Interventionen bildet bzw. für die Exploration in Trance verwendet wird, was in den nächsten Kapiteln immer wieder deutlich wird. Wie schon oben gesagt, wird man diese Art des Sprechens nicht darüber lernen, daß man sich die entsprechenden Regeln einprägt, sondern entweder, indem man derartige Texte auf Band spricht, sich darüber entspannen läßt und damit gleichzeitig 'latent' lernt, und/oder selbst versucht, Entspannungsszenen ohne die direkte Anrede des Patienten zu formulieren. Natürlich werden diese Texte nicht so geschliffen sein, gleichsam ohne Ecken und Kanten, wie sie hier vorgestellt werden (was uns übrigens in der freien Rede auch nicht so ohne weiteres gelingt); aber das stört die Patienten in der Regel auch nicht, die auch bei Versprechern und etwas unglücklichen Satzkonstruktionen schon wissen, was gemeint ist und dies für sich entsprechend umsetzen.

5 RAHMENBEDINGUNGEN UND PATIENTENREAKTIONEN

5.1 Rahmenbedingungen

Im folgenden werden wir auf die Rahmenbedingungen eingehen, die für eine Trancesitzung zu berücksichtigen sind (Kasten V/1). Dies betrifft zum einen das Erleben von Trance, auf das die Patienten vorbereitet werden müssen. Dazu ist es notwendig, die Vorstellungen des Patienten zu kennen, wobei wir oft erfahren, daß diese unrealistisch sind und korrigiert werden müssen oder aber auch genutzt werden können. Zum anderen gehören zu den günstigen Rahmenbedingungen aber auch scheinbare Kleinigkeiten wie die Beseitigung von Störungsquellen bzw. der angemessene Umgang mit Störungen, also eher Nebensächlichkeiten, deren Nichtbeachtung aber den erfolgreichen Verlauf einer Trance erheblich beeinträchtigen kann. Die in diesem Kapitel behandelten Rahmenbedingungen betreffen noch nicht die Vorbereitung einer Hypnosetherapie (Anamnese, Exploration in Trance, Behandlungsplan), sondern beziehen sich nur auf die Optimierung einer Tranceerfahrung durch Berücksichtigung therapieunspezifischer Aspekte der Trancesitzung. Beginnen wir nun zunächst mit der Vorbereitung des Patienten.

5.1.1 Vorbereitung des Patienten

Von Patienten, die bisher noch keine Erfahrung mit Hypnose hatten, werden oft Befürchtungen über die angeblich nachteiligen Folgen von Hypnose geäußert, gleichzeitig aber auch überzogene Erwartungen, was ihre Wirkung betrifft. Die Zeit, die sich die Therapeutin nimmt, um den Patienten 'aufzuklären', ist gut investiert. Werden die Befürchtungen nämlich nicht korrigiert, wird sich der Patient kaum oder nur zögernd für die Tranceerfahrung öffnen, weil er u.U. Angst davor hat, die Kontrolle aufzugeben. Nach einer derartigen Erfahrung wird der Patient den erlebten Mißerfolg vermutlich der Therapeutin zuschreiben und deren Kompetenz bezweifeln. Das Gleiche kann geschehen, wenn die Wirkungen nicht eintreten, die der Patient der Hypnose zuschreibt (das "Fallen" in einen narkoseähnlichen Zustand ohne Bewußtsein, völlige Amnesie für die Trancesequenz, unmittelbarer therapeutischer Erfolg durch "weghypnotisieren"). Auch dann wird der Patient vielleicht denken: "Die kann ja gar keine Hypnose." Mit dem folgenden Patienten-Therapeutin-Dialog, den wir in dieser oder ähnlicher Form schon oft gehalten haben, wollen wir anstelle von abstrakten Ratschlägen verdeutlichen, wie auf die Befürchtungen der Patienten eingegangen werden kann und sie damit für eine realistische Tranceerfahrung vorbereitet werden können.

Für viele Patienten, die mit Befürchtungen vor einer Hypnosebehandlung zu uns kommen, steht die Angst vor dem *Kontrollverlust* im Vordergrund.

P: Ist es nicht so bei der Hypnose, daß man nur das machen kann, was der Hypnotiseur sagt, oder daß ich dann Dinge sage, die ich eigentlich gar nicht sagen möchte. Ich muß schon sagen, daß macht mir doch Angst, unter Umständen auch gegen meinen Willen in Hypnose zu kommen, so dazuliegen und völlig ausgeliefert zu sein. Ich denke zwar schon, daß ich Ihnen vertrauen kann, aber da habe ich trotzdem etwas Angst.

Th: Ich finde es sehr wichtig und gut, daß Sie so offen Ihre Bedenken geäußert haben, denn wenn Sie Angst haben, wird es Ihnen und mir nur schwer gelingen, eine Hypnose zustande zu bringen. Denn nur mit Ihrer Bereitschaft können wir einen hypnotischen Zustand erzeugen und ihn aufrechterhalten. Uns allen kann es natürlich Angst machen, uns einer Behandlung zu unterziehen, die wir noch nicht kennen und die meisten Patienten erleben beim ersten Mal so etwas wie Lampenfieber. Aber das ist bei der Hypnoseerfahrung gar nicht notwendig, denn wir alle kennen so einen Zustand aus dem Alltag. Wenn ich Patienten, die Hypnose wirklich gut und tief erfahren können, bitte, mir doch zu schildern wie sie denn Hypnose erleben, sagen sie mir: Ja, das ist so wie kurz vor dem Einschlafen, wenn man eher in Bildern denkt, die ganz von alleine kommen und gehen, ohne daß ich mich groß darum kümmere, wobei ich die Umwelt gar nicht mehr so bewußt wahrnehme und ich meinen Körper eher als ruhig und entspannt erlebe. Andere vergleichen es manchmal mit dem Tagträumen, wenn man mit offenen Augen vor sich hinschaut und dabei in einem inneren Erleben ist, das oft auch von inneren Vorstellungen begleitet ist, wobei ja auch die Wahrnehmung der Umwelt in den Hintergrund tritt. Kennen Sie so etwas nicht auch?

P: Ja, natürlich, das kenne ich auch.

Th: Wenn man wirklich mit Hypnose anderen Menschen seinen Willen aufzwingen könnte, dann würden wir sicherlich oft davon hören, daß die Mafia oder verbrecherische Menschen andere in Hypnose zu kriminellen Handlungen zwingen, die sie dann wie Roboter durchführen. Aber das geschieht natürlich überhaupt nicht, und zwar einfach deswegen, weil niemand in Hypnose gegen seinen Willen zu Handlungen gezwungen werden kann, auch wenn es in reißerischen Filmen manchmal fälschlich so dargestellt wird.

Die Erwartungen bezüglich des *Erlebens von 'Hypnose' und die Wirkungsweise der Hypnosetherapie* sind bei vielen Patienten *überzogen*.

P: Gut, wenn Hypnose so ist, wie der Zustand kurz bevor ich einschlafe oder wie meine Tagträume, da bringt mich keiner dazu, eine Straftat zu begehen. Aber wie soll denn dann Hypnose wirken. Schließlich schlafe ich jeden Abend ein und träume, glaube ich, auch öfter so vor mich hin, aber habe doch immer noch meine Probleme.

Th: Das will ich Ihnen gerne sagen. Zuvor würde ich Sie aber gerne fragen, was Sie von der Hypnose erwartet haben, bevor Sie zu mir kamen, denn mir ist auch sehr wichtig, Ihre Erwartungen und Vorstellungen bezüglich Hypnose kennenzulernen.

P: Sie haben ja schon gesagt, daß es wie kurz vor dem Einschlafen ist. Aber eigentlich dachte ich, daß das so wäre, wie man das manchmal im Fernsehen sieht. Der Hypnotiseur versetzt einen in Hypnose, wobei ich mir dachte, daß man dann eigentlich nichts mehr von der Außenwelt mitbekommt, sozusagen bewußtlos ist, und Sie geben mir dann in Hypnose Befehle ein, die mir meine Probleme nehmen. Und auch, wenn ich dann hinterher nicht mehr weiß, was Sie gesagt haben, werde ich dann in meinem Alltag merken, daß es mir besser geht.

Th: Nun, was das Erleben der Hypnose angeht, gibt es viele individuelle Unterschiede, wobei einige Patienten tatsächlich so etwas berichten, wie Sie es vermutet haben, nämlich sich hinterher an nichts mehr zu erinnern bzw. nur an Teile, aber dennoch zu spüren, daß es ihnen sehr gut getan hat und hilft. Ein Teil der Patienten empfindet den Zustand hingegen - wie gesagt - ähnlich dem Zustand wie kurz vor dem Einschlafen. Andere Patienten wiederum haben den Eindruck, sehr nahe am Wachzustand gewesen zu sein und das von der Therapeutin Gesagte fast so wie im Wachzustand erlebt zu haben. Wie auch immer das Erleben gewesen sein mag, geholfen wird Ihnen nicht durch den Zustand, der letztlich gar nicht so entscheidend ist, sondern durch das, was Sie in diesem Zustand erleben. Und deswegen ist es auch ganz gut, sich hinterher an das Erlebte erinnern zu können.

P: Ja, aber was soll man denn in Hypnose erleben und wozu muß ich dann überhaupt in Hypnose gehen, wenn dieser Zustand gar nicht so entscheidend ist.

Th: Der Hypnosezustand, in welcher Form er auch erfahren wird, erleichtert den Zugang zu Gefühlen. Und die Probleme, mit denen Patienten zu uns kommen, haben in der Regel mit einem Gefühl zu tun, sei es Angst, tiefe Traurigkeit, Schuldgefühle, Hoffnungslosigkeit etc. Dort wo Angst ist, soll Sicherheit und Selbstvertrauen hin, da wo depressive Stimmungen vorherrschen, soll Lebensfreude und Zufriedenheit sein, und anstelle der Hoffnungslosigkeit soll Zuversicht und Kraft auftreten. Und den Zugang zu diesen positiven Erfahrungen und Gefühlen ermöglicht der hypnotische Zustand. Der Zustand schafft also zunächst nur die günstige Voraussetzung für die inneren Erlebnisse. Welche Inhalte Sie in der Hypnose erleben werden und welche Erlebnisse es sind, das werde ich zusammen mit Ihnen erarbeiten. Sie merken also wieder, daß Sie der Hypnose nicht ausgeliefert sind, sondern aktiv an der Therapie beteiligt sind, also Ihre Mitarbeit notwendig und wichtig ist. Und über die Bearbeitung der problematischen Gefühle in der Hypnose lernt der Patient auch, diese Erfahrungen in den Alltag zu übertragen.

P: Es ist natürlich schon beruhigend für mich, daß man der Hypnose nicht so ausgeliefert ist, weil ich ja auch beteiligt bin, wie Sie sagen, aber ich muß schon sagen, irgendwie habe ich mir die Hypnose mächtiger und tiefer eingreifend vorgestellt, eher ohne meine Mitarbeit.

Th: Ja, Sie scheinen sich Hypnose in etwa so wie eine Narkose vorgestellt zu haben. In gewisser Weise haben Sie damit aber auch recht, denn genau das leistet die Hypnose auch. Es gibt kaum eine größere Operation, die nicht schon mit Hypnose als alleinigem Anästhetikum durchgeführt wurde, sei es bei Kaiserschnitt, Mandeloperation, schwierigen Zahnextraktionen, Entfernen von Tumoren bis hin zu Beinamputationen. Nur waren die Patienten dabei relativ bei Bewußtsein und standen in der Regel in ständigem Kontakt mit dem Arzt bzw. der anwesenden Hypnosetherapeutin. Hypnose ist also schon ein mächtiges therapeutisches Instrument wie diese Beispiele zeigen, auch wenn der Zustand sich nicht so drastisch von der Alltagserfahrung unterscheidet.

Manche Patienten haben auch Angst, *nicht mehr aus der Hypnose heraus zu kommen.*

P: Das ist natürlich schon beeindruckend, wenn man von der Therapeutin in der Hypnose so im ständigen Kontakt schmerzfrei und in Hypnose gehalten werden kann. Aber da drängt sich mir eine Frage auf. Was passiert denn, wenn ich hier in Hypnose bin und Sie gehen weg und kommen nicht wieder oder, also entschuldigen Sie, wenn Sie einen Herzschlag kriegen sollten, während ich hier in Hypnose bin. Komme ich denn dann überhaupt wieder aus der Hypnose raus?

Th: Bei allen meinen Patienten und bei den vielen, vielen Patienten meiner Kolleginnen und Kollegen, die hypnosetherapeutisch arbeiten, sind alle Patienten wieder aus der Hypnose zurückgekommen, genauso wie Sie von ganz alleine aus Ihren Tagträumen in die Realität zurückkommen, eben ohne eine Therapeutin. Das hat man auch einmal wissenschaftlich an einer Gruppe von Versuchspersonen untersucht. Dabei wurde der Therapeut aus dem Versuchsraum gerufen und man beobachtete über eine entsprechende Vorrichtung, wie sich denn die hypnotisierten Personen verhalten würden. Es zeigte sich, daß alle Personen über kurz oder lang, nach ein paar Minuten oder nach einer Viertelstunde, die Augen aufmachten und guckten, wo denn nur der Versuchsleiter blieb. Sie sehen also, alle kamen von alleine zurück, genauso wie man ja auch aus dem Schlaf von alleine erwacht und übrigens auch aus der Narkose. Ich werde übrigens in den Sitzungen hier immer bei Ihnen bleiben und Sie nicht allein lassen, Ihnen aber jeweils auch genügend Zeit lassen, um sich wieder hierher zurück zu orientieren.

Auch die Möglichkeit, in eine von seiten des Patienten nichtlösbare *Abhängigkeit* von der Therapeutin zu gelangen, beunruhigt einige Patienten:

P: Gut, aus der Hypnose könnte ich also auch alleine herauskommen. Aber wenn mir jetzt die Therapie hilft, bleibt das auch, wenn sie zu Ende ist oder muß ich immer zu

Ihnen kommen, damit es mir gut geht?

Th: Ziel der Therapie ist es, Sie von Ihren Problemen zu befreien und zwar so, daß Sie dabei eine Eigenständigkeit im erfolgreichen Umgang mit problematischen Situationen oder belastendem Erleben lernen, ohne auf fremde Hilfe angewiesen zu sein. Und deswegen ist es auch wichtig, daß Sie die Selbsthypnose erlernen, damit Sie auch schon während der Therapie zu Hause weiter Ihre Probleme eigenständig bearbeiten können, ohne daß Sie mich dabei brauchen.

P: Sie betonen immer meine Mitarbeit. Aber ist das denn überhaupt noch Hypnose. Bei der Bühnenhypnose, da geht das doch anders, die ist doch sehr mächtig. Hier befiehlt der Hypnotiseur einfach und die Personen sind dann vollkommen in ihrem Verhalten gelenkt und können auch über Scherben gehen und sehr starke Belastungen aushalten, z.B. zwischen zwei Stühlen liegen und der Hypnotiseur steht auch noch oben drauf.

Ja, und dann muß die Therapeutin auch auf die *Bühnenhypnose* eingehen, von der viele Patienten ihre Vorstellungen über Hypnosetherapie beziehen:

Th: In der Tat, sieht das zunächst einmal recht beeindruckend aus, was der Bühnenhypnotiseur zu vollbringen scheint. Aber wie beim Zauberkünstler, geht es ihm darum, sein Publikum zu unterhalten, denn damit verdient er sein Geld - und zwar oft auf Kosten der Menschen, die sich zur Verfügung stellen und über die dann das Publikum lacht. Wie der Zauberer auch, will er sein Publikum beeindrucken, aber während der Zauberer offen zugibt, daß hinter seinen zum Teil unglaublichen Effekten keine übersinnlichen Fähigkeiten oder besonderen Mächte stehen, sondern einfach nur Tricks, lebt der Bühnenhypnotiseur davon, daß er seine Tricks als Ausdruck der Macht der Hypnose bzw. seiner hypnotischen Macht verkauft. Und diese Tricks haben absolut nichts mit der therapeutischen Arbeit mit Hypnose zu tun.

P: Aber wie schafft er es dann, daß Menschen diese Belastung aushalten, zwischen zwei Stühlen zu liegen, oder daß sie barfuß über Glasscherben gehen können.

Th: Die scheinbar wunderbaren Phänomene, die der Bühnenhypnotiseur auf der Bühne produziert, lassen sich zwei Bereichen zuordnen. Zum einen läßt er seine Versuchspersonen Aufgaben durchführen, die auch ohne Hypnose möglich sind, die wir aber im Alltag gewöhnlich nicht machen. Und durch das ganze sensationelle Beiwerk wie geheimnisvolle Musik, abgedunkelter Raum, beschwörende Gesten, stechender Blick und gemurmelte Suggestionen bekommt der Zuschauer den Eindruck, das sei nur möglich mit der Macht der Hypnose. Zum Beispiel schafft es fast jeder, für etwa anderthalb bis zwei Minuten zwischen zwei Stühlen zu liegen, auch wenn jemand auf ihm steht. Genauso kann jeder über Scherben einer zerschlagenen Flasche gehen. Da sich der Druck auf die Fußfläche verteilt, ist der Druck pro Glasscherbe zu gering, um durch die Haut zu kommen.

P: Und wie bringt er Menschen dazu, Rasierschaum zu essen oder mit einem Besen zu tanzen.

Th: Richtig, das ist der andere Bereich. Dabei muß man die gesamte Situation berücksichtigen. Da sind Personen auf der Bühne, die üblicherweise zum ersten Mal auf der Bühne stehen und sich unsicher fühlen. Und da ist das Publikum, das eine große Erwartung hat, was sich in aufgeregtem Flüstern, begeistertem Kichern äußert. Und obwohl niemand darüber spricht, besteht ein großer Erwartungsdruck von seiten des Publikums. Das Verhalten der Person auf der Bühne entscheidet nun darüber, ob das Publikum seinen Spaß und sein Staunen haben wird oder nicht. Es bestehen dann Hemmungen, sich den Erwartungen des Publikums und den Aufforderungen des selbstsicher wirkenden Hypnotiseurs zu widersetzen. Und da die Versuchsperson ja nicht weiß, was Hypnose eigentlich ist, wird sie diese Hemmungen als hypnotischen Zwang interpretieren, wobei sie ja dann auch hinterher für ihr lächerliches Auftreten die Entschuldigung hat, ich war ja in Hypnose. Und viele glauben dann auch tatsächlich, daß dies Hypnose war.

P: Und das war dann auch keine?

Th: Nein. Es gibt ja auch Bücher über Bühnenhypnose, in denen ausdrücklich dem angehenden Bühnenhypnotiseur ans Herz gelegt wird, daß für seine Tricks Hypnose nicht notwendig ist, sondern eher hinderlich. Es können allerdings auch spontane hypnotische Zustände auftreten, mit denen der Bühnenhypnotiseur unter Umständen große Schwierigkeiten hat. Aber am besten lesen Sie dazu das Kapitel über Bühnenhypnose aus unserem Taschenbuch über Hypnose, das wir extra nur für Patienten und interessierte Laien geschrieben haben, und in dem Sie auch ausführlichere Information über die Arbeit mit Hypnose finden.

P: Jetzt hatte ich am Anfang Angst vor der Macht der Hypnose und jetzt, nachdem Sie mir die Hypnose erklärt haben und mir gesagt haben, daß vieles von mir abhängt, habe ich nun fast die Befürchtung, daß ich versagen werde und gar nicht richtig in die Hypnose hineinkomme.

Th: Sie haben mir gesagt, daß Sie einschlafen können und auch tagträumen können. Das sind schon gute Voraussetzungen und bevor wir lange darüber reden, ob Sie Hypnose erfahren können oder nicht, lade ich Sie ein, die Hypnose einmal praktisch kennenzulernen.

5.1.2 Gestaltung der Umgebung

Neben der Vorbereitung des Patienten entscheidet auch die Umgebung, in der eine Trancesitzung stattfindet, über den Verlauf einer Trance. Zunächst einmal sollte für den Patienten eine bequeme Sitz- oder Liegegelegenheit vorhanden sein. Dabei ist wichtig, daß der Patient sich nicht anspannen muß, um in der Sitz- oder Liegeposition zu bleiben, sich muskulär also vollkommen entspannen kann. Insbesondere bei Sitzgelegenheiten ist darauf zu achten, daß der Kopf des Patienten sich anlehnen kann. Falls dies nicht geschieht, kann sich der Kopf- und Schulterbereich nicht entspannen, was bei längeren Trancen zu starken Schmerzen führen kann und dann natürlich die Trance empfindlich stört, wenn nicht sogar unmöglich macht. Die Beleuchtungsverhältnisse müssen nicht geändert werden, sondern es kann normales Tageslicht - wie in jeder Praxis/Klinik üblich - herrschen.

Laute Geräusche sollten natürlich, wie bei anderen Therapieformen auch, möglichst ausgeschlossen sein. Allerdings werden sie sich nicht immer vermeiden lassen. Manchmal lassen sich die akustischen Störungen in die suggerierten Tranceinhalte einbauen und durch die Utilisation der Geräusche die Störung unterbinden.

KASTEN V/1

RAHMENBEDINGUNGEN FÜR EINE TRANCESITZUNG

Vorurteile gegenüber Hypnose berücksichtigen:

    Ängste: Kontrollverlust; Abhängigkeit von der Therapeutin;
                    nicht eigenständig aufwachen können.

    Wirkung: Leistungssteigerung (muskulär, Gedächtnis)
                    Bewußtlosigkeit während der Trance mit Amnesie
                    "Weghypnotisieren" des Symptoms ohne Mitarbeit des Patienten

Auf Tranceerfahrung vorbereiten:

    Hinweis an den Patienten, daß es einen beobachtenden und einen
    erlebenden Teil gibt.

Verminderung störender Außenreize:

    Lautstärke
    Geruch (z.B. Knoblauch)
    Temperatur (Decke auch als Schutz vor Exponiertheit)
    Gürtel lockern, wenn zu eng.
    Einschlafen von Körperteilen vermeiden:
                           (Beine nebeneinander, Hände auseinander)
    Utilisieren von Störungen (z.B. Magengeräusche positiv kommentieren
                           bzw. störende Geräusche umdeuten)

Abstand nicht zu weit:

    Verständlichkeit: Therapeutin spricht zunehmend leiser
    Erreichbarkeit des Patienten mit der Hand
    keine Verletzung der sozialen Distanz nach Augenschluß durch
    Änderung des Abstandes

Während der Behandlung in einer zahnärztlichen Praxis fühlte sich eine Hausfrau durch die Geräusche des Saugers und des Ultraschallgerätes während der Hypnose sehr gestört. Die folgende umdeutende Bemerkung verhalf ihr dann zu einem entspannten Tranceerleben: "Und während hier in Ihrem Mund aufgeräumt wird, könnten Sie in Ihrer Phantasie das Gleiche zu Hause nachvollziehen, indem Sie mit Ihrem Staubsauger gründlich den Boden säubern. Und ich weiß nicht, wie gut Sie sich das Geräusch des Staubsaugers vergegenwärtigen können, aber vielleicht hilft Ihnen das ganz reale Geräusch des Saugers hier, den Staubsauger in Ihrer Wohnung ganz real und lebendig zu erfahren, die Vibration des Staubsaugers in Ihrer Hand zu spüren und genau zu sehen, wie der Boden aussieht, wenn der Staubsauger darüber hinweg gefahren ist. Je lauter das Geräusch, um so intensiver reinigen Sie Ihr Haus,... sich ruhig Zeit nehmen, Zimmer für Zimmer gründlich zu saugen, und dabei zu wissen, wie froh Sie sein werden, wenn alles wieder in Ordnung ist."

Während einer Gruppentrance bei einem Workshop, den wir im Untergeschoß einer für öffentliche Zwecke genutzten Villa hielten, begann plötzlich eine Percussionsgruppe aus Ghana im Stockwerk über uns lautstark und rhythmisch zu trommeln. Obwohl der Tranceinhalt gerade die Erfahrungen bei einem Familienfest betraf, konnte die Trance fortgesetzt werden mit: "Tagträume werden oft durch äußere Reize ausgelöst, ohne daß sie besonders deutlich wahrgenommen werden müssen. Und auch auf einem Familienfest kann ein spontaner Tagtraum auftreten, mit dem man sich eine Zeitlang zurückzieht, und der vielleicht durch die Trommeln eine bestimmte Richtung bekommt. Für manche mag der Rhythmus dazu einladen, sich bei einem Tanz in ursprünglicher Umgebung wiederzufinden, sei es in einem Dorf an einem großen Strom oder nachts zusammen mit vielen anderen an einem großen Feuer. Und über die unmittelbare Erfahrung des Rhythmus in der innerlich erlebten Bewegung und das direkte Erleben des eigenen Körpers kann der Zugang zu Empfindungen geschaffen werden, die mit Freisein oder Kraft zu tun haben...den Rhythmus in sich widerklingen lassen, um dabei zu erleben, daß er wie ein erfahrener Führer mehr und mehr in eine tiefere Trance führt, wo nur die Erfahrung der rhythmischen Bewegung im Vordergrund steht,....".

Gerade als Hypnosetherapeutin wird einem oft bewußt, wie viele Kirchen in der Nähe der Praxis sind, deren *Glocken* scheinbar immer dann zu *läuten* scheinen, wenn der jeweilige Patient gerade eine beginnende Trance entwickelt. Für manche Patienten kann aber der symbolische Gehalt des Glockengeläuts so genutzt werden, daß dadurch keine Störung der Trance auftritt: "Das Läuten von Glocken oder das Klingen von Schellen, Tonschalen oder Gongs war schon immer ein Zeichen, sich aus dem Alltag zurückzuziehen und eine Ebene der Erfahrung zu beschreiten, die einen mehr und mehr zu sich selbst führt, um dabei auch einen inneren Frieden zu erfahren, der körperlich als eine zunehmende Gelöstheit erlebt wird, was sich zunächst in einer beginnenden Entspannung der Arme zeigen kann...*(weiter mit Entspannungssuggestionen)*.

Allerdings können die Bemühungen, akustische Störungen über die Kommentierung der Geräusche zu dämpfen (z.B.: "Geräusche stören Sie nicht und lassen Sie gleichgültig."), auch das Gegenteil bewirken, was man an dem Bericht des Patienten feststellt, der nach der Hypnose sagt: "Die Geräusche habe ich erst wahrgenommen, als Sie mir sagten, daß sie mir gleichgültig sein sollten." Überdies sind der Utilisation von Geräuschen Grenzen gesetzt. Die Inhalte einer Trance im Zimmer einer geschäftigen Klinik mit häufigen Telefonanrufen und Öffnen und Schließen der Türe würde letztlich nur aus Utilisationen der störenden Geräusche bestehen und die Vermittlung therapeutisch relevanter Inhalte kaum noch zulassen. Am besten wäre also eine möglichst ruhige Umgebung.

Störungen müssen nicht nur akustischer Art sein, sondern können auch andere Modalitäten betreffen. Da die Therapeutin relativ nahe beim Patienten sitzt, könnte ein Knoblauchgeruch, der vom Essen des Vorabends stammt, den Patienten sehr stören. Da sich Patienten dann oft nicht trauen, eine entspreche Bemerkung zu machen, werden sie lieber eine mißlungene Trance in Kauf nehmen als die Therapeutin (vermeintlich) vor den Kopf zu stoßen; also Knoblauch nur vor den therapiefreien Tagen bzw. am Wochenende.

Weiterhin sollte sollte darauf geachtet werden, daß vor der Tranceinduktion die Beine des Patienten nicht übereinandergeschlagen sind, was Patienten häufig machen, da dann die Beine 'einschlafen' und die folgenden 'Nadelstiche' wie Suggestionen zur Aufhebung der Trance wirken. Das Gleiche gilt für die Verschränkung der Finger beider Hände ineinander.

Als Hypnosetherapeutin sollte man immer eine Decke bereit halten, da während der Trance die Körpertemperatur des Patienten deutlich abfallen kann und die Untertemperatur dann sehr störend ist. Eine Decke hilft aber auch den Patienten, die sich mit geschlossenen Augen auf einer Liege liegend als sehr exponiert und 'ungeschützt' vorkommen. Hier vermittelt das Zugedecktsein eine Art von Schutz und Sicherheit, die es dem Patienten leichter machen, sich für eine Tranceerfahrung zu öffnen. Bei manchen Patienten ist die Lage der Decke geradezu wie ein Barometer dafür, wie sicher sie sich in der therapeutischen Situation fühlen bzw. wie gut der therapeutische Rapport bereits ist.

Wurde bei einem Patienten in der Trance die Beziehung zum Vater angesprochen, zog sich der Patient die Decke bis zum Kinn hoch; folgte darauf das Tranceerleben weniger belastender Situationen (z.B. am Arbeitsplatz), schob er die Decke wieder herunter.

Wurde bei einer Patientin mit Eheproblemen die Sexualität angesprochen, nahm sie auch im Hochsommer die Decke, um damit Rumpf und Unterleib zu bedecken, was sie anfangs mit der Bemerkung "Ach, ist das kalt hier." kommentierte. Als sie sich im weiteren Verlauf der Therapie zunehmend geschützt fühlte, lehnte sie dann die Decke mit der Bemerkung ab: "Ach, die brauche ich jetzt nicht mehr."

Dem Schutz vor Exponiertheit mit einer Decke sind allerdings auch Grenzen gesetzt: Eine Patientin mit Schwierigkeiten, den Ausdruck ihrer Gefühle zu zeigen, bat die Therapeutin, daß sie sich während der Trance hinter sie setzen solle. Sie mußte dann nicht - wie üblich - den Gesichtsausdruck, der die spontan in Trance auftretenden Gefühle begleitete, kontrollieren. Hier suchte also die Patientin den Schutz vor Exponiertheit nicht indirekt über die Decke, sondern ganz direkt über die Bitte, die Therapeutin möge sich umsetzen. Nach der Hypnose wurde dann der Blickkontakt mit der Therapeutin ausdrücklich gewünscht. Erst im weiteren Verlauf der Therapie war es ihr möglich, eine längere Phase von offenem Weinen bei gegenübersitzender Therapeutin "ungeschützt" zuzulassen, und damit ein Ton aufzustoßen, durch das sie 'wirklich' wahrgenommen werden konnte.

Wenn die Therapeutin feststellt, daß der Gürtel des Patienten zu eng sitzt, was es kaum möglich macht, in der Trance tief und entspannt zu atmen, sollte sie den Patienten bitten, den Gürtel zu lösen. Auch hier ist dann eine Decke hilfreich, die den gelockerten Gürtel bedeckt.

Bei beginnender Trance entstehen bei Entspannung der glatten Muskulatur und damit auch des Magen-Darm-Traktes Magengeräusche. Vielen Patienten ist das unangenehm und sie verbringen dann die Trancesequenz mit Versuchen, die Magengeräusche zu unterbinden, was natürlich kein tiefes Tranceerleben zuläßt. Die Therapeutin sollte deswegen die Magengeräusche kommentieren:

"Und Magengeräusche sind ein gutes und natürliches Zeichen für die beginnende Entspannung und sie können ruhig noch etwas deutlicher werden, um Ihre Entspannung und Gelöstheit zu bekräftigen."

Der Abstand zum Patienten sollte nicht zu weit sein: Zum einen wird die Stimme der Therapeutin während der Einleitung der Trance in der Regel immer leiser, so daß die

Gefahr besteht, daß der Patient Mühe hat, die Botschaften/Suggestionen der Therapeutin zu verstehen. Die Anstrengung des Patienten, die nur bruchstückhaft versteh-
baren Informationen in einen sinnvollen Text umzusetzen, verhindert dann die Entstehung einer Tranceerfahrung, z.T. auch durch aufsteigenden Ärger. Übrigens sollte
sich die Therapeutin gerade bei älteren Patienten danach erkundigen, ob eine
Schwerhörigkeit besteht und sich bei einseitiger Schwerhörigkeit natürlich so setzen,
daß sie zum nicht-behinderten Ohr spricht.

Zum anderen kann es bei der therapeutischen Arbeit mit intensiven Gefühlen
wichtig sein, den Patienten mit der Hand zu berühren (wenn es die therapeutische
Beziehung zuläßt), was ein natürlicherer Vorgang ist, wenn die Therapeutin nicht
aufstehen und einige Schritte machen muß. Es empfiehlt sich, die Berührung anzu-
kündigen, um einem Erschrecken des Patienten vorzubeugen.

Und wenn ich Sie jetzt an der Schulter berühre, bitte ich Sie, auf Ihren Atem zu achten und
sich von ihm wie von einem Freund an die Hand nehmen zu lassen - seinen Rhythmus wahrzunehmen, der Sie Ihr Leben lang begleitet hat und Sie weiter begleiten wird und Ihnen versichert, ich lasse Dich nicht im Stich...Du wirst mehr und mehr an Sicherheit gewinnen....Du
kommst zur Ruhe und spürst eine innere kraftvolle Gelöstheit...

Wenn der Patient während der Hypnoseinduktion die Augen geschlossen hat, sollte
man die Distanz zum Patienten, die er mit geöffneten Augen noch akzeptiert hatte,
nicht mehr verkürzen (etwa durch Vorbeugen), da dies vom Patienten als eine Ver-
letzung der sozialen Distanz erlebt werden könnte und die als unangenehm erlebte
Nähe zur Therapeutin könnte wiederum das Tranceerleben beeinträchtigen. Überhaupt sollte die Therapeutin vor der Induktion auf die nonverbalen Zeichen des Patienten achten, die das Bedürfnis nach größerer sozialer Distanz signalisieren (z.B.
Wegdrehen des Körpers zur Seite, Zurückziehen des Oberkörpers, Übereinander-
schlagen der Beine, Zurückziehen des Stuhls) und dann von sich aus die Distanz vergrößern. Das kann in den anfänglichen Sitzungen auch bedeuten, daß die Distanz
zum Patienten zu groß ist, um ihn etwa berühren zu können, was aber notwendig ist,
um dem Patienten den sicheren 'Raum' zu garantieren, in dem er sich auf eine Tranceerfahrung einlassen kann. Mit zunehmender Verbesserung des Rapports aber wird
auch die Distanz verringert werden können, so daß die Therapeutin - wenn nötig -
den Patienten mit der Hand erreichen kann und bei der Formulierung von Trancesequenzen trotz leiserer Stimme verständlich bleibt.

Für die Position der Therapeutin gibt es keine Regeln. Wenn der Patient liegt,
wird man neben ihm sitzen und zwar so weit zurück, daß der Augenkontakt mit dem
Patienten leicht möglich ist. Wenn der Patient sitzt, sitzen wir dem Patienten nicht
frontal gegenüber, sondern seitlich versetzt. Das hat neben der Vermeidung eines
'konfrontativen' Gegenübersitzens auch den Vorteil, daß bei Berührung des Patienten
mit der Hand die Köpfe von Patient und Therapeutin (seitlich) auf Distanz bleiben
können.

5.1.3 Verhalten der Therapeutin

Es liegt uns fern, für die Hypnosetherapie ein besonderes Therapeutinnenverhalten beschreiben zu wollen - dies gibt es natürlich nicht. Jede Therapeutin und jeder Therapeut hat eine eigene Art und Weise, den Kontakt zum Patienten zu gestalten, eine therapeutische Beziehung aufzubauen und sich dabei authentisch zu fühlen. Dennoch wollen wir einige wenige Aspekte im Verhalten der Therapeutin betonen, deren Berücksichtigung es den Patienten erleichtert, Trance zu erfahren.

Dies betrifft zum einen die innere Beteiligung der Therapeutin bei der Formulierung der Tranceinhalte, seien es nun Entspannung, Stärke oder therapeutische Inhalte. Wenn es der Therapeutin gelingt, die Tranceinhalte selbst nachzuempfinden, natürlich nicht zu intensiv, wird sie die Tranceinhalte auch über ihre Stimme und Sprachführung vermitteln können. Hat die Therapeutin zum Beispiel bei der Schilderung einer Entspannungsszene diese auch vor Augen, geht sie also selbst ein wenig in Trance, braucht sie das, was sie "sieht" und ansatzweise auch empfindet, nur zu beschreiben. Das schützt etwa davor, daß der Patient mit der Entwicklung der eigenen inneren Bilder nicht folgen kann, also nicht von einer Erlebniseinheit zur nächsten "hetzen" muß. Allerdings besteht dabei auch die Gefahr, daß die Therapeutin sich zu sehr in ihre eigenen Vorstellungen und Empfindungen verliert, diese beschreibt und am Patienten vorbeiredet. Dieser Gefahr kann aber dadurch begegnet werden, daß man die Informationen des Patienten aus dem Vorgespräch über seine Entspannungsreaktionen und über seine Entspannungsszene berücksichtigt bzw. offen und indirekt formuliert.

Während der Trancesequenz sollte die Therapeutin den Patienten beobachten, um eventuell auf starke körperliche Reaktionen des Patienten (Änderung von Mimik, Gesichtsfarbe, Atmung oder des Herzschlages, der an der Halsschlagader zu beobachten ist,) reagieren zu können. Bei der Beobachtung des Patienten sollte die Therapeutin auch auf die Atmung des Patienten achten und im Rhythmus der Atmung sprechen. Das geschieht, indem die Therapeutin jeweils am Ende der Ein- oder Ausatemphase des Patienten eine Pause macht, wobei das gesprochene Textsegment möglichst eine sinnvolle Einheit bilden sollte.

Richtige Segmentierung: Und während Sie meine Stimme hören...**pause**...wird es Ihnen leicht fallen...**pause**...früher oder später...**pause**...eine beginnende Ruhe zu erfahren.

Falsche Segmentierung: Und während Sie meine Stimme hören wird es... **pause** . Ihnen leicht fallen früher oder...**pause**... später eine beginnende...**pause**... Ruhe zu erfahren.

Natürlich muß nicht jeder Satz, den die Therapeutin spricht, durch die Atemphase des Patienten gesteuert sein. Aber wenn die Therapeutin ihren Formulierungsrhythmus überwiegend an der Atmung des Patienten orientiert, wird sie zum einen nicht zu schnell sprechen und zum anderen fühlt sich der Patient von der Stimme der Therapeutin begleitet. Und dem Patienten wird mehr oder weniger bewußt sein, daß

sein Rhythmus wichtig ist und es vielleicht nicht nur seine Atmung ist, die von der
Therapeutin ernst genommen wird.

In einem Experiment haben wir den Einfluß der Segmentierung von Texten auf
die Entwicklung von Imaginationen überprüft (siehe vorheriges Kapitel, Kasten
IV/4). Dabei zeigte sich, daß die Versuchspersonen bei richtiger Segmentierung des
Textes mehr und leichter innere Bilder entwickeln konnten als bei falscher Segmentierung.

Hat der Patient zu Beginn der Tranceinduktion noch die Augen geöffnet, und dies
gilt gerade für die Fixationsinduktionen, sollte sich die Therapeutin nicht bewegen
und auch darauf achten, unwillkürliche Handbewegungen zum Unterstreichen des
Gesagten zu unterlassen. Gerade Anfängern, die sich bei der Induktion von Trance
noch nicht so sicher fühlen und ihre Aufmerksamkeit hauptsächlich auf die Formulierung richten, geschehen solche "Übersprungshandlungen", die den Patienten stören
oder ablenken könnten.

Noch ein Wort zur Stimmführung: Wie wir im vorherigen Kapitel gesehen haben,
wird Hypnose nicht nur zur Einleitung von Entspannung, sondern auch zur Induktion
von Kraft und Stärke verwendet. Wenn es um die Vermittlung von Gelassenheit und
Ruhe geht, sollte dies in der Stimmführung der Therapeutin zum Ausdruck kommen;
wenn es um die Vermittlung von Kraft und Stärke geht, natürlich ebenso, d.h. die
Stimmführung sollte sich dann auch durch die Festigkeit und Entschlossenheit auszeichnen, die der Patient erleben soll. Sprachtempo und eigene Stimmführung lassen
sich übrigens leicht kontrollieren, indem man eine eigene Tranceinduktion auf Band
spricht und damit eine Selbsterfahrung macht. Dazu könnten Sie Texte aus diesem
Buch verwenden oder natürlich eigene Trancesequenzen formulieren.

Ist die Arbeit mit Hypnose für die Therapeutin nicht anstrengend? Im Großen und
Ganzen ist der 'Energieaufwand' der Therapeutin vergleichbar mit anderen Therapien,
in denen die Therapeutin überwiegend initiativ ist. Sofern Erfahrungen mit der Trancearbeit bestehen, wird man auch oft erfahren, daß man sich am Ende einer Trancesitzung entspannter bzw. gestärkter fühlt als am Anfang, und dies nicht nur bei Entspannungstrancen.

Lassen wir hier aber auch einen Kollegen zu Wort kommen, den erfolgreichen deutschen
Magnetiseur Dr.med. Eberhard Gmelin, Mitglied einer berühmten Tübinger Gelehrtenfami-
lie, der über seine Erfahrungen mit der Trancearbeit vor über 200 Jahren berichtete. Damals
wurde der Begriff 'Hypnose' noch nicht verwendet und statt dessen in Anlehnung an Franz
Anton Mesmers Vorstellung von Heilen durch 'thierischen Magnetismus' von Magnetisieren
gesprochen, was durch Bestreichen des Körpers des Patienten, auch 'Manipulation' genannt,
geschah. Das Konzept vom 'thierischem Magnetismus' als quasi-physikalischer Kraft führte
dazu, das Magnetisieren (Durchführen von Hypnose) als Abgabe von eigenem Magnetismus
zu verstehen, der dann natürlich für das eigene Wohlergehen fehlte.
"Unbemerkt kann ich die Wirkungen, welche das Magnetisieren auf mich, als Magnetis-
ten, macht, nicht lassen. Ich empfinde nach jeder etwas anhaltenden Manipulation einige
Abnahme meiner Kräfte, einige allgemeine Schwächlichkeit, welche mir im Gehen in den
Knien beschwerlich ist; seitdem ich magnetisiere, wurde meine Gesichtsfarbe gelb, blaß;

ich habe meine vorherige Eßlust nicht mehr; ich verdaue nicht mehr so gut; zur Begattung habe ich gar keine Neigung; ...(Gmelin, 1787, S.27f)"

Aber so schlimm kommt es heutzutage nicht mehr und vielleicht hat nur die Metapher von der "Energieübertragung", nämlich des eigenen Magnetismus auf den Patienten, dazu eingeladen, eigene psychische bzw. körperliche Unpäßlichkeiten mit quasi-physikalischen Erklärungen zu entschuldigen.

5.2 Die Individualität des Patienten

5.2.1 Berücksichtigung des 'Patiententyps'

Wir hatten schon in Kapitel I auf das Utilisationsprinzip der modernen Hypnose hingewiesen, d.h. auf die Nutzung von Ressourcen bzw. die therapeutische Verwendung von persönlichen emotionalen Erfahrungen des Patienten. Auch bei der Induktion von Hypnose können Erwartungen und Einstellungen des Patienten gegenüber Hypnose berücksichtigt werden. Mit der Frage: "Was glauben Sie denn, wie Hypnose wirkt und was mit ihr möglich ist?" gelingt es oft, die Vorstellungen des Patienten bezüglich Hypnose zu erfahren. In der Regel hören wir dann eher rationale Erklärungen, daß doch bei Hypnose Entspannungszustände beteiligt seien, mit Bildern das Unbewußte angesprochen werde und auch hilfreiche Suggestionen gegeben würden. Da die meisten dieser Patienten von sich aus eine Hypnosebehandlung wünschen, wollen wir diesen Patiententyp als den "rational-kooperativen" Patienten bezeichnen. Die Nutzung der Vorstellungen über Hypnose betrifft insbesondere drei weitere Typen von Patienten, die wir als den 'magisch-mythischen', den 'rational-skeptischen' und den 'autoritätsgläubigen' Patienten bezeichnen wollen. Wir möchten dabei gleich betonen, daß es sich nur um eine heuristische Einteilung handelt, die nicht den Anspruch erhebt, theoretisch und empirisch begründet zu sein. Natürlich ist diese Einteilung ergänzbar und ihre Klassen überlappen sich auch. Mit den folgenden Darstellungen des 'magisch-mythischen' sowie des 'rational-skeptischen' Patienten wollen wir beispielhaft zeigen, wie die individuellen Vorstellungen des Patienten von Hypnose berücksichtigt werden können, um damit einen günstigen Rahmen für die Tranceerfahrung zu schaffen. Auf den 'autoritätsgläubigen' Patienten, der sich in einer Therapeutin-Patienten-Beziehung wohlfühlt, in der die Therapeutin etwa wie ein jovialer Vorgesetzter oder eine gütige Autorität auftritt, die genau bestimmt, was für den Patienten gut und schlecht ist, wollen wir nicht eingehen. Solchen Patienten begegnet man heute auch eher selten.

5.2.1.1 Der 'magisch-mythische' Patient

Hierbei handelt es sich um Patienten, die Hypnose als einen Zustand auffassen, in dem übersinnliche Erfahrungen möglich sind, sei es in die Zukunft zu schauen, wieder in eine frühere Existenz einzutreten (Reinkarnation) und so weiter. Anstatt dem Patienten einen Vortrag zu halten, daß derartige Vorstellungen sich wissenschaftlich nicht belegen lassen, kann man als Therapeutin die Auffassung des Patienten respektieren, ohne dabei die eigene Position aufzugeben und dem Patienten etwas vorspielen zu müssen. Mit dieser Haltung ist es möglich, die positiven Erwartungen des Patienten an das Tranceerleben zu nutzen und zu vermeiden, daß der Patient sich abgewertet fühlt und damit eine Distanz zur Therapeutin entsteht. Für einen solchen Patienten bietet sich auch eine 'magische' Induktion an.

Th: In einem Vorgespräch wie wir es jetzt führen, möchte ich auch immer gerne etwas über die Vorstellungen des Patienten über Hypnose wissen. Was glauben Sie denn, was Hypnose ist und was man dabei erleben kann?

P: Eigentlich dachte ich ja, das würde ich von Ihnen erfahren, denn Sie sind doch der Fachmann dafür.

Th: Da haben Sie recht. Ich weiß natürlich schon, was Hypnose ist und wie man mit ihr arbeitet. Aber mit der Hypnose ist es zum Beispiel wie mit dem Essen; alle am Tisch bekommen das Gleiche und doch legt einer mehr Wert auf die Vorspeise, der andere mehr auf die Getränke oder die Beilagen und so weiter. Und so gibt es auch bei der Hypnose Aspekte, die dem einen wichtiger als dem anderen sind. Und deswegen habe ich nach Ihren Vorstellungen von Hypnose gefragt, damit ich mich auch richtig darauf einstellen kann.

P: Wie ich schon vorhin sagte, fühle ich mich einfach sehr schwach, weswegen ich viele Dinge nicht mehr tun kann; ich komme aus eigener Kraft einfach nicht aus meinem Loch heraus und bin auch oft innerlich so unruhig. Darum brauche ich einen besonderen, ja vielleicht sogar ungewöhnlichen Weg, um wieder zu Kraft zu kommen. Nun habe ich gehört, daß man mit Hypnose Zugang zu tief liegenden Kraftquellen oder zu ganz tiefer Ruhe kommen kann, die irgendwie von anderen Ebenen stammen wie bei den Naturvölkern auch; und ich meine gelesen zu haben, daß man ja auch Zukünftiges sehen kann und sogar ein früheres Leben wiedererleben kann, um sich dort die Kraft und Ruhe zu holen, die man braucht, um mit seinen Problemen fertig zu werden. Und von der Hypnose verspreche ich mir schon, daß ich wieder zu Kraft komme und mich wieder durchsetzen kann und auch irgendwie ruhiger werde.

Th: Sie haben recht. Hypnose wird seit Jahrtausenden verwendet, um mit Ebenen in Kontakt zu treten, die uns wieder Kraft, Zuversicht und Stärke aber auch eine tiefe innere Ruhe geben können. Und auch heute noch wird in vielen traditionellen Kulturen - etwa Südostasiens - Trance verwendet, um die Zukunft vorauszusagen. Selbst wenn man eine eher rationale Sichtweise der Hypnose gelernt hat, kann man der Hypnose auch ohne weltanschauliche oder wissenschaftliche Einengung begegnen und selbstverständlich auch andere Sichtweisen respektieren. Ich habe immer wieder erlebt, daß Patienten mit Hypnose überraschend wirksame Erfahrungen machen, ohne daß es sich wissenschaftlich genau beschreiben ließe. Es gibt einen ägyptischen Papyrus, der die erste schriftliche Hypnoseeinleitung enthält und in dem ein Medium nach einer solchen Hypnoseinduktion in die Zukunft schaut. Wenn wir gleich eine Hypnoseinduktion vornehmen werden, gehen wir eigentlich nicht viel anders vor als es in diesem alten Papyrus beschrieben wird.

Mit einer solchen Bemerkung erkennt die Therapeutin die Sichtweise des Patienten als eine mögliche und sinnvolle an ("Sie haben recht."), ohne dabei ihren Standpunkt aufgeben zu müssen. Auf diese Einleitung sollte dann auch eine 'magische' Trance-induktion folgen, bei der dem Patienten die Innenfläche der ausgestreckten Hand im Abstand von etwa einem Zentimeter vor die Stirn gehalten wird; also nicht die Stirn des Patienten berühren. Unmittelbar danach wird der Patient deutlich spüren, wie eine Wärme von Ihrer Hand abstrahlt. Wenn Sie Ihre Hand vor die Stirn des Patienten halten, wird dies nach einiger Zeit mit einer gewissen Anstrengung verbunden sein und die Hand beginnt zu zittern, was für den Patienten störend ist. Entweder unterstützen Sie dann den ausgestreckten Arm rechtzeitig mit dem anderen Arm oder Sie nehmen die Hand früh genug zurück, was Sie dem Patienten aber ankündigen sollten. Die 'magische' Induktion könnte etwa so lauten wie in Kasten V/2 formuliert.

KASTEN V/2

'MAGISCHE' INDUKTION

"Gut, nachdem Sie sich nun bequem hingesetzt haben, bitte ich Sie, die Augen zu schließen, um der inneren Erfahrungsebene näher zu sein und sich damit auch leichter aus der Gegenwart zurückziehen zu können......Und während ich meine Hand vor Ihre Stirn halten werde *(Hand vor die Stirn des Patienten halten)*, spüren Sie, wie etwas von meiner Hand auszustrahlen scheint, das Sie zunächst nur auf der Stirn spüren, das aber früher oder später geradezu tief in den Kopf hinein-strahlt........wahrnehmen wie die Empfindung auf der Stirn etwas Lösendes hat..., auch tief im Inneren etwas löst und frei gibt,.. und nun eine Offenheit bewirkt werden kann...als würden sich innere Fesseln lösen und freimachen für eine tiefe innere Er-fahrung, wobei Zeit und Raum unbedeutend sind...wie auch das Rauschen des Win-des etwas Zeitloses hat oder der Wechsel der Jahreszeiten,..... wo auf den kalten, leblosen Winter immer wieder ein Frühling folgt mit neuem Leben und neuer Wär-me....und ich weiß nicht wie leicht es Ihnen fällt, in die Zeitlosigkeit des rauschenden Windes einzutauchen........oder zu empfinden, wie mühelos zwischen dem Erleben der verschiedenen Zeiten gewechselt werden kann....Einfach nur die Stirn spüren und wahrnehmen wie ganz von alleine innere Veränderungen auftreten, ein inneres Öff-nen und Freiwerden geschieht, das sich mit jedem Atemzug, den Sie spüren, vertie-fen wird.....mit jedem Ein- oder Ausatmen deutlicher wird....wie die Empfindung, die von meiner Hand ausgeht, geradezu tief in den Kopf hineinstrahlt und Ebenen des Unbewußten erreichen kann, die mehr und mehr Zugang zu Ihrem Erleben be-kommen....Ebenen, die Ihnen neue Erfahrungen und Energien zur Verfügung stel-

---

'Magische' Induktion

len werden....scheinbar neue Erfahrungen, die vielleicht doch sehr, sehr alt sind....
Und der Zustand, in den Sie nun mehr und mehr eintreten, hat auch etwas Zeitloses...eine Erfahrung, die seit Jahrtausenden aufgesucht wird, um in der Erweiterung
des Bewußtseins Zugang zu einer allumfassenden Kraft und Energie zu erhalten...zu
erleben wie sie von innen aufsteigt, den ganzen Körper erfüllt, was mit jedem Atemzug deutlicher wird...mit jedem Atemzug spürbarer wird....oder zu erfahren, wie diese Energie und kraftvolle Ruhe Sie umgibt, geradezu einhüllt und in dieser Sicherheit
eine völlige Gelöstheit und Entspanntheit auftritt...vielleicht ein allumfassendes Los-
lassenkönnen...zusammen mit einem Gefühl von großer, grenzenloser Geborgenheit.....und auf diese Weise können die Ebenen erreicht werden, die nie fort waren,
sondern Sie schon immer begleitet haben.
Und wenn ich nun meine Hand zurücknehme *(Hand von der Stirn des Patienten zu-
rücknehmen)*, kann die aufsteigende innere Ruhe auch körperlich als eine zunehmende Entspannung und Gelöstheit erlebt werden....etwa in den Armen, die völlig gelöst
und entspannt werden und in die dann eine gelöste, ruhige Schwere einzieht....*sie
sind völlig gelöst und ruhig....*"
(Für die nun folgende Entspannungsinduktion siehe die Textbeispiele in Kapitel 4.)

Es wird Ihnen nicht entgangen sein, daß wir bei der Formulierung dieser Induktion
vermieden haben, von der Wärme, die von der Hand ausgeht, zu sprechen und statt
dessen von der "Empfindung auf der Stirn" etc. gesprochen haben. Damit wollen wir
dem Patienten überlassen, was er spürt. Patienten hatten nach einer solchen Induktion
berichtet, sie hätten einen elektrischen Strom von der Hand ausgehend gespürt und
einer sagte: "Ich habe den Strom genau 5 cm unter der Haut gespürt." Ähnlich vage
haben wir uns bei dieser Formulierung auch auf die Erwartung des Patienten bezogen, Erfahrungen aus einem früheren Leben zu machen, in dem wir z.B. versucht
haben, den Wechsel zwischen verschiedenen Existenzen indirekt über den Wechsel
der Jahreszeiten anzusprechen. Auf diese indirekte Weise kann man damit den Erwartungen des Patienten entgegenkommen, ohne daß die Therapeutin ihren Standpunkt aufgeben muß. Man kann natürlich auch direkt eine frühere Existenz in Trance
suggerieren und dann dadurch authentisch bleiben, daß dem Patienten im Vorgespräch zwar der eigene Standpunkt vermittelt wird, aber dem Patienten gegenüber
verdeutlicht wird, daß seine Sichtweise Priorität hat.

Th: *(bei einer depressiven Patientin, die an eine enge Beziehung zu einem Zwillingsbruder
      in einem früheren Leben glaubt)*: Ich selbst habe derartige Erfahrungen leider noch
      nicht gemacht und vielleicht fällt es mir deswegen schwer, einen solchen Sachverhalt
      als möglich zu beurteilen. Aber hier geht es ja auch nicht um mich, sondern um Sie
      und Ihre persönlichen Erfahrungen, die ich sehr ernst nehme und auch für meine Ar-
      beit mit Ihnen für sehr wichtig halte. Und deswegen ist es richtig, in der Hypnose dort-

hin zu gehen, wo Sie Geborgenheit, Sicherheit und ein hohes Wertgefühl in der Nähe zu Ihrem Zwillingsbruder erfahren haben.

5.2.1.2 Der 'rational-skeptische' Patient

Patienten, die schon verschiedene Therapieansätze versucht haben, um von ihren psychosomatischen oder psychischen Problemen befreit zu werden, wenden sich 'zum Schluß' dann noch der Hypnosetherapie zu, oft auf Anraten anderer, obwohl sie der Hypnose mit einer gewissen Reserviertheit gegenüberstehen, die bis hin zur völligen Ablehnung reichen kann. Und diese Reserviertheit zeigt sich dann auch im Vorgespräch:

Th: In einem Vorgespräch, wie wir es jetzt führen, möchte ich auch immer gerne etwas über die Vorstellungen des Patienten über Hypnose wissen. Was glauben Sie denn, was Hypnose ist und was man dabei erleben kann?

P: Na ja, Hypnose habe ich schon einmal bei einer Hypnoseshow kennengelernt. Und ich muß ehrlich sagen, das fand ich ziemlich dumm und abstoßend. Eigentlich wäre ich auch nicht zu Ihnen gekommen, wenn nicht mein Hausarzt gesagt hätte, versuchen Sie es doch mal mit Hypnose, schlimmer kann es davon auch nicht werden, und vielleicht hilft es ja sogar. Nun bin ich hier; und, ehrlich gesagt, so recht glaube ich nicht daran, daß Sie mir gegen meinen Willen etwas in mein Unterbewußtes einreden können und ich Dinge tue, die ich einfach nicht will.

Th: Sie haben recht. Ich habe absolut keine Möglichkeit, Sie dazu zu bringen, irgend etwas gegen Ihren Willen zu tun. Und was Sie während der Showhypnose gesehen haben, ist in der Tat lächerlich und hat nichts, aber auch gar nichts mit dem zu tun, was in der Hypnosetherapie passiert.

P: Und was passiert hier, wenn das angeblich wirklich so anders sein soll?

Th: Ob Sie von dieser Behandlungsform profitieren können, *hängt* im wesentlichen *von Ihnen ab* und nicht etwa von meinen vermeintlichen hypnotischen Kräften. Bei der modernen Hypnosebehandlung wird mit inneren Bildern, Vorstellungen gearbeitet. Falls es Ihnen *gelingt*, eine Vorstellung von einer entspannenden Szene zu entwickeln, zum Beispiel von einem angenehmen Waldspaziergang, reagiert der Organismus auf eine solche Vorstellung so als wären Sie im Wald, das heißt sie wären körperlich entspannt, es würden weniger Streßhormone in Ihrem Körper zirkulieren und der Organismus würde sich erholen.

P: Ja, aber warum denn ? Das verstehe ich nicht.

Th: Man weiß aus hirnphysiologischen Untersuchungen, daß der hintere Bereich des Gehirns, der sogenannte visuelle Cortex, nicht nur bei Wahrnehmung einer Situation reagiert, sondern auch dann, wenn eine solche Situation nur vorgestellt wird, d.h. dem Organismus ist es gleich, ob sie eine entspannende Situation tatsächlich wahrnehmen oder sie sich nur vorstellen; für den Organismus ist der Input der gleiche. Und deswegen reagiert er in Hypnose wie bei einem echten Waldspaziergang mit einer körperlichen Erholungsphase, die übrigens auch einen Einfluß auf das Immunsystem hat, wie man aus wissenschaftlichen Untersuchungen weiß, und damit auch auf Hauterkrankungen. Daß Hypnose allergische Reaktionen günstig beeinflußt, ist übrigens experimentell nachgewiesen.

P: Aber wie soll das funktionieren?

Th: Nun gut, wenn Sie es genau wissen wollen. Psychische Vorgänge - wie entspannende Imaginationen - haben einen Einfluß auf den Organismus über zwei psychophysiologische Regulationssysteme, zum einen über das sympathiko-adrenomedulläre System, dessen Aktivität hormonell über den Katecholaminspiegel im Blut angezeigt wird, der sich übrigens mit Hypnose beeinflussen läßt und zum anderen über das Hypophysen-adrenokortikale System, dessen Aktivität über das Hormon Kortisol bestimmbar ist. Wir wissen, daß viele körperliche Funktionen über diese Hormone gesteuert werden, auch immunologische.

P: Also, das hört sich ja ganz plausibel an und ganz so genau wollte ich es ja auch nicht wissen. Aber die ganze Sache kommt mir nun doch etwas seriöser vor als ich zuvor dachte. Dann würde ich es doch einmal versuchen wollen; falls ich überhaupt dafür geeignet bin. Wovon hängt es überhaupt ab, ob ich für Hypnose geeignet bin?

Th: Dazu gehört eine gewisse Intelligenz und die Fähigkeit, innere Bilder und Vorstellungen entwickeln zu können. Kreative Menschen wie etwa Künstler, die leicht mit inneren Bildern umgehen können, haben in der Regel eine gute Hypnosefähigkeit. Also, es geht um innere Bilder und deren Wirkung auf den Körper. Und um auf Ihre Frage zurück zu kommen, jetzt schauen wir erst einmal, ob Sie überhaupt *in der Lage sind*, derartige Vorstellungen zu entwickeln und wie gut es *Ihnen* dann *gelingt*, über Ihre Bilder Ihre körperlichen Reaktionen zu *kontrollieren*.

P: Gut, *wir* können es ja mal probieren.

Th: Ja, probieren *Sie* es einmal, ob es Ihnen *gelingt*. Ich bin dabei nicht so wichtig. Es kommt auf Sie und Ihre Fähigkeiten an.

Der 'rational-skeptische' Patient möchte sich nicht von der Therapeutin kontrollieren lassen und deswegen wird im Vorgespräch immer wieder betont, daß es alleine vom Patienten abhängt, ob er Hypnose erfahren kann oder nicht (siehe die kursiv gesetzten Textteile im vorangehenden Vorgespräch.). Der Patient kontrolliert und nicht die Therapeutin, und dies sollte auch in der Tranceinduktion zum Ausdruck kommen (Kasten V/3). Dabei wird die Aufmerksamkeit des Patienten auf das Senken des ausgestreckten Armes gelenkt und dabei betont, daß er diesen Prozeß *selbst* kontrolliert.

KASTEN V/3

'RATIONALE' INDUKTION

"Bei der Einleitung der Hypnose geht es zunächst darum, daß Sie Ihre Aufmerksamkeit bündeln. Das läßt sich leicht erreichen, indem Sie auf Ihren ausgestreckten Arm achten. Ja, strecken Sie Ihren rechten Arm *(wenn die Therapeutin vom Patienten aus gesehen rechts sitzt)* gerade aus und achten Sie auf sein Gewicht *(Patient sollte nun den Arm waagerecht ausgestreckt haben)*. Natürlich wird der Arm ganz von alleine schwer werden, das ist ein ganz natürlicher Prozeß, und die natürlich auftretende Schwere wird den Arm früher oder später nach unten sinken lassen. Aber wir sprachen ja von der Wichtigkeit von inneren Bildern und vielleicht *gelingt es Ihnen*, die empfundene Schwere des Armes über Ihre Vorstellungskraft zu beschleunigen, indem Sie sich vielleicht vorstellen, daß ein Gewicht auf Ihrem Arm lastet oder am Arm hängt, oder etwas Schweres in den Arm hineinfließt - so als würde Blei oder Sand in den Arm fließen - , und damit die empfundene Schwere des Armes verstärken..., daß es Ihnen also über die Kraft *Ihrer Vorstellung gelingt*, die entstehende Schwereempfindung Ihres Armes zu verstärken....achten Sie auf die zunehmende Schwere des Armes, die Sie über *Ihre Imagination kontrollieren*, ...und ich weiß nicht, ob Sie das Schweregefühl über die Vorstellung steuern, daß etwas auf Ihrem Arm lastet oder an ihm hängt oder ob Sie eine Schwere in den Arm hineinfließen lassen. Wichtig ist nur, daß Sie bemerken, wie *Sie selbst über Ihre Vorstellung in der Lage sind*, dieses Körperempfinden zu kontrollieren....Ruhig *die von Ihnen gewählte Vorstellung verwenden*, um das Schweregefühl im Arm zu verstärken...deutlicher werden zu lassen...schwerer und schwerer den Arm erleben...und dabei den Arm ruhig nach unten sinken lassen in Einklang mit der *von Ihnen empfundenen und gesteuerten Schwere*...tiefer und tiefer nach unten sinken lassen...vielleicht das Absinken auch mit dem Atemprozeß koordinieren, so daß Sie gerade beim Ausatmen den Arm immer etwas tiefer sinken lassen in Einklang mit der empfundenen Schwere, die *Sie über Ihre Vorstellungskraft kontrollieren*...tiefer sinken lassen...weiter...mehr und mehr...bis die Hand das Bein erreicht....nun deutlich die Schwere spüren....und dann, wenn es Ihnen recht ist, den Arm bequem auf das Bein bzw. die Liege ablegen.

Nach der Anstrengung, den rechten Arm waagerecht zu halten, werden Sie nun das Gefühl einer beginnenden Entspannung im rechten Arm spüren. Und vielleicht *gelingt es Ihnen nun*, die Entspannung des rechten Armes geradezu hochzuatmen und beim Ausatmen diese Entspannung auch in den linken Arm fließen zu lassen. Die Schwere hochatmen und in den linken Arm hineinatmen, hineinfließen lassen. Und genauso wie es *Ihnen gelungen ist* über Ihre Vorstellungskraft das Sinken des Armes zu steuern wird es Ihnen möglich sein, über andere Vorstellungen körperliche Prozesse zu beeinflussen und dazu wäre es gut, wenn *Sie für sich zunächst eine tiefe Entspannung erzeugen.*"

(Für die nun folgende Entspannungsinduktion siehe die Textbeispiele in Kapitel 4.)

Wie das Induktionsbeispiel zusammen mit dem Vorgespräch zeigt, versucht die Therapeutin einem 'rational-skeptischen' Patienten einen rationalen Rahmen für die Behandlung zu geben und ihm gleichzeitig zu vermitteln, daß nicht die Therapeutin den therapeutischen Prozeß kontrolliert, sondern alles unter der Kontrolle des Patienten geschieht (siehe dazu auch wieder die kursiv gesetzten Textteile in Kasten V/3).

Bei der Nutzung der Vorstellungen des Patienten über Hypnose, wie wir es anhand der zwei 'Patiententypen' dargestellt haben, gilt natürlich, daß die Therapeutin dabei authentisch sein muß. Wer glaubt, dies nicht zu können, sollte nur Vorgehensweisen wählen, bei denen sie sich sicher und 'echt' fühlt.

5.2.2 Reaktionen von Patienten

5.2.2.1 Umsetzen der therapeutischen Vorgaben

Die Reaktionen von Patienten auf dieselbe Tranceinduktion können sehr stark variieren. Einige Patienten werden alles Vorgegebene in dazu passende innere Bilder umsetzen, andere werden sich nach einiger Zeit von den Vorgaben abkoppeln und eigenen Vorstellungen folgen und sich von der Stimme der Therapeutin nur begleiten lassen, ohne ihr inneres Erleben von den vorgegebenen Inhalten bestimmen zu lassen. Andere wiederum 'klinken' sich aus, folgen eigenen Erinnerungen, Empfindungen, 'klinken' sich dann wieder ein, um nach einiger Zeit wieder eigenen Vorstellungen zu folgen. Aber auch dann, wenn Patienten ihren eigenen Inhalten folgen, haben wir oft den Eindruck, daß sie dennoch im vorgegebenen "semantischen/emotionalen Feld" bleiben. Wird von der Therapeutin etwa die Gelassenheit und Ruhe in der Natur, z.B. in den Bergen angesprochen, kann es sein, daß der Patient diese Erfahrung in *seiner* Trance über ein spontan auftretendes Erlebnis im Kindergarten erfährt, z.B. beim Vorlesen von Märchen von einer Kindergärtnerin, zu der er sich besonders hingezogen fühlte. Versucht die Therapeutin das Empfinden von Geborgenheit in der Familie bei einem Weihnachtsfest zu vermitteln, kann dies beim Patienten spontan zum Erleben von Geborgenheit in seiner Pfadfindergruppe beim Übernachten im Heu in einer Scheune hervorrufen. Aber manchmal erlebt man auch, daß der Patient durch eine Bemerkung zu Beginn der Tranceinduktion angestoßen wurde, eigenen Erfahrungen zu folgen, die überhaupt nichts mit dem zu tun haben, was die Therapeutin angesprochen hatte. Zum Beispiel könnte die Therapeutin zu Beginn einer Entspannungssequenz vom frischen Grün einer Wiese am Waldrand sprechen und während sie fortfährt, dies zu einem Waldspaziergang auszuarbeiten, verliert sich der Patient in von Emotionen begleiteten Erinnerungen an seine erste Liebe mit 12 Jahren in der Schule.

Nun könnte man denken, daß die mangelnde Übereinstimmung zwischen Vorgabe der Therapeutin und den erlebten Inhalten des Patienten den Patienten stört. Dies ist aber in der Regel nicht der Fall, wenn es sich um eine Entspannungstrance handelt, und diese zudem sehr offen und indirekt formuliert ist. Wenn es sich dann aber über eine einfache Entspannung hinaus um therapeutische Inhalte handelt, die schmerzliche oder auch hilfreiche Gefühle wachrufen, verfolgt der Patient in der Regel die therapeutischen Inhalte genauer und ist dabei auch empfindlicher, wenn inneres Erleben und Vorgabe der Therapeutin nicht übereinstimmen.

5.2.2.2 Schwankungen in der Hypnosetiefe

Während einer Hypnosesitzung können starke Schwankungen in der Trancetiefe auftreten, mit sehr tiefen Momenten ("Da war ich fast gar nicht mehr da.") und mit Phasen, in denen er sich - auch bei körperlicher Entspannung - völlig 'wach' erlebt. Allgemein nimmt die Trancetiefe im Verlauf einer Trancesitzung zu, wenn es sich um Entspannungstrancen handelt. Bei Trancesequenzen mit therapeutischem Inhalt kann dies aber in Abhängigkeit von den vorgegebenen Inhalten sehr variieren. Es kommt auch vor, daß kleine Ungenauigkeiten den Patienten stören. Wenn etwa von Bäumen unterhalb des Berggipfels die Rede ist, aber der alpin wohlversierte Patient dies nicht nachvollziehen kann, weil in seiner Bergwelt jenseits der Baumgrenze keine Bäume mehr wachsen, kann dies seine Trance stören. Aber es können auch grammatikalische Fehler sein, die störend wirken:

Th: *(nach Tranceinduktion und längerer Schilderung einer Entspannungsszene)*: "....Und während sich das Licht der frühen Sonne auf die noch nebligen Wiesen legt und *das* Tau auf den Gräsern dieses Licht auffängt und in sich in vielen Farben widerspiegelt......etc."

P: *(Germanistikstudentin, im Nachgespräch)*: Als Sie von dem frühen Morgen im Wald sprachen, kam ich völlig raus. Es muß natürlich "der Tau auf den Gräsern" heißen und nicht "das Tau auf den Gräsern". Ich habe so ein richtig dickes Seil gesehen, das sich über die Wiese schlängelte und in dem sich absolut kein Licht widerspiegeln wollte. Das hat mich völlig irritiert und rausgebracht, und danach konnte ich auch nicht mehr so richtig einsteigen."

Aber in der Regel lassen sich die Patienten durch solche Störungen nicht aus der Ruhe bzw. Trance bringen, wobei die Faustregel gilt: Je besser der Rapport zwischen Therapeutin und Patient, um so eher 'vergibt' der Patient der Therapeutin Fehler und korrigiert die vorgegebenen Inhalte stillschweigend so, daß sie mit seinem Erleben übereinstimmen. Dies betrifft auch längere Pausen. Gerade Kollegen, die sich zu Beginn einer Hypnoseausbildung befinden und manchmal nicht 'weiterwissen', was zu einer Pause in den Formulierungen führt, glauben, daß dies die Patienten doch stören müsse. Dies ist im allgemeinen nicht der Fall, wobei von Patienten dann oft zu hören ist: "Die Pause, die Sie gemacht haben, habe ich als wohltuend empfunden. Da bin ich ganz tief weggegangen."

Woran erkennt man denn nun die Trancetiefe des Patienten, um zu wissen, bis jetzt habe ich noch alles richtig gemacht? Natürlich sollte man die Halsschlagader beobachten, die Atmung, die Mimik, die Gesichtsfärbung und die Bewegungen der Extremitäten, um daraus Rückschlüsse über die Trancetiefe zu ziehen. Und in der Regel wird sich die subjektive Befindlichkeit des Patienten, sei er nun emotional aufgewühlt oder in - einer tiefen Entspannung - völlig gelassen, anhand dieser körperlichen Reaktionen ablesen lassen. Allerdings sollte man nicht davon ausgehen, über die physiologischen Reaktionen einen völlig zuverlässigen Indikator bezüglich der Trancetiefe zu besitzen. Wir haben erlebt, daß Patienten, die während einer entspan-

nenden Trancesequenz sehr unruhig waren, die Stirn runzelten etc., nach der Trance
begeistert von einer äußerst erholsamen und entspannenden Erfahrung berichteten.
Desgleichen gibt es Patienten, die alle körperlichen Anzeichen einer tiefen Trance zu
zeigen schienen, und nach der Trancesequenz sehr enttäuscht berichteten, es hätte
sich gar nichts, aber auch gar nichts verändert. Wir meinen, daß die Kommunikation
mit dem Patienten der einfachste Weg ist, um über sein Tranceerleben zu erfahren
(siehe im vorherigen Kapitel den Abschnitt 'Fraktionierung'). Wenn man dann den
Patienten im Verlauf der Therapie genauer kennenlernt, wird man seine individuellen
Reaktionen auf die Tranceerfahrung kennen, so daß sich ein Nachfragen erübrigt.

5.2.2.3 Der Patient schläft

Manchmal schläft ein Patient ein, was selbst einer unaufmerksamen Therapeutin wegen der u.U. lautstarken Atemgeräusche nicht verborgen bleiben kann. Zumeist handelt es sich dabei um einen leichten ('REM'-) Schlaf, in dem der Patient noch durch
Suggestionen ansprechbar bleibt, auch wenn er sich nicht mehr daran erinnert. Obwohl er scheinbar so tief schläft, haben wir bisher immer erlebt, daß der Patient durch
die *leise* Beendigung der Trance ("Und wenn ich nun von drei auf eins rückwärts-
zähle....etc.") wach wurde, auch wenn er sich nicht daran erinnern konnte, daß die
Trance oder besser der Schlaf formal beendet wurde. Wer schon einmal vor dem
Fernseher eingeschlafen ist, kennt dieses Phänomen vielleicht: Während eines Spiel-
films schläft man ein und wenn dann der Film zu Ende ist und ein anderer Inhalt angesprochen wird (z.B. die Nachrichten verlesen werden), wird man plötzlich wach.

Das Schlafen des Patienten ist für Entspannungs- und Erholungstrancen nicht
weiter hinderlich, wobei wir dann mit sehr direkten Suggestionen arbeiten würden
("Sie sind tief entspannt...jede Zelle Ihres Körpers hat Teil an dieser tiefen, tiefen
Erholung, die Ihren gesamten Organismus stärken wird und Sie auch seelisch mit
großer Kraft erfüllt."). Auch wenn sich dann der Patient hinterher an nichts mehr
erinnern kann, gibt es Hinweise, daß doch Informationen von ihm verarbeitet wurden. So sagte etwa ein Patient im Anschluß an eine Trance, die er scheinbar schlafend verbrachte: "Ich kann mich an nichts mehr erinnern...irgendwie war es so eintö-
nig, als würde der Regen gegen die Fenster schlagen und man würde dahindösen."
Genau dieser Inhalt war aber von der Therapeutin vermittelt worden, die von einem
wärmenden Kaminfeuer gesprochen hatte, "während die Regentropfen gegen die
Fenster schlagen".

Anders als bei einer Trance zur Entspannung sollte der Patient bei therapeutischen
Interventionen die suggerierten Emotionen erleben, d.h. nicht einfach entspannt
schlafen, was im übrigen relativ selten geschieht. Insbesondere bei Erfahrungen von
besonderer gefühlsmäßiger Bedeutung ist dies in der Regel auch nicht der Fall, wenn
es etwa um die Bewältigung einer Angstsituation geht. Sollte der Patient aber auch
hier einschlafen, was aber - wie bereits betont - eher unwahrscheinlich ist, sollte man

die Trancearbeit mit offenen Augen durchführen (siehe unten "Der Patient hat Angst.").

5.2.2.4 Der Patient wacht nicht auf

Üblicherweise wird der Patient früher oder später nach der Beendigung der Trance, die auch eine Aufforderung zum Öffnen der Augen enthält, die Augen öffnen. Manchmal geschieht es aber, daß der Patient auch bei wiederholter Aufforderung die Augen nicht öffnet und weiterhin in Trance bleibt. Die Gründe für das vorläufige Verbleiben des Patienten in Trance können verschieden sein, ohne beunruhigen zu müssen: Für den Patienten kann die Entspannung so tief und angenehm sein, daß er einfach noch darin bleiben und sie genießen möchte, ohne gleich in eine problembeladene Gegenwart zurückkehren zu müssen. Oder aber es wird eine emotionale Erfahrung gemacht, deren Erleben für den Patienten so überraschend und bedeutsam ist, daß er sich von dieser Erfahrung noch nicht trennen möchte. Da das Zeitempfinden in Trance verändert ist, und die Zeit eher unterschätzt wird, wird in diesen Fällen die verstrichene Zeit nach Beendigung der Trance von den Patienten nicht so lange erlebt wie von der Therapeutin.

Manchmal berichten Patienten auch, daß sie so tief in Trance gewesen seien, daß sie das Gefühl gehabt hätten, sich nicht mehr bewegen zu können und sie sich erst nach einiger Zeit bewegen konnten.

Die Zeit, über die wir hier reden, bewegt sich zwischen einigen Minuten bis zu 10 Minuten. Das scheint eine relativ geringe Zeit zu sein, aber wenn man in der Stille auf die 'Aufwach'-Reaktionen des Patienten wartet, können einige Minuten schon recht lange sein. Die Reaktionen der Therapeutin auf das Verbleiben des Patienten in Trance können verschiedene Abstufungen der Reaktion durchlaufen. Man kann etwas weniger leise die Trancebeendigung wiederholen und vielleicht hörbar einige Notizen zu Papier bringen, das gleiche etwas lautstärker tun, oder mit angehobener Stimme direkte Suggestionen geben, daß nun die Beweglichkeit in Arme und Beine zurückkehre. Falls man über einen weiteren Behandlungsraum verfügt oder keine weitere Patienten erwartet, kann man den Patienten einfach in seiner Trance belassen bis er von selbst seine Augen aufschlägt. Das Verlassen des Raumes sollte man entsprechend ankündigen ("Und wenn ich nun den Raum verlasse, aber hier in der Praxis bleibe und jederzeit erreichbar bin, können Sie sich in Ihrem eigenen Tempo wieder hierher zurückorientieren"). Daß der Patient auch ohne Therapeutin die Trance beenden kann, zeigt eine Untersuchung, in der der Hypnotiseur wegen eines angeblichen Stromausfalls den Versuchsraum verließ, in dem die Versuchsperson allein zurückblieb. Diese Situation wurde mit mehreren Versuchspersonen wiederholt. Das Verhalten der Prbanden wurde von einem benachbarten Beobachtungsraum überprüft. Dabei zeigte sich, daß die Probanden zunächst ruhig liegen blieben, aber dann nach durchschnittlich 17 Minuten die Augen öffneten und sich im Raum orientierten (Evans & Orne, 1971).

5.2.2.5 Der Patient lacht

Insbesondere zu Beginn einer Therapie, wenn der Patient noch keine oder nur wenig Erfahrung mit Hypnose hat, kann es passieren, daß der Patient während der Induktion oder auch später lächelt bzw. lacht. Für Anfänger kann das natürlich zu einer Verunsicherung führen ("Mein Gott, was habe ich denn nur jetzt falsch gemacht?") und man möchte dann am liebsten so schnell wie möglich die Situation beenden, in der man sich auch als Therapeutin vom Patienten als inkompetent wahrgenommen sehen würde. Und wäre ja nicht gerade die Basis für einen guten Rapport zum Patienten, der u.a. ja auch von der Kompetenz abhängt, die die Therapeutin vermittelt. Aber mit einer solchen Situation kann auch anders umgegangen werden, ja, man kann sie geradezu im Sinne des Utilisationsprinzips nutzen, wobei zu berücksichtigen ist, worauf sich das Lächeln bzw. Lachen beziehen könnte. Im Umgang mit dem Lachen des Patienten sollte dabei das Lächeln nicht thematisiert werden, in dem man für den Patienten das Lachen erklärt ("Ja, das ist ja eine ungewohnte Situation hier, wo man vielleicht auch mit einem Lächeln reagiert."), was u.U. zu einer Diskussion mit dem Patienten führt, der behaupten könnte: "Ich bin überhaupt nicht unsicher....etc."), wodurch die Therapeutin in die Defensive gedrängt würde und auf einer *rationalen* Ebene den Sinn von Hypnose erklären muß, und dabei an der wirklichen Ursache für das Lachen, in der Regel einer Unsicherheit, also der *emotionalen* Ebene, vorbeiredet. Statt dessen sollte man das Lächeln/Lachen lieber gleich nutzen, ohne es lange zu kommentieren.

Nicht jedes Lächeln ist ein Zeichen von Unsicherheit oder Widerstand des Patienten. Es kann einfach nur Ausdruck einer Überraschung sein, eine spontan aufgetretene, angenehme Erinnerung begleiten oder durch eine bizarre, lustige Imagination bewirkt worden sein. So beobachten wir manchmal bei der Induktion "Hände zueinander" (Kasten VI/3), daß die Patienten lächeln, wenn beide Hände zusammenkommen. Im Nachgespräch berichten sie dann ihre Überraschung über die Berührung der linken und rechten Hand, deren Position ihnen nicht mehr gegenwärtig war. Desgleichen kann ein Lächeln auftreten, wenn in einer Entspannungstrance bezüglich einer Wanderung der "Gesang der Vögel" erwähnt wurde, und beim Patienten spontane Imaginationen zu einem seit langem vergessenen Lagerfeuer der Jugendgruppe "Wandervögel" auftreten, der der Patient angehörte und wo viel gesungen und gelacht wurde. Auch die Umsetzung eines Trancetextes, der die sicheren Bewegungen eines Eichhörnchens über die schwankenden Zweige schildert, das "durch die mächtige Baumkrone geradezu *behütet* wird", in ein inneres Bild von einem Eichhörnchen mit *Hut*, das durch die Zweige einer Baumkrone huscht, kann zu einem spontanen Lächeln führen. Wenn die Therapeutin den Eindruck hat, daß der Patient nicht aus

Widerstand, sondern als Reaktion auf eigene, innere Erfahrungen lacht/lächelt, sollte sie natürlich diesen Vorgang unterstützen und nicht etwa abbrechen:

Th: (Patient lächelt in Trance): "Und manchmal können aufsteigende Erfahrungen überraschen, erstaunen oder eine angenehme Erinnerung beinhalten, die ein Lächeln bewirken, das die gefühlsmäßige Erfahrung widerspiegelt. Und vielleicht wäre es gut, in dieser Erfahrung einmal zu bleiben und zu erleben....zu spüren, wie es sich anfühlt, ein spontanes Erleben von Heiterkeit, Erstaunen oder einfach ein sich Wohlfühlen zu erfahren.....ein Empfinden, das sich in der Erfahrung Ihres Lächelns vermittelt....ein Lächeln, das Sie in das Empfinden hineinführt, das einen wichtigen Teil Ihrer Persönlichkeit beleuchtet...und ruhig tief erfahren werden sollte...und ich weiß nicht, wie sich dabei die Arme und Beine anfühlen...oder die Atmung...oder welches Körpererleben insbesondere diese Erfahrung auszeichnet...." (Unter Umständen hier fraktionieren und den Patienten über seine Erfahrungen befragen.)

Th: "Und wenn ich Sie jetzt bitte, mir über Ihre Erfahrungen zu berichten, mit geschlossenen oder geöffneten Augen, so wie es Ihnen recht ist, können Sie von den Schultern ab bis zu Ihren Füßen in dem jetzigen Zustand bleiben."

Wenn wir uns hier mit Lachen in Trance befassen, sollte dies - wie zuvor betont - nicht zu der Ansicht führen, das Lachen in Hypnose nichts zu suchen hätte und die Therapeutin versuchen sollte, Lachen in Trance auf jeden Fall zu unterbinden. Wenn Hypnosetherapie mit Gefühlen zu tun hat und in Trance ein Lachen/Lächeln auftritt, das eine Erfahrung von Fröhlichkeit, Heiterkeit oder der Fähigkeit, Neues, Überraschendes zu registrieren, darstellt, wäre es natürlich völlig falsch, diese Erfahrung zu negieren bzw. den Patienten zu veranlassen, die emotionale Ebene von heiterer Leichtigkeit, die durch das Lachen angezeigt wird, zu verlassen. Im Gegenteil, anstatt das Lachen zu unterbinden, müßten wir es als Therapeuten fördern und ausbauen, um dem Patienten den Zugang zu Spontaneität und Heiterkeit zu ermöglichen.

Allerdings kann ein Lachen/Lächeln auch bedeuten, daß sich der Patient eben nicht in einer heiteren 'inneren' Situation aufhält, sondern sich distanzieren und die Trance verlassen möchte, was durch eine Unsicherheit bzw. Ängstlichkeit motiviert sein kann. Hier wäre es natürlich nicht angezeigt, den Patienten in seinem Lächeln und damit in seiner Unsicherheit zu belassen, sondern über eine Beendigung des Lächelns möglichst auch eine Ende der Unsicherheit zu bewirken. Hier kann es hilfreich sein, das Lächeln zu 'verschreiben', also den Patienten zu bitten, unbedingt weiter zu lächeln, um es damit zu unterbinden:

Th: (16jährige Patientin beginnt in Trance fortwährend zu lächeln): "Und ich bitte Sie nun, das Lächeln beizubehalten...bitte immer weiter lächeln und sich dabei der Anspannung in den Wangen mehr und mehr bewußt werden...weiter lächeln....immer weiter lächeln, um die Spannung in der Wangenmuskulatur deutlicher und deutlicher zu spüren....auf die Wangen achten... und Sie wissen, daß eine Anspannung früher oder später in eine Entspannung übergeht....und deswegen ist es gut, die Anspannung in den Wangen ruhig noch etwas zu verstärken, indem Sie noch mehr lächeln,....richtig, noch mehr lächeln,......stärker lächeln...... um damit die Spannung in den Wangen zu vergrößern.....und dann beim Entspannen der Wangen, beim Loslassen zu erleben, wenn Sie es jetzt möchten, wie gelöst sich nun die Gesichtsmuskulatur anfühlt.....völlig gelöst und entspannt....etwas, daß Sie durch Ihr Lächeln erreicht haben...und vielleicht können Sie mit einem Lächeln noch viel mehr erreichen....angespannte Situationen in gelöste und entspannte zu verwandeln...ganz einfach so, ...indem Sie lächeln......., indem Sie einfach loslassen und die lächelnde Gelöstheit genießen...und in diesem Gefühl des gelösten Lächelns auch Ihre Fähigkeit nutzen, gelöst und gelassen auf alles zuzugehen..."

Anstatt ein Lachen zu kommentieren oder zu beenden, kann man es natürlich auch nutzen, gerade wenn es etwa einen Widerstand des Patienten und damit eventuell etwas Starkes zum Ausdruck bringt, indem man das hinter dem Lachen stehende Erleben auf das Problem des Patienten richtet. Entweder wird der Patient aufhören zu lachen oder die Therapeutin kann tatsächlich den Widerstand des Patienten nutzen, indem sie die mit dem Lachen verknüpfte Haltung und Kraft gegen das Symptom wendet.

Th: (*Patient, der trotz entsprechender Vorbereitung doch eher ein bühnenhypnotisches Vorgehen erwartet hat, lacht laut und ununterbrochen während der Induktionsphase*): "Auch wenn Ihr Lachen jetzt nicht zu passen scheint, bitte ich Sie dennoch, dabei zu bleiben. Bleiben Sie ruhig bei Ihrem Lachen und erleben Sie es nun wirklich deutlich. Spüren Sie, wie spontan und lebendig es ist, und vielleicht können Sie auch eine gewisse Kraft in diesem Lachen empfinden. Ich wäre froh, wenn Sie auch Ihrer Unsicherheit mit dieser Haltung gegenüberstehen könnten...einfach darüber lachen und sich spontan, kraftvoll und lebendig dabei erleben... bitte, jetzt weiterlachen, sich des dahinterstehenden Erlebens wirklich bewußt werden, der Erfahrung von spontaner Lebendigkeit und Kraft....und mit dieser Erfahrung jetzt an den Arbeitsplatz zu gehen und in das Gesicht des Kollegen schauen und die spöttische Stimme des Kollegen zu hören.... deutlich die spöttische Stimme des Kollegen zu hören, der Sie oft mit seinen Äußerungen herabsetzt, heißt wahrzunehmen, wie leicht es dann ist, einfach dort stehen zu bleiben, es einfach auszuhalten, dort zu stehen und ihm geradewegs ins Gesicht zu schauen und ihm das zu sagen, aus dieser Erfahrung heraus, was Sie schon lange sagen wollten......weiter in diesem Lachen bleiben, spüren was mit ihm an Lebendigkeit, Kraft und auch Widerstandsfähigkeit verbunden ist, diese Erfahrung nun tief einatmen, daß Sie sie im ganzen Körper verspüren....und beim Ausatmen im ganzen Körper verströmen lassen.... um dann zu sprechen und genau das zu sagen, was Sie diesem Kollegen gegenüber zum Ausdruck bringen wollen."

Ob dieses Vorgehen sich für eine gegebene Situation auch wirklich eignet, muß dem therapeutischen Urteil überlassen bleiben. Wenn das Lachen etwa als Ausdruck einer großen Angst vor Kontrollverlust zu verstehen ist, könnte das Umgehen der Abwehr des Patienten völlig kontraindiziert sein, weil dem Bedürfnis des Patienten nach Sicherheit in der therapeutischen Beziehung nicht entsprochen wird. Der Patient würde sich in der therapeutischen Situation als ungeschützt und verletzbar erleben und Angst haben, sich der Therapeutin gegenüber zu öffnen. Hier könnte es sinnvoll sein, über das Lachen zu reden, ohne den Grund für das Lachen unbedingt interpretieren zu müssen, um dann einen anderen Zugang vorzuschlagen.

Th: (*Unsicherer Patient; kann ein lautes Lachen zu Beginn der Induktion nicht unterdrük-*
     ken): "Sie lachen jetzt und ich muß jetzt auch mit Ihnen lächeln, obwohl ich Ihr La-
     chen natürlich ernst nehme, denn es ist für mich ein Hinweis darauf, daß mein Vorge-
     hen für unsere Arbeit momentan noch nicht das richtige ist. Wie so häufig in der Hyp-
     nosetherapie, wird man gemeinsam mit dem Patienten den richtigen Weg ausprobie-
     ren, der am besten zu der Ebene führt, auf der wir Ihr Problem wirksam angehen kön-
     nen.

P: Ja, ich weiß eigentlich auch nicht, warum ich jetzt lachen mußte. Aber das finde ich
     gut, daß ich mir aussuchen kann, was mir am besten liegt.

Th: Ja, dazu gehört natürlich auch, ob Sie jetzt schon überhaupt mit dieser Art der Thera-
     pie anfangen wollen. Letztlich bestimmen Sie ja, wie schnell wir vorankommen wer-
     den.

P: Ja, ich will schon weiter machen.

Th: Und da bitte ich Sie nun um Ihre aufmerksame Mitarbeit. Wenn wir jetzt eine andere
     Induktionsform wählen, achten Sie ganz genau darauf, was Ihnen bei diesem Vorgehen
     am besten liegt. Und kontrollieren Sie ruhig dabei auch, wie ich spreche, ob meine
     Stimme zu laut oder zu leise ist. Überprüfen Sie bitte aber auch, wo Ihre Entspannung
     beginnen wird, in wie weit sich Arme und Beine und der ganze Körper entspannen und
     wie angenehm Ihre inneren Bilder für Sie sind.

Ohne also den Patienten darauf hinzuweisen, daß sein Lachen nicht angemessen oder
störend ist, versucht die Therapeutin, die Abwehr des Patienten gegen die kontrollierende Mitarbeit des Patienten einzutauschen und ihm zu vermitteln, daß er der
Situation nicht ohne Einflußnahme gegenübersteht, sondern den therapeutischen Prozeß kontrollieren kann.

5.2.2.6 Der Patient hat Angst

Wenn der Patient Angst vor der Tranceerfahrung hat, könnte dies natürlich damit
zusammenhängen, daß er falsche Vorstellungen von Hypnose hat bzw. die Therapeutin-Patienten-Beziehung noch nicht tragfähig genug ist. Aber selbst wenn diese
Hindernisse über entsprechende Korrektur der Vorurteile gegenüber Hypnose bzw.
Etablierung eines guten Rapports zum Patienten aus dem Weg geräumt wurden, können immer noch Ängste bestehen. Diese könnten z.B. darauf beruhen., daß der Patient befürchtet, stark belastenden Gefühlen ausgesetzt zu sein, die etwa im Zusammenhang mit früheren traumatischen Erfahrungen stehen.

Eine erste Möglichkeit, dem ängstlichen Patienten Sicherheit zu vermitteln, besteht darin, ihn während der Trancesequenz immer wieder auf die unmittelbare Gegenwart in der Praxis/Klinik zu orientieren, wie es der folgende beispielhafte Ausschnitt einer Trancesequenz verdeutlicht.

Th: "Und während Sie mit geschlossenen Augen meine Stimme hören und natürlich genau
     wissen, daß Sie hier in meiner Praxis sind und hier Ihren Körper hier auf der Liege
     spüren, und auch wissen, daß Sie gleich mit Ihrem Mann einen Bummel durch die
     schöne Altstadt von Konstanz machen werden, bitte ich Sie, gleichzeitig auch die in-

nere Erfahrung eines Empfindens von tiefer Gelassenheit zu zulassen, wie Sie es etwa mit der Autofahrt in den sonnigen Morgen des ersten Urlaubstages verbinden....und dort zu sein bedeutet, das ruhig brummende Motorengeräusch zu hören, während Ihr Mann neben Ihnen sitzt und dabei zu spüren, wie mit jedem Kilometer der Alltag hinter Ihnen zurück bleibt...und sich zunehmend ein Loslassen...ein Befreitsein...und eine gelöste Gelassenheit einstellen, wobei jetzt die Atmung gelöster werden kann, was oft mit dem Erleben einer beginnenden Schwere in den Beinen verbunden sein kann ......und gleichzeitig wissen Sie natürlich, daß Sie hier in meiner Praxis sind und Ihr Mann Sie gleich abholen wird und Sie jederzeit unterbrechen können, einfach durch das Heben Ihrer Hand.......und die beginnende Entspannung, die Sie mit der Urlaubsfahrt in den Süden verbinden, kann begleitet sein von einem Gefühl der Sicherheit und Geborgenheit in der Nähe zu Ihrem Mann...diese Nähe einmal richtig spüren...richtig erleben...und ich weiß nicht, wie Sie Sicherheit und Geborgenheit erfahren wollen....aber ruhig in Ihrem selbst bestimmten Rhythmus mehr und mehr darin eintauchen...während Sie gleichzeitig spüren wie sicher und schwer Ihre Füße hier in der Praxis auf dem Boden ruhen...und Sie natürlich wissen, daß Sie jederzeit die Augen aufschlagen könnten, wenn Sie es möchten....und oft ist man erstaunt zu erfahren, wie leicht es ist, die Gegenwart nicht verlassen zu müssen, um eine angenehme Vergangenheit wieder zu erleben...beide Ebenen gleichzeitig ganz real zu erleben ...die Autofahrt in den Urlaub und die beginnende Entspannung hier in der Praxis."

Reicht dies nicht aus, könnte man zusätzlich eine Tranceinduktion bei geöffneten Augen durchführen, wobei der Patient auf eine freie Fläche an der Wand schauen und dort die von der Therapeutin vorgegebenen Szenen sehen sollte. Dabei würde der Patient zum einen immer wieder auf die Gegenwart reorientiert, die er nun auch gleichzeitig in den Augen behält.

Eine weitere Steigerung der Kontrolle des Patienten über die hypnosetherapeutische Situation bestünde darin, daß er nun auch die zu erlebenden Inhalte selbst bestimmt. Dazu wird zuvor mit der Therapeutin eine Entspannungsszene vereinbart, deren Inhalte der Patient bei Fixation der geöffneten Augen auf eine 'leere' Wand selbst formuliert. Die Therapeutin wird dabei zunächst versuchen, den Patienten über Fragen und Kommentare mehr und mehr auf die Erlebnisebene zu führen und erst später die 'Leitung' übernehmen wie das folgende Beispiel zeigt (Kasten V/4).

KASTEN V/4: *Tranceinduktion bei geöffneten Augen für einen Patienten, der Angst vor der Tranceerfahrung hat. Der Patient schaut dabei auf eine offene Fläche, z.B. eine Wand, beschreibt die Imagination einer zuvor mit der Therapeutin abgesprochenen Szene, die der Patient auf die Fläche 'projiziert'. Die Therapeutin kommentiert die berichteten Imaginationen, um den Patienten mehr und mehr auf das Erleben zu lenken und übernimmt später die Beschreibung der imaginierten Szene.*

TRANCEINDUKTION ÜBER SELBSTVERBALISATION DES PATIENTEN BEI GEÖFFNETEN AUGEN

Th: Sie hatten mir berichtet, daß ein Spaziergang am Mittelmeer in Ihrem letzten Urlaub für Sie so angenehm war. Um Ihnen Entspannung und Ruhe zu vermitteln, möchte ich Sie nun bitten, dort vorne hin, auf die Wand zu schauen, die Augen offen zu halten, sich dort einen Punkt zu suchen und die Augen nun möglichst nicht mehr zu bewegen und - wie Sie es ja auch von Tagträumen kennen - zu versuchen, an der Wand das Meer zu sehen und dort auch zu sehen, was Sie dort so gern getan haben, so als würden Ihre Augen wie Diaprojektoren Ihre Urlaubserfahrungen an die Wand werfen. Und wenn Sie dies an der Wand sehen können, beschreiben Sie mir doch bitte, was Sie gerade dort tun...aber bitte nicht die Erinnerung daran, sondern das, was Sie lebendig und farbig an der Wand sehen und achten Sie ruhig auch auf die anderen Sinne. Welche Geräusche gibt es dort? Gibt es einen besonderen Geruch? Und wie ist Ihre körperliche Befindlichkeit?

P: Ich sehe jetzt das Meer vor mir...wie es so ruhig daliegt...ich stehe einfach da und schaue.

Th: Und während Sie dort stehen, können Sie sich der Weite des Meeres bewußt werden?

P: Ja, ich schaue jetzt bis zum Horizont...das Meer hat wirklich eine riesige Fläche. Und jetzt gehe ich direkt am Meer entlang.

Th: Können Sie sich dabei die Zeit nehmen, einmal auf Ihre Bewegungen zu achten?

P: Ich schlendere eher und lasse meine Arme baumeln...jetzt hat das Wasser meine Füße naßgemacht.

Th: Welche Temperatur hat das Wasser und wie fühlt sich der Boden unter den Füßen an?

P: Der Boden besteht aus feuchtem Sand, der recht hart ist...aber ich mag es gerne mit den nackten Füßen darüber zu streifen....und jetzt höre ich auch das Wasser...ich höre, wie es träge ans Ufer schwappt...

Th: Hören Sie ruhig dem Wasser zu, riechen Sie es und spüren Sie den feuchten Sand unter den Füßen, und achten Sie darauf, wie Sie sich fühlen, während Sie einfach weiterschlendern.

P: (*schweigt eine Zeit lang und berichtet dann weiter*): Ich bin jetzt stehen geblieben und habe mich auf die Wärme der Sonne konzentriert und dabei den Unterschied zwischen der Sonnenwärme und der Kühle des Wassers gespürt.

Th: Und während Sie die Liege spüren, auf der Sie hier in der Praxis liegen, achten Sie doch nun einmal auf Ihr Körpererleben hier am Meer. Können Sie im Stehenbleiben oder Schlendern eine beginnende Entspannung spüren?

P: Ja, so eine angenehme Müdigkeit hat schon eben eingesetzt...die Arme sind schwerer geworden...

Th: Und diese Entspannung kann natürlich noch tiefer werden, wenn Sie es wollen...sei es in den Armen oder in den Schultern....oder nun auch im Magen und Beckenraum.....vielleicht auch schon in den Beinen.

P: Ja, sie wird wirklich deutlicher...es ist angenehm..

Th: Und hier auf der Liege spüren Sie, wie die Liege Sie hält, während es gleichzeitig möglich sein kann, den Geruch des Meeres und seine Weite anzuatmen, um auch innerlich eine Weite zu spüren, die viel Raum bietet für eine vertiefte Entspannung und Gelassenheit.

P: Mmh.....

Th: Oft bringt eine zunehmende Gelöstheit der Muskulatur auch ein Empfinden von Gelassenheit mit sich, einem seelischen Loslassen zusammen mit dem Loslassen der Muskulatur....zunehmend gelöst sein....gelassen...und angenehm entspannt...., was parallel zu der Erinnerung laufen kann, was Sie heute nach unserer Sitzung tun werden und wann Sie nach Hause fahren wollen....gleichzeitig mit der Wahrnehmung des Meeres, was ja oft mit einem Gefühl von Freisein verbunden ist...

P: (schließt manchmal die Augen, öffnet sie aber immer wieder)

Th: Und man kann mit geöffneten Augen das Meer hier in der Praxis deutlich an der Wand wahrnehmen oder mit geschlossenen Augen erleben, was beides heute hier in diesem Raum stattfindet...wichtig ist dabei nur die innere erholsame Erfahrung von Ruhe und dabei zu sich zu kommen...im Geräusch des Meeres die Ruhe zu hören, um dann mit jedem Atemzug tiefer in diese erholsame, wohltuende Gelassenheit einzutauchen und sich hier auf der Liege wohlzufühlen und zu bemerken, wie leicht es Ihnen fällt zu bestimmen, auf welcher Ebene Sie sich mehr entspannen wollen...am Meer, das Sie an der Wand wahrnehmen...oder mit geschlossenen Augen erleben....oder es einfach genießen, hier in der Praxis auf der Liege noch gelöster...noch entspannter zur Ruhe kommen.

P: (hat die Augen geschlossen, wirkt entspannt)

Th: Und wenn Sie möchten, können Sie die Augen öffnen oder geschlossen halten, während es vielleicht gut wäre, die Entspannung zu vertiefen (Therapeutin beschreibt wieder die Meerszene, betont die Entspannung, das Genießen von Freisein etc.)

6 TRANCEINDUKTIONEN

6.1 Induktionen

6.1.1 Historische Induktionen

Wenn die Verwendung von Trance wirklich so weit zurückreicht wie in Kapitel 1 beschrieben, sollte man dann beim Rückblick in die Geschichte der Hypnose nicht auch Tranceinduktionen antreffen wie wir sie heute noch verwenden? Und in der Tat, die aus der klassischen Hypnose bekannte Einengung der Aufmerksamkeit über das Fixieren eines Punktes oder Gegenstandes findet sich schon im altägyptischen magischen Papyrus aus dem dritten nachchristlichen Jahrhundert (s. Kasten VI/1), der in

Teilen auf die Zeit der 18.-20. Dynastie (um 1500-1000 v.Chr.) zurückgeht (Max Müller, 1886, zitiert in Griffith & Thompson, 1904). Allerdings wurde nach den Beschreibungen dieses Papyrus Trance nicht zur Heilung von Krankheiten verwendet, sondern um in die Zukunft zu sehen, was über die Befragung von Göttern und Dämonen in Trance geschah. Sofern überhaupt Bezug auf die Heilung von Krankheiten genommen wird, werden Beschwörungsformeln oder Arzneien empfohlen (z.B. um Blutfluß zum Stillstand zu bringen, wird die Einnahme von Myrrhe, Knoblauch und Gazellengalle empfohlen, die mit altem, wohlriechenden Wein vermischt werden sollte).

KASTEN VI/1   *Methoden zur Tranceinduktion werden zum ersten Mal schriftlich im Leidener demotisch-magischen Papyrus beschrieben. Der Papyrus ist in Hieratisch, Demotisch und Griechisch verfaßt. In einigen Teilen geht er vermutlich auf die Zeit um 1500 bis 1000 v.Chr. zurück. Trance wird dem Papyrus zufolge als Zustand verwendet, um zumeist mittels eines Mediums ("ein reiner Knabe") Vorhersagen über die Zukunft zu machen, die Verwendung von Trance zur Heilung von Krankheiten wird nicht erwähnt.*

Der Leiden Papyrus: Magie und Trance

Abb. VI/1 Kolumne V des demotisch-magischen Papyrus aus dem 3.Jhrd n.Chr. In dieser Kolumne und an anderen Stellen des Papyrus finden sich zum ersten Mal schriftliche Anleitungen zur Induktion von Trance und zur Selbsthypnose mit Hilfe von Fixationsmethoden. Die Texte des Papyrus, die sich auf Tranceinduktionen beziehen, umfassen die Beschreibung der Methode sowie detaillierte Beschwörungsformeln mit den Namen der anzurufenden Gottheiten, über die die Zukunft befragt werden kann.

Selbsthypnose: In Kolumne V wird zur Befragung der Zukunft geraten, Weihrauch vor
einer Öllampe zu verbrennen und dann auf die Lampe zu schauen, "dann siehst Du den
Gott bei der Lampe und Du legst Dich auf eine Binsenmatte, ohne zu irgendeinem auf
der Welt zu sprechen. Dann wird er Dir im Traum antworten (Griffith & Thompson,
1974, S.45; unsere Übersetzung)."

Hypnose eines Mediums: " Tete-Ik-Tatak u.s.w. Möchte mir Antwort auf alles, was ich
fragen werde, zu teil werden, sofort! Denn ich bin Horus, das Kind des Mendes, denn ich
bin Isis, die Wissende. Was ich mit meinem Munde sage, das geschieht. Sieben Mal
(dies) zu sprechen. Nachdem Du ein neues Gefäß herbeigebracht hast, thue einen frischen Docht in dasselbe, der aus dem Tempel herrührt......laß den Knaben zwischen Deinen beiden Füßen stehen. Dann sage den oben niedergeschriebenen Spruch über den
Knaben her, wobei dein Auge auf den Spiegel seines Auges gerichtet sei (Brugsch o.J.,
S.50)."

An anderer Stelle (Kolumne XVII) wird ebenfalls bei einer Fixationsinduktion besonders
darauf hingewiesen, den Knaben zu veranlassen, die Fixation aufrecht zu erhalten "Laß
ihn nirgendwo anders hinblicken, nur allein auf die Lampe. (Griffith & Thompson, 1974,
S.117; unsere Übersetzung)."

Viel später, zur Zeit des "thierischen Magnetismus" oder "Mesmerismus", der von
Franz Anton Mesmer (1734-1815) begründet wurde, finden wir dann Tranceinduktionen, die wir heute nicht mehr verwenden, nämlich die sogenannten mesmerischen
'passes'. Darunter wurde das Bestreichen des Körpers des Patienten mit den Händen
des 'Magnetiseurs' verstanden. Nach Ansicht Mesmers gibt es analog zum minerali-
schen Magnetismus auch einen 'biologischen' oder wie er formulierte 'animalischen'
bzw. 'thierischen' Magnetismus. Mesmer zufolge waren alle Krankheiten bedingt
durch eine ungünstige Verteilung der magnetischen Energie im menschlichen Körper. Die Heilung mußte daher durch Neuverteilung der magnetischen Energie erfolgen. Diese Neuverteilung wurde vom Magnetiseur bewirkt, indem er mit den Händen
über den Körper des Kranken strich. Obwohl sich zu Mesmers Zeiten die Umvertei-
lung der magnetischen Energie in der Regel in sogenannten Krisen äußerte, bei denen
Zuckungen und Krämpfe des Körpers auftraten, zeigten sich auch 'ruhige' Krisen,
also Trancereaktionen wie wir sie heute kennen, die zuerst von einem Schüler Mesmers, dem Marquis de Puységur (1751-1825) als wesentlich beschrieben (Puységur,
1784) und auch von Gmelin (1787) beim Magnetisieren beobachtet wurden (siehe
Kasten VI/2).

KASTEN VI/2   *Tranceinduktion im Zeitalter des Mesmerismus: Zur Einleitung des mesmerischen Zustands (Vorbereitung), zur Behandlung wie zur evtl. notwendigen Beruhigung ('Calmiren') des Patienten wurde nahezu ausschließlich mit den Händen über den Körper des Patienten gestrichen.*

Abb. VI/2 Franz Anton Mesmer (1734-1815), Begründer der Lehre vom animalischen Magnetismus: Alle Krankheiten beruhen auf falscher Verteilung bzw. Stockung des körpereigenen Magnetismus, der durch den Magnetiseur über die Erzeugung von 'Krisen' neuverteilt wird.

(Bleibüste Mesmers von Xaver Messerschmidt (1770). Foto: Maria Plötzl-Malikova)

Mesmerische Induktion

Vorbereitung: "Um sich mit dem zu magnetisierenden Kranken, welchem man sich gerade gegenüber...befindet, in Übereinstimmung zu versetzen, muß man gleich anfangs die Hände auf die Schultern legen, sie der Länge des Armes nach bis zu den Fingerspitzen herunterführen, und den Daumen des Kranken einen Augenblick lang halten; wenn dieses zwei- bis dreimal wiederholt worden, so richte man Ströme vom Kopf bis zu den Füßen; alsdann suche man die Ursache und den Sitz der Krankheit und des Schmerzes auf (Mesmer, 1814, S. 180)."

Behandlung: "Bei Fehlern des Magens würde man mit den Fingerspitzen längst der Speiseröhre bis zur Herzgrube herabfahren, jene dagegen richten, und auf die andere oben angezeigte Weise darauf zu wirken suchen müssen; während die andere Hand auf den Rücken, der Herzgrube gegen über, oder auf den Scheitel gerichtet wäre. Sollte sich das Einwirken auch auf den übrigen Theil des Speisekanals erstrecken, so würde man von da mit den Fingerspitzen herunter fahren (Wienholt, 1802, S.88 ff, "Mein Verfahren bey der Anwendung des thierischen Magnetismus", § 6)."

Beruhigung: "Erfolgen während der Behandlung schmerzhafte und heftige Reaktionen..., so sucht man diese durch eine zweckmäßige Manipulation wieder zu calmiren,..(Kluge, 1815, S.354)."

"Das allgemeine Kalmiren geschehet auf die Art, daß der Magnetiseur mit seinen flachen Händen und den dabei etwas abwärts gerichteten Fingerspitzen mehrentheils in einer kleinen Entfernung vom Körper, vom Kopfe bis zu den Füßen hinabfährt, und dies mehrmals wiederholet (Wienholt, 1802, S.88 ff, "Mein Verfahren bey der Anwendung des thierischen Magnetismus", § 6)."

Eine eher unangenehme Art der Tranceinduktion, die von unseren Patienten sicherlich nicht akzeptiert würde, findet sich bei den Mayas, deren Hochkultur etwa die Zeit von 200-1000 n.Chr. im Gebiet des heutigen Mexico/Yucatan, Chiapas sowie Teilen von Guatemala und Honduras umfaßte und deren Nachfahren noch heute dort leben. Sie erzeugten Trance über Schmerzen, um den Zugang zu visionären Erfahrungen zu bekommen.

In vielen traditionellen Kulturen wurden und werden Drogen verwendet, um in Trance zu gelangen. Dies hat man auch in der Moderne versucht. Noch in der ersten Hälfte unseres Jahrhunderts wurde eine medikamentöse Unterstützung der Tranceinduktion empfohlen. So befürwortete Loewenfeld (1922) die Einnahme von einem viertel bis halbem Gramm Veronal (ein heute nicht mehr zugelassenes Schlafmittel), riet aber von der Verwendung von Äther und Chloroform ab. Heutzutage wird eher befürchtet, die Einnahme von Medikamenten wie Benzodiazepinen (z.B. Valium) oder Antidepressiva könnten die psychotherapeutische Tranceerfahrung behindern, was aber bei normaler Dosierung in der Regel nicht der Fall ist.

Abb. VI/3 (*Türsturz aus Yaxchilan, Chiapas, Mexico, Tempel 21, 770 n.Chr.*) Die Abbildung "zeigt Frau *Wak Tun*, eine der Gattinnen des Herrschers *Yaxun Balam*, in einem reich bestickten Huipil mit einem Korb in den Händen vor einer Visionsschlange kniend. Der geflochtene Korb enthält neben blutbefleckten Papierstreifen deutlich sichtbar einen Rochenstachel, wie er zur Durchbohrung von Körperteilen in der Selbstkasteiung verwendet wurde. Die Schnur, die sich Frau *Wak Tun* ...durch die Zunge zog, fällt nun über den rechten Arm herab...Das Haar ist nach hinten gekämmt und mit blutbefleckten Rindenpapierstreifen zusammengebunden...Offenbar hat Frau *Wak Tun* das Blutopfer gerade beendet, denn nun erscheint für sie eine Vision in Form einer höchst naturalistisch wirkenden Schlange mit weit aufgerissenem Maul, aus dem der Kopf eines Vorfahren herausblickt (Eggebrecht & Eggebrecht, 1992, S.410)."

Nachdem wir nur einige historische Möglichkeiten der Tranceinduktion skizzieren konnten (siehe dazu auch Edmonston, 1986; Jovanovich, 1988; Gauld, 1992), kommen wir nun zur Praxis der Tranceinduktion wie sie heute üblich ist. Nachdem wir unseren Patienten entsprechend vorbereitet, seine Haltung kontrolliert und auch selbst darauf vorbereitet sind, etwaige Störungen möglichst in die Tranceinhalte einzubauen, können wir mit der Induktion der Trance beginnen, wobei jede Trancesequenz in der Regel auf drei 'Pfeilern' ruht: 1. Einengung der Aufmerksamkeit über Fokussierung der Aufmerksamkeit auf äußere (z.B. auf einen Punkt, Farben, Töne) oder 'innere' Wahrnehmungen (Vorstellungen, Körperempfindungen,) und 2. Veränderung der Körperwahrnehmung (Entspannung oder positive Spannung (Stärke)). Nach (1) und (2), der eigentlichen Tranceinduktion, folgt dann 3. die Nutzung der Trance mit der Aktivierung des 'Erlebnisraumes', der mit entspannenden Vorstellungen (s. Kapitel 4), dem Wiedererleben positiver oder negativer Erfahrungen zu explorativen Zwecken bzw. Erarbeiten von Ressourcen oder therapeutisch relevanten emotionalen Erfahrungen 'gefüllt' wird.

Beim ersten Schritt der Tranceinduktion, also der Einengung der Aufmerksamkeit, ist der Patient angewiesen, auf etwas aufmerksam zu achten (z.B. auf eine Farbtafel, auf die Schwere des ausgestreckten Armes, das Empfinden von Leichtigkeit in den Händen etc.). Wegen der Begrenztheit unserer Aufmerksamkeitskapazität wird dabei durch die Suggestion, z.B. einen Punkt zu fixieren, der Aufmerksamkeitsfokus auf diesen Punkt zentriert, so daß keine bzw. nur wenig Aufmerksamkeit zur Wahrnehmung der Umwelt zu Verfügung steht; d.h. die Aufmerksamkeit ist eingeengt. Da zusätzlich häufig Wahrnehmungsänderungen suggeriert werden (Schwere, Farbveränderungen, unwillentliche Bewegungen etc.), überprüft der Patient permanent seine Wahrnehmungen auf die angekündigten Veränderungen, was die Zuwendung an Aufmerksamkeit weiter erhöht. Über eine offene bzw. indirekte Trancesprache (s. Kapitel 2-4) versucht der Therapeut einen Widerspruch zwischen von ihm vorgegebenen und den vom Patienten erlebten Inhalten zu verhindern.

6.1.2 Motorische Induktionen

Bei motorischen Tranceinduktionen wird die Aufmerksamkeit des Patienten auf die Bewegung von Körperteilen (Arm, Hand, Oberkörper) gelenkt. Die Bewegungen können suggestiv vom Therapeuten oder aber über innere Bilder des Patienten geleitet sein, die vom Therapeuten angesprochen werden. Vor der Induktion sollte der Therapeut die Ausgangshaltung demonstrieren - zur Demonstration ruhig auch mit geschlossenen Augen -, so daß dem Patienten in der für ihn ungewohnten Situation über das Therapeutenmodell eine gewisse Sicherheit vermittelt wird.

Anders als die imaginativen und Fixationsmethoden bieten die motorischen Tranceinduktionen den Vorteil, daß der Therapeut die Reaktionen des Patienten auf die vorgegebenen Suggestionen 'von außen' deutlicher verfolgen und daher auch 'treffsicherer' mit seinen Suggestionen begleiten kann. So lassen sich die Reaktionen auf die Suggestionen, den ausgestreckten Arm als schwer zu erleben, unmittelbar an der Armhaltung des Patienten ablesen. Ob aber die Suggestion befolgt wird, sich bei einem Sturm im Wald zu erleben, ist 'von außen' schwer zu beurteilen.

6.1.2.1 'Hände zusammen'

Der Patient wird zunächst gebeten, beide Arme und Hände horizontal vor den Oberkörper zu halten, wobei die Arme ausgestreckt sein und die Ellenbogen nicht am Rumpf anliegen sollten. Die Flächen der ausgestreckten Hände sollten sich in einem Abstand von etwa 40 cm einander gegenüber befinden. Mit geschlossenen Augen soll der Patient dann erleben, daß sich beide Hände 'unwillentlich' aufeinander zu bewegen, während er sich z.B. vorstellt, daß sich die Hände gegenseitig wie Magnete anziehen. Die Suggestion, daß die Hände sich aufeinander zu bewegen bzw. die begleitenden Vorstellungen führen zu kaum wahrnehmbaren Mikrobewegungen, die die Distanz zwischen den Armen und Händen mehr und mehr verringern. Üblicherweise verliert der Patient dabei nach einiger Zeit das Gefühl für die Position seiner Arme und ist dann erstaunt, wenn sich beide Hände berühren, was dann oft von einem Lächeln begleitet ist.

Wenn sich die Arme in der Höhe gegeneinander verschieben, kann es beim Zusammenführen der Hände dazu kommen, daß sie sich nicht berühren, weil der eine Arm unter dem anderen vorbeigeführt wird, die Arme sich also überkreuzen. In einem solchen Fall sollte der Patient aufgefordert werden, die Augen kurz zu öffnen und erst danach mit geschlossenen Augen die Arme sinken zu lassen. Da er das Gefühl für die Lage seiner Hände verloren hat, wird er sonst glauben, daß das Zusammenführen seiner Hände nicht erfolgreich war.

Diese Form der Induktion, die auch Teil amerikanischer Hypnosetests ist (Weitzenhoffer & Hilgard, 1959), ist für viele Patienten leicht nachzuvollziehen. Bei einer deutschen Stichprobe mit 374 Probanden fanden wir, daß das suggerierte Zusammenführen der Hände im Rahmen dieses Tests von 74 % der Versuchspersonen vollständig durchgeführt wurde (Bongartz, 1985). Falls das Zusammenführen der Hände zu lange dauert bzw. der Patient Zeichen der Ermüdung erkennen läßt, z.B. seine Arme sinken läßt, sollte man die Suggestionen zum Zusammenführen der Hände beenden, und die Arme des Patienten nach unten sinken lassen. Sobald die Arme dann bequem aufliegen, sollte der Therapeut die Ermüdung der Arme, die aufgrund des längeren Ausstreckens auftritt, ausnutzen und Entspannungssuggestionen für den ganzen Körper geben. Ein Beispiel für diese Induktionsform ist in Kasten VI/3 formuliert.

Einer unserer Seminarteilnehmer, Marco aus dem Tessin, führte diese Induktion bei einem einarmigen Patienten mit Phantomschmerzen im links amputierten Arm durch. Den nicht vorhandenen Phantomarm erlebte der Patient normalerweise als extrem verkrampft. Während der Induktion war es dem Patienten subjektiv nicht nur möglich zu erleben, wie *beide* Arme sich unwillentlich aufeinander zu bewegten ('von außen' sah man natürlich nur einen Arm), sondern nach Absinken der Arme auf die Beine auch eine tiefe Entspannung in *beiden* Armen zu erfahren und damit ein Nachlassen des Schmerzes im Phantomarm. Eine andere Möglichkeit, den Phantomschmerz zu verringern bestand darin, den Arm subjektiv zu verkleinern, indem er wie ein Teleskop eingezogen wurde bis er in der linken Schulter 'verschwand'.

KASTEN VI/3

Induktion: 'Hände zusammen'

"Ich werde Sie gleich bitten, Ihre Hände im Abstand von 40 cm vor Ihren Oberkörper zu halten und dabei die Augen zu schließen...genauso wie ich es Ihnen jetzt vormache... *(Therapeut demonstriert Arm- und Handhaltung mit geschlossenen Augen)*......bitte, nehmen auch Sie jetzt diese Haltung ein und schließen Sie die Augen......gut...und während Sie jetzt auf Ihre Hände achten, stellen Sie sich etwas vor, daß die Hände aufeinander zuzuziehen scheint...., daß eine Kraft Ihre Hände langsam aufeinander zu bewegt.......für manche ist es leicht, dies über die Vorstellung von zwei Magneten zu bewirken, die sich gegenseitig anziehen......... andere hingegen stellen sich vor, daß die Hände einer Person, die einem nahe steht, beide Hände aufeinander zuführt, wodurch sich die Hände deutlicher und deutlicher aufeinander zu bewegen...ohne daß dies willentlich geschieht....auch die Vorstellung, mit beiden Händen ein Gummiband auseinandergezogen zu haben, kann eine beginnende Bewegung der Hände zueinander erleben lassen.........oft ist es auch einfach, zwischen den Händen so etwas wie einen Energieball zu spüren, der sich durch die Kraft der eigenen Vorstellung verdichten läßt,..... dichter wird....wodurch die Hände mehr und mehr aufeinander zugezogen werden...näher und näher zueinander kommen.......deutlicher und deutlicher.......wobei der Energieball bei der Verdichtung klarere Konturen annimmt.... sich seine Kraft beim Kleinerwerden konzentriert...noch mehr.....noch deutlicher........einem Vorgang, dem die Hände folgen..... und dabei die Energie spüren, sie geradezu mit den Händen umfassen......und ich weiß nicht, welche Vorstellung Sie für sich verwenden....vielleicht eine ganz andere......jetzt einfach nur erleben, wie die Hände sich wie von alleine aufeinander zu bewegen....mehr.......noch mehr........noch deutlicher...... spüren wie etwas die Hände zusammenführt........ ....manchmal wird dabei eher erlebt wie die rechte Hand sich auf die linke zu bewegt....vielleicht gerade beim Ausatmen......manchmal ist es die linke, die sich auf die rechte zu bewegt........deutlich die Anziehung der Hände spüren....die sich ganz von alleine

> aufeinander zu bewegen.....noch mehr....noch deutlicher........aufeinander zu be-
> wegen....stärker jetzt..........und nun, da sich die Hände berührt haben, beide Hände
> langsam nach unten sinken lassen und bequem hinlegen, so daß sie sich völlig
> entspannen können......ruhig in Ihrem Tempo die Hände nach unten sinken lassen
> *(Zur Entspannungs- bzw. Stärkeinduktion weiter mit Texten aus Kapitel IV bzw.*
> *mit Kasten VI/10 oder VI/11)."*
>
> *Falls die Hände sich nicht aufeinander zu bewegen bzw. der Patient angestrengt*
> *wirkt:* "Vielleicht war es Ihnen möglich, eine Kraft, die beide Hände zusammen-
> führt, zu erfahren. Jetzt aber bitte beide Hände nach unten sinken lassen und dabei
> schon eine beginnende Entspannung in den Armen spüren *(weiter mit Entspan-*
> *nung; siehe dazu die Beispiele in Kapitel IV)."*

6.1.2.2 'Armsenken'

Bei dieser Tranceinduktion wird die Aufmerksamkeit des Patienten, der die Augen
geschlossen hat, auf den waagerecht ausgestreckten (linken oder rechten) Arm gelenkt, der mit der Zeit als immer schwerer erlebt werden und dann langsam nach unten sinken soll. Der Patient wird dabei angewiesen, die Absinkgeschwindigkeit in
Übereinstimmung mit der zunehmenden Erfahrung von Schwere selbst zu bestimmen, also nicht etwa gegen die Suggestion anzukämpfen. Diese Induktionsform ist
immer erfolgreich, denn der Arm kann natürlich nicht unbegrenzt ausgestreckt gehalten werden. Die Formulierung einer solchen Induktion - bezogen auf einen rational-skeptischen Patienten - finden Sie im vorherigen Kapitel in Kasten V/3. Wenn
der Arm aufliegt, kann dann die Entspannungsphase folgen (z.B. Kasten IV/3).

6.1.2.3 'Handlevitation'

Bei dieser Induktionsform, die häufig von Erickson verwendet wurde (Haley, 1967,
S.21), aber auch in eher klassisch orientierten Hypnosetests Verwendung finden
(Hilgard, 1965, S.102), liegt eine Hand zunächst fest auf einer Unterlage auf (z.B. auf
dem Oberschenkel), wird dann durch entsprechende Suggestionen von der Unterlage
'gelöst' und soll sich dann langsam auf entsprechende Suggestionen nach oben bewegen *(levitare,* lat. für anheben). Die Phase des Ablösens der Hand von der Unterlage
kann manchmal recht lange dauern. Wir stellen hier eine andere Version vor, die die
zeitaufwendige Ablösungsphase umgeht und beide Arme einbezieht. Dazu soll der
Patient die beiden angewinkelten Arme mit den Handflächen nach oben geöffnet so
halten, als würde er etwas mit den Händen abwiegen. Auch hier sollte der Therapeut
diese Haltung zuerst demonstrieren und dann den Patienten bitten, diese Haltung
einzunehmen.

KASTEN VI/4

Induktion: 'Handlevitation'

"Zur Einleitung der Hypnose bitte ich Sie gleich, auf Ihre Arme zu achten, die Sie bitte so halten wie ich es Ihnen jetzt vormache und wobei Sie, so wie ich es jetzt auch tue, bitte Ihre Augen schließen.......gut.......Und während Sie bitte auf beide Arme achten, versuchen Sie doch einmal nachzuspüren, ob Sie einen Arm als schwerer und einen als leichter wahrnehmen können.....spüren, welcher Arm der leichtere und welcher der schwerere ist........durch genaues, differenziertes Wahrnehmen erfahren, daß das, was zunächst gleich erscheint, sich doch unterscheidet.........und ich weiß nicht, ob schon jetzt erfahrbar ist, welcher Arm der leichtere sein wird, aber das genaue Hinspüren und Wahrnehmen wird Ihnen den leichteren Arm zeigen.....und ruhig jetzt den schwereren Arm noch schwerer erleben, so als läge darin ein schwere Kugel oder ein Stein, während der leichtere Arm im Vergleich dazu zunehmend leichter werden kann, so als würde er von einem Ballon schwebend nach oben getragen oder wie eine Feder vom Wind in die Höhe gehoben........deutlich nun den Unterschied spüren.........(*Der rechte Arm geht nun für den Therapeuten deutlich wahrnehmbar nach oben, der linke nach unten.*) ....der rechte Arm kann noch leichter werden, während der linke nun mehr und mehr nach unten sinkt, schwerer und schwerer wird........den Unterschied zwischen beiden Armen deutlich spüren......die Schwere des linken Armes und die Leichtheit des rechten.........ruhig die schwere linke Hand nun ganz nach unten sinken lassen bis sie aufliegt.........gut.........und nun auch die rechte Hand nach unten sinken lassen....nach unten sinken lassen bis auch sie aufliegt...... gut........beide Arme können sich nun noch unterschiedlich anfühlen und doch gemeinsam mehr und mehr an einer beginnenden Entspannung teilhaben (*weiter mit Entspannung; siehe dazu die Beispiele in Kapitel IV*)."

6.1.2.4 *'Schwingen'*

Sich über Bewegung in Trance zu versetzen ist eine sehr alte Methode und findet sich u.a. auch bei den Schamanen der Iban und Melanau in Nordborneo/Malaysia (Bongartz & Bongartz, 1987), wo der Schamane über Schaukeln oder Schwingen in Trance geht. Die Vorgehensweise, die wir in Kasten VI/5 beschreiben, ist eine angenehme Methode, um sich in eine Entspannungstrance hineinzuschwingen. Das Schwingen muß der Patient nicht wirklich durchführen, sondern kann es auch allein in seiner Vorstellung tun. Dabei erscheint uns das langsame Schwingen seitwärts, also von links nach rechts und zurück etc., am geeignetsten.

KASTEN VI/5

Induktion: 'Schwingen'

"Vielleicht haben Sie schon einmal einen Baum im Frühling gesehen, zum Bei-spiel eine Birke im frischen Grün, die von einem milden Wind sanft hin und her bewegt wird, und das geradezu genießt, wobei sie alle Zweige und Blätter einfach frei mitschwingen läßt, während sie unten, wo der Stamm im Boden verschwin-det, fest und unverrückbar in sich ruht. Und ein solches angenehmes Schwingen könnte etwa so aussehen, wie ich es Ihnen jetzt einmal mit geschlossenen Augen vormache... (*Therapeut schwingt mit geschlossenen Augen ruhig drei-, viermal hin und her.*)........und jetzt ruhig die Augen schließen und mit dem Schwingen beginnen...im eigenen Rhythmus...so als würden Sie wirklich nur von einem fri-schen, sanften Frühlingswind hin und her bewegt.....sich richtig einschwingen wie eine Birke an einem schönen Frühlingstag, die alle Zeit dieser Welt hat, dem na-türlichen Rhythmus des Windes nachzuspüren und in der eigenen Bewegung zu erfahren......sich wiegen lassen im Wind......wie ein Baum, der alle Zweige und Äste ganz frei in der Frische hin und her wiegen läßt...Sie lassen sich in der Fri-sche sanft hin und her bewegen.....Arme und Beine dabei ganz gelöst und frei empfinden......wobei sich früher oder später eine offene Gelassenheit einstellen kann....ein Loslassen........das geradezu in ein schwingendes Schweben überführen kann.....mehr und mehr sich dem richtigen Rhythmus überlassen,.........der natür-lich auch innerlich fortgesetzt werden kann, wobei die äußeren Bewegungen ruhig langsam nachlassen können......um mehr und mehr in ein inneres Schwingen überzugehen....und im Schwingen den Gegensatz zur Ruhe im unteren Rumpfbe-reich spüren.....in der Bewegung die Ruhe erfahren...eine Ruhe, die sich auch körperlich mitteilt.....in der Gelöstheit der Arme und Hände...in dem freien Ge-fühl in den Schultern und vielleicht auch in einer fließenden Ruhe, die gerade beim Ausatmen durch den gesamten Körper fließt....über den Magen, den Bek-kenraum in die Oberbeine hinein und weiter über die Waden bis in die Füße...mit dem Ausatmen durch den ganzen Körper fließen lassen.........eine strömende, ruhige Entspannung......(*Da die Entspannung schon angesprochen wurde, weiter mit einer Überleitung wie in Kasten VI/16 vorgeschlagen*)."

Trance durch Bewegung eignet sich aber auch für unruhige Patienten, die der Thera-peut mit der Bewegung bei ihrer Unruhe abholt und die zunächst starken Bewegun-gen dann allmählich in ruhigere Bewegungen überführt. Das kann von sehr starken Bewegungen, z.B. 'dem Fällen eines Baumes', bis zu ruhigen harmonischen Bewe-gungen beim 'Dirigieren' des langsamen Satzes einer Sinfonie (sei es nun vorgestell-ter oder echter Musik) reichen.

6.1.3 Fixationsinduktionen

Die Fixation eines Stiftes oder eines anderen Objektes ist *die* klassische Induktions-
methode, eine Induktionsform, die auch überwiegend die Darstellung von Hypnose in
den Medien bestimmt. Sie ist auch heute noch eine sehr gebräuchliche Methode zur
Einleitung der Trance, auch bei Selbsthypnose, und wird etwa bei den Hypnosetests
in der Forschung, aber auch oft in klinischen Untersuchungen verwendet. Mit dem
unverwandten Schauen auf einen Punkt ist für den Patienten auch eine körperliche
Unbeweglichkeit verknüpft, ohne daß dies vom Therapeuten explizit angesprochen
wird. Durch die Unbeweglichkeit im Blick- und Körperverhalten wird eine Aufmerk-
samkeitshaltung erzeugt, die die konzentrierte Umsetzung der Vorgaben des Therapeuten fördert. Der Aufforderung einen Punkt zu fixieren, folgen häufig Suggestionen visueller Phänomene (Nachbilder, unscharfes Sehen), die ohnehin von alleine
auftreten, später eventuell begleitet von Suggestionen, die die Augen betreffen
(Brennen, Tränenfluß, Müdigkeit und Schwere der Augenlider).

6.1.3.1 'Stiftfixation'

Dabei hält der Therapeut einen Stift im Abstand von etwa 60 cm vor die Augen des
Patienten, und zwar so, daß der Patient etwas nach oben schauen muß (noch höher ist
nicht notwendig, weil dies den Patienten nur unnötig anstrengen würde). Der Patient
wird angewiesen, die Spitze des Stiftes unverwandt zu fixieren (Kasten VI/6). Der
Therapeut sollte den Stift möglichst ruhig halten, damit der Patient keine Augenbewegungen machen muß, die die mit der Zeit auftretenden Nachbilder unterbrechen
würden. Natürlich sollten die Augen des Patienten beobachtet werden, um zu erkennen, ab wann es für den Patienten beginnt, unangenehm zu werden, d.h. ab wann er
mit den Augenlidern blinkt oder gar die Augen feucht werden. Spätestens dann sollte
der Patient angewiesen werden, die Augen zu schließen. Falls es bei einem Patienten
länger dauert, kann die Zeit bis dahin mit Wiederholungen von Entspannungssuggestionen überbrückt werden.

Man findet manchmal den Rat, daß der Therapeut auf den 'Augenglanz' achten
solle, was anzeigen würde, daß die Augen brennen und dazu auch die entsprechende
direkte Suggestion zu geben "Jetzt beginnen Ihre Augen zu brennen...die Augen
brennen." Oder auch, die Dilatation der Pupillen des Patienten sei der richtige Zeitpunkt, die direkte Suggestion "Nun sehen Sie die Spitze des Stifts unscharf." zu geben. Denn dadurch bekäme der Patient den Eindruck, das tatsächlich aufgetretene
unscharfe Sehen, welches dem Therapeuten durch die Pupillendilatation angezeigt
wurde, sei durch die therapeutische Suggestion bewirkt worden. Wir verzichten auf
dieses Vorgehen, weil zum einen 'Augenglanz' und Pupillendilatation einfach schwer
zu erkennen sind und zum anderen, weil die Induktion für uns nicht die Funktion hat,
dem Patienten unsere 'Macht' zu demonstrieren, sondern nur seine Aufmerksamkeit

einengen soll. Das Beispiel in Kasten VI/6 ist ziemlich direkt formuliert, könnte aber natürlich auch offener formuliert werden.

KASTEN VI/6

Induktion: 'Stiftfixation'

"Schauen Sie nun bitte auf die Spitze des Stiftes...bewegen Sie jetzt Ihre Augen nicht mehr....weiter unverwandt auf den Stift schauen...den Stift fixieren...so ist es gut...und während Sie meine Stimme hören und dabei weiter den Stift fixieren, werde ich Ihnen Suggestionen zur Beruhigung und Entspannung geben, die Ihnen eine körperliche Gelöstheit und Ruhe vermitteln werden....unbewegt den Stift anschauen und jetzt auch einmal die Unbeweglichkeit des gesamten Körpers wahrnehmen... Ihre Füße und Waden sind völlig ruhig...und das Gefühl einer entspannten Ruhe kann jetzt auch hochziehen in die Oberbeine..., um dann über den Beckenraum auch den Magen zu erreichen...Sie schauen weiterhin unverwandt auf den Stift und spüren schon eine beginnende Entspannung...ein Loslassen der gesamten Muskulatur...jetzt auch in den Schultern...und Ihre Augen sind fest auf den Stift gerichtet und werden gleich oder später den Stift unscharf sehen...wobei die Atmung jetzt auch schon ruhiger werden kann...ruhiger werden...und beim Ausatmen kann sich schon jetzt eine beginnende Gelöstheit in den Schultern bemerkbar machen... richtig...beim Ausatmen einfach die Schultern noch mehr fallen lassen...und weiter auf die Spitze des Stiftes schauen...während jetzt schon Arme und Hände schwer werden........schwer und entspannt...und die Atmung ruhiger fließt... vielleicht ist jetzt schon ein Brennen der Augen spürbar....oder die Augen beginnen feucht zu werden, während sich sogar die Spitze, auf die Sie unentwegt schauen, nun auch farblich verändern wird.....und mit dem Brennen der Augen wird jetzt möglicherweise eine Müdigkeit in den Augenlidern auftreten, die Augenlider werden schwerer und schwerer... müde und schwer... und es ist dann ganz natürlich, die Augenlider sich schließen zu lassen...die Augenlider schließen...der Schwere und Müdigkeit der Augenlider zu folgen und die Augenlider schließen,... folgen Sie jetzt mit Ihren Augen dem Stift, den ich jetzt absenke (*Stift nach unten sinken lassen*) und schließen Sie dabei die Augen... gut... und vielleicht brennen die Augen jetzt noch ein wenig... und es sind noch Nachbilder zu sehen, die gleich nachlassen... um nun mit geschlossenen Augen deutlich zu spüren, wie ruhig die Atmung geworden ist und zu erleben, wie gelöst und entspannt Oberkörper und Beine geworden sind... und Sie können sich noch weiter entspannen... viel mehr... noch gelöster und entspannter werden (*weiter mit Entspannung; siehe dazu die Beispiele in Kapitel 4*)."

6.1.3.2 'Farbenkontrastmethode'

Die Farbenkontrastmethode, die besonders das Erleben von Nachbildern betont, wurde zuerst von Levy-Suhl (1908) beschrieben und ist mit der Stiftfixationsmethode vergleichbar. Anstelle eines Stiftes benötigt man eine weiße Karte auf der sich sowohl ein gelbes wie ein blaues Rechteck befinden (Komplementärfarben), die durch einen kleinen Spalt voneinander getrennt sind (andere Komplementärfarben wären etwa rot-grün). Man läßt den Patienten die Farbtafel selbst in die Hand nehmen und bittet ihn, sie ein wenig höher als in der bequemen Augenhöhe zu halten und die Farbrechtecke zu fixieren, so daß er die Ränder scharf sehen kann. Da der Patient die Farbkarte während der Induktion ausgestreckt vor sich hält, wird der Arm nach dem Absinken eine gewisse Ermüdung spüren, die dann für die Überleitung zu einer körperlichen Entspannung verwendet werden kann. Als Therapeut sollte man darauf achten, die Farbkarte nach Niedersinken des Armes des Patienten an sich zu nehmen, so daß der Patient seine Hand völlig lösen und entspannen kann.

KASTEN VI/7

Induktion: 'Farbenkontrastmethode'

"Bitte die Farbkarte mit dem ausgestreckten rechten Arm vor die Augen halten...ja, ruhig noch ein bißchen höher.......so ist es gut und während Sie meine Stimme hören, sehen Sie bitte fest auf die beiden Farbrechtecke. Sie sehen auf der einen Seite das blaue Rechteck und auf der anderen Seite das gelbe Rechteck und während Sie Ihren Blick fixiert halten, auf diese Farbrechtecke, lassen Sie erst einmal Ihre Atmung etwas ruhiger werden.....ruhiger und vielleicht auch ein wenig tiefer atmen...und weiter unentwegt auf die Karte schauen...und den Blick nicht mehr verändern....unverwandt auf dem Punkt mit Ihrem Blick verharren, auf den Sie jetzt schauen...und vielleicht beginnen Sie schon Veränderungen wahrzunehmen....sei es im Spalt zwischen den Rechtecken oder an den Rändern der Rechtecke......Veränderungen wahrnehmen, ohne aber den Blick zu verändern......und vielleicht werden Sie zunächst feststellen, daß die Grenzen mehr und mehr verschwimmen und mehr und mehr unscharf werden. Die Grenzen werden immer unschärfer und es ist möglich, daß Sie feststellen werden, daß besonders der schmale Streifen zwischen den beiden Farbrechtecken unschärfer und verschwommener wird........ immer unschärfer und verschwommener und obwohl die Grenzen immer undeutlicher werden, ist es gut, wenn Sie trotzdem unverwandt auf die Karte sehen und es kann passieren, daß Sie feststellen werden, daß sich die Farben umkehren, mehr und mehr. Wo zunächst blau war, ist jetzt gelb, und wo gelb war, nun blau, was gerade an den Rändern der Rechtecke deutlich werden kann, wo dann das gelbe Rechteck von einem hellblauen Schatten umgeben sein kann, und die Ränder des blauen von gelben Rändern. Und es kann sein, daß die

Farben sich mehr und mehr verkehren, unschärfer und undeutlicher werder. Blau und gelb können eine neue Farbe ergeben und besonders in der Mitte in dem schmalen Streifen können Veränderungen wahrgenommen werden. Und ich weiß nicht, welche Veränderungen Ihnen jetzt besonders auffallen......ruhig diesen Veränderungen nachgehen......Und während Sie weiterhin auf das achten, was sich beim Betrachten der Farben alles einstellt und verändert, werden Ihre Augen immer schwerer und schwerer, und mit der Zeit wird es wegen der Schwere angenehm sein, wenn Sie Ihre Augen einfach schließen ....die Augen jetzt schließen....und ruhig weiterhin geschlossen halten.... und vor den geschlossenen Augen werden Sie jetzt immer noch die Farben sehen, die Farben oder die Formationen der Farbtafeln, die sich nun vielleicht verändern, an Kraft verlieren werden, um dann nach einiger Zeit zu verblassen.........Und mit der Schwere der Augenlider kann jetzt auch die Schwere bemerkt werden, die sich in Ihrem Arm eingestellt hat und Sie können den Arm langsam senken und dabei deutlich die Schwere des Armes spüren, während sie ihn langsam nach unten sinken lassen...langsam den Arm nach unten sinken lassen... nach unten sinken lassen....und ich werde dann gleich die Karte an mich nehmen, wenn Ihr Arm aufliegt, damit Sie Ihren Arm auch richtig lösen und entspannen können (*weiter mit Entspannung; siehe dazu die Beispiele in Kapitel 4*)."

6.1.3.3 'Faszinationsmethode'

Bei der Faszinationsmethode fixiert der Patient ein Auge des Therapeuten und der Therapeut ein Auge des Patienten. Es kann auch ein Punkt zwischen den Augen gewählt werden. Mit der Zeit kommt es dann zu Wahrnehmungsverzerrungen beim Patienten (und natürlich auch beim Therapeuten), die besonders deutlich sind, wenn eine Hälfte des Gesichts des Therapeuten heller beleuchtet ist als die andere. Das Gesicht des Therapeuten kann sich völlig verändern, z.B. die Konturen des Gesichts einer anderen Person oder auch eines Tieres annehmen. Ein Auge kann viel größer erscheinen als das andere oder das verzerrte Gesicht wird wie bei einem unentwickelten Film im 'Negativ' gesehen etc. Aber auch die Wahrnehmung der Umgebung kann verändert sein; das gesamte Gesichtsfeld kann unscharf werden, 'Nebel scheint aufzutreten, die Gegenstände im Raum verschieben sich. Derartige Änderungen treten aber nur auf, wenn der Patient für einige Zeit die Augen *nicht* bewegt. Um diese Zeit zu überbrücken, demonstrieren wir dem Patienten anhand von Wahrnehmungsbeispielen, daß er nicht *alles* wahrnehmen kann, sondern immer nur einen *Teil*, wodurch wir ebenfalls seine Aufmerksamkeit einengen (Kasten VI/8). Die Wahrnehmungsänderungen beim Patienten wird der Therapeut erst dann ansprechen, wenn er sie auch bei sich selbst feststellt; denn die retinalen Prozesse, die die Grundlage für die Nachbilder und Verzerrungen sind, werden bei Therapeut und Patient ähnlich ablaufen. Daher ist es wichtig, daß der Therapeut sein Blickverhalten dem des Patienten angleicht. Wenn also der Patient blinzelt, sollte es auch der Therapeut tun, um vergleichbare retinale Bedingungen zu schaffen.

Nicht nur in neueren (Kossak, 1989), sondern auch in Hypnoselehrbüchern, die der klassischen Methode (Langen, 1972) verpflichtet sind, gilt die Faszinationsmethode als verpönt. Wir sind da anderer Auffassung. Die Faszinationsmethode ist eine sehr wirksame Hypnoseeinleitung und *die* Induktionsform, bei der auch Patienten, deren Auffassung von Hypnose auf Vorstellungen von Bühnenhypnose beruht, oder bei denen andere Induktionsformen nur mäßig erfolgreich waren, im Nachgespräch sagen: "Ja, das war Hypnose." Anders als in der frühen klassischen Anwendung verwenden wir die Faszinationsmethode *nicht* als eine Hypnoseeinleitung, mit der wir unsere Macht als Hypnotiseure demonstrieren wollen - wie der Induktionstext in Kasten VI/8 belegt -, sondern als eine Induktionsform zur wirksamen Abkopplung von der üblichen Realitätsorientierung hin zu einer Fokussierung auf 'innere' Prozesse. Zu diesem Verständnis gehört natürlich auch, daß wir ein eventuelles Unbehagen, das der Patient bei dieser Methode verspüren sollte, berücksichtigen. Wenn der Therapeut bemerkt, daß der Patient die Augen nicht ruhig auf die des Therapeuten richten kann, immer wieder wegguckt oder andere nonverbale Anzeichen für das erwähnte Unbehagen in Mimik oder Körperhaltung vorliegen, wird er ihn nicht auffordern, nun endlich unverwandt in die Augen des Therapeuten zu schauen. Statt dessen wird man als Therapeut eine andere Methode wählen oder die Augen des Patienten etwas anderes fixieren lassen ("Und Sie brauchen Ihre Augen nicht auf meine zu richten, sondern können sich, wenn Sie möchten selbst einen Punkt an der Wand aussuchen, auf den Sie Ihre Aufmerksamkeit richten (*Fortsetzung mit Fixationsinduktion ähnlich wie bei der Stiftfixation*)...oder auch gleich die Augen schließen (*Fortsetzung mit imaginativer Induktion*)."

Wenn man als Therapeut dazu neigt, bei der Fixation schnell feuchte oder brennende Augen zu bekommen, sollte man diese Form der Hypnoseeinleitung nicht verwenden, da es für den Patienten vermutlich befremdend wäre, einen Therapeuten mit Tränen in den Augen vor sich zu sehen. Überdies gilt - wie für alle anderen Induktionsformen auch -, daß man sich als Therapeut mit der Form der Induktion wohl fühlen sollte, um auch authentisch zu wirken.

KASTEN VI/8: *Bei der Faszinationsmethode fixiert der Patient ein Auge des Therapeuten bzw. einen Punkt zwischen den Augen, während der Therapeut die Aufmerksamkeit des Patienten auf die Tatsache lenkt, daß nicht alles, sondern immer nur ein Teil wahrgenommen werden kann. Die Faszinationsmethode, die insbesondere Wahrnehmungsverzerrungen im Gesichtsfeld betont, läßt sich aber auch mit der Konfusionsmethode (s. Kasten VI/13) kombinieren.*

Induktion: 'Faszinationsmethode'

"Gut, machen Sie ruhig das weiter, was Sie sowieso schon tun, nämlich in eines meiner Augen zu schauen und schauen Sie im folgenden unverwandt weiter auf mein Auge, fixieren Sie Ihren Blick und lassen Sie dabei die Augen weiterhin geöffnet, ohne sie zu bewegen. Und während Sie bitte weiter auf mein Auge schauen, möchte ich über etwas scheinbar Triviales sprechen, was wir aber im Alltag leicht vergessen; nämlich daß wir immer glauben, wir würden alles wahrnehmen und doch nehmen wir immer nur einen Teil unserer Umwelt wahr. So haben Sie, während Sie mir in die Augen sehen, sicher nicht darauf geachtet, ob Ihre Füße schwer oder leicht auf dem Boden stehen...."

Körperwahrnehmung: "Und während Sie weiterhin mein Auge fixieren, ist auch Ihr Körper ganz hier, obwohl Sie nicht alles wahrnehmen, was in ihm vorgeht.....und Sie verspüren den Teil des Körpers nicht, auch wenn Sie wollten, auf den ich gleich Ihre Aufmerksamkeit richte. Wenn Sie jetzt Ihre Aufmerksamkeit auf Ihre Knie lenken.. ...haben Sie das Gewicht Ihrer Hände vergessen, es ist nicht bewußt vorhanden gewesen, obwohl es an Ihren Händen doch so deutliche Empfindungen von Druck, Berührung und Temperatur gibt.....und dabei haben Sie einen anderen Teil Ihrer Erfahrungswelt nicht beachtet, nämlich die Empfindungen an Ihrem Rücken, der auf der Liege liegt...und es ist sehr leicht, sich jetzt des Druckes und auch der Lage des Rückens bewußt zu sein. *(weitere Bespiele für Arme, Magen, Gewicht der Wangen, Zunge,.....).*

Wahrnehmungsebenen beim Fixieren: "Während Sie nun die ganze Zeit auf mein Auge geschaut haben, haben Sie auf etwas nicht geachtet, was die ganze Zeit in Ihrem Gesichtsfeld vorhanden war und ist....Sie haben nicht auf das Aufmerksamkeitsfeld hinter meinem Kopf geachtet, dessen Grenzen Sie jetzt ohne die Augen zu bewegen, sozusagen mit dem inneren Auge nachfahren können, um wahrzunehmen, wieviel Raum es hinter mir noch gibt, der auch ein Teil des wahrnehmbaren Ganzen ist."

'Faszinationsmethode'

Veränderungen im Gesicht beschreiben, sofern der Therapeut derartige Veränderungen im Gesicht des Patienten sieht: "Mein Gesicht beginnt sich nun zu verändern, es gibt hellere und dunklere Bereiche; Veränderungen, die deutlicher werden, etwa am Haaransatz oder über den Augenbrauen.....und nun noch deutlicher auf der linken *(rechten)* Gesichtshälfte *(je nachdem, welche weniger beleuchtet ist)*........und vielleicht sieht mein Gesicht auch nicht mehr so aus wie ich, sondern wie das Gesicht von jemand anderem, den Sie kennen....oder nicht kennen, der jünger ist als ich oder älter...und die Gesichtskonturen können verschwinden...andere schärfer werden....gegen den Nebel der Veränderungen, der Veränderungen, die immer mehr zunehmen."

Geräusche im Raum: Und Sie werden bemerkt haben, daß wir immer nur Teile und nie das Ganze wahrnehmen können...so wie Sie das Geräusch der Heizung *(oder welches Geräusch immer vorhanden ist)* nicht wahrgenommen haben, obwohl es die ganze Zeit da war, und Zugang zu Ihrem Bewußtsein hätte haben können. Und gibt es nicht auch Teile unserer Persönlichkeit....die wir lange Zeit nicht wahrgenommen haben, die aber - so wie etwa Ihre Füße - jetzt und hier vorhanden sind und wahrnehmbar wären; Teile, auf die wir lange nicht geachtet haben und die doch zum Ganzen unserer Persönlichkeit gehören...und einen Einfluß auf unser ganzes Erleben und Verhalten ausüben....und vielleicht wäre es gut, auch in Kontakt mit diesen Teilen zu treten, was so leicht sein kann, wenn man sich Zeit nimmt, sich auf wichtige Teile des Ganzen hinführen zu lassen, sich solchen Teilen des Ganzen zu nähern....*(weiter z.B. mit indirekter Altersregression in Kasten VII/7).*"

6.1.4 Imaginative Induktionen

Jeder von uns kennt die verminderte Realitätsorientierung bei Tagträumen und ähnlichen Erfahrungen wie dem Gefesseltsein von der Lektüre eines Buches, bei denen wir so von inneren Vorstellungen und begleitendem Erleben absorbiert sind, daß wir die Umwelt nur reduziert wahrnehmen; so, als würden wir uns in einer von der Umwelt getrennten inneren Realität aufhalten, was manchmal auch in den Bemerkungen von Beobachtern zum Ausdruck kommt; wenn etwa ein Freund sagt: "Du bist wohl im Moment nicht so ganz da." Einen solchen natürlichen Trancezustand kann der Therapeut durch die Vorgabe von zu imaginierenden Inhalten erreichen, ohne daß eine formale Tranceinduktion über die Aufmerksamkeitseinengung mittels motorischer oder Fixationsinduktion stattfinden muß. Bei diesem Vorgehen beginnen wir also - ähnlich wie bei "guided imagery" oder "Phantasiereisen" - gleich mit dem Füllen des 'Vorstellungsraums', wodurch sich auch die Richtung der Aufmerksamkeit ändert, weg von der Orientierung auf die Umgebung und hin zu innerem Erleben. Bei Patienten, die sich schon länger in einer Hypnosebehandlung befinden, wird der Therapeut nach den formalen Hypnoseinduktionen der Anfangszeit zur imaginativen Tranceinduktion übergehen und in den Behandlungssitzungen die Trancesequenzen gleich mit imaginativen Szenen, z.B. therapeutisch relevanten Inhalten, beginnen. Das muß aber nicht sein: Manche Patienten wollen das 'Ritual' der formalen Tranceinduktion nicht entbehren ("Es ist doch was anderes als sich einfach etwas vorzustellen."), andere können ihre übliche innere Unruhe erst nach einer geeigneter Tranceinduktion ablegen, manchmal will der Therapeut auch durch eine formale Induktion die Wichtigkeit der folgenden Intervention betonen etc.

6.1.4.1 'Körpervorstellungen'

Eine sehr einfache imaginative Tranceinduktion ist das bildhafte Erleben des eigenen Körpers, eine Methode, die auf den amerikanischen Psychiater Weitzman zurückgeht, der sie als Entspannungsmethode verwendete. Dabei stellt der Therapeut Fragen wie "Können Sie sich den Abstand von den Ellenbogen bis zu den Fingerspitzen der beiden Arme vorstellen?", wobei der Patient sich diesen Abstand vorstellen soll, und über die Beantwortung dieser Fragen durch entsprechende Vorstellungen sich mehr und mehr nach 'innen' orientiert. Die in Kasten VI/9 beschriebene Induktion ist eine von uns etwas umformulierte Adaptation der Weitzmanschen Methode, die nicht in der vorgegebenen Länge verwendet werden muß; meistens reichen einige Elemente aus den angegebenen Bereichen (Kopf, Oberkörper etc.). Diese Induktion ähnelt der "Reise durch den Körper" bei der Arbeit mit der Progressiven Muskelrelaxation (Jacobson, 1938), bei der die zuvor tatsächlich vorgenommene An- und Entspannung der einzelnen Muskelpartien nun in der Vorstellung durchzuführen sind.

KASTEN VI/9

Induktion: 'Körpervorstellungen'

"Manchmal ist es ganz gut sich ein wenig nach innen zu orientieren und den Körper so zu beeinflussen, daß er sich entspannt. Das kann ganz einfach geschehen, indem Sie einmal nachschauen, ob Sie das, was ich Ihnen über einige Fragen vorschlage, auch erleben können. Wie man weiß, sind Vorstellungen leichter mit geschlossenen Augen zu erleben, und es ist daher ganz gut, einmal die Augen zu schließen. Ja, schließen Sie bitte jetzt Ihre Augen. Und wenn ich Sie gleich fragen würde, ob Sie sich die Form Ihres Hinterkopfes vorstellen können und ich danach eine kurze Pause mache, sollten Sie einfach diese Vorstellung bilden; Sie brauchen

'Körpervorstellungen'

mir nicht darauf zu antworten."

Kopf: "Können Sie sich den Abstand zwischen Ihren Ohren vorstellen;....und den zwischen Ihren Augen....; sich jetzt bitte die Lage Ihrer Zunge im Mund bewußt sein....Und wie weit ist die Nasenspitze vom Kinn entfernt?... Können Sie sich auch den Abstand zwischen Nasenspitze und Hinterkopf vorstellen?...Und ist es Ihnen möglich, beim Einatmen zu empfinden, wie tief die Atmung gespürt wird und wieviel Raum der Atem in Ihnen einnimmt...; *(beim nächsten Einatmen)* und wie hoch die Atmung beim Einatmen gespürt werden kann? Ob nur bis zum Mund oder sogar auch bis hinter die Augen und höher...?"

Arme und Hände: "Ist es Ihnen möglich herauszufinden, ob ein Arm schwerer ist als der andere?... Und können Sie dabei auch empfinden, wie lang beide Arme von den Schultern bis zum Ellenbogen sind,.....und dann vom Ellenbogen bis zu den Händen?...Gibt es einen Temperaturunterschied zwischen beiden Händen oder sind sie gleich warm oder kühl?"

Oberkörper/Rumpf: "Können Sie sich jetzt einmal der Breite Ihrer Schultern be-wußt werden und spüren, wieviel Platz auf ihnen ist und wieviel Last sie tragen können?... Um dann nachzuschauen, wie frei Sie jetzt atmen können...Und das ru-hig noch einmal... Können Sie nun den Druck spüren, mit dem Sie auf der Liege liegen....und dann sich Ihres ganzen Oberkörpers bis runter zu den Beinen bewußt sein...und sich dann Ihres Kopfes sowie der Arme und Hände bewußt sein... und dann das Gewicht spüren, mit dem Sie hier liegen?... Ist es Ihnen auch möglich, sich die Körperfläche zu vergegenwärtigen, die im Rücken auf der Liege liegt und sich dabei auch des Druckes in Ihrem Rücken bewußt zu sein?"

Beine: "Wie nahe stehen Ihre Knie zueinander?...Und wie stehen die Füße zuein-ander?... Können Sie sich die Lage von Knien und Füßen zueinander vergegenwär-tigen...; und auch den Druck, mit dem die Füße auf dem Boden stehen?....Wie ist der Abstand zwischen Ihren Knien und dem Fußboden?...Und ist es Ihnen nun möglich sozusagen von innen her, angefangen vom Kopf, einmal durch den ganzen Körper zu gehen und sich dabei der Lage der einzelnen Körperteile und -glieder bewußt zu sein...?.......Und jetzt, da es Ihnen so gut gelungen ist, Ihren Körper gut zu erleben und zu spüren, läßt sich eine beginnende Gelöstheit.......vielleicht noch vertieft erfahren.....*(weiter mit Entspannung; siehe dazu die Beispiele in Kapitel 4).*"

6.1.4.2 'Fäuste ballen (Stärke)'

Bei dieser Induktionsform geht es wie bei der vorherigen um die Lenkung der Aufmerksamkeit auf den Körper, zunächst allerdings nur auf einen Teil, nämlich die Fäuste. Dabei soll sich der Patient mit geschlossenen Augen die Fäuste vorstellen, nun aber nicht mit dem Ziel, eine Entspannung zu erreichen, sondern um ein Gefühl von Stärke und Souveränität zu entwickeln. Dabei ist es nicht notwendig, daß die Hände stark angespannt sind; sie sollten eher entspannt sein. Die Induktion kann natürlich im Liegen, aber auch im Sitzen erfolgen, wobei der Patient mit aufrechter, gerader Wirbelsäule und mit dem Rücken angelehnt sitzen sollte. Die Fäuste liegen entspannt auf den Oberschenkeln. Bei der Formulierung sollte die Stimme des Therapeuten die Inhalte der Induktion unterstreichen und eine ruhige Festigkeit und Entschlossenheit vermitteln, aber natürlich keinen Kommandoton bekommen. Induktionen dieser Art können eingesetzt werden, wenn es bei der therapeutischen Intervention um Gefühle wie Selbstvertrauen, Selbstsicherheit oder auch Aggression geht, etwa um in sozialen Situationen Grenzen setzen zu können und nicht wie üblich zurück zu weichen oder sich zu unterwerfen. Eine Stärkeinduktion kann auch die geeignete Einleitung einer Trance sein, wenn der Therapeut eine Intervention plant, die dem Patienten vermutlich unangenehm ist.

KASTEN VI/10:

Induktion: 'Fäuste ballen (Stärke)'

"Setzen Sie sich bitte aufrecht hin, machen Sie mit beiden Händen eine Faust und legen Sie beide Fäuste auf die Oberschenkel, so wie ich es jetzt auch mache. Die Fäuste sollten nicht angespannt sein, sondern entspannt aufliegen......so ist es gut.......und nun bitte mit geschlossenen Augen sich beider Fäuste bewußt werden, spüren mit welchem Druck die Hände auf den Beinen liegen.....und vielleicht gelingt es auch, den Raum in den Fäusten zu spüren, wieviel Platz in ihnen ist.....beim Einatmen nun so etwas wie eine Festigkeit und Bestimmtheit in die Fäuste hineinatmen......(*Stimme des Therapeuten sollte ab hier auch fester und bestimmter werden.*)....eine Festigkeit und Bestimmtheit jetzt mehr und mehr in beiden Fäusten spüren...richtig erleben, wie beide Fäuste damit angefüllt sind...bei jedem Einatmen mehr....und beim Einatmen auch spüren wie der Atem eine Kraft und Stärke in die Fäuste transportiert..., wobei schon allein das Einatmen eine Kraft erleben läßt....über die Atmung Kraft und Festigkeit in die Hände transportieren....spüren wie sich dort geradezu ein Gefühl von Bestimmtheit und Ent-schlossenheit einstellt... Entschlossenheit und Bestimmtheit, die sich mit jedem Atemzug verstärkt.......eine Festigkeit, die mit jedem Atemzug an Intensität gewinnt...wobei das Gefühl in den Fäusten deutlicher wird...glasklare Kon-

---

'Fäuste ballen (Stärke)'

turen gewinnt......und dieses Empfinden aus den Fäusten jetzt hochatmen in die
Unterarme hinein...und erleben wie die Kraft und Festigkeit auch in den Unter-
armen erlebbar ist...und nun weiter hochgeatmet wird bis zu den Schultern.... eine
Festigkeit und Stärke in beiden Armen....die Kraft und Stärke nun auch in den
Schultern verspüren, die beide Arme miteinander verbinden...und sich dabei nun
auch der Wirbelsäule bewußt sein, die gerade und aufrecht den ganzen Rücken
hält...und die Festigkeit und Kraft im ganzen Rücken spüren und sich dabei der
aufrechten Wirbelsäule bewußt sein......die das Rückgrat nun auch für ein umfas-
senderes Erleben der Kraft und Festigkeit bildet...beim Einatmen die Empfindung
von Bestimmtheit und Entschlossenheit auch den Oberkörper ausfüllen lassen...
und sich gerade beim Einatmen des Raumes der Lungen bewußt zu sein, führt
dann auch dazu im ganzen Oberkörper diese Bestimmtheit und Kraft zu fühlen,
die sich beim Ausatmen dann auch über den Beckenraum in die Oberbeine, in die
Waden hinein bis in die Füße verfolgen läßt.....und nun beim Einatmen im Kopf
eine Frische zu verspüren, läßt dann auch zur Kraft und Bestimmtheit ein Gefühl
von Souveränität erleben....eine souveräne innere ruhige Kraft....und diese souveräne kraftvolle Ruhe im ganzen Körper spüren......sich dabei seiner selbst bewußt
sein...die Erfahrung von Souveränität auch als eine kraftvolle und ruhige Gelassenheit erleben...ein beginnendes kraftvolles In-sich-Ruhen.....eine feste uner-
schütterliche Gelassenheit....spüren, wie eine ruhige, gelassene Kraft durch den
Körper fließt und strömt, die auch etwas Lebendiges hat...ein lebendiges Strömen
von Kraft und gelassener Ruhe...

Und die Erfahrung von Festigkeit, Entschlossenheit oder Bestimmtheit ist wie ein
festes Fundament, von dem aus Sie auch auf schwierige und unangenehme Situationen entschlossen zugehen werden und wissen: "Ja, ich habe in mir die Kraft
und Fähigkeit, mein Leben nach meinen Wünschen zu gestalten und mich zu
verteidigen und abgrenzen zu können. Ich werde mir darüber klarwerden, was ich
wirklich möchte und kann auf meine Kraft vertrauen, diese Ziele zu erreichen."

6.1.4.3 'Sturm (Stärke)'

Wie bei der vorhergehenden Induktion soll mit dieser imaginativen Tranceinduktion
auch wieder ein Gefühl von Stärke vermittelt werden. Der Text in Kasten VI/11
zeigt, daß hier die Formulierungen offen und indirekt im Gegensatz zur 'Fäuste'-
Induktion sind, die oft direkte Suggestionen enthielt. Je nach Patient kann man sich
für eine der beiden Stärkeinduktionen entscheiden.

KASTEN VI/11

Induktion: 'Sturm (Stärke)'

"Über innere Bilder können wir einen Einfluß auf uns ausüben, nicht nur auf seeli-sches Erleben, sondern sogar auf körperliche Prozesse....und mit geschlossenen Augen werden innere Bilder in der Regel lebendiger wahrgenommen...und deswe-gen bitte ich Sie, jetzt auch Ihre Augen zu schließen.....und das Folgende einfach auf sich wirken zu lassen.....zum Beispiel das Bild von einem stürmischen Meer. Obwohl ein rauhes, stürmisches Meer eigentlich wenig einladend für einen Spa-ziergang scheint, ist doch ein Aufenthalt in einer solchen Umgebung für viele eine Möglichkeit, sich im unmittelbaren Kontakt mit der rauhen Natur wieder einmal richtig selbst zu spüren.....Und diese Rauheit zu erleben heißt, einmal wirklich dem Sturm zuzuhören, der brüllend, heulend und oft mit einem Pfeifen über das Meer hinwegfegt und dabei die Wellen vor sich hertreibt,......und über diese star-ken Geräusche kann dann die Weite erahnt werden, aus deren Tiefe der Sturm seinen Anlauf nimmt, um mit unbändiger Kraft über die riesige Fläche des Meeres zu fegen....Die Stärke, die aus diesem Brüllen und Tosen herausgehört werden kann, wird unterstrichen durch die Bewegung und die Aufgewühltheit des Meeres. Und diese weite, unruhige Wasserfläche zu betrachten, auf der dunkle Wellen mit weißen Schaumkronen hin und herwogen, läßt die gewaltige Kraft ahnen, mit der der Sturm das Meer beherrscht und auch den Möwen seine Kraft aufzwingt, die gegen den Hintergrund des Himmels wie weiße Papierfetzen aussehen, die wie zufällig vom Sturm hin und her gejagt werden.......sich an einem einsamen Strand diesen Kräften zu stellen und alleine gegen den Sturm anzukämpfen, bedeutet beim Vorwärtsgehen den Widerstand des Windes zu spüren, seine Kraft in den eigenen Haaren zu erleben und auch seine Frische kühl im Gesicht zu spüren....... Zunächst wird vielleicht nur empfunden, daß man dem Sturm standhalten kann, mit einem sich dagegen Anlehnen oder Anstemmen, was eine kraftvolle und posi-tive Anspannung bedeutet, und je stärker der Sturm ist, um so mehr Kraft ist nö-tig, ihm zu widerstehen........ Und wenn dann die Frische des Windes eingeatmet wird, wird damit geradezu die Stärke des Sturmes in den eigenen Körper aufge-nommen, breitet sich dort aus,....mit der Atmung die Frische des Windes in sich aufnehmen und dabei spüren, wie breit die eigenen Schultern sind und wie eine Festigkeit und Bestimmtheit im Körper zu verspüren ist...eine Festigkeit und Be-stimmtheit, die auch die Schultern, den Rücken und die Wirbelsäule als fest stark und bestimmt erleben läßt......., eine kompakte, feste und starke Einheit, die mit dem Anatmen der Frische und der ungebändigten Kraft des Sturmes an Intensität zunimmt und sich verstärkt. .... Und für manche scheint mit dem zunehmenden Einatmen der unmittelbaren Frische und Kraft des Sturmes der eigene Brustkorb

'Sturm (Stärke)'

und Körper geradezu zu wachsen, um dann in die eigene Kraft und Unerschütterlichkeit einzutauchen und ein festes in sich Gegründetsein zu gewinnen, was eine feste und sichere Verbindung mit dem Boden erleben läßt .... Und beim bewußten Annehmen der Herausforderung durch den Sturm wird im Anstemmen gegen den Sturm die eigene Kraft und Entschlossenheit, standzuhalten und nicht zurückzuweichen, deutlich;....... und je stärker der Sturm wird, um so deutlicher wird die Wahrnehmung der eigenen Stärke, Festigkeit und Bestimmtheit, die sich jetzt beim Einatmen im ganzen Körper verbreitet und nun vielleicht in den Füßen spürbar ist, die fest verankert auf dem Boden lasten. .... Und von den Füßen zieht das Empfinden einer entschlossenen Kraft und Bereitschaft, fest und voller Stärke standzuhalten, hoch in die Waden und Beine und kann mit dem Anatmen der Frische des Windes hochgeatmet werden bis in den Brustkorb und in die Schultern........ Dabei erleben, wie mit dem Einatmen der frischen Luft auch die Stärke des Sturmes in den Körper gelangt und die Erfahrung der entschlossenen, eigenen Kraft verstärkt wird........ Erleben, wie die Kraft noch mehr zunimmt und von den Füßen hoch bis in den Kopf reicht, ja , den ganzen Körper ausfüllt. ....Und mit dieser Erfahrung von Kraft und Stärke jetzt in den Sturm hineingehen, den Widerstand des Windes spüren, den es zu überwinden gilt, heißt auch die eigenen Bewegungen der Beine und des Oberkörpers als kraftvoll und stark zu spüren....... Im kraftvollen Widerstand gegen den Sturm und dem Angehen gegen diese Kraft, die auf einen einstürmt, wird dann die eigene Stärke unmittelbar erlebbar und hat etwas Lebendiges. Die eigene lebendige Kraft in den Bewegungen, mit denen gegen den Sturm angegangen wird, erfahren und dabei das Neue, Unverbrauchte und die frische Stärke erleben, deren man sich besonders bewußt wird, wenn sie mit dem frischen Wind tief in die Lungen aufgenommen wird und damit dem ganzen Körper als eine unverbrauchte, frische Kraft zur Verfügung steht. .... Eine solche Erfahrung ist oft von einem Gefühl der Entschlossenheit begleitet, das körperlich als eine energievolle Bestimmtheit erlebt wird, die sich in sicheren, starken Bewegungen ausdrückt......Und solche Bewegungen sind dann die Basis für ein Erfahren der eigenen Kraft und Sicherheit....und diese Kraft scheint dann aus der inneren Mitte zu kommen, einem Zentrum der Stärke und Kraft, während außen die kühle Frische gespürt wird. ....

Und nun einfach gehen, den Sturm hören und auch das starke Geräusch der Wellen, die frische salzige Luft anatmen und sich dem Wind und seiner Kraft nahe fühlen,.......die eigenen, entschlossenen Bewegungen deutlich spüren und alles andere einfach wegwehen lassen, um allein die innere Bestimmtheit, Festigkeit in den kraftvollen, eigenen Bewegungen zu erleben,..........die Bewegungen erleben, die in der Erfahrung einer ruhigen, gelassenen Entschlossenheit eingebettet sind,

> während das Tosen der Wellen und das Heulen des Windes diese Erfahrung begleiten."

6.1.5 Sonderformen: Gesprächsweise Tranceinduktion, Konfusion

Nach den bisher beschriebenen Tranceinduktionen wollen wir zum Schluß noch zwei Formen vorstellen, die keine Tranceinduktionen im engeren Sinne sind, die gesprächsweise Tranceinduktion und die Konfusionsmethode.

Mit *gesprächsweiser Tranceinduktion* ist eine Hypnoseeinleitung gemeint, die der Patient nicht bemerken soll, die beiläufig während des Gesprächs zwischen Patient und Therapeut geschieht. Allerdings ist der Versuch, bei einem Patienten eine Trance zu induzieren, ohne daß der Therapeut es dem Patienten vorher gesagt hätte, zum einen gar nicht so einfach (und im übrigen auch nicht notwendig), und zum anderen der Patienten-Therapeuten-Beziehung sicherlich dann nicht förderlich, wenn die therapeutische Allianz eine autonome, eigenverantwortliche Mitarbeit des Patienten vorsieht. Wir verwenden die gesprächsweise Tranceinduktion in der Regel nur, um einen ängstlichen Patienten zu beruhigen oder um die folgende 'formelle' Trance vorzubereiten. Dabei versuchen wir zwar schon den Patienten auf die Erlebnisebene (Gefühle, körperliche Reaktionen) zu führen, aber ohne daß er die Realitätsorientierung aufgeben soll. Der Versuch, gesprächsweise eine Trance zu erzeugen, kann auch als Test verwendet werden, um schon im Vorgespräch einen Eindruck davon zu bekommen, wie suggestibel der Patient ist.

Wenn der Patient bei diesem Vorgehen den Eindruck bekommt, die auftretende gelassene Ruhe stamme sozusagen 'aus' ihm, sie also auf die eigene Fähigkeit attribuiert, sich in einer normalerweise angstbesetzten Umgebung doch behaupten zu können, kann aus der gesprächsweisen Trance schon geradezu eine therapeutische Intervention werden.

Bei einer Patientin mit traumatischen Erfahrungen in der Kindheit (sexueller Mißbrauch), die mit so großen Ängsten (insbesondere vor Hypnose) in die erste Sitzung kam, daß sie dem Gespräch mit dem Therapeuten kaum folgen konnte, verhalf eine gesprächswese Entspannungsinduktion mit eingestreuten direkten Suggestionen von Ruhe und Sicherheit nicht nur zu einer deutlichen Beruhigung und der Fähigkeit, dem Gespräch ohne Schwierigkeiten folgen zu können. Sie konnte sogar einer ersten Hypnose zustimmen, was ihr vor der Sitzung undenkbar erschienen wäre. In dieser ersten Hypnose erlebte sie eine tiefe Entspannung und Geborgenheit, was sie als einen großen persönlichen Erfolg erlebte, nämlich es *selbst* geschafft zu haben, mit einer als bedrohlich erlebten Situation so gut umgehen zu können.

In Kasten VI/12 wird ein Beispiel für eine gesprächsweise Trance gegeben. Dabei wird dem Patienten scheinbar erklärt, wie andere Patienten eine Hypnose erfahren. Die Beschreibung der Trance anderer Patienten gibt dem Therapeuten die Möglichkeit, nicht nur die Entspannungsreaktionen zu schildern, sondern auch mit der Einstreutechnik (siehe Kapitel 3) direkte Suggestionen zur Entspannung 'einzustreuen'. Natürlich kann der Therapeut mit dieser Methode nicht nur gesprächsweise eine Entspannung erzeugen, sondern 'gesprächsweise' auch andere Erfahrungen wie Hoffnung, Sicherheit etc. vermitteln. Falls der Patient auf eine gesprächsweise Entspannung anspricht, könnte man dies nutzen und den Patienten direkt fragen, ob er damit einverstanden ist, jetzt eine solche Erfahrung zu machen, über die man ja bisher 'nur' geredet hätte (hat man ja auch).

KASTEN VI/12

Gesprächsweise Tranceinduktion

(Vor Beginn der Induktionsphase sollte der Therapeut den Blick eher vom Patienten wegwenden, um dem Patienten die Gelegenheit zu geben, seinen Blick beim Entstehen innerer Bilder - wie beim Tagträumen auch - ruhen zu lassen.)

"Wenn man Hypnose noch nicht kennt, fragt man sich vielleicht, wie denn so ein Zustand ist, was ich Ihnen kurz erläutern möchte. Hypnose wird sehr unterschiedlich erfahren; die einen erleben diesen Zustand schon beim ersten Mal recht tief, die anderen eher später, wobei Hypnose allen schon bekannt vorkommt. Manche meiner Patienten berichten, es sei wie kurz vorm Einschlafen, wenn man eher in Bildern denkt und der Körper langsam zur Ruhe kommt, andere Patienten beschreiben ihn wieder anders.

Dabei wird erfahren, daß z.B. die Arme beginnen, sich anders anzufühlen, sei es schwerer oder eher leichter - *sie werden insgesamt ruhiger und gelöster* - und ohne wirklich auf alles achten zu müssen, kann man bemerken, wie Arme und Hände sich ein wenig lösen - *sie werden zunehmend entspannt.* Und wenn dann auf die Schultern geachtet wird, bemerkt man, ob die eine oder die andere Schulter schon entspannter ist, wobei sich auch hier zunehmend ein Gefühl der Gelöstheit und Ruhe einstellen wird - *sie werden vollkommen ruhig und gelöst.* Und ohne daß man nachschauen muß, wie jetzt die Atmung ist, sind die Atemzüge ruhiger und vielleicht tiefer geworden - *sie werden ruhiger.* Und man glaubt nicht, wie genau man sich bewußt sein kann, mit welchem Druck die Füße fest und sicher auf dem Boden stehen - *sie fühlen sich fest und sicher........an* und dabei fällt es den Patienten oft nicht schwer, zu spüren, ob die Waden und Beine sich leicht oder schwer anfühlen. *Sie spüren genau, ob sich eher Ihre Waden oder Ihre Beine leicht oder schwer anfühlen.*

Obwohl man in der Regel schon hört, was gesagt wird - vielleicht nicht immer - ist oft auch die Vorstellungskraft in Hypnose verbessert, wovon sich die Patienten selbst überzeugen können, wenn *sie* an das Gesicht *ihrer* Mutter (*oder einer ande-ren wichtigen Person, die für den Patienten wichtig ist oder war*) denken. *Sie den-ken an das Gesicht ihrer Mutter und sehen dann deutlich, was sich im Gesicht der Mutter verändert, wenn sie lächelt.* Patienten können dann auch den Zugang zu dem entsprechenden Gefühl finden, *ein Gefühl, das nur sie allein genau kennen und vertiefen können, wenn sie sich etwa in der Umarmung der Mutter erle-ben........"*

(*Falls der Patient auf die indirekte Tranceinduktion anspricht:*) "Und wenn Sie wollen, können wir jetzt vielleicht so eine beginnende Erfahrung vertie-fen?...(*Patient nickt*)...und das geht am besten mit geschlossenen Augen, ruhig die Augen schließen, und wir sprachen von..."(*der Therapeut könnte nun mit eine Entspannungs- oder Ressourcensituation fortfahren; eine for-melle Tranceinduktion ist nun nicht mehr notwendig.*)

(*Falls der Patient auf die indirekte Tranceinduktion nicht anspricht, im Ge-spräch fortfahren:*) "Gut, nun möchte ich noch einmal auf...... zurückkom-men."

Eingestreute direkte Suggestionen sind kursiv gesetzt; sie können sich zum einen auf die angesprochenen Körperteile bzw. frühere Patienten ('sie'), zum anderen aber auch auf den Patienten ('Sie') beziehen.

Mit der *Konfusionsmethode* soll erreicht werden, daß der Patient eine rationale Be-urteilung der vorgegebenen Tranceinhalte zugunsten einer imaginativ-erlebnismäßigen Verarbeitung der Inhalte aufgibt, also fort vom Denken und hin zum Erleben kommt. Wenn der Patient auf eine Tranceinduktion ausschließlich mit Ge-danken reagiert ("Interessante Formulierung. Wie ist die denn eigentlich aufgebaut?" - "Ja, da am Meer hatte ich noch über die Finanzierung nachgedacht. Da sollte ich morgen doch noch einmal die Bank anrufen."), vergibt er damit die Chance, die Er-fahrung zu machen, daß ihm schon allein das Erleben der Tranceinhalte helfen kann, zum Beispiel den Druck und Schmerz im Magenbereich beeinflussen zu können.

Natürlich ist Hypnosetherapie kein Versuch, Psychotherapie in das Zeitalter vor der Aufklärung zurückzukatapultieren. Zur Hypnosetherapie gehört natürlich auch das gemeinsame Nachdenken von Patient und Therapeut, die gedankliche Verarbei-tung des Erlebten, um kognitive Strukturen zu schaffen, die die Übertragung der Er-gebnisse therapeutischer Arbeit in den Lebensalltag des Patienten unterstützt. Insbe-sondere geht es dabei oft um die genaue Erarbeitung der lebensgeschichtlich begrün-deten Wurzeln des heutigen problematischen Verhaltens und Erlebens.

Eine Konfusionsphase mit Texten, wie sie in Kasten VI/13 aufgeführt werden, kann mit jeder Tranceinduktion verbunden werden; ein besonders wirksames Vorgehen ist allerdings die Kombination von Faszinationsmethode mit Konfusionsinduktion, was dem Patienten aber eventuell auch unangenehm sein kann. Wenn der Therapeut den Eindruck hat, daß die rational-kritische Verarbeitung der Tranceinhalte eine Schutzfunktion hat, zum Beispiel vor der Angst des Patienten, in Trance spontan auftretenden Gefühlen unkontrolliert ausgeliefert zu sein, wäre die Konfusionsmethode natürlich fehl am Platz und es wäre besser mit einem Vorgehen zu arbeiten wie es oben unter "Der Patient hat Angst (Kapitel 5)." beschrieben ist. Neben der Kombination der Konfusion mit einer Induktionsform verwenden wir Konfusionsphasen auch im Zusammenhang mit therapeutischen Interventionen; z.B. wenn unterbunden werden soll, daß ein Patient nach einer direkten Suggestion ("Sie sind es wert, geliebt und respektiert zu werden.") beginnt, darüber abwehrend nachzudenken und damit den Effekt der direkten Botschaft in Frage stellt.

KASTEN VI/13

Konfusion

Über Zeit

"Und unser Erleben ist natürlich durch die Vergangenheit bestimmt, und wenn wir zurückblicken, ist die Gegenwart eine Zukunft, die noch zu verändern ist, obwohl diese vergangene Zukunft, die jetzt so unveränderlich erscheint, sich im künftigen Erleben von Vergangenheit vielleicht leichter als änderbar und positiv beeinflußbar zeigt...und ist es nicht oft der zeitliche Rahmen, der uns scheinbar zu etwas zwingt, obwohl wir doch gerade in der Gegenwart frei sind, auf das zu achten, was wir wirklich wollen, um das zu ändern, was wir später als die Zukunft der Vergangenheit erlebt haben werden. Gerade Gefühle der Vergangenheit als so gegenwärtig zu erleben, daß sie auch die Zukunft der Vergangenheit gegenwärtig erscheinen lassen, ohne natürlich die Gegenwart jetzt mit diesem Gefühl aus der Zukunft erleben zu müssen, ist wie ein Rückblick auf eine künftige Entwicklung, deren Abschluß in der Vergangenheit angelegt, so die Gegenwart beeinflußt, daß wir ihren Ursprung mühelos mit der Bemühung um ein künftiges Verständnis der natürlich jetzt schon vergangenen Gegenwart koppeln können.

(nach der Konfusion).....und in einem ruhigen Erleben spielt die Zeit keine Rolle, den zeitlichen Rahmen verlassen, wobei die zunehmende Ruhe wie eine Tür sein kann, die sich öffnen wird, um Ihre Persönlichkeit, Ihr Ich, mit neuen Augen zu betrachten. Die Betrachtung des eigenen Ichs kann über Bilder erfolgen, die wie ein Spiegel sind, in denen man sich neu erfährt, ohne bewußt wissen zu müssen,

welche Seite der Persönlichkeit, welche Ebene des Unbewußten die neue Entwicklung einleitet.

Über Realität

In der Realität des Alltags wollen wir alles möglichst klar und logisch haben, um uns und die Welt zu verstehen und die Traumwelt, mit ihren bizarren, verworrenen Bildern erscheint uns oft völlig unverständlich, obwohl wir nicht selten den Eindruck haben, hier etwas zu verstehen, das unmöglich in die Worte der Logik zu fassen ist. Dabei erleben wir oft die Realität des Traumes viel wirklicher als die Realität des Alltags, die vielleicht verzerrt ist, während die scheinbar verzerrte Realität der Träume völlig klar und ungeschminkt eine wichtige Realität widerspiegelt, die in der Irrealität der scheinbaren Realität des Wachzustandes im Alltag versteckt ist, zugedeckt mit dem Mantel der Realität der Logik, die in Wirklichkeit irrealer als die Realität des Traumes ist, dessen scheinbare Irrealität einen wirklichkeitsnahen Zugang zur unverzerrten Wahrnehmung unserer Persönlichkeit bietet, wo es auch Wünsche, Sehnsüchte gibt, die in der unwirklichen, verzerrten Realität des Alltags keinen Platz haben, und die wir nicht wahrnehmen...dürfen...wir uns wirklich von der Traumrealität entfernen?

(nach der Konfusion)......Wenn man von der Irrealität des Alltags spricht, die im Traum als entzerrte Irrealität auftreten kann, ist es gut sich daran zu erinnern, daß die Sprache des Unbewußten Bilder sind, wo Begriffe wie Realität und Irrealität unwichtig sind, wenn man einmal eintritt in die Erfahrung eines grenzenlosen Getragenseins, getragen wie von einem Ozean der Ruhe und Sicherheit, kann man in allen Gliedern eine tiefe Ruhe und ein geradezu körperliches Vertrauen spüren....

Eine Konfusionsphase dient also dazu, das rationale Denken bei Patienten zu unterbinden, um ihm damit den Zugang zu einer imaginativ-emotionalen Ebene des Erlebens zu erleichtern. Daß die Konfusion tatsächlich das Denken reduziert, hören wir manchmal von Patienten oder unseren Seminarteilnehmern.

Bei einer Gruppentrance während eines Hypnoseseminars wurde im Anschluß an die Induktion 'Körpervorstellung' (Kasten VI/9) eine Zeitkonfusion angeschlossen, auf die eine indirekt formulierte Entspannungsinduktion folgte. Einer der Teilnehmer berichtete, daß er die vorgegebenen Körpervorstellungen zwar noch "passabel" fand, mußte bei der Konfusionsphase aber denken "Was soll der Quatsch?.". Er habe dann einfach "irgendwie abgeschaltet", sei plötzlich "weg gewesen" und hätte danach sehr gut seine ganz eigenen Erfahrungen in der indirekten Entspannungsszene mit entsprechenden Entspannungsreaktionen erlebt.

Es läßt sich aber auch experimentell nachweisen. Bei einem Vergleich einer Konfusions- mit einer Entspannungsphase deuten entsprechend verarbeitete EKG-Daten daraufhin, daß die geistige Tätigkeit während einer Konfusionsphase - im Vergleich zu einer Entspannungsphase mit der üblichen, leichtverständlichen Sprache - reduziert ist (Kasten VI/14).

KASTEN VI/14

EXPERIMENT: Konfusionsinduktion vs. Entspannungsinduktion

Um zu überprüfen, ob die geistige Tätigkeit bei einer Konfusionsinduktion abnimmt, wurde die Herzfrequenzvariabilität von drei Versuchspersonengruppen miteinander verglichen (Garries, Unterweger & Bongartz, 1996): Eine Gruppe erhielt eine Konfusionsinduktion (N=13), eine andere eine Entspannungsinduktion (N=12) und die Teilnehmer einer Kontrollgruppe (N=13) führten einfache Rechenaufgaben durch. Diese experimentelle Phase dauerte in allen drei Gruppen 5 Minuten. Alle Teilnehmer am Experiment wurden individuell getestet und bei jedem ein EKG abgeleitet. Vor jeder Bedingung wurde eine 'baseline' (ruhiges Sitzen) von 5 Minuten Dauer erhoben. Auf baseline und experimentelle Phase folgte noch eine Ruhephase von ebenfalls 5 Minuten.

Die im EKG erfaßten Zeiten zwischen den einzelnen Herzschlägen (interbeat intervals bzw. IBI) wurden einer Fourier Spektralanalyse unterzogen, die verschiedene Maße für die Herzfrequenzvariabilität liefert (erfaßt über das Powerspektrum für verschiedene Frequenzbänder). Es ist bekannt, daß die Amplitude des Frequenzbandes des Powerspektrums um 0.1 hz (.07 - 0.14 hz) als ein Maß für den Aspekt der Herzfrequenzvariabilität angesehen werden kann, der mit dem Ausmaß der geistigen Aktivität korreliert (Mulder & Mulder, 1981). Je höher die Amplitude in diesem Frequenzbereich desto geringer die geistige Aktivität.

Abbildung VI/4 zeigt die Herzfrequenzvariabilität (bezogen auf das Frequenzband 0.07-0.14 hz) für alle drei Bedingungen, und zwar für baseline und experimentelle Phase. Während in der baseline kein Unterschied zwischen den Bedingungen auftrat, war die Herzfrequenzvariabilität während der Konfusionsinduktion statistisch signifikant größer als während der Entspannungsinduktion und der Kontrollbedingung. Mit anderen Worten, die geistige Aktivität war während der Konfusionsinduktion im Vergleich zu den anderen Bedingungen deutlich reduziert.

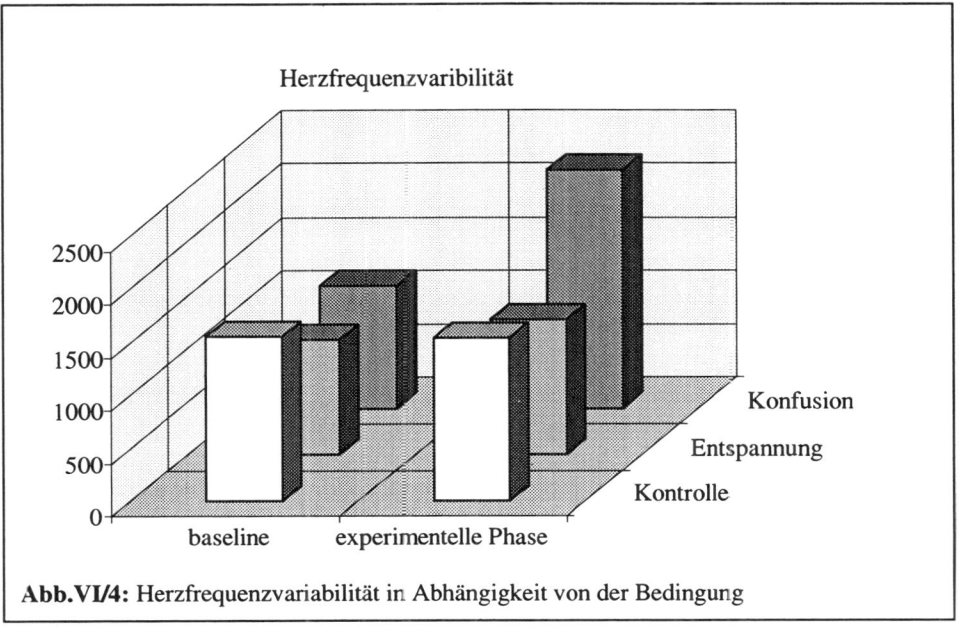

Abb.VI/4: Herzfrequenzvariabilität in Abhängigkeit von der Bedingung

6.2 Überleitungen, Rücknahme, Nachgespräch

Wenn man sich noch nicht lange mit Hypnose beschäftigt hat, bereitet es manchmal Schwierigkeiten, die Übergänge zwischen den einzelnen Phasen einer Trancesequenz zu formulieren, die ja in der Regel aus folgenden Phasen besteht:

Trancesequenz
- Tranceinduktion
- Änderung des Körpererlebens (Entspannung bzw. positive Anspannung)
- Erleben einer Entspannungsszene bzw.
  das Erleben therapeutischer Inhalte
- direkte bzw. abgeschwächte Suggestionen
- Rücknahme der Trance.

Übergänge sind zu formulieren zwischen Tranceinduktion und Veränderung des Körpererlebens bzw. zwischen Ansprechen der körperlichen Veränderung und Arbeit im Vorstellungsraum (Entspannungsszene, therapeutische Inhalte). Obwohl dies recht einfach ist, bleibt man als Anfänger leicht 'stecken'. Dies ist nicht nötig, wenn man die ein oder andere Standardformulierung 'im Hinterkopf' hat. Und auch für den Übergang zu den direkten bzw. 'abgeschwächten' Suggestionen sowie für die Rücknahme der Trance ist es gut, Standardformulierungen zur Verfügung zu haben. Auf diese Formulierungen werden wir im folgenden eingehen.

Bei motorischen Tranceinduktionen, bei denen ein oder zwei Arme beteiligt waren, kann man die kurze Anstrengung beim Hochhalten des/der Arme(s) nutzen, um die danach natürlich auftretende Entspannung auf den ganzen Körper überzuleiten (Kasten VI/15, a). Dies trifft auch auf die Farbenkontrastmethode zu, bei der der Patient die Farbkarte selbst hält, aber auch auf die Handlevitation, bei der ja der Patient einen Arm als schwer erleben soll. Bei der Stiftinduktion kann man auch die Ermüdung eines Armes nutzen, wenn man den Patienten bittet, den Stift selbst zu halten; bei der Induktion 'Arm senken' kann die Ermüdung des Armes auf zwei ausgeweitet werden, wenn die Induktion auf das Senken beider Arme bezogen wird. Sind die Arme nicht am Induktionsvorgang beteiligt, kann die Ermüdung der Arme natürlich auch nicht genutzt werden. Die Überleitung zur Entspannung nach der Tranceinduktion kann dann imaginativ oder suggestiv erfolgen (Kasten VI/15, b).

Leitet der Therapeut die Trance über eine Stärkeinduktion ein, braucht er die Körperwahrnehmung nach der Induktion nicht mehr anzusprechen, da die körperliche Erfahrung von Stärke Bestandteil der Induktion war und sich eine Entspannungsinduktion erübrigt, da er mit dem Gefühl von Stärke in der Trance weiterarbeiten möchte.

KASTEN VI/15

Überleitung zur Entspannung nach Induktion

a) Nach Induktion mit Beteiligung eines oder beider Arme

(z.B. der rechte Arm wurde gesenkt, siehe Kasten V/3): "Und während nun der Arm ruhig aufliegt, werden Sie bemerken, daß das Halten des ausgestreckten Armes eine gewisse Anstrengung bedeutet hat, denn nun verspüren Sie eine beginnende Entspannung, die natürlich nach der Anspannung des Haltens von alleine auftritt und die tiefer werden wird....die Entspannung wird tiefer im rechten Arm.....und gerade beim Ausatmen spüren, wie entspannt der rechte Arm ist...und nun bitte ich Sie, die Entspannung aus dem rechten Arm geradezu hochzuatmen....die Entspannung hochatmen bis zu den Schultern....die Entspannung im ganzen Arm und auch in den Schultern spüren....und nun die Entspannung beim Ausatmen in den linken Arm hineinfließen lassen.....die hochgeatmete Entspannung in den anderen Arm hineinströmen lassen und spüren, wie entspannt auch der linke Arm aufliegt.....und jetzt beim Ausatmen beide Arme als völlig entspannt erleben......völlig gelöst und entspannt....... "

Bei Beteiligung zweier Arme an der Induktion würde man die vorhergehende Überleitung zur Entspannung entsprechend anpassen: "Und während nun beide Arme ruhig aufliegen..."

Entspannung auf den ganzen Körper überleiten: "Und während Sie nun bitte die Gelöstheit und Entspannung aus beiden Armen hochatmen,.......aus beiden Armen hochatmen.....trifft sich die Gelöstheit aus beiden Armen nun oben in den Schultern, und beim Ausatmen dann die gebündelte Gelöstheit und Schwere über den Oberkörper hinunter bis in den Beckenraum fließen lassen...strömen lassen und spüren, wie sich im Magenbereich ein Zentrum der inneren Ruhe, des Bei-Sich-Seins ausbreitet...völlig ruhig, schwer und entspannt.....eine erholsame Erfahrung, die sich nun auch ganz natürlich in die Beine bis hinunter in Waden und Füße verfolgen läßt...und sich von der Atmung noch tiefer hineinführen lassen...bei jedem Ausatmen.....völlig eintauchen in ein umfassendes Erholen.....das nun eine Erfahrung innerer Harmonie und gelöster Gelassenheit einleitet.....eine völlige Entspannung bewirkt....eine gelöste Entspannung in den Schultern....eine tiefe Ruhe in den Armen.....die auch Wangen und den gesamten Kopfbereich umfaßt...den Oberkörper und Magenbereich löst und befreiend entspannt, und mit der Atmung nun Entspannung und Ruhe auch Beckenraum und Oberbeine ausfüllen lassen....um dann - vielleicht wieder mit der Atmung - auch die Waden und Füße in eine Entspannung einzubeziehen, an der nun der ganze Körper teil hat."

----

b) nach Induktionen ohne Beteiligung der Arme

1. imaginativ: "Und die Vertiefung einer beginnenden Entspannung ist oft einfach über die Vorstellung zu erreichen, daß die Arme wie Gefäße sind, in die etwas Schweres, Entspannendes hineinfließt...so als würde ein trockener und warmer, feiner, weißer Sand in die Arme fließen...und weiter in die Hände....in jeden Finger hinein und die entspannte, gelöste Schwere vertiefen.....und einfach die gesamte Muskulatur loslassen ....einfach fallen lassen, was dann zu einer vertieften Erfahrung einer ruhigen Schwere in den Armen führt........einer zunehmend vertieften Schwere und Entspannung in beiden Armen.......(*hier könnte mit der vorhergehenden Entspannungsinduktion (a) fortgefahren werden, und zwar ab "Entspannung auf den ganzen Körper überleiten"*: "Und während Sie nun bitte die Gelöstheit und Entspannung aus beiden Armen hochatmen....").

------------------ **oder** ------------------

2. suggestiv: "Und nun eine beginnende Entspannung vertiefen, indem Sie beim

Ausatmen die Muskeln beider Arme geradezu loslassen....... lösen ......fallen-
lassen.....beide Arme können beim Ausatmen zunehmend teil haben an einer Gelöstheit und Schwere...*sie* werden mehr und mehr entspannter und gelöster....beide
Arme kommen früher oder später mehr und mehr zu Ruhe......werden gelöster und
entspannt......,wobei sich auch eine Empfindung von Schwere einstellen
kann.......eine Schwere, die vielleicht beim Ausatmen deutlicher erlebt
wird......gelöste Schwere und Entspannung in beiden Armen..." (auch *hier könnte
mit der Entspannungsinduktion (a) fortgefahren werden, und zwar wieder ab
"Entspannung auf den ganzen Körper überleiten"*: "Und während Sie nun bitte die
Gelöstheit und Entspannung aus beiden Armen hochatmen...").

Ist nun nach der Induktion eine Entspannung erreicht, würde man mit der Arbeit im
Vorstellungsraum fortfahren. Die Überleitung zu den folgenden Tranceinhalten
könnte mit den Formulierungen erfolgen, die in Kasten VI/16 dargestellt sind.

KASTEN VI/16

Überleitung von der Entspannung zu folgenden Tranceinhalten

a) Bezug auf das Vorgespräch

"Und wir sprachen vorhin vom Meer, und am Meer zu sein bedeutet...... *(fortfahren mit einer entspannenden Meerszene).*"

"Und wir sprachen eben von Ihren Besuchen bei Ihrer Großmutter. Und vielleicht
wäre es gut, noch einmal die wichtigen Erfahrungen aus dieser Zeit zurück kommen zu lassen. Und wieder mit ihr im Sommer unter dem Birnbaum in ihrem
Garten zu sitzen, heißt..... *(fortfahren mit Schilderung, von Umgebung, körperlichen Reaktionen und Gefühlen).*"

b) Bezug auf körperliche Erfahrung des Patienten

"Und ein angenehm entspannter Zustand ist natürlich auch aus anderen Situationen bekannt...wer hat nicht schon beim Erleben der Natur eine angenehm gelöste
Entspannung erfahren, die wie von alleine auftrat....zum Beispiel bei einem Spaziergang im Wald....und dort zu sein bedeutet....*(fortfahren mit einem entspannenden Waldspaziergang).*"

"Und diese angenehme Entspannung mit der begleitenden Ruhe kennen Sie auch aus anderen Situationen, zum Beispiel als Sie sich voller Ruhe und Gelassenheit erlebten und spürten, wie leicht es Ihnen fällt, völlig in sich zu ruhen auch vor diesen Lehrern damals in der Berufsschule, die Sie beurteilten und bewerteter, und ich bitte Sie, noch einmal in diese Situation zu gehen und sich zunächst einmal dort umzuschauen......... *(fortfahren mit Schilderung der Ressourcensituation, in der der Patient eine Bewertungssituation erfolgreich bewältigte).*"

In Kasten VI/17 finden sich - z.B. nach Entspannungsszene oder therapeutischer Intervention - die Überleitungen zu den direkten Suggestionen.

KASTEN VI/17 *Direkte Suggestionen haben in der modernen Hypnosetherapie nicht die Funktion, Erfahrungen zu erzeugen, sondern die Trance-erfahrungen, die über therapeutische Interventionen erarbeitet wurden, zu bekräftigen*

Überleitung zu (abgeschwächten) direkten Suggestionen

abgeschwächte direkte Suggestion: "Und die Ruhe, die Sie jetzt spüren ist wie eine Garantie, die Ihnen sagt: 'Du wirst künftig die Gelassenheit und Sicherheit haben, Kritik anhören und ruhig darauf antworten zu können. *(Hier ist die Abschwächung der direkten Suggestion, d.h. der kursiv gesetzte Satzteil, auch die Überleitung von der therapeutischen Intervention zur direkten Suggestion).*' '

direkte Suggestion: "Und nun bitte ich Sie, das, was ich im folgenden sage, in sich nachklingen zu lassen: "Sie werden künftig die Gelassenheit und Sicherheit haben, Kritik anhören und ruhig darauf antworten zu können."

Nach den direkten Suggestionen wird die Trance zurückgenommen, wobei Formulierungen wie sie in Kasten VI/18 angegeben sind, in der Regel genügen. In älteren Lehrbüchern wird zwar geraten, daß alle Suggestionen, die gegeben wurden, auch eine nach der anderen wieder zurückgenommen werden müßten. Aber das ist in der Regel nicht notwendig. Der Patient ist eben kein Roboter, der durch Suggestionen zu einem bestimmten Erleben oder Verhalten programmiert wird, sondern auch während der Trance eine aktive Person, die die Vorgaben des Therapeuten für sich umsetzt. Die Rücknahme der Trance ist für den Patienten ein Signal, *für sich* die Trance zu beenden.

Bei hochsuggestiblen Personen kann es unter Umständen nach einer tief erlebten Trance nötig sein, sie nach der Rückführung im Nachgespräch auch wieder 'in die

Realität' zu orientieren. Das kann durch Fragen geschehen, die die Aufmerksamkeit des Patienten auf unmittelbar vor ihm liegende Aufgaben oder Tätigkeiten lenken (Heimweg, Details der Hausaufgaben, familiärer Bereich etc.).

KASTEN VI/18

Rücknahme der Trance

"Gut...., und wenn ich jetzt gleich von drei auf eins zähle......nehmen Sie sich die Zeit, die Ihnen angenehm ist, um sich hierher zurück zu orientieren...sei es vor oder nach dem Zählen...... drei.....zwei.......eins."

"Und lassen Sie das Erlebte noch ein wenig nachklingen, um dann langsam in Ihrem eigenen Tempo hierher zurück zu kommen. Aber nehmen Sie sich selbst die Zeit, die Sie dazu brauchen."

Die manchmal geäußerte Ansicht, ohne Suggestionen von Wohlbefinden vor Beendigung der Trance seien nach Aufhebung der Trance negative Effekte wie Kopf- oder Augenschmerzen wahrscheinlich (z.B. Arons,1967, S.164) treffen mit Sicherheit nicht zu. Aber andererseits kann es auch nicht schaden, vor Aufhebung der Trance positive Suggestionen zu geben:

"Und wenn ich gleich von drei auf eins zählen werde, können Sie dann, wenn es Ihnen angenehm ist, früher oder später, wieder die Augen öffnen. Sie werden sich dann sehr erholt und entspannt fühlen...wohltuend erholt, völlig entspannt und ruhig."

(Diese Suggestion wird man natürlich nicht geben, wenn in der Trance traumatische Erfahrungen angesprochen wurden.)

Für manche Patienten ist die Zeit nach dem Öffnen der Augen ein sehr privater Moment, in dem Erlebnisse der vorangegangenen Trance noch nachklingen, insbesondere nach therapeutischen Interventionen. Diese Erfahrung sollte der Therapeut respektieren, den Patienten nicht erwartungsvoll anschauen und unmittelbar ansprechen, sondern ihm Zeit lassen und mit dem Nachgespräch beginnen, wenn er bemerkt, daß der Patient bereit ist (Patient bewegt sich, nimmt Blickkontakt auf etc.). Dieses Vorgehen trifft natürlich nicht auf alle Patienten zu; manche Patienten beginnen z.B. sofort nach der Rücknahme über ihre Erfahrungen zu berichten. Man sollte es aber im Hinterkopf behalten und bei entsprechenden Patienten anwenden.

Das Nachgespräch dient zunächst einmal dazu, dem Patienten Gelegenheit zu geben, seine Erfahrungen darzustellen, die dann gemeinsam mit dem Therapeuten besprochen werden. Zu Beginn der Behandlung wird der Therapeut auch nachfragen, ob er während der Trance verständlich war (Lautstärke, Formulierungen), ob die Pausen richtig waren, und ob es irgend etwas gab, was ihn gestört hat oder was als besonders hilfreich erlebt wurde. Weiterhin möchte er vom Patienten wissen, wie er die Vorgaben des Therapeuten für sich umgesetzt hat (Reaktion auf die Induktionsform, körperliche Entspannungs-/Stärkereaktionen, welche Gefühle traten auf, gab es innere Bilder und wenn ja, welche waren es und welche Qualität hatten sie). Mit dieser Information kann der Therapeut in den folgenden Trancen seine Vorgehensweise dem Erlebnisrahmen des Patienten anpassen und mit der Information aus weiteren Nachgesprächen optimieren.

Bei fortschreitender Behandlung wird das Nachgespräch mehr der gedanklichen Verarbeitung des Erlebten dienen, um es z.B. erklärend in Bezug zu setzen zur Problematik des Patienten oder auch, um aus der Tranceerfahrung Hausaufgaben für den Patienten abzuleiten.

7 INDIREKTE KOMMUNIKATION

Eine besondere Einleitung zum Thema "Indirekte Kommunikation", also der Übermittlung von Botschaften oder Aufforderungen, ohne den Adressaten direkt anzusprechen, erübrigt sich eigentlich, weil wir alle schon Experten darin sind. Jeden Tag verwenden wir indirekte Botschaften, allerdings meistens ohne uns dessen bewußt zu sein. In der Regel tun wir dies, um Konfrontationen zu vermeiden. Stellen wir uns eine Frau vor, die sonntags gerne spazierengeht, deren Mann aber leider ein 'Stubenhocker' ist, und die keine große Lust hat, wieder die üblichen gereizten Diskussionen über den sonntäglichen Spaziergang zu führen. Anstatt direkt zu formulieren "Heute ist schönes Wetter. Jetzt gehen wir spazieren." wird sie diese Botschaft vielleicht 'entschärfen', indem sie etwa folgendes sagt: "In den letzten Wochen war das Wetter sonntags immer schlecht. Da mag man auch nicht raus. Aber heute ist es ja schön." und überläßt es damit ihrem Mann, die implizite Schlußfolgerung ("..., also können wir spazierengehen.") selbst zu ziehen und darauf zu reagieren.

Zur Vermeidung konfrontativer Situationen verwenden die meisten Menschen sehr häufig indirekte Formulierungen im Alltag, die den Regeln folgen, die auch in der Hypnosetherapie Verwendung finden. Hier noch einige Beispiele:

Truismen: Oft stellen wir einen Umstand, den wir geändert haben wollen, einfach fest, ohne denjenigen direkt anzusprechen, von dem wir diese Änderung erwarten. So sagen wir zum Beispiel "Das Telefon klingelt.", "Es steht keine Butter auf dem Tisch.", "Jetzt wäre ein Kaffee gut.", und tun dies mit der Absicht, daß ein Anwesender die Butter holt, ans Telefon geht oder einen Kaffee kocht.

Indirekt durch Fragen (s. auch oben S. 61ff): Angenommen jemand erklärt uns ein Projekt, das er für sehr gut hält, mit dem wir aber überhaupt nicht einverstanden sind. Anstatt zu sagen, daß dies schlecht sei, fragen wir dann vielleicht: "Ist das wirklich so gut?". Man könnte dies auch Höflichkeit nennen, die aber u.a. die gleiche Funktion hat, nämlich eine konfrontative Situation zu vermeiden. Ebenso könnte man auf die Feststellung: "Um sieben wird gegessen." mit der Frage "Könnte man auch früher essen?" reagieren anstatt zu sagen "Nein, es wird um sechs gegessen."

Offene Formulierungen (s. oben S. 48ff): Mit offenen Formulierungen wie "Man könnte ja mal wieder ins Kino gehen." führen wir ein Thema ein, ohne aber schon den Gesprächspartner zu einer Stellungnahme oder einem Verhalten aufzufordern. Desgleichen kann man auf einen Vorschlag durch eine offene Formulierung zustimmend antworten, ohne sich aber damit festzulegen: "Das sollte man vielleicht mal tun." oder "Dazu müßte man mal nachsehen, was läuft."

Stellvertreter (s. unten S. 193ff): Der Sohn, der gerne ein skate-board hätte, führt das Thema (mit motivierendem Anteil) über einen Stellvertreter, nämlich seinen Spielkameraden Willi ein: "Papa, der Willi hat auch einen lieben Vater. Obwohl der keine Zeit hat, hat er ihm ein skate-board gekauft. Dafür holt ihm der Willi jetzt immer das Bier aus dem Keller."

Einkreisen (s. unten S. 204ff): Dabei wird ein Thema (z.B. Urlaub) über Unterthemen (Erholen, Essen, Wandern etc.) eingeführt. Hier ein kleines Beispiel, wobei die oder der Angesprochene den Urlaub lieber in den Bergen verbringt): "Urlaub ist schön...... Wann haben wir eigentlich das letzte Mal Urlaub gemacht.....Ach, sich mal wieder so richtig hängen lassen können...mal was anderes essen...Wein und Oliven und Schafskäse....man hat doch gar nicht so viel vom Leben...Kreta soll so schön sein.....und billig...und Berge gibt es da auch, gar nicht so weit weg vom Strand, und doch sollen die schon sehr hoch sein und kein bißchen überlaufen...man sollte sich ruhig mal Prospekte holen....kostet ja nichts." *Noch nicht.*

Indirekte Kommunikation zur Vermeidung von Konfrontation wird offensichtlich nicht nur in unserem Kulturkreis eingesetzt wie der Bericht von Kuipers über ein Sühneritual bei den Weyéwas auf Sumba/Indonesien zeigt (Kuipers, 1988). Das Ritual wurde durchgeführt, weil eine Reihe von Unglücksfällen aufgetreten war, die auf sexuelle Verfehlungen von Clanmitgliedern zurückgeführt wurde (ein Mann hatte eine Affäre mit der zweiten Frau seines Onkels mütterlicherseits, die übrigens noch weitläufig mit ihm verwandt war, so daß noch eine inzestuöse Verfehlung hinzukam). Anstatt die inzestuöse Verfehlung direkt anzusprechen sprach der Leiter des Rituals im Rahmen eines Gebets statt dessen nur über vergiftetes Essen und verdorbenes Wasser, d.h. die sexuelle Verfehlung wurde in der Metapher von den verdorbenen Nahrungsmitteln abgebildet.

In einem Papyrus aus dem antiken Ägypten finden wir auch die Verwendung indirekter Kommunikation. Dabei handelt es sich um den Mythus vom Sonnenauge (Spiegelberg, 1917) in dem vom Weisheitsgott Thoth die Rede ist, der die Göttin

Spiegelberg faßt den Mythus folgendermaßen zusammen (1917, S.1f): "In der Urzeit, als der Sonnengott Re ... noch über Ägypten herrschte, hauste seine Tochter Tefnut ...in dem Land *Bwgm...*, einem Wüstengebiet östlich vom Nil in Obernubien. Infolge eines Zerwürfnisses mit ihrem Vater hatte sie Ägypten verlassen und sich zornig als wilde Löwin in jene Wüste zurückgezogen. Aber Re sehnte sich nach seiner geliebten Tochter, seinem Sonnenauge, zurück, deren Kraft ihn so oft vor seinen Feinden geschützt hatte, und beauftragte seinen Sohn Schu und den Weisheitsgott Thoth...damit, sie wieder in die ägyptische Heimat zurückzubringen. Zu diesem Zwecke verwandelten sich die beiden Götter in Affen und machten sich auf den Weg zu der wilden Göttin, deren Wut namentlich durch die Beredsamkeit und die Magie des Thoth beschwichtigt wurde. So kehrte sie schließlich versöhnt mit den beiden Götterboten nach Ägypten zurück, überall mit Jubel begrüßt."

Tefnut, die ihn mit dem Tod bedroht, über die Erzählung einer Tierfabel besänftigt, in der er sich über den Stellvertreter "Maus" einführt und die Göttin über den Stellvertreter "Löwe". Um sich zu retten verzichtet er auf das rationale Argument, daß er zwar schwach sei, für sie aber doch von Nutzen sein könnte, und erzählt ihr statt dessen eine Tierfabel, wodurch die Göttin wieder besänftigt wird. In der Fabel ist von einer Maus die Rede, die von einem Löwen gefangen wird, der sie aber wieder frei läßt. Später wird der Löwe in Netzen gefangen und die Maus rettet ihn, indem sie die Fäden des Netzes durchnagt und damit den Löwen befreit. Dieses Beispiel aus dem alten Ägypten zeigt übrigens, daß die indirekte Darstellung von Inhalten auch dann als notwendig erachtet wird und wirksam ist, wenn die Beteiligten wissen, worum es geht.

Götter über Geschichten zu beeinflussen finden wir auch in der römischen Magie (Schadenzauber; Graf (1996)), aber auch in der römischen magischen Medizin, wobei oft eine sogenannte "historiola" (kleine Geschichte) verwendet wird (Önnerfors, 1994). Diese kurzen Geschichten stellen über ein Beispiel dar, das oft der Mythologie entlehnt ist, was der Beschwörende von den Göttern wünscht.

7.1 Funktion indirekter Kommunikation in der Hypnosetherapie

Wie oben S. 31f betont, erleichtert die mit Hypnose herbeigeführte Trance den Zugang zu Gefühlen, auch zu belastenden Gefühlen, die in der Trance bearbeitet werden. Manchmal gelingt es aber nicht, die zu bearbeitenden Gefühle in Trance zu erreichen, weil der Patient diese Gefühle nicht zulassen kann, sei es, daß er große Angst vor diesen Gefühlen hat, zum Beispiel vor seinen verdrängten Aggressionen, oder sei es, daß er keinen Zugang zu einer positiven Erfahrung finden kann, weil ihm einfach alles völlig hoffnungslos scheint und schon allein die Erwähnung des Wortes 'Hoffnung' seine Hoffnungslosigkeit verstärkt. In solchen Fällen kann es hilfreich sein, die therapeutisch wichtigen Gefühle/Erfahrungen indirekt zu bearbeiten, d.h. ihnen Raum zu geben oder sie zu erzeugen, und damit den Widerstand des Patienten zu respektieren statt zu versuchen, den Widerstand des Patienten zu überwinden. Wie im Alltag geht es in der Hypnosetherapie bei der Verwendung von indirekter Kommunikation häufig auch um die Vermeidung von Konfrontation. Dabei kann es manchmal der Fall sein, daß der Patient genau weiß, was die Therapeutin eigentlich mit ihrer indirekten Botschaft meint, aber froh ist, noch nicht darüber sprechen zu müssen.

Ein Patient, der seine Selbstunsicherheit hinter einer Fassade von scheinbarer Überlegenheit verbarg, und seine Verhaltensdefizite mit "Herzproblemen" rationalisierte, bemerkt im späteren Verlauf der Therapie: "Ich habe schon von Anfang an gemerkt, daß sie manchmal heimlich mein Selbstvertrauen gestärkt haben, was mir gut getan hat. Aber es wäre mir damals sehr peinlich gewesen, darüber mit Ihnen zu diskutieren. Deswegen war ich Ihnen dankbar, daß wir nicht darüber sprechen mußten."

Im folgenden gehen wir auf einige Anwendungsmöglichkeiten der indirekten Kommunikation in der Hypnosetherapie ein, mit der die hypnosetherapeutische Arbeit unterstützt wird; 'nur' unterstützt wird, wie wir betonen wollen, denn indirekte Kommunikation in Trance ist (in der Regel) noch nicht die Therapie.

Behandlung belastender Gefühle bei Respektierung des Widerstandes: Das Selbstbild eines Patienten von sich, etwa als der dankbare, liebende Sohn, kann verhindern, die verdrängte Wut und Enttäuschung über die Ablehnung durch die Eltern zuzulassen, deren Ausdruck durch starke Gefühle von Angst oder Schuld gehemmt wird. Aber diese Gefühle müßten bearbeitet werden, weil sie unter Umständen ein Verhalten und Erleben bedingen, die zu den psychosomatischen Störungen geführt haben. Wird der Patient auf diesen Zusammenhang angesprochen, kann es zu einem starken Widerstand des Patienten kommen. Er wird vermuten, daß die Therapeutin eine Auseinandersetzung mit seinen Eltern fordern wird. Und davor hat er extreme Angst (schon fast sein ganzes Leben). Er wird den Zusammenhang zwischen Symptom und verdrängter Wut als völlig abstruse Vorstellung weit von sich weisen und seine somatische Sichtweise verteidigen. Schließlich ist er ja auch nicht zu einer Psychotherapeutin gegangen, sondern zu einer Hypnosespezialistin, die ihm das Symptom, bei dem allerdings alle somatischen Behandlungsversuche bisher gescheitert sind, nun endlich 'weghypnotisieren' soll. Anstatt nun zu versuchen, den Widerstand des Patienten zu überwinden, was unter Umständen nicht nur viele Sitzungen, sondern auch den Rapport zum Patienten kosten kann bis hin zum Abbruch der Therapie, bevor sie richtig beginnen konnte, kann die Therapeutin eine indirekte Intervention versuchen. Dabei läßt sie den Patienten in Trance die verdrängte Aggression in einer stellvertretenden Situation erleben und schafft der Aggression damit ein Ventil in einer 'ungefährlichen' Situation. Da die entsprechenden aggressiven Gefühle nicht gegen die Eltern gerichtet sind, kann der Patient sie zulassen und damit eine Erleichterung erfahren, die auch das Symptom reduzieren kann. Eine stellvertretende Situation für Patienten könnte etwa eine 'Staudammsituation' sein, bei der gestautes Wasser ohne Bewegungsfreiheit ist und durch die bedrohlich zunehmenden Algen dem Wasser immer mehr Sauerstoff entzogen wird bis es droht, biologisch 'tot' zu sein. Nur durch ein aggressives Sprengen der Staumauer kann dann eine Befreiung erfolgen - mit entsprechenden positiven Folgen (Kasten VII/2).

Vorbereitung einer Intervention: Angenommen, die Therapeutin möchte einen Patienten in Trance eine Situation wiedererleben lassen, die für den Patienten mit starken Gefühlen von Angst besetzt ist, etwa eine frühere traumatische Situation. Neben der Vermittlung eines Ressourcengefühls für die Begegnung mit der traumatischen Erfahrung, könnte die Therapeutin den Patienten vor der eigentlichen Intervention zusätzlich noch indirekt mit einem Gefühl von Selbstvertrauen ausstatten, indem sie etwa Felsen in der Brandung beschreibt bei Einstreuung entsprechender Suggestionen (Kasten VII/1). Desgleichen kann es bei einem depressiven Patienten angezeigt sein, erst gar nicht über Hoffnung zu sprechen, sondern sie in der therapeutischen Sitzung indirekt zu erzeugen, indem die Therapeutin über Blumen spricht, die so schwach scheinen, aber dennoch über soviel Kraft verfügen, um sich durch Schnee und Eis in die Sonne zu arbeiten (Kasten VII/5). Danach ist der depressive Patient gegenüber der weiteren therapeutischen Arbeit in der Sitzung vermutlich aufgeschlossener und zwar nicht, weil ihm kognitiv klar wurde, daß er Hoffnung haben könnte, sondern weil er sie hier in der Praxis in diesem Moment erlebt, ohne daß das Wort 'Hoffnung' überhaupt erwähnt wurde.

Einsicht: Indirekte Kommunikation in Trance eignet sich auch, um Einsichten des Patienten zu fördern, zu denen er auf einer wachen, rationalen Ebene nicht bereit ist bzw. zu denen er keinen Zugang findet. Dabei ist zu betonen, daß die Einsicht in Trance eine emotional-erfahrungsmäßige Basis hat, und nicht nur rein kognitiv begründet ist. Und da dies so ist, läßt sich der Unterschied zwischen einer 'kognitiven' und einer 'emotionalen' Einsicht auch nicht 'kognitiv' *einsehen*, sondern nur in der Selbsterfahrung nachvollziehen.

Einsicht in immer wiederkehrende, lebensgeschichtlich begründete negative Verhaltensmuster kann zum Beispiel dadurch geschaffen werden, daß die Metapher, mit der sich der Patient für solche Situationen beschreibt, in Trance 'entfaltet' wird. Dabei werden auch die (positiven wie negativen) Aspekte der Metapher, die dem Patienten bisher verborgen waren, in der Trance angesprochen und vom Patienten erlebt.

Ein Patient beschreibt sich in sozialen Situationen als "cool". "Da bin ich so wie ein Schneemann. Was um mich herum gesagt wird, regt mich nicht auf. Ich bin zufrieden." In Trance läßt ihn die Therapeutin einen Familiengeburtstag erleben, auf dem er als Schneemann auftritt. Dabei soll er erfahren, wie die einzelnen Familienmitglieder (Mutter, Schwester, Vater etc.) ihn in den Arm nehmen, deren Wärme er nicht spüren kann. Er soll auch ihre Reaktion dabei beobachten. Es werden weitere Erfahrungen in der Interaktion mit anderen beschrieben und in erlebbare Szenen umgesetzt: Er kann nicht erröten vor Freude oder Liebe. Er kann nicht sprechen und andere zum Bleiben auffordern. Auch wenn ihn etwas schmerzt, er muß immer lächeln. Menschen, die ihm ihre Zuneigung wirklich durch eine längere Umarmung zeigen wollen, sind gefährlich für ihn, sie bedrohen seine Existenz mit ihrer Wärme. Wer steckt eigentlich in dem Schneemann? Über diese (mehrfach wiederholte) Intervention kann sich der Patient seine Sehnsucht, aber auch seine Angst vor Nähe eingestehen und ist offen für die entsprechende therapeutische Arbeit.

Therapeutische Intervention. Von psychotischen Störungen abgesehen, verstehen wir in der Regel die Symptomatik eines Patienten. Wir kennen zum Beispiel die Situationen, die beim Patienten Angst auslösen, und können unangemessene Verhaltens- und Erlebensmuster oder Grundkonflikte auf bestimmte Lebenserfahrungen zurückführen, seien es ein ungünstiges Entwicklungsmilieu bzw. pathogene Beziehungsmuster in der frühen Kindheit oder auch spätere traumatische Erfahrungen wie Vergewaltigung oder ein Unfall. Manchmal suchen uns aber auch Patienten auf, für deren Symptomatik wir keine Erklärung haben, auch nicht nach längerer, sorgfältiger Exploration. In solchen Fällen läßt sich manchmal zusammen mit dem Patienten ein serarbeiten, daß das belastende Gefühl, z.B. die 'frei-flottierende' Angst, repräsentiert (z.B. eine Krake) und dem Patienten in der Trance die Erfahrung vermitteln, daß er in der Konfrontation mit dem Symbol diese Angst aushalten und gegen sie ankämpfen kann. 'Indirekte Kommunikation' bezieht sich in diesem Zusammenhang nicht auf das Wissen/Nichtwissen des Patienten bezüglich der 'verschlüsselten' Botschaft, denn er weiß natürlich wofür das Symbol steht, sondern auf die Repräsentation der Ursache für das Symptom, die wir eben nur indirekt über das Symbol erreichen. Wir kommunizieren also nicht indirekt mit dem Patienten, sondern mit der unbewußten Ebene, welche die Ursache für die unverständliche Angst enthält. Das Symbol ist sozusagen das 'interface' zwischen bewußter und unbewußter Ebene.

Bevor wir nun auf die Techniken zur indirekten Kommunikation in Trance eingehen, möchten wir in diesem Zusammenhang noch auf eine weitere Funktion der indirekten Kommunikation eingehen, nämlich als einem Beleg für die Begründung der Trennung zwischen moderner/Ericksonscher und klassischer Hypnosetherapie. Wir hatten schon in Kapitel 3, S. 64f darauf hingewiesen, daß sich die moderne Hypnose von der klassischen unter anderem auch dadurch abzugrenzen versucht, daß sie die Verwendung indirekter Verfahren für sich reklamiert. In diesem Zusammenhang hatten wir aber betont, daß Erickson durchaus direkte und indirekte Vorgehensweisen miteinander verknüpft hat (Hammond, 1986). Wenn man die klassischen Verlautbarungen bezüglich der Verwendung indirekter Verfahren durchsieht, wird man (möglicherweise) zu seinem Erstaunen feststellen, daß diese betonen, daß die Verwendung von indirekten Vorgehensweisen die effektivsten seien, so daß die Verwendung indirekter Verfahren nicht unbedingt zur Trennung von klassischer und moderner Hyp-

So schreibt Stokvis (1955, S.38): "Andrerseits bietet die Anwesenheit eines Dritten den unverkennbaren Vorteil, daß man sog. indirekte Suggestionen erteilen kann, indem der Arzt sich nicht unmittelbar an die zu hypnotisierende Person wendet, sondern an den Zeugen, etwa mit den Worten: "Sehen sie, wie unbeweglich und schlaff seine Glieder jetzt geworden sind? Passen Sie auf, jetzt tritt gleich bei ihm der absolute Ruhezustand ein..." usw. Es ist bekannt und durch O.LIPMAN experimentell nachgewiesen, das von allen Suggestionen die indirekten am stärksten wirken."; so auch bei Langen (1972, S.9).

nosetherapie herangezogen werden kann. Dabei ist allerdings zu bemerken, daß indirekte Suggestionen im Rahmen der klassischen Hypnosetherapie kaum systematisch eingesetzt wurden und überdies das Repertoire der Formulierung indirekter Suggestionen nur auf die im Beispiel genannte Vorgehensweise beschränkt zu sein scheint.

7.2 Stellvertretertechnik

Um dem Patienten Gefühle und Erfahrungen zu vermitteln, die er nicht zulassen kann (zum Beispiel verdrängte Trauer, die psychosomatische Probleme verursacht) bzw. zu denen er keinen Zugang findet (zum Beispiel Gefühle von Selbstvertrauen und Souveränität, die fehlen, um sich selbstsicher verhalten und behaupten zu können) kann die Therapeutin dem Patienten in Trance einen Stellvertreter anbieten, der die Erfahrungen macht, die dem Patienten fehlen. Dadurch, daß der Patient diese Szenen in Trance *mit*erlebt, bekommt er dann Zugang zu diesen Gefühlen. Derartige stellvertretervermittelte Empfindungen erfahren wir auch im Alltag sehr häufig, wenn wir im Theater, Fernsehen oder in einem Roman emotionsbezogene Szenen oder Passagen miterleben, in denen die agierenden Personen Gefühle von Geborgenheit, Aggression, Traurigkeit etc. erfahren. Zeitweise können wir dabei unsere Identität aufgeben und Erfahrungen haben, die eigentlich nicht zu uns gehören. Und manchmal kann man im Alltag erleben, daß 'spontane' Stellvertreter zu besonders starken emotionalen Reaktionen führen, wenn ein emotionaler Druck besteht: Zum Beispiel bricht eine Person, die gerade einen Trauerfall in der Familie hat, in Tränen aus als ihr ein Bekannter erzählt, daß seine Katze von einem Auto überfahren worden sei. Auch bei unseren Patienten besteht oft eine große emotionale Belastung, die so groß ist, daß sie darunter körperlich oder seelisch leiden. Werden diese Belastungen in der Trance in Form von Stellvertretern angesprochen, können ebenfalls starke emotionale Reaktionen auftreten. Genauso können Stellvertreter aber auch den Zugang zu starken positiven Erfahrungen vermitteln.
Stellvertreter können Pflanzen, Tiere und andere Menschen, aber auch Landschaftsformationen (Berge, Felsen) oder Wasser etc. sein. Wenn die Therapeutin die Stellvertreter im Plural verwendet (zum Beispiel: "*Die Kinder* wagen sich an das Feuer heran."), kann dann die Einstreutechnik (s. oben S. 74ff) zur Formulierung von eingestreuten direkten Suggestionen verwendet werden ("*Sie* haben keine Angst vor der gefährlichen Nähe."), wobei das "sie" die Kinder aber auch den Patienten meinen kann. Die Einstreuung von direkten Suggestionen in die Stellvertretersituation kann den Bezug zum Erleben des Patienten verstärken.

Hier ein (abgekürztes) Beispiel für einen Patienten, der Probleme mit Nähe und Distanz zu seiner Partnerin hat und dem die Therapeutin indirekt vermitteln will, daß er selbst kontrollieren kann, welche Nähe er zulassen will, indem er sich selbst 'bewegt' oder sein Gegenüber entsprechend beeinflußt. Die eingestreuten Suggestionen sind an den kursiv gesetzten persönlichen Fürwörtern (*sie, ihnen*) erkennbar.

"Vielen macht es Spaß, bei einem Spaziergang Kindern zuzuschauen, vielleicht, weil sie einen an einen selbst erinnern, zum Beispiel im Herbst, wenn Kinder sich um ein Kartoffelfeuer geschart haben und je nach Wärme des Feuers einmal nah, einmal weiter weg vom Feuer sitzen. *Sie* bestimmen selbst wie nahe *sie* die Wärme an sich heran lassen und wie weit *sie* weggehen wollen, um die Wärme zu empfinden, die *ihnen* angenehm ist. Manche Kinder trauen sich nicht recht ran an das Feuer, um sich die Kartoffeln zu holen. Aber *sie* brauchen keine Angst vor der gefährlichen Nähe zu haben. Wenn *sie* es richtig machen, können *sie* sich genau das holen, was *ihnen* guttut. Um das Feuer anzuheizen, werfen einige Kinder, die am Feuer stehen, Holzscheite ins Feuer, oder streuen Sand, um die Flammen zu dämpfen, wenn das Feuer zu hoch ist. Ohne daß *sie* sich bewegen müssen, hängt es ganz allein von *ihrer* Entscheidung ab, ob *sie* die Wärme verringern oder vergrößern wollen. Die Wärme kann immer gleichbleibend angenehm sein, indem entweder *sie* sich bewegen, auf Distanz gehen und näherrücken und sich dabei nach der Wärme richten, oder indem *sie* die Wärmequelle verändern, ohne sich selbst bewegen zu müssen."

Wir unterscheiden zwei Typen von Stellvertretern, den statischen und den dynamischen. Statische Stellvertreter sprechen einfach nur ein bestimmtes Gefühl an wie etwa Selbstvertrauen über den Stellvertreter 'Felsen in der Brandung' (Kasten VII/1).

KASTEN VII/1: *Stellvertretertechnik*

Selbstvertrauen (Felsen in der Brandung)

Die folgende Sequenz könnte in eine Entspannungsszene mit dem Thema 'Meer' wie in Kasten IV/3 eingebaut werden, wobei natürlich anstelle eines Sandstrandes eine felsige Küste beschrieben werden müßte.

Nach Schilderung einer entsprechenden Meeresszene: "Und hier am Meer auf die Felsen zu schauen, lädt dazu ein, den Gegensatz wahrzunehmen zwischen den lauten, wogenden Wellen und den Felsen, und um sich wirklich einmal Zeit zu nehmen, die Felsen dabei zu betrachten, die in aller Ruhe fest und unerschütterlich in sich ruhen. *Sie* ruhen fest und unerschütterlich in sich selbst und halten dem Ansturm stand. Und obwohl tausende von Wellen wie eine Armee gegen das Land anrennen, setzen die Felsen hier eine mächtige Grenze. Mit der inneren unerschütterlichen Ruhe gelingt es *ihnen*, sich gegen die permanente Bedrohung und Unruhe abzugrenzen. *Sie* bleiben einfach unverrückbar stehen und lassen sich nicht verschieben. Und ob es in einer ruhigen Phase plötzlich still ist oder die Wellen mit ohrenbetäubendem Krach gegen die Felsen schlagen, die Felsen bleiben davon unbeeindruckt. *Sie* lassen sich von dem Lärm, der *sie* umgibt, nicht beeinflussen. Obwohl diese unruhige Kraft immer wieder gegen *sie* anstürmt, ruhen *sie* fest und unerschütterlich in sich selbst. Tief in sich verankert, halten sie dem, was *sie* bedrängt, ja geradezu beiseite schieben will, stand. Und je mehr das aggressive Anstürmen zunimmt, um so mehr beeindruckt *ihre* Ruhe und Festigkeit.

Und das gilt nicht nur für die großen Felsen hier, sondern läßt sich auch bei kleinen Felsen beobachten, die aus dem Sand herausschauen und manchmal von den Wellen überrollt werden und die doch bleiben und standhalten. *Sie* gehen einfach nicht weg, sondern bleiben, fest und unverrückbar in sich ruhend, ohne sich von der scheinbaren Übermacht beeindrucken zu lassen.

Für einen Betrachter kann diese Szene lebendig erfahrbar werden, indem er bei jedem Anbranden einer Welle mehr und mehr eine innere Kraft spürt, die sich zusammen mit dem Gefühl eines festen Verankertseins bei jedem Atemzug vertieft und gerade beim Ausatmen eine zunehmend tiefer werdende Erfahrung von unerschütterlicher Gelassenheit vermittelt.

Dynamische Stellvertreter stellen auch einen Lösungsverlauf dar wie etwa der Stellvertreter 'Wasser' in der Staudammsituation (Kasten VII/2). Hier wird über den Stellvertreter 'Wasser' beschrieben, daß es nach einer Zeit der Freiheit und Selbstbestimmtheit (Quellen hoch oben in den Bergen), eine Zeit des Stillstandes und der Bedrohung eingetreten ist (Wasser im Staudamm). Nur durch ein starkes, aggressives Agieren kann die Freiheit und Selbstbestimmtheit wieder erreicht werden (das Wasser durchbricht den Damm und bestimmt selbst seinen künftigen Weg).

KASTEN VII/2: *Stellvertretertechnik*

Aggression (Staudamm)

Nach Tranceinduktion: "....und nach der beginnenden Gelöstheit des Körpers bitte ich Sie, dem folgenden einfach zuzuhören, ohne sich um irgend etwas bemühen zu müssen, und mit den Bildern, die ich ansprechen werde, den inneren Vorstellungsraum zu betreten. Bilder sind die Sprache des Unbewußten, die oft etwas in uns aufklingen lassen, seien es Gefühle, Erinnerungen, Gedanken, was ganz von alleine passieren kann, und die auch den Körper beeinflussen können, ihn zum Beispiel noch mehr entspannen.

Wie ich weiß, ist für Sie der Aufenthalt in der Natur immer wieder eine Erfahrung des Zu-Sich-Kommens. Und auch die Berge laden dazu ein, sich von allem zurückzuziehen, mehr Zeit für sich zu haben, auch für Dinge, die im Alltag keinen Platz zu haben scheinen, und oft ist es dann die Umgebung, die etwas in uns auslöst und in Bewegung setzt, ja uns geradezu etwas zu sagen hat. Zum Beispiel die Berge, die fest und sicher in sich ruhen, vermitteln auch dem Betrachter ein Empfinden von Ruhe und Gelassenheit, ohne daß er danach gesucht hätte. Und dazu zählen auch die Bäche und Quellen in den Bergen. Vielleicht wäre es gut, sich jetzt einmal Zeit zu nehmen, dem Murmeln der Quellen zu lauschen, die hier noch ganz neu sind, ganz klar und voller Sauerstoff, und deren Murmeln etwas Heiteres, Freies hat. Auch die größten Steine können die Quellen nicht aufhalten, die ganz frei ihre eigene Richtung bestimmen. Hier, wo *sie* noch jung sind, können *sie* sich heiter und frei, ohne Einengung bewegen, hier kann *sie* nichts aufhalten oder *sie* in eine bestimmte Richtung zwingen...auch große Hindernisse können ganz leicht umgangen werden...und die Frische hier oben zusammen mit dem leisen Plätschern und Murmeln läßt auch den Zuhörer und Betrachter sich leicht fühlen

Aggression

und freier atmen, wobei sich das Gefühl der Leichtigkeit auch körperlich mitteilen kann und vielleicht gerade beim Einatmen in Armen und Beinen und im Oberkörper spürbar ist.

Und der Lauf der Dinge kann sich manchmal ändern. Und so kann auch der freie Lauf der Quellen und Bäche plötzlich ein Ende in einem Stausee finden, wo die Quellen sich nicht mehr frei bewegen können und die Sonne das träge Wasser erwärmt, in dem sich die Algen vermehren, den Sauerstoff verbrauchen und dem Wasser dadurch geradezu die Luft zum Atmen genommen wird. Dabei wird das stehende, im Staubecken eingezwängte Wasser zunehmend grünlich, mehr und mehr von Algen überwältigt und in Besitz genommen, so daß ihm kaum Luft zum Leben bleibt und die Gefahr droht, daß es zu einem toten Gewässer wird. Die Lebendigkeit und Freiheit der Quellen ist verloren. *Sie* sind bedroht und *ihr* Leben ist zum Stillstand gekommen und wenn *sie* so verharren, wird sich an dieser bedrükkenden und trostlosen Situation nichts ändern. Und für vorbeiziehende Wanderer, die diese bedrückende Szene betrachten, kann dieser Anblick auch körperlich erlebt werden. Das Bedrückende legt sich *ihnen* auf die Brust, so daß es wie eine Last beim Atmen wird. *Sie* spüren, wie das Bedrückende und Lähmende sich auf alle Glieder legt und wie schwerfällig *ihre* Atmung geht.

Die Wassermassen, die hier gefangen sind, könnten sich befreien, indem sie der harten, unnachgiebigen Staumauer mit einem Gegendruck begegnen, der dann früher oder später etwas bewirkt. Zunächst mögen es nur feine Risse sein, aus denen Wassertropfen wie Tränen tropfen. Aber je mehr solche Tränen auftreten, um so mehr gewinnen sie an Kraft, werden eine Macht, die dann etwas in Bewegung setzt. Und vielleicht werden dann vereinzelte Steinbrocken aus der Mauer gesprengt, die in der Stille in die Tiefe fallen und deren Geräusch beim Aufprall schon ankündigt, daß etwas geschehen wird. Je mehr solcher Brocken die lange, lähmende Stille unterbrechen, um so mehr gerät alles in Bewegung bis große Risse in der Mauer auftreten, durch die sich die Wassermassen herausstürzen. *Sie* befreien sich durch *ihre* eigene Kraft, die man *ihnen* zuvor kaum zugetraut hat, gewinnen wieder einen Bewegungsfreiraum. Und während sich die Wassermassen ins Tal stürzen, bleiben die Algen an den Steinen hängen. *Sie* befreien sich von dem, was *ihnen* den lebensnotwendigen Sauerstoff genommen hat und suchen wieder den eigenen Weg, ohne sich durch Hindernisse aufhalten zu lassen. Und die Kraft der Wassermassen zeigt sich darin, wie mit ungestümer Wucht große Steine einfach beiseite geschoben werden und mit welchem Getöse das Wasser ins Tal herunterbraust. Und es ist eigentlich verwunderlich, daß das Wasser, das doch nur aus kleinen Tropfen besteht, diese Macht hat. *Sie* sind eben nicht schwach, sondern *sie* sind in Wirklichkeit stark, auch wenn die einzelnen Anteile schwach sein mögen.

Und wenn die Wassermassen sich mit dieser Kraft den eigenen Weg ins Tal suchen und sich durch nichts dabei aufhalten lassen, müssen sie dort unten nicht in das vorgesehene, betonierte Flußbett. *Sie* müssen sich nicht den weiteren Verlauf aufzwingen lassen, sondern werden *ihren* eigenen Weg finden, wobei *sie* Hindernisse einfach beiseite drücken und sich durch Hemmnisse nicht aufhalten lassen, sondern sie einfach umgehen oder umwerfen. Und das Wasser wird auf diese Weise ein passendes Flußbett finden, das nicht schnurgerade, sondern sich vielleicht in Windungen durch die Landschaft schlängelt, das dazu einlädt, begleitet von Büschen und Bäumen am Ufer den eigenen Rhythmus des Fließens zu finden, wobei die Sonnenstrahlen durch das klare Wasser scheinen. Und die Quellen, die einmal ganz von oben aufgebrochen sind, um sich ins Tal zu begeben, sind nun wieder klar und frei und nicht mehr bedroht wie im Staudamm.

Und das war ja auch nicht *ihr* natürlicher Zustand. *Sie* sind nur eine Zeitlang aufgehalten worden, haben sich befreit, um jetzt ihren eigentlichen, natürlichen Zustand zu erfahren und zu genießen.

Und wie die meisten Flüsse, wird auch dieser im Meer münden, wo in der Weite des Meeres viel Raum ist. Und hier ist genug Platz, um sich von all dem, was *sie* von früher mitgeschleppt haben, zu befreien.

Hier unter Umständen mit der Entspannungsszene "Meer" (Kasten IV/3) fortfahren oder die Trance beenden.

In Kasten VII/3 haben wir statische und dynamische Stellvertreter für eine Reihe von Gefühlen aufgelistet. Natürlich ist diese Liste nicht erschöpfend und oft läßt sich ein individueller Stellvertreter aus der persönlichen Erfahrung des Patienten entnehmen, was in der Regel besser ist als einen der in Kasten VII/3 angegebenen "Standard"-Stellvertreter zu wählen.

Um einer Patientin in Trance indirekt die Erfahrung zu vermitteln, daß sie sich nicht alles von ihrer Umwelt bieten lassen muß, sondern auch über ein starkes Gefühl verfügt, aus dem heraus es ihr möglich sein wird, Grenzen zu setzen und sich zur Wehr setzen zu können, wurde ein Stellvertreter aus ihrem Alltag gewählt. Wenn sie in ihrem Garten arbeitete, ärgerte sie sich manchmal über schnell wachsendes Unkraut, das ihren Blumen "das Licht zum Leben" nähme. In Trance sollte sie - ohne daß der Grund für die Intervention genannt worden wäre - erleben, wie sie mit einem starken Gefühl das Unkraut aus dem Boden riß und damit jeweils für eine ihrer geliebten Pflanzen Raum und Licht schaffte. Nach der Trance berichtete sie, daß sie sich nicht an die Inhalte der Trancesequenz erinnern könne. Kurz nach der Sitzung ließ sie eine Tanne, die ihr Mann vor 10 Jahren gegen ihren Willen vor ihr Arbeitszimmer gepflanzt hatte und die das Wachstum ihrer Topfblumen in dem Zimmer sehr beeinträchtigte, von einem Gärtner abhacken und wunderte sich über ihren Mut, den Auftrag gegeben zu haben, ohne das Fällen des Baumes noch einmal mit ihrem Mann zu diskutieren. Erst auf dem Weg zur nächsten Sitzung sah sie den Zusammenhang zur vorausgegangenen Hypnosesitzung. Der Therapeutin gegenüber äußerte sie, daß sie den Baum niemals hätte fällen lassen, wenn es offen mit ihr besprochen worden wäre. Erwartungsgemäß leitete die Reaktion der Patientin bedeutsame familiendynamische Entwicklungen in die Wege, die auch zu familientherapeutischen Sitzungen führten.

KASTEN VII/3: *Zuordnung von Stellvertreter zu relevantem Gefühl*

	Wut, Aggression	Vertrauen	Hoffnung	Selbstvertrauen	Nähe, Geborgenheit	Trauer
statische Stellvertreter	*aktiv* Gewitter Vulkan / *passiv* Baum hält einem Sturm stand.	*Auf etwas verlassen* Atmung Herzschlag / *'ewige' Wiederkehr* Jahreszeiten Meereswellen Tag/Nacht Sterne, Sonne	*zwangsläufige Änderungen* Nacht, Tag Winter, Frühling	*Standhalten* Felsen in der Brandung / *In sich Ruhen* Berge	*Nähe zulassen* Baum, dessen Äste wie Arme eines Freundes schützen	*Erleben von 'Ende'* Natur im November
dynamische Stellvertreter	'Staudamm' (*Wasser befreit sich aggressiv und gewinnt 'Lebensqualität'*)	'Möwe' (*läßt sich von etwas tragen, das man nicht sieht - Problem geringer, wenn gelassen darauf zugegangen wird.*)	'Blume durch Eis des Winters' (*Trotz der scheinbaren Schwäche, sind positive Änderungen möglich*)	'Radfahren lernen' 'Exploration eines fremden Gebietes' (*Sicherheit durch schrittweises Austesten der eigenen Möglichkeiten*)	'Feuer' (*Kontrolle über Nähe und Distanz*)	'dunkle Wolke muß abregnen vor Überquerung der Berge' 'Richtige Wundversorgung bedeutet auch Schmerz' (*Trauer, Schmerz sind die Voraussetzung für eine wirkliche Besserung*)

Wie das Beispiel zeigt, hat sich aus der indirekten Kommunikation über den Stellvertreter "Unkraut" spontan eine bedeutsame Verhaltensänderung ergeben, die von der Therapeutin beabsichtigt war, ohne daß aber diese konkrete Reaktion der Patientin vorherzusehen war. Die Arbeit mit Stellvertretern kann also auch über die Sitzung hinaus zu Veränderungen im Erleben und Verhalten führen und muß nicht nur auf der Erfahrung von Emotionen in der Sitzung beschränkt bleiben.

Aber selbst, wenn einer der Standardstellvertreter gewählt wird, ist zum einen darauf zu achten, daß der Patient die stellvertretende Situation nicht ablehnt, zum Beispiel eine Aversion gegen Aufenthalte am Meer oder in den Bergen hat. Zum anderen ist darauf zu achten, daß die körperlichen Empfindungen bzw. Eigenschaften des Erlebens eines bestimmten Gefühls individualisiert sind. Wenn ein Patient das Empfinden von Vertrauen mit Wärme und Leichtigkeit verknüpft, dann sollten diese Merkmale von Vertrauen auch in der Stellvertretersituation beschrieben sein und nicht etwa ein Gefühl von schwerem In-Sich-Ruhen.

Darüber hinaus ist bei der Wahl eines Stellvertreters auch wichtig, die richtige "Dosierung" eines Gefühls zu bestimmen, das über den Stellvertreter vermittelt werden soll. Bei einem sehr aggressionsgehemmten Patienten kann etwa der Stellvertreter 'Staudamm' (Kasten VII/2) zu stark sein, und beim Patienten ein Gefühl von Angst erzeugen anstelle eines starken Gefühls, so daß vielleicht zunächst der Stellvertreter "Baum im Sturm" zur Vermittlung der Erfahrung von passivem Widerstand angemessener wäre. Auf der anderen Seite sollten wir uns vergegenwärtigen, daß wir mit der Stellvertretertechnik dem Patienten keine emotionale Erfahrung aufzwingen, sondern der Patient frei ist, die über den Stellvertreter vorgeschlagene Erfahrung auf sich zu beziehen oder auch nicht.

P: (*nach einer Trancesequenz mit der Stellvertretersituation 'Staudamm'*): "Als Sie von den Bergen sprachen habe ich mich am Anfang und am Ende sehr schön entspannt. Aber in der Mitte, als Sie vom Staudamm sprachen, das war mir ein bißchen zu unruhig, da bin ich lieber wieder hoch auf die Berge zu den Quellen gegangen und habe mich dort entspannt."

Bevor wir diesen Abschnitt mit Texten für zwei weitere Stellvertreter bezogen auf die Erfahrung von Vertrauen (Kasten VII/4) und Hoffnung (Kasten VII/5) beenden, möchten wir noch betonen, daß es manchmal sinnvoll ist, den Patienten auf die Verwendung von Stellvertretern vorzubereiten. Das wird für den Stellvertreter "Möwen" nicht nötig sein, denn dies ist noch mit der Erklärung, die Trance diene zur Entspannung 'am Meer' abgedeckt. Aber warum wir einen Staudamm brechen lassen, Blumen durch Schnee und Eis wachsen lassen oder dunkle, schwere Wolken in einem Tal festhalten etc., könnte den Patienten doch nachdenklich machen und dazu veranlassen, Erklärungen zu fordern, die dann unter Umständen die Absicht der Therapeutin enthüllen und gerade damit den Widerstand beim Patienten hervorrufen, der vermieden werden sollte. Deswegen ist es in der Regel besser, dem Patienten einen Erklärungsrahmen vor der entsprechenden Trancesequenz anzubieten, so daß er das ansonsten unverständliche Vorgehen der Therapeutin einzuordnen weiß. Dabei kann die

Therapeutin zum Beispiel darauf verweisen, daß es sinnvoll ist, im Vorstellungsraum zunächst einmal eine Anspannung oder kraftvolle Bewegungen zu erleben, um daraus eine tiefere Entspannung oder Gelassenheit zu entwickeln.

Th: Bei der nächsten Hypnose geht es auch wieder um die Erfahrung von Entspannung, wobei aber vor der Entspannung zunächst einmal etwas Starkes, Anspannendes oder eine starke Bewegung bzw. Unruhe erlebt werden soll, um die Entspannung und Ruhe danach zu vertiefen. Sie kennen das ja sicherlich, daß sich gerade nach einer starken Anspannung wie etwa einem Waldlauf mit viel Bewegung, oder nachdem man etwas Schweres getragen hat oder nachdem man etwa einen schweren Karren weggedrückt hat, ein besonders tiefes Entspannungsgefühl einstellt. Dabei entwickkelt sich aus der starken Bewegung oder Kraftanstrengung dann zunehmend eine innere erholsame Ruhe. Bevor wir also zu der Entspannungserfahrung kommen werden, bitte ich Sie, die Erfahrung von Kraft, Widerstand oder starker Bewegung innerlich deutlich nachzuvollziehen, um dann die Ruhe, Gelöstheit und Entspannung besonders tief empfinden zu können und damit Ihren Körper wirkungsvoll zu beeinflussen.

Oder daß Bilder als 'Sprache des Unbewußten' auch Stärken und Fähigkeiten des Patienten wachrufen können, ohne daß jetzt schon klar sein muß, um welche es sich handeln könnte.

Th: Hypnose eignet sich nicht nur dazu, um Entspannung zu erzeugen, sondern kann auch verwendet werden, um spontane, kreative Lebenskräfte, wie ich sie einmal nennen will, anzusprechen, die wir im Wachzustand in der Regel nicht so effektiv erreichen wie in der Hypnose. Wie in Träumen sind auch hier Bilder die Sprache des Unbewußten, über die wir unbewußte Prozesse in Gang setzen können oder den Zugang zu Erfahrungen schaffen, die dann im Alltag wirksam werden und uns mit einer besonderen Kraft ausstatten. Ja, es gibt sogar Therapeuten, die den unbewußten Prozessen ein Wissen zusprechen, das über die Ansprache von Bildern wirksam wird, ohne daß man sich bewußt darum kümmern müßte. So als würden die in der Hypnose angesprochenen Bilder wie von allein ihren Weg zu den unbewußten Ebenen finden, geradezu wie ein Bach im Gebirge, der in den unterirdischen Wegen eines Massivs verschwindet, um dann - verbündet mit anderen unterirdischen Quellen - mit verstärkter, lebendiger Kraft und Energie wieder zu Tage zu treten. Dabei haben sich bestimmte Bilder oder Symbole besonders bewährt, von denen wir gleich das eine oder andere ansprechen werden. Lassen Sie sie einfach auf sich wirken und ihren Weg finden, ohne daß Sie sich groß damit beschäftigen müßten.

KASTEN VII/4: *Stellvertretertechnik*

Vertrauen (Möwe)

Die folgende Sequenz ("Möwe") kann in die Entspannungsszene 'Meer' in Kasten IV/3 eingebaut werden, z.B. an der Stelle: "…. und während die Möwen sich in die Weite von Himmel und Meer hinaustragen lassen, scheinen sie dies entspannt und gelöst zu genießen …. *sie* sind entspannt und sie genießen diese Gelöstheit, ohne sich anstrengen zu müssen….."

und danach fortfahren mit: "Dabei lassen sich die Möwen voll Vertrauen tragen von etwas, was man nicht sieht…vom Wind…*sie* lassen sich voll Vertrauen tragen, auch wenn das, was *sie* trägt, nicht sichtbar ist….und in diesem Getragensein sich einfach frei und gelöst in der Sonne zu fühlen, in diesem Gefühl der Gelöstheit und Offenheit sich auf die Weite des Meeres hinaustragen zu lassen, kann für die Möwen wie ein Empfinden sein, hier in der weiten Höhe von einer ruhigen Sicherheit umgeben zu sein, die es ihnen leicht macht, sich in eine offene Weite hinaus zu begeben und sich dennoch völlig sicher und getragen zu fühlen…auch wenn *sie* sich in das Offene, Neue hinauswagen, werden *sie* sich völlig sicher und getragen fühlen. Und die Möwen werden das Meer, das sich mit seiner Farbe so deutlich vom Weiß der Möwen abhebt, aus der sicheren Höhe mit seinen starken Wellenbergen und Wellentälern wahrnehmen. Und es ist angenehm zu beobachten, wie elegant und leicht die Möwen sich manchmal hinunter auf das Meer tragen lassen, um etwa einen Fisch aus dem Meer zu holen und dann wieder mühelos den wilden, hohen Wellen auszuweichen, indem sie sich einfach durch eine kleine Veränderung der Flügelhaltung vom Wind über die Wellen hinwegtragen lassen, mit einer knappen, kurzen Bewegung, dann wieder in ein Wellental eintauchen, um dann wieder mühelos das kräftige, geradezu aggressive Voranstürmen der Wellen einfach zu überfliegen. *Sie* brauchen einfach nur darauf zu achten, wann es gefährlich ist, um dann natürlich leicht und mühelos der Gefahr ausweichen zu können, und wenn es gefahrlos ist, sich in aller Ruhe das nehmen zu können, was *sie* brauchen und *ihnen* - geradezu von Natur aus - auch zusteht. Und dieser Rhythmus ist so einfach, einfach wahrzunehmen, was *sie* brauchen, um sich diesem dann zu nähern, und sich dabei von der Erfahrung getragen zu fühlen, wie leicht es ist, gefahrvolle und gefahrlose Situationen auseinanderhalten zu können, um sie dann mühelos zu überwinden. Dabei können sich die Möwen in den Wellentälern geradezu ausruhen, um den Wellenkämmen dann mit wenig Aufwand auszuweichen.

Im Getragensein hoch über den Wellen, wie es einigen Möwen angenehm ist, oder im gelassenen Schweben kurz über den Wellen, erreichen die Möwen die offene Weite des Meeres, die natürlich auch Unsicherheiten birgt, und dennoch lassen sich

Vertrauen

die Möwen mit weit geöffneten Schwingen auf den Horizont zu tragen, der wie eine Grenze vor ihnen liegt. Und wenn *sie* sich auf die Weise, die *ihnen* angenehm ist, in die vor *ihnen* liegende Weite, das Unsichere, so gelassen und in sich ruhend hinausbegeben und sich in dem Getragensein auf die vor *ihnen* liegende Grenze zu bewegen, werden *sie* die Erfahrung machen, daß die scheinbare Begrenzung noch viel Raum und Freiheit bietet. Je mehr *sie* sich auf die Grenze zu bewegen, sich in dem gelösten Entspanntsein darauf zu tragen lassen, um so deutlicher wird, daß die Grenze vor *ihnen* zurückweicht....diese Grenze nur eine scheinbare ist....es diese Begrenzung gar nicht gibt.

Unerfahrene, junge Möwen werden sich zunächst noch nicht in das Neue, Unsichere hinauswagen. *Sie* kennen noch nicht die Vorgehensweise und das Verhalten, mit dem *sie* dem Neuen begegnen sollen. Aber das können *sie* natürlich lernen und *sie* werden es mehr und mehr gerne tun. Denn dabei erleben *sie*, daß es in dieser unsicheren Weite auch etwas Neues, Faszinierendes zu entdecken gibt. Zum Beispiel Sandbänke weit draußen, die zwar nicht viel anders sind als der Strand, von dem die Möwen aufgebrochen sind,.....aber in der neuen Umgebung treffen *sie* auf andere, mit denen zusammen die Frische und Weite lebendig erlebt wird....und *sie* können natürlich jederzeit zurück, um dann, wenn es *ihnen* angenehm ist, wieder einen neuen Ausflug zu unternehmen....und dabei mehr und mehr das Neue Terrain kennenlernen, um es dann in der neugewonnenen Sicherheit mehr und mehr zu genießen, so als hätte genau das gefehlt, was bisher vermieden wurde."

An dieser Stelle könnte dann, falls die Therapeutin die Trance noch nicht beenden möchte, die Anbindung an den Entspannungstext in Kasten IV/3 erfolgen mit: "Und wir sprachen von dem Spaziergang am Meer, wo man natürlich Möwen beobachten kann...."
um dann mit dem Entspannungstext fortzufahren: "... und ist es nicht so, daß ein solcher Spaziergang voller Muße mit der Wahrnehmung der Farben des Meeres und des Himmels...der Wärme der Sonne und der Kühle des Windes .... begleitet vom Geräusch der Wellen zu einer tief empfundenen Ruhe führen kann......etc. (s. oben S. 87ff)."

KASTEN VII/5: *Stellvertretertechnik*

Hoffnung (Blume im Frühling)

Die folgende Sequenz könnte in eine Entspannungsszene z.b. mit dem Thema 'Berge' wie in Kasten IV/8 eingebaut werden, wobei dann allerdings noch Schnee liegen müßte:

"....Im Frühling gibt es in den Bergen immer noch Bereiche mit Schnee und Eis, obwohl im Tal schon die Blumen blühen. Und beim Wandern über solche schnee- und eisbedeckte Stellen ahnt man, daß dort unten in der Kälte Blumen sind. *Sie* scheinen jetzt noch so schwach und ohne Kraft und doch werden *sie* es schaffen, durch die Kälte und Dunkelheit zu kommen. Auch wenn sie jetzt unter dem kalten Druck des Eispanzers keine Chance zu haben scheinen, werden die Blumen es doch schaffen. *Sie* werden sich auf den Weg machen, auch wenn es jetzt aussichtslos erscheint, und *sie* werden es schaffen, in die Wärme und Helligkeit zu kommen. Und sich auf den Weg zu machen, bedeutet natürlich für die Blumen zu wachsen. Wenn *sie* sich auf den Weg durch die Kälte begeben, werden sie an dieser Aufgabe wachsen und stärker werden und obwohl *sie* nicht auf einmal diese Wegstrecke durchmessen können, merken *sie* schon in der Dunkelheit, daß es doch zunehmend heller und auch schon wärmer wird. Und dies wird das Wachstum der Blumen beschleunigen. Auch scheinbar geringe Veränderungen werden *sie ihrem* Ziel schneller entgegenbringen. Wenn *sie* dann aus *ihrer* Einsamkeit in der Dunkelheit in die Wärme kommen werden, ist klar, daß sich der Weg durch die Dunkelheit gelohnt hat. *Sie* werden nun nicht mehr allein sein, sondern sich in der Gesellschaft von Anderen wohl fühlen können und *sie* werden sich entfalten können, um das Helle und Warme ganz in sich aufzunehmen.

All das sieht man beim Wandern noch nicht, sondern sieht dort, wo die Blumen erscheinen werden, nur den kalten Schnee. Aber es ist ganz sicher, daß *sie* aus der Dunkelheit und Kälte auftauchen werden, daß *sie* sich in der Wärme entfalten und entwickeln werden, und allein dadurch, daß *sie* da sind, mit ihrem Anblick erfreuen."

Zum Schluß haben wir in Kasten VII/6 noch einmal die Schritte zur Konstruktion eines Stellvertreters zusammengefaßt. Der Stellvertreter wird für den Patienten erlebnisnäher, wenn die Therapeutin die Körperempfindungen bzw. qualitativer Merkmale zur Beschreibung des Stellvertreters verwendet, die der Patient mit dem zu vermittelnden Gefühl verbindet. Diese Information wird die Therapeutin in der Regel nicht unmittelbar vor der Darbietung des Stellvertreters abfragen, sondern von Äußerungen des Patienten bzw. aufgrund entsprechender Nachfragen aus vorangegangenen Sitzungen kennen.

KASTEN VII/6

Stellvertretertechnik

1. Bestimme die Körperempfindungen, die für das zu vermittelnde Gefühl charakteristisch sind (Atmung, Bewegung, Haltung, Blick, Muskeltonus)

2. Bestimme qualitative Merkmale, die für den Patienten mit dem gewünschten Gefühl zusammenhängen: (z.B. Höhe, Weite, Freisein, Milde, geborgen, stark etc.)

3. (1) und (2) auf einen Stellvertreter "montieren" (z.B. Pflanzen, Berge usf.)

4. Bei Schilderung des Stellvertreters Bezug zum Erleben des Patienten herstellen über Einstreuung direkter Suggestionen

---

7.3 Einkreistechnik

Die Einkreistechnik wird verwendet, um ein Thema einzuführen (z.B. die Kindheit), wobei dieses Thema durch Unterthemen (z.B. Schule, Spiele der Kindheit, Urlaube mit Eltern, Familienfeste etc.) 'eingekreist' wird. Dazu werden nach einer Tranceinduktion mit folgender körperlicher Entspannung derartige Unterthemen mit der aus den Kapiteln 2, 3 und 4 bekannten Trancesprache beschrieben, das heißt so offen und allgemein, daß der Patient entsprechende Assoziationen und Gefühle zu diesen Vorgaben entwickelt, ohne daß sie direkt suggeriert worden wären. Diese Methode eignet sich zur Vorbereitung einer Exploration, zur Vermittlung einer Einsicht, aber auch zur Vorbereitung einer Intervention.

Angenommen die Therapeutin möchte den Patienten Erfahrungen aus der Kindheit wiedererleben lassen, zum Beispiel die wichtige Beziehung zur Großmutter, die Schutz vor der Ablehnung durch die Eltern, vor der Enttäuschung über schulische Mißerfolge etc. geboten hat. Sie könnte dazu den kindlichen Erlebnisrahmen mit der Einkreismethode wachrufen, indem sie das Thema Kindheit indirekt über die Unterthemen Schule, Elternhaus etc. einführt und dann, nachdem Empfindungen und Gefühle der Kindheit aufgetreten sind, den Patienten nun direkt die Beziehung zu seiner Großmutter erleben lassen, um damit unter Umständen Ressourcen für die therapeutische Arbeit zu gewinnen. Durch die in Trance wachgerufenen Erfahrungen von Unsicherheit in Familie und Schule würde die Begegnung mit der Großmutter und der Schutz und die Geborgenheit, die sie vermittelt, bedeutsam erlebt werden. Ein Beispiel für eine derartige indirekte Altersregression ist in Kasten VII/7 formuliert.

KASTEN VII/7: *Einkreistechnik*

Altersregression (indirekt über Kindheitsthemen)

nach Tranceinduktion mit körperlicher Entspannung: "Und mit zunehmender Entspannung des Körpers kann die Erfahrung von innerer Ruhe und Gelöstheit das Außen mehr und mehr zurücktreten lassen, eine Erfahrung, die wir auch aus anderen Zusammenhängen kennen, die wir schon als Kinder in der Schule gemacht haben, wenn der Blick aus dem Fenster schweift und die Gedanken von den vorbeiziehenden Wolken fortgetragen werden. Kinder hören dann plötzlich die Stimme des Lehrers wie von ferne, das Gesagte wird unwichtig. *Sie* vergessen alles um sich herum und nur die innere Erfahrung wird wichtig. Und doch sind *sie* gleichzeitig in der Gegenwart und wissen genau, wie weit die Türe des Klassenzimmers entfernt ist, wo die Fenster sind und welche Farbe die Schulbank hat, die vor *ihnen* ist.

Jedes Kind hat seinen Lieblingslehrer oder die Lieblingslehrerin...und die so gutbekannte Stimme zu hören und in dieses Gesicht zu schauen und genau zu wissen, wie es aussieht, wenn es lächelt oder ernst ist, ist oft auch begleitet von bestimmten Gefühlen, die diesem Lehrer oder dieser Lehrerin gegenüber empfunden werden. Aber Kinder empfinden natürlich auch den Mitschülern oder -schülerinnen gegenüber unterschiedliche Gefühle. Und wenn *sie* in der Klasse herumschauen, wissen *sie* genau, wo die Kinder sitzen, mit denen *sie* gerne spielen und die sitzen, die *sie* weniger mögen, was sich natürlich auch in den Pausen zeigt, wenn mit viel Lärm und Getöse mit denen gespielt wird, die *sie* mögen.

Jedes Kind hat seine Lieblingsspiele, die oft mit viel Bewegung verknüpft sind, wo man hinterher ganz aus der Puste ist, insbesondere dann, wenn der Schulhof recht groß ist. Und dann kommt immer viel zu früh die altbekannte Glocke oder der Gong, der die Pause beendet. Gelaufen wird natürlich auch beim Sportunterricht - oft in der Sporthalle, die ja immer so einen eigenen Geruch hat, zum Beispiel nach Bohnerwachs. Und hier sind die Bewegungen nicht mehr so spontan, sondern werden nach Anweisungen durchgeführt, mit denen anderer Schüler verglichen und von einem Lehrer oder einer Lehrerin bewertet.

Obwohl Spiele meist außerhalb der Schule stattfinden, wird natürlich auch in diesen Spielen schon gelernt. Kinder lernen dabei, welchen Platz sie in einer Gruppe einnehmen. Und *sie* bemerken, ob *sie* beliebt sind, ob *sie* stärker oder schwächer als die Anderen sind und wie gut *sie* sich durchsetzen können. Und in der Kindheit können auch Freunde Rivalen sein und Kinder lernen dabei, mit Rivalität umzugehen, was manchmal bei einem Streit zwischen Kindern zum Ausdruck kommt, wo oft der ganze Körper angespannt ist und Wut und Ärger ausgedrückt

Altersregression

werden, der auch körperlich gespürt werden kann - in der Atmung oder in der Heftigkeit von Bewegungen zum Beispiel. Und dabei lernen *sie*, wie *sie* mit Niederlagen umgehen, aber auch mit Siegen, was ja oft von starken Gefühlen wie Traurigkeit oder Freude begleitet ist.

Aber oft war natürlich das im Vordergrund, was verbindet, z.B. ein gemeinsames Geheimnis oder ein Versteck, was ja zumeist mit einer Erfahrung von Selbständigkeit und Autonomie zu tun hat. Und dieses Gefühl von Gemeinsamkeit, das Kinder dann miteinander verbindet, wird gerade hier so tief erlebt. Spiele sind natürlich nicht immer ungefährlich und so kann es schon geschehen, daß mal ein Sturz oder ein Unfall passiert, wobei Kinder sich wehtun. Das kann so schnell gehen, daß man sich erst im Nachhinein über den Ablauf dieser Episode im Klaren ist - wo es stattgefunden hat und wie es denn eigentlich dazu kam. Aber oft sind dann noch Einzelheiten nachvollziehbar wie zum Beispiel ein Weinen oder ein Schrei geklungen hat, wo der Schmerz war und wie stark er war.

Natürlich ist auch das Zuhause ein Ort des Lernens. Und durch die Haus- oder Wohnungstür zu treten, bedeutet einen Bereich aufzusuchen, in dem Kinder auch ihren Platz und ihre Rolle suchen bzw. zugewiesen bekommen. Gerade der Mittagstisch ist oft der Ort, wo die Übernahme von Rollen bzw. das Lernen, wer man in dieser Welt ist, besonders intensiv stattfindet. Und dort zu sitzen und genau zu wissen, ob die Füße schon den Boden erreichen oder wo die Tischkante gespürt wird, lädt dazu ein in die Gesichter der Menschen zu schauen, die jetzt in der Kindheit so wichtig sind. Am Gesichtsausdruck oder an der Stimme, aber auch an kleinen Gebärden können Kinder schon ablesen, welche Atmosphäre hier herrscht. Und da gibt es Zeichen für eine gute, heitere oder geborgene Stimmung, aber auch Anzeichen im Verhalten der Anwesenden, die auf eine ungute, vielleicht sogar bedrohliche Situation schließen lassen. Und Kinder spüren dies natürlich und entwickeln dabei auch Gefühle als Reaktion auf diese Umgebung, Gefühle, die das Kind manchmal bis in das Erwachsenenalter hinein begleiten können und sogar ein bestimmtes Grundmuster in der Beziehung zu anderen Menschen prägen können.

Und ich sprach gerade allgemein von der Kindheit, und ich möchte sie an dieser Stelle auch einmal wieder in die Kindheit führen *(wo der Patient wahrscheinlich schon längst ist)*, zu den Erfahrungen, die für Sie wichtig waren und Sie bitten, einmal in das Haus Ihrer Großmutter zu treten...etc."

Das Einkreisen muß sich natürlich nicht nur auf einen Zeitraum beziehen, der dann größer (z.B. Jugend) oder kleiner (Grundschulzeit) sein kann, sondern kann auch ein Thema mit einbeziehen, daß sich nicht einem Lebensabschnitt zuordnen läßt. Möchte man etwa das Thema 'Umgang mit Aggression' einführen, so könnten etwa Unterthemen wie 'Erfolgreiches Aushalten von Aggression', 'Unkontrollierte aggressive Reaktionen', 'Angemessener Umgang mit Aggression gegenüber Schwächeren' 'Umgang mit Aggression gegenüber Überlegenen' oder 'Unterdrücken aggressiver Gefühle' angesprochen werden. Diese Vorbereitung könnte einem aggressionsgehemmten Patienten die Angst nehmen, gemeinsam mit der Therapeutin an einer Problemsituation zu arbeiten, zu deren Bewältigung ein starkes Gefühl notwendig ist. Dadurch aber, daß der Patient erlebt hat, wie facettenreich und differenziert ein derartiges Gefühl sein könnte, fühlt er sich sicherer, in einer solchen Situation angemessen reagieren zu können. Bei dem offenen und indirekten Einführen des Themas mit der Einkreistechnik ist der Patient noch nicht mit der Aufgabe konfrontiert, derartige Gefühle einsetzen zu müssen, so daß es ihm leichter fällt, diese überhaupt erst einmal zuzulassen.

Die Einkreistechnik kann auch verwendet werden, um eine Motivation zu schaffen oder zu testen. Denken wir etwa an das Einkreisen des Themas "Beziehung zum Partner", so könnten über die Reaktionen auf die entsprechenden Unterthemen (Zeit des Kennenlernens mit dem ersten Tanzengehen, der ersten Umarmung, dem ersten Urlaub etc., Geburt des ersten Kindes, Erleben von Zuverlässigkeit und Unterstützung, Hilfe durch den Partner bei Überwindung einer Krise oder Krankheit etc.) Erfahrungen wachgerufen werden, die als so wichtig erlebt werden, daß es lohnenswert scheint, daran zu arbeiten, diese wichtigen Erfahrungen wieder zu bekommen. Durch die offene und indirekte Formulierung beim Einkreisen können dabei eher spontane Assoziationen mit entsprechenden Gefühlen auftreten, die an der aktuellen routinemäßigen, negativen Abwertung der gemeinsamen Vergangenheit mit dem Partner 'vorbeikommen'.

7.4 Metaphern

Metaphern bestehen aus Wörtern bzw. Begriffen, die unterschiedlichen Bedeutungsbereichen entstammen, wobei ein Begriff durch das Hinzufügen eines anderen oder mehrerer anderer eine Bedeutungsänderung oder -akzentuierung erfährt. Metaphern sind also nicht einfach nur Bilder, sondern meinen mehr. Die Funktion von Metaphern wird klarer, wenn man sich vergegenwärtigt, daß metapherein *gr.* "übertragen" heißt. Zum Beispiel bei der Metapher *'Das Haupt der Familie'* wird ein anatomischer Begriff ('Haupt') in einen soziologischen Bereich ('Familie') übertragen und damit wird der Person (z.B. Mutter, Vater), auf die die Metapher angewandt wird, eine besondere Bedeutung zugewiesen (Sie denkt für die Familie oder leitet sie.). Linguistisch gesehen muß eine Metapher nicht immer nur aus zwei Hauptwörtern (z.B. "Ihre Enkelin war die *Sonne ihres Lebens*." "Träume sind der *Brunnen der Erinne-*

rung."), konstruiert sein, sondern können auch aus komplexeren Formulierungen ("Die Kondensstreifen von Flugzeugen sind *wie Wunden am Himmel, die nur scheinbar schnell vernarben.*") bzw. aus der Verbindung von Hauptwörtern mit Verben (*im Geld schwimmen, im Geld ertrinken*) oder Adjektiven (*ein schreiendes Unrecht*) bestehen.

Wie nahe Metaphern am Erleben sind, wird auch durch die Alltagssprache klar, die oft mit Adjektiven, die sensorische Erfahrungen beschreiben, Begriffen eine besondere Bedeutung zumessen bzw. einen Bedeutungsaspekt unterstreichen. Zum Beispiel wird bei der Emotion 'Wut' durch Hinzufügen von 'blind' die kognitive Beeinträchtigung hervorgehoben ("*blind vor Wut*"), mit "*kochender Wut*" das Unkontrollierte der Wut betont, während die "*kalte Wut*" noch der rationalen Kontrolle zugänglich ist. Hier noch einige Beispiele für die Erlebnisnähe metaphorischer Umschreibungen:

kalter Blick	abstoßendes Äußeres
erdrückende Anwesenheit	lähmende Gegenwart einer Person
berauschendes Gefühl	stechende Augen
dunkle Ahnung	belebendes Lachen
warme Stimme	glühende Begeisterung

Gerade im Deutschen kommt das metaphorische Prinzip, aus (zwei) unterschiedlichen Begriffen eine neue Bedeutung zu schaffen, in Doppelwörtern zum Ausdruck, die leicht in Bilder umgesetzt werden können. Zum Beispiel ist der 'Bildhauer' jemand, der ein 'Bild' aus einem Stein oder Holz 'haut', was ja leicht in eine bildhafte Vorstellung verwandelt werden kann.

Hier noch einige Beispiele für das metaphorische Prinzip bei deutschen Wörtern und deren Bildhaftigkeit im Vergleich zum Englischen:

deutsch	*englisch*
Volksmund	vernacular
Standbild	statue
Fingerhut	thimble
Langeweile	boredom
Neugier	curiosity
Blutarmut	anemia
Arbeitgeber	employer

Metaphern können in der Hypnosetherapie verwendet werden, um beim Patienten Verständnis oder Einsichten zu schaffen (zum Beispiel in die Funktion seines Symptoms), die den Patienten dann offener für die therapeutische Arbeit machen. Dabei kann mit Metaphern gearbeitet werden, die von der Therapeutin angeboten werden (zum Beispiel "*Ihre Trauer ist wie ein Nebel.*"), um beim Patienten eine kognitive/emotionale Umstrukturierung der Problemsituation zu bewirken ('Metaphernreframing'). Es können aber auch Metaphern aufgegriffen werden, mit denen der Patient sich oder sein Problem beschreibt (*"Ich bin wie ein verblühter Baum."*), um dem Patienten bei der 'Entfaltung der Metapher' auch die negativen bzw. positiven Aspekte der Metapher zugänglich zu machen, die ihm bisher verborgen blieben (Das Verblühen des Baumes ist Voraussetzung dafür, daß er Frucht trägt. Nach dem Verblühen liegen noch Sommer und Herbst vor ihm.). Für die Arbeit mit Metaphern im Rahmen einer Hypnosetherapie ist entscheidend, daß die Metaphern nicht nur gesprächsweise auf einer rationalen Ebene abgehandelt werden, sondern der Patient einen ganz konkreten, erlebbaren Umgang mit der Metapher erhält, ihr in der Trance 'begegnet'. Wie dies umgesetzt wird, werden wir im folgenden bei der Behandlung von Metaphernentfaltung und Metaphernreframing darstellen.

Entfaltung einer Metapher: Patienten bieten manchmal zur Illustration ihrer Situation oder ihres Selbstbildes eine Metapher an. Dies muß nicht, kann aber von Bedeutung sein, insbesondere wenn die Metapher vom Patienten wiederholt erwähnt wird. 'Bedeutsame' Metaphern enthalten für die Therapeutin indirekte Hinweise über die Haltung des Patienten gegenüber seiner Problematik; Hinweise, aus denen sich unter Umständen therapeutische Interventionen ableiten lassen. Angenommen ein depressiver Patient erläutert die Aussage: "Ich werde von meiner Umwelt rücksichtslos behandelt." mit der metaphorischen Aussage : "Mir geht es da wie dem Wald. Beim Waldsterben gibt es auch diese gedankenlose Rücksichtslosigkeit." Mit dieser Metapher gibt der Patient zu erkennen, daß er sich für etwas Wertvolles hält, das schützenswert ist und das durch das Fehlverhalten der Anderen bedroht ist. Hier lassen sich eventuell Kräfte mobilisieren, um das Wertvolle zu verteidigen. Angenommen der Patient hätte die Rücksichtslosigkeit der Umwelt nicht mit der Metapher: "Ich bin wie der bedrohte Wald.", sondern mit der folgenden metaphorischen Aussage erläutert: "Ich fühle mich oft wie ein Mülleimer, in den alles reingestopft wird." Mit der Mülleimer-Metapher stellt sich der Patient nicht als etwas Wertvolles, Schützenswertes dar, sondern akzeptiert eher passiv eine Position, der gegenüber rücksichtsloses Verhalten angemessen ist; die anderen verhalten sich ja nicht falsch, sondern richtig, wenn sie den Abfall dahin tun, wo er hingehört.

Will die Therapeutin den Patienten eine Metapher erleben lassen, nimmt sie sozusagen die Metapher beim Wort und schafft in Trance eine Situation, in der der Patient einen Teil der Metapher wahrnimmt, auch körperlich spürt. Bei der Metapher *'meine Depression ist wie eine Fessel'* würde die Therapeutin den Patienten sich als gefesselt erleben lassen, wobei der Patient spüren soll, wo die Schnüre besonders schmerzen, wie stark die Knoten sind, wie es sich anfühlt, gegen die Fesseln anzukämpfen etc.; dazu würden Phantasien angeregt zu den Fragen, wer ihm diese Fesseln angelegt hat, aber auch wie es sich anfühlt, wenn diese Fesseln nicht mehr da wären, wobei sich eventuell aus dem Empfinden, frei und ungefesselt zu sein, eine Ressource bzw. Motivation schaffen ließe, sich einem bestimmten Alltagsproblem zu stellen. Bei diesem Vorgehen wird ein Teil der Metapher *'Depression ist wie eine Fessel'* 'entfaltet', nämlich die 'Fessel'. Anstatt nur den Aspekt, den der Patient anbietet, nämlich den des ausweglosen Gefesseltseins durch die Depression, zu akzeptieren, können über die erfahrbare Entfaltung der Metapher Ansatzpunkte für die therapeutische Arbeit gewonnen werden.

Die Entfaltung einer Metapher eignet sich insbesondere auch, um einen Patienten, der eine scheinbar vorteilhafte Verhaltensweise in eine Metapher kleidet, mit den 'dunklen' Seiten der Metapher und damit seines 'vorteilhaften' Verhaltens bekannt zu machen wie das Beispiel vom 'Schneemann', das wir in Kasten VII/8 beschrieben haben, zeigt.

Die Therapeutin kann aber auch die Seiten einer Metapher entfalten, die positive Aspekte enthält, die vom Patienten aber bisher übersehen wurden oder die sich unter Umständen erst in der Trance entwickeln.

Ein Patient berichtet, daß er sich am Arbeitsplatz oft wie ein Stehaufmännchen erlebe, daß man leicht nach unten drücken könne und das dann zwar immer wieder nach oben komme, aber nur um wieder erneut nach unten gedrückt zu werden. Da er diese Metapher "*Ich bin wie ein Stehaufmännchen.*", mit der er seine negativen Erfahrungen illustrierte, häufiger wiederholte und sie daher bedeutsam schien, ließ die Therapeutin den Patienten in Trance dieses Stehaufmännchen sein und ihn wiederholt 'in Zeitlupe' die Kraft erleben, die es ihm ermöglichte, immer wieder hoch zu kommen. Dabei erlebte der Patient dieses Aufstehen zunehmend als eine Art von Zurückschlagen, mit dem er sich zur Wehr setzen konnte. Diese Erfahrung war nicht von der Therapeutin vorgegeben, sondern entwickelte sich spontan beim Patienten, der der Therapeutin über diese Erfahrung beim Fraktionieren berichtete. Das abrupte Wiederaufschwingen erlebte er also als ein kraftvolles Ausholen, mit dem er seine Widersacher zu Boden schlug, und je tiefer er niedergedrückt wurde, um so stärker war das starke Zurückschwingen und Zuschlagen. Das dabei aufgetretene Gefühl von einer Kraft, die 'blitzschnell' zurückschlagen konnte, war dann der emotionale Rahmen für die Vorbereitung entsprechender verbaler Reaktionen (wobei für den Patienten auch die Erfahrung der eigenen Stimme als sicher und stark wichtig war), mit denen er *seinen* Standpunkt höflich, aber bestimmt vertreten konnte.

Die Schritte zur Entfaltung einer Metapher sind in Kasten VII/8 anhand des schon erwähnten Beispiels vom 'Schneemann' zusammengefaßt.

KASTEN VII/8: *Arbeit mit Metaphern*

ENTFALTUNG EINER PATIENTENMETAPHER

1. Metapher vom Patienten erklären lassen

> P: "Ich bin kühl wie ein Schneemann. Was die Leute um mich herum sagen ist mir egal, regt mich nicht auf. Das läßt mich kalt."

2. Metapher in Trance 'lebendig' werden lassen

> Z.B. läßt die Therapeutin den Patienten auf einem Familienfest als Schneemann in Kontakt mit Verwandten treten (auch körperlich bei der

Umarmung während der Begrüßung), und zwar mit solchen, die er mag und mit solchen, die er nicht mag.

3. Vom Patienten bisher nicht beachtete Aspekte der Metapher erleben lassen

Als Schneemann kann er nur in stereotyper Weise auf Andere reagieren und zwar in gleicher Weise auf die, die er mag und auf die, die er nicht mag: Er kann nicht erröten vor Freude; er kann nicht sprechen und andere zum Bleiben auffordern oder über seine Gefühle reden; auch wenn ihn etwas schmerzt, er lächelt immer. Leute, die ihn umarmen, werden von seiner Kälte erschreckt. Er ist gefährdet: (Emotionale) Wärme ist gefährlich für ihn. Auch schon die Sehnsucht nach Wärme ist gefährlich.

Umdeutung mit Metaphern (Metaphernreframing): Bei Metaphern erhält ein Begriff durch Hinzufügen eines weiteren Begriffs, der aus einem anderen Bedeutungsbereich stammt, eine neue Bedeutung. Damit eignet sich die hypnosetherapeutische Arbeit mit Metaphern auch, um einen neuen Rahmen zur Betrachtung des Problems zu schaffen ('reframing'), der dem Patienten eine neue Sichtweise vermittelt. Anders als bei der Entfaltung einer Metapher, die in der Regel vom Patienten kommt, wird hier die Metapher von der Therapeutin angeboten. Angenommen, ein Patient wünscht von einer Therapeutin eine Hypnosebehandlung gegen seine Neurodermitis, die er zwar als rein somatisch bedingt sieht, aber die übliche somatische Behandlungsweise mit Kortisonsalben wegen deren hautschädigenden Wirkungen absetzen möchte. Da das Vorgespräch Hinweise auf einen Zusammenhang zwischen neurodermitischen Schüben und häufiger beruflicher wie privater Überforderung ergibt, gegen die er sich nicht abgrenzen kann, könnte die Therapeutin über die Metapher *'Ihre Neurodermitis ist wie eine Alarmglocke.*" versuchen, beim Patienten ein Verständnis für diesen Zusammenhang zu wecken: Zum Löschen eines Brandes reicht es ja nicht aus, nur die Alarmglocke abzustellen, die auf den Brand aufmerksam macht und sich nicht weiter um den Brand zu kümmern. Der Alarm kann nur der Anstoß sein, sich darum zu bemühen, die Bedrohung zu lokalisieren und ihr - eventuell mit Helfern - entgegenzuwirken.

Wie bei der Entfaltung einer Metapher so ist es auch beim Metaphernreframing wieder wichtig, daß der Patient der Metapher in Trance erlebbar begegnet, was in drei Schritten geschehen kann. Nehmen wir zur Illustration des Vorgehens die Metapher "*Ihre Trauer ist wie ein Panzer, wie eine Rüstung*", die die Therapeutin einen Patienten mit erlernter Hilflosigkeit erleben lassen möchte, der von einer seit drei Jahren bestehenden Trauer um seine verstorbene Frau in einer extrem passiven Lebensführung gehalten wird. Er hat keine Kontakte mehr, geht jeden Tag zum Friedhof und beschäftigt sich zu Hause außer mit dem Fernsehen überwiegend mit seiner Frau, die er idealisiert. Die Trauer hat vermutlich die Funktion, den Patienten vor der Angst zu schützen, sich der Aufgabe zu stellen, sein eigenes Leben aufzubauen, Arbeit zu suchen, Kontakte zu finden und zu pflegen, einer Aufgabe, der er sich nicht gewachsen fühlt, vor der er zurückschreckt und vor der er sich in seiner Trauer vergräbt. Dennoch gibt der Patient zu verstehen, daß er sich nach einem neuen Leben sehnt.

Um dem Patienten zu vermitteln, daß die Trauer einen Schutz darstellt, der aber eine positive Entwicklung verhindert, könnte die Therapeutin ein Metaphern-reframing mittels der Metapher "*Ihre Trauer ist wie ein Panzer.*" versuchen. Dazu führt sie nach der Tranceinduktion zunächst die Funktion der Trauer, nämlich einen (unangemessenen) Schutz zu bieten, indirekt über den zweiten Teil der Metapher, den 'Panzer', ein.

Th: Und die beginnende Entspannung wird sich noch vertiefen, was von einem zunehmenden Schweregefühl begleitet sein kann, so als würden nach und nach die Glieder
und der Rumpf von etwas Schwerem bedeckt, wie von Teilen einer Rüstung oder
eines Panzers, der alles von außen abhält und ein Gefühl der Sicherheit vermitteln
kann. Und während ich zunächst weiter das Bild des Panzers aufgreife, bitte ich Sie,
sich wieder von meiner Stimme in eine tiefere Schwere begleiten zu lassen. Und
einen Panzer zu tragen bedeutet einen starken Schutz vor Angriffen, die dann wir-
kungslos an der Panzerung abprallen. In einem Panzer kann man sich sicher fühlen,
ja geradezu verstecken. Aber dafür zahlt man allerdings auch einen Preis. Es macht
Mühe ihn zu tragen, so daß man ermüdet und erschöpft ist. Panzer sind oft nicht
geräumig und engen die Atmung ein und die schweren Panzerteile erlauben nur eine
schwerfällige, mühsame Bewegung. Sich immer nur sicher fühlen müssen und immer einen Panzer tragen wollen, bedeutet auch, auf vieles andere verzichten zu müssen in der einsamen, dunklen Enge des Panzers, in dem kein Raum für weitere Menschen ist. Und ist es deswegen nicht sinnvoll, den Panzer nicht immer zu tragen,
sondern vielleicht nur zeitweise oder über eine andere Art des Schutzes zu verfügen?

In einem zweiten Schritt läßt die Therapeutin den Patienten die Funktion seiner Trauer 'erleben', indem er den Patienten den Panzer, den zweiten Teil der Metapher, in Trance tragen läßt.

Th: Und auch, wenn es Ihnen vielleicht merkwürdig vorkommt, bitte ich Sie, innerlich
zu erleben, wie es sich anfühlt, in einem solchen Panzer zu sein. Da ist zunächst
einmal das Gewicht der schweren Platten auf dem Rücken und der Brust und beim
Einatmen wird spürbar, wie eingeengt die Brust ist, je tiefer der Atem geht, um so
deutlicher wird diese Einengung sein.....und wie schwer es ist, den Kopf in einem
gepanzerten Helm zu bewegen, der überdies nur einen begrenzten Ausschnitt der
Welt durch das Visier erkennen läßt....und da die Beweglichkeit des Kopfes durch
den starren Helm eingeschränkt ist, zieht vieles an Ihnen vorüber, ohne daß Sie dem
folgen können. Und die Aufmerksamkeit auf die Beine bei der Bewegung zu richten,
läßt dann auch die Steifheit beim Gehen erfahren, so als wären Sie wie gelähmt und
starr, ein Gefühl, das beim Gehen dann auch in den Armen auftreten kann, die von
starren Armschienen umfaßt werden. Und während so ein Panzer vor Hieben und
Stichen schützt, sie nicht hereinläßt, läßt er aber auch nicht das Helle, Lebendige
von Außen in die dunkle Enge des Panzers herein. Und manchmal kann es sein, daß
ein Klopfen, mit dem sich jemand bei ihnen melden möchte, im Panzer so laut
dröhnt, daß es geradezu Angst machen kann, obwohl Sie sich doch gerade in einem

Panzer sicher fühlen sollten.

Schließlich führt die Therapeutin die Gesamtmetapher ein und läßt den Patienten die Unangemessenheit der Trauer (Tragen eines Panzers) bezogen auf wichtige vergangene oder künftige Situationen erleben.

Th: Und als wir eben von Ihrer Trauer sprachen, kam es mir so vor, als wäre Ihre Trauer auch wie ein Panzer, wie eine Rüstung, durch die nichts kommt, die undurchdringlich zu sein scheint. Ich sah Sie geradezu in Ihrem Panzer und dabei ist mir auch klar geworden, was dieser Panzer alles verhindert. Ich weiß nicht, ob Ihre Frau mit Ihnen in diesem Panzer hätte tanzen wollen, oder ob sie bei einer Umarmung wirklich für Sie spürbar gewesen wäre. Und auch ein Spaziergang mit Ihnen in Ihrem Panzer wäre für Ihre Frau sicherlich kein Vergnügen gewesen. Und ich bitte Sie, sich nun Zeit zu nehmen, um zu spüren wie es ist, in einem solchen Trauerpanzer einen Spaziergang, eine Umarmung oder einen Tanz mit Ihrer Frau zu erleben.......die Steifheit und Einengung zusammen mit den ungelenken Bewegungen zu erfahren.... Und vielleicht wäre es gut, daß Sie nun auch einmal innerlich nachvollziehen, wie es wäre, sich in dieser Rüstung um eine Arbeitsstelle zu bewerben oder Einkaufen zu gehen....(weiter ausbauen).

Anders als bei der Stellvertretertechnik, bei der die Therapeutin über das mit dem Stellvertreter angesprochene Gefühl nicht redet, weiß der Patient bei der Arbeit mit der Metapher natürlich um die Absicht der Therapeutin. Da es beim Metaphernreframing um Umdeutung von Gefühlen und Einstellungen geht, die unter Umständen eine starke Schutzfunktion haben, kann man auf völliges Unverständnis stoßen, ja den Patienten damit verletzen, der die Therapeutin dann als sehr uneinfühlsam und rücksichtslos erleben würde, wenn sie etwa einen permanenten, marternden Schmerz als Freund darstellt. Es empfiehlt sich daher immer, eine Metapher im Gespräch vorzutesten bzw. vorzubereiten, bevor ein Metaphernreframing in Trance vorgenommen wird.

Zum Testen einer Metapher könnte die Therapeutin über einen Patienten berichten, bei dem die Trauer bzw. der Schmerz zurückging als er sich wieder traute, aus seinem 'Panzer' herauszukommen und begann, aktiv sein Leben neu zu gestalten. Je nach Reaktion des Patienten bricht man mit der Schilderung ab oder fährt damit fort. Falls die Therapeutin bisher keine eigenen Fälle hatte, über die sie berichten kann, kann Bezug auf die Literatur genommen werden.

In Kasten VII/9 haben wir einige Möglichkeiten für die Umdeutung von Problemen zusammengetragen, und noch einmal die Schritte des Metaphernreframings erläutert.

KASTEN VII/9: *Arbeit mit Metaphern*

Metaphernreframing

Das Metaphernreframing wird verwendet, um dem Patienten 'erlebbar' zu vermitteln, daß sein Problem nicht ausschließlich das Belastende, Störende ist, das beseitigt werden muß, sondern auch eine Funktion hat. Die im folgenden aufgeführten Konzepte aus den Bereichen (Problem/ 'ist wie'/Funktion) können beliebig - je nach Bedarf - kombiniert werden. Die Zuordnungen in den einzelnen Reihen sind nur beispielhaft.

1. Teil der Metapher Problem	2. Teil der Metapher 'ist wie'	Funktion
Angst	Freund	Warnung, Hinweis
Trauer	Panzer, Rüstung	Schutz
psychosomat. Symptom	Alarmglocke, Hilfruf	Chance, Neubeginn
Depression	Berg	Herausforderung
Scham	Nebel, Maske	Filter, Ablenker
Schuld	Krücke	sekundärer Krankheitsgewinn

Vorgehensweise   (z.B. *'Angst ist ein Freund'* bei einem Patienten mit 'frei flottierenden' (generalisierten) Ängsten, die nach Ansicht der Therapeutin mit der permanenten Unterwerfung unter die Ansprüche von Eltern und beruflichen Instanzen zu tun haben. Da dies dem Patienten aber nicht bewußt ist, möchte die Therapeutin dem Patienten eine Einsicht in den Zusammenhang zwischen Ängsten und der nicht-bewußten Unfähigkeit zur Abgrenzung, die der Patient als Freundlichkeit anderen gegenüber rationalisiert, vermitteln. (s. auch unten S. 301ff 'Unterdrückung der emotionalen Autonomie')

(a) **Indirekte Einführung der Funktion** des Symptoms/Problems über Einkreisen des zweiten Teils der Metapher

'Einkreisen' von "guter Freund": sieht mehr als man selbst; macht sich Sorgen und ängstigt sich um einen; es schmerzt ihn zu sehen, wie man etwas falsch macht oder falsch behandelt wird. Auch wenn wir das nicht wahrhaben wollen, macht er sich weiter Gedanken und es tut ihm weh, bedrückt ihn, nicht sagen zu können, was sich bei uns ändern müßte. Am liebsten würde er uns bei der Hand nehmen und zu den Problemen hinführen, damit wir endlich klar sehen.

(b) **Die Funktion 'erleben' lassen,** indem der Patient den zweiten Teil der Metapher wahrnimmt, spürt, etwas damit tut.

Zusammensein mit einem guten Freund/Freundin erfahren lassen: Im Händedruck, der Mimik und Stimme, Wärme, Festigkeit, Vertrauen spüren, aber auch die ängstliche Sorge der Freundin/des Freundes erleben lassen.

(c) **Einführung der Metapher** und symptom-/problembezogene Situationen im Rahmen der in (b) vorbereiteten Erfahrung erleben lassen.

Mit dem Patienten Situationen aufsuchen, in denen die Freundin/der Freund auf bedrohliche Aspekte oder falsche Bewältigungsstrategien aufmerksam macht und einen angemessen Umgang mit den kritischen Situationen vorschlägt. "Ist nicht auch Ihre Angst wie ein Freund, dem es Angst macht, wie es in Zukunft weiter gehen soll, wenn Sie sich weiterhin so ungerecht behandeln und ausnutzen lassen und nichts dagegen getan wird."

7.5 Symbolische Arbeit

Indirekte Kommunikation muß nicht nur bedeuten, daß dem Patienten Erfahrungen vermittelt werden, ohne daß er eigentlich weiß, um was es geht, sondern kann sich auch auf die Kenntnis über die Ursachen des Problems des Patienten beziehen. Manchmal ist es der Therapeutin auch nach sorgfältigster Exploration nicht möglich, die Ursachen bzw. die Faktoren, die ein Symptom/Problem bedingen bzw. aufrechterhalten, zu identifizieren. Um dennoch zum Beispiel die unerklärlichen Ängste einer jungen, völlig gesunden Patientin vor einer möglichen Krebserkrankung behandeln zu können, kann die Therapeutin ein angstauslösendes Symbol schaffen. In Trance setzt sich die Patientin gegen das Symbol zur Wehr oder tritt dem Symbol gegenüber und lernt dabei die Angst auszuhalten und zu reduzieren. Über die Repräsentation der Angst in Form eines Symbols erreicht die Therapeutin, daß die Angst vom Patienten als beeinflußbar erlebt wird. Das Gefühl des Ausgeliefertseins weicht der Erfahrung, einen Einfluß auf die Angst ausüben zu können. Therapeutin und Patient kommunizieren über das Symbol indirekt mit der unbewußten Ebene, die die 'Ursachen' (z.B. nicht bewußte Erfahrungen) enthält, die die Angst bedingen. Das Symbol ist sozusagen das 'interface' zwischen bewußter und unbewußter Ebene. Die symbolische Behandlung eignet sich aber auch für Patienten, deren Problemursachen von der Therapeutin verstanden sind, für die es aber schwierig ist, sich konkret mit ihrem Problem auseinanderzusetzen oder darüber zu reden.

Die symbolische Behandlung kann nicht bei jedem Patienten eingesetzt werden. Ihr erfolgreicher Einsatz hängt davon ab, ob es der Therapeutin zusammen mit dem Patienten gelingt, ein Symbol zu finden, das beim Patienten auch entsprechende emotionale Reaktionen bewirkt. Gelingt dies aber, so hat die Therapeutin die Möglichkeit, die Angst in der jeweiligen Sitzung auszulösen und kann in der aktuellen Sitzung mit dem Patienten an der Angst arbeiten, anstatt den Patienten 'nur' auf die Angstsituation vorzubereiten, von der nicht bekannt ist, was sie auslöst und wann sie auftreten wird. Anstelle des unbekannten, nicht-bewußten Auslösers der Angst, den die Therapeutin nicht kontrollieren kann, hat sie nun einen Auslöser für die Angst, nämlich das Symbol, geschaffen, und damit Kontrolle über das zeitliche Auftreten der Angst bekommen.

Zur Gewinnung eines Symbols eignen sich zwei Möglichkeiten (Kasten VII/11). Zum einen gibt die Therapeutin nach Tranceinduktion und Suggestion des Gefühls, das mit dem Problem des Patienten verknüpft ist, etwa Angst, eine Szene vor, zum Beispiel eine Höhle (Kasten VII/10). In Trance 'betritt' der Patient nun die Höhle mit einem Gefühl von Angst in Erwartung eines spontan auftretenden Symbols (zum Beispiel in Form eines Tieres). Tritt ein solches angstauslösendes Symbol auf, konfrontiert die Therapeutin den Patienten mit dem Symbol. Dabei erfährt der Patient über das 'Aushalten' des Symbols bzw. durch eine aggressive Auseinandersetzung mit dem Symbol, daß er seine Angst kontrollieren kann. Da sich bei manchen Patienten die 'innere' Situation rasch ändert, muß die Therapeutin mit solchen Patienten permanent im Gespräch bleiben, um den Patienten leiten zu können.

KASTEN VII/10: *Symbolische Behandlung*

Erzeugung eines Symbols über spontan auftretende Bilder ('Höhle')

Bei einer Patientin, für deren Angst keine auslösenden Bedingungen bestimmbar sind, versucht die Therapeutin, ein angstauslösendes Symbol zu gewinnen, indem sie sich auf die Pläne der Patientin bezieht, als Entwicklungshelferin nach Südamerika zu gehen. Zunächst bereitet sie die Patientin aber im Vorgespräch auf die Entwicklung des Symbols vor:

Th: Da es uns bisher nicht gelungen ist, die Ursachen für die Angstperioden kennen-zulernen, möchte ich heute zusammen mit Ihnen einen Weg zu dieser Angst finden, und zwar, indem wir uns in Trance auf die Suche machen. Sie kennen es ja aus Träumen, daß uns plötzlich Bilder begegnen, die oft völlig bizarr und unverständlich sind, die aber Gefühle in uns auslösen, manchmal sogar starke Gefühle, die uns zuweilen erschrecken.

P: Aber das hört sich für mich so nach Alpträumen an, denen man nachts ausgeliefert ist. Ich bin doch froh, wenn ich mich nicht mit diesen Ängsten befassen muß und will sie eigentlich nicht noch extra aufsuchen.

Th: Ich bin natürlich auch froh, wenn Sie diese Ängsten nicht mehr quälen. Und damit dies nicht mehr der Fall sein wird, müssen wir uns schon mit den Ängsten aus-einandersetzen - aber nicht so wie im Alptraum, wo man den ängstigenden Bildern eher hilflos, passiv und voller Angst gegenübersteht, die einen überfluten. Und ihnen gegenübertreten sollten wir schon, aber auf eine behutsame Weise. Es ist wie bei einem Arzt. Wenn er die Wunde nicht sieht, an der der Patient leidet. nicht an sie heran kann, dann kann er sie auch nicht fachgerecht und vorsichtig verbinden, damit sie endlich heilen kann.

P: Aber geschieht denn jetzt in Hypnose nicht dasselbe wie sonst, wenn ich schutzlos in diese Angst hineinfalle und dann nicht wieder herauskomme?

Th: Nein, Sie werden erleben, daß Sie der Angst aktiv und geschützt gegenübertreten können und wir beide können natürlich jederzeit unterbrechen. Ich werde sowieso öfter unterbrechen, weil ich wissen möchte, was Sie gerade erleben. Und Sie können mir jederzeit ein Zeichen mit dem Finger geben oder es einfach sagen, wenn Sie unterbrechen möchten. Wir beide bleiben also dauernd in Kontakt. Sie wissen von den früheren Hypnosesitzungen, daß innere Bilder angenehme Erfahrungen und Gefühle bewirken. Diesmal werden wir auch Bilder oder Symbole verwenden, wobei es diesmal auf Ihre spontanen Bilder ankommt, Bilder, die mit der Angst zu tun haben. Anders als in Träumen, wo die Bilder machen, was sie wollen, können wir in der Hypnose ja die Bilder verändern, und zwar so, daß Sie einen neuen, kontrollierenden Umgang mit der Angst erfahren und erlernen.

Th: (nach Tranceinduktion):.........und wir sprachen eben von Südamerika und dem Regenwald. Ich bitte Sie nun, sich einmal Zeit zu nehmen, in der Abenddämmerung unweit des Ufers eines breiten Urwaldstromes zu stehen und die Atmosphäre der Umgebung auf sich wirken zu lassen...und das muß nicht nur die Temperatur oder der Geruch dort sein, sondern kann sich auch auf die Geräusche des Urwaldes beziehen....und das Fließen des dunklen Stromes zu beobachten lädt dazu ein, die davon ausgehende Ruhe in sich aufsteigen zu spüren...und mit der zunehmenden Vertiefung der Ruhe in Arme und Beine mehr und mehr in diese exotische Umgebung mit ihren besonderen Farben und Geräuschen einzutauchen, wo man leicht überraschenden und neuen Erfahrungen begegnen kann. Und wenn ich eine Zeitlang nichts sage, atmen Sie sich mehr und mehr in diese Umgebung hinein, wobei ich nicht weiß wie Sie die Temperatur oder die Luftfeuchtigkeit wahrnehmen, ob Sie einen Wind spüren und welche Farben jetzt vorherrschen..........Und wenn Sie sich in diese Umgebung eingefühlt haben, geben Sie mir ein Zeichen oder sagen Sie es mir einfach.............(Patient nickt.)
Gehen Sie jetzt in der beginnenden Dunkelheit langsam nahe an das Ufer des Stromes, wo ein festgemachtes Kanu mit einem schweigsamen Indio liegt...langsam auf das Ufer zugehen und mit jedem Schritt spüren wie Sie mehr und mehr Teil haben an der Umgebung, wobei manchmal das Fließen des breiten, majestätischen Flusses, aber auch die exotischen Geräusche aus dem Dunkeln im Vordergrund stehen können. Steigen Sie nun in das Kanu ein und lassen Sie sich von dem Indio in den still fließenden Strom hinauspaddeln...., lassen Sie sich davontragen, in einen neuen, unbekannten Bereich, ohne etwas tun zu müssen. Können Sie mir sagen, was Sie gerade erleben?

P: Wir biegen jetzt ab, vom großen Fluß in einen kleinen Seitenarm, der von den Urwaldbäumen überdeckt ist...wie ein Gang. Es ist totenstill.

Th: Während Sie vorher entspannt waren, bitte ich Sie jetzt etwas schneller zu atmen, so als würde bei Ihnen eine Befürchtung oder eine Angst auftreten. Spüren Sie dabei eine Beklemmung im Brustbereich, so als würde etwas auf Ihrem Oberkörper lasten und nun vielleicht auch ein unsicheres Zittern in Armen und Beinen. Es ist wichtig, daß Sie diese Empfindung jetzt deutlich erleben. Geben Sie mir ein Zeichen, wenn Sie eine beginnende Empfindung von Angst verspüren...(Patient

nickt.).
Gleich wird eine Lichtung am Ufer sein, an der das Boot haltmachen wird. Steigen Sie dann aus und gehen Sie dann vom Ufer langsam auf das Ende der Lichtung zu, wo Sie einen Höhleneingang bemerken werden.

P: Ich sehe die Höhle vor mir, aber ich kann sie nicht betreten; der Eingang liegt zu hoch.

Th: Schauen Sie sich um. Gibt es eine Möglichkeit, den Eingang zu erreichen.

P: Der Indio hat mir einen Baum gefällt, den ich wie eine Leiter verwenden kann.

Th: Gut. Gehen Sie nun in die Höhle hinein.

P: Rechts vom Eingang sitzt ein älterer Mann, aber der ist mir egal. In der Höhle ist ein dämmriges Licht, das vom Grund eines kleinen Sees in der Höhle leuchtet. Ich spüre eine deutliche Beklemmung...es ist irgendwie unheimlich. Ich habe auch den Eindruck, als würde sich etwas in der Höhle bewegen, aber ich sehe nichts.

Th: Setzen Sie sich an den See und warten Sie ab, was geschieht, während Sie weiter das Gefühl von Beklemmung spüren und vielleicht auch noch verstärken.
(am See geschieht eine Zeitlang wenig: ein Stein poltert aus der Höhlendecke, der die Patientin aber nur kurz erschreckt; eine alte Frau kommt von hinten und legt ihr die Hand auf die Schulter, was ihr aber eher lästig ist etc..; nachdem die Therapeutin aber wieder körperliche Angstreaktionen anspricht, stellt sich nach einiger Zeit ein Angstsymbol ein, was von einer deutlichen Zunahme der Herzschlagrate - abzulesen an der Halsschlagader - begleitet ist.)

P: Können wir abbrechen *(Patientin öffnet abrupt die Augen.)* Da war sie wieder die Angst, ganz deutlich habe ich sie gespürt. Es hat mir richtig die Kehle abgeschnürt. Aus dem See kam plötzlich eine schwarze Krake hoch, deren Arme so glitschig waren und auf mich zugeschlängelt kamen. Ich bin aufgesprungen und wollte zum Eingang zurücklaufen.

Th: Gut. Es ist Ihnen jetzt gelungen, sich willentlich der Angst zu nähern. Und da müssen wir nun weitermachen.
(Die Therapeutin bespricht nun vor der folgenden Trancesequenz mit der Patientin, wie die Situation in der Höhle gestaltet sein müßte, um sich wieder der Krake zu nähern, und was die Patientin dann tun möchte. Die Patientin möchte mit dem Indio, der für sie Kraft und Sicherheit ausstrahlt und "sich mit dem Urwald auskennt", in die Höhle zurück. Zuvor soll der Indio den Teil der Höhle, in dem sich See und Krake befinden, mit starken Baumstämmen abgrenzen, so daß die Krake wie in einem Käfig eingeschlossen ist. Danach will sie die Krake zusammen mit dem Indio mit langen Bambusstangen von den Baumstämmen wegstoßen. In der folgenden Trancesequenz gelingt es der Patientin nach einigen Versuchen, sich in die Höhle und dort in die Nähe des 'Käfigs' zu begeben. Sie erlebt dann das Zurückstoßen der Krake als ein starkes Gefühl, das etwas von einer großen Wut hat. Dieses (Ressourcen-)Gefühl wird von der Therapeutin verstärkt und das körperliche Erleben betont. Mit diesem starken Gefühl geht sie noch einmal mit dem Indio in die Höhle. Am Ende der Sitzung äußert sie sich zufrieden darüber, daß es ihr gelungen sei, sich der Angst gegenüber nicht als hilflos, sondern als stark zu erleben.)

Eine weitere Methode zur Erzeugung eines Symbols besteht in der Vorgabe von polaren Eigenschaften wie 'warm - kalt oder 'glatt - rauh', anhand derer der Patient sein Problem, z.B. seine ansonsten schwer faßbare Angst charakterisieren soll. Der Patient soll dabei jeweils entscheiden, ob seine Angst eher 'warm' oder eher 'kalt', eher 'glatt' oder eher 'rauh' ist etc. Die vom Patienten gewählten Eigenschaften werden dann mit einer Form von bestimmter Größe verknüpft. Form und Größe werden vom Patienten gewählt. Mit dem so gewonnenen Symbol setzt sich der Patient dann in Trance auseinander.

Ein Patient mit psychogenen tics wurde von der Therapeutin gebeten, sein Problem in Trance anhand bipolarer Eigenschaften zu beschreiben. Nachdem die entsprechenden Fragen ("Ist es eher langsam oder eher schnell?" etc.) vom Patienten beantwortet waren, ergaben sich folgende Adjektive: groß, kalt, hart, rauh, dunkel, leise, langsam, rund. In der Fraktionierung präzisierte der Patient die Beschreibung seines Problems über die Adjektive, indem er 'leise' als "stumm", 'langsam' als "unbeweglich" und 'rauh' als "wenn ich mit der Hand darüber fahren würde, dann würde ich sie mir aufreißen" beschrieb. Auf die Frage, welche Form sein Problem haben könnte, beschrieb er einen abgerundeten, sich nach unten verjüngenden Quader von etwa 1,70 cm. Die Therapeutin läßt nun den Patienten sich in Trance der - im weitesten Sinne - anthropomorphen Form mit den genannten Eigenschaften nähern; während der Auseinandersetzung mit dem Symbol treten die tics kaum auf.

Th: (*nach Fraktionierung*) Und gerade jetzt beim Ausatmen bitte ich Sie, sich wieder tiefer in die innere Gelöstheit zu begeben und während das Äußere wieder mehr und mehr zurückweicht, die innere Wahrnehmung deutlicher werden zu lassen, um dann vor sich diese dunkle Form zu sehen, wobei ich nicht weiß, welche Entfernung Ihnen dabei zunächst am angenehmsten ist. Können Sie die Form vor sich sehen.

P:

P: (*nach einigem Zögern*) Ja, ich sehe sie in etwa vier Metern vor mir. An den meisten Stellen hat sie dieses Rauhe, Rissige und an einigen wenigen Stellen ist sie glatt und hat dort ein mattes Schwarz.

Th: Was empfinden Sie, wenn Sie die Form vor sich sehen?

P: Ich habe so ein beklommenes Gefühl, so einen Druck auf der Brust. Dieses Unbewegliche, Stumme macht mir etwas Angst.

Th: Ich bitte Sie nun, sich der Form zu nähern, darauf zuzugehen und dabei zu erleben wie ich hinter Ihnen stehe und meine Hand auf Ihrer Schulter habe, die ich jetzt auch hier auf Ihre Schulter lege (*Therapeutin legt die Hand auf die Schulter des Patienten*). Gehen Sie langsam mit mir auf die Form zu. Wo stehen Sie jetzt?

P: Ich stehe nahe davor und berühre mit meiner Hand den Stein. Er ist ganz kalt und ich spüre das scharfe, rissige Gestein; es tut weh, wenn ich mit der Hand darüber streiche. Ich spüre ein Gefühl von Angst, habe aber auch ein Gefühl, so als müßte ich platzen.

Th: Was möchten Sie am liebsten an dieser Form, dieser Figur verändern.

P: Am liebsten würde ich die rauhen Stellen glatt schleifen.

Th: Gut, nehmen Sie doch eine Schleifmaschine und beginnen Sie, diese rissigen Stellen glatt zu schleifen. Und während Sie dies tun, spüren Sie auch die Kraft, mit der Sie dies tun, in den Armen und Beinen, aber auch im Nacken-Schulterbereich und im Rücken. Atmen Sie doch die Kraft ein, die Sie aufwenden müssen, ganz tief, noch mehr, bis Sie davon angefüllt sind, um dann vielleicht zu erleben, daß Ihre Kraft noch zugenommen hat und Sie damit noch kraftvoller schleifen können. Und wenn ich jetzt eine Zeit lang nichts sage, arbeiten Sie so weiter wie es Ihnen richtig erscheint...........

P:

Th: (*im Nachgespräch, nach Aufhebung der Trance*): Ich habe zu Hause auch eine Schleifmaschine; meinen Sie, es würde mir gut tun, manchmal damit Steine zu schleifen.

Sie haben gerade selbst entschieden, was sie wollen und wie lange sie es wollen. Entscheiden Sie doch auch zu Hause selbst, was sie schleifen oder verändern wollen, und wie oft und wie lange Sie dies tun wollen.

Ob das Symbol nun spontan aufgetreten ist oder über polare Eigenschaften gewonnen wurde, entscheidend für die symbolische Arbeit ist das Potential des Symbols, auch Problemgefühle auszulösen. Deswegen muß sich die Therapeutin immer wieder vergewissern, ob dies auch noch der Fall ist. Dabei kann es sein, daß ein Symbol fast unverändert über Monate hinweg verwendet werden kann oder aber schon innerhalb einer Sitzung mehrfach wechselt. Die beiden erwähnten Möglichkeiten zum Erzeugen eines Symbols sind natürlich nicht ausschließlich. Hat der Patient Erfahrung mit dieser Behandlungsweise, bringt er vielleicht eigene Symbole, die nicht zusammen mit der Therapeutin erarbeitet wurden, zum Beispiel aus Träumen, in die therapeutische Sitzung mit.

KASTEN VII/11

Symbolische Behandlung

Die symbolische Behandlung ermöglicht die Bearbeitung von belastenden Erfahrungen, ohne daß die Therapeutin die Ursachen dieser Belastungen bzw. traumatischen Erfahrungen kennen muß. Diese Methode bietet sich insbesondere dann an, wenn kein Bedingungsmodell für eine Symptomatik aufgestellt werden kann und Ursachen wie Faktoren, die die Symptomatik aufrechterhalten, im Dunkeln bleiben. Dabei wird das Problem/Symptom symbolisiert und die Auseinandersetzung mit dem Problem/Symptom findet über die Auseinandersetzung mit dem Symbol statt. Diese Vorgehensweise eignet sich nur, solange das Symbol die beteiligten Gefühle provoziert (z.B. Angst, Trauer). Das Symbol kann auf zwei Arten erzeugt werden:

1. Erzeugung eines Symbols über spontan auftretende Bilder

a) Nach einer Tranceinduktion gibt die Therapeutin dem Patienten in Trance eine Projektionssituation vor (Höhle, Wald, altes Haus, Schlucht etc.).

b) Die Therapeutin erzeugt die körperlichen Begleiterscheinungen des zu bearbeitenden Gefühls (Angst, Schuld etc.), indem sie die entsprechenden Erfahrungen unter Umständen über begleitende Hyperventilation suggeriert (Enge
im Brustkorb, Druck im Magen, Verspannung im Schulter-Nackenbereich
etc.)

c) Danach versucht die Therapeutin den Patienten über Konfrontation mit der
symbolischen Situation und den spontan auftretenden Bildern z.B. Ängste
aushalten zu lassen (symbolische Desensibilisierung) oder ihm neue Erfahrungen zu vermitteln (z.B. Verantwortungsgefühl für sich selbst, Ausdruck
von verdrängter Aggression etc.).

2. Erzeugung eines Symbols über Eigenschaftspolaritäten

a) Nach einer Tranceinduktion erzeugt die Therapeutin das zu bearbeitende Gefühl.

b) Der Patient beschreibt in der Fraktionierung sein Problem/Symptom anhand
folgender Liste (Wie kommt Ihnen Ihre Angst vor? Ist sie eher groß oder
klein, eher glatt oder rauh, etc?)

groß - klein	glatt - rauh
warm - kalt	hoch - tief
weich - hart	rund - eckig
schwer - leicht	dunkel - hell
schnell - langsam	neu - alt
laut - leise	nah - fern
spitz - stumpf	glänzend - matt

Ist Ihr Problem/Symptom mit einer bestimmten Form, Farbe oder mit
einem bestimmten Geruch oder Geräusch verknüpft?

c) Interaktion zwischen Patient und symbolisiertem Symptom (z.B. das Symbol
berühren bzw. dem Symbol das Gefühl vermitteln, das der Patient braucht
(Vertrauen, Zuneigung, Sicherheit etc.), oder auch aggressive Handlungen
gegen das Symbol durchführen lassen.

In diesem Kapitel haben wir uns mit indirekter Kommunikation beschäftigt und dabei
verschiedene Möglichkeiten kennengelernt, indirekt zu sein, wobei man 'indirekt'
auch mit 'verschlüsselt' oder 'kodiert' übersetzen könnte. Bei der *Stellvertretertechnik*
wird der Patient und/oder seine Situation über einen Stellvertreter verschlüsselt (z.B.
der hoffnungslose Patient als eine Blume unter Eis und Schnee). Bei der *Einkreistechnik* wird die direkte Aufforderung der Therapeutin, der Patient möge sich mit
seiner Kindheit beschäftigen, über die allgemein gehaltene Beschreibung von Kind-
heitsthemen verschlüsselt. Bei der Arbeit mit *Metaphern*, bei der der Patient weiß,

daß er gemeint ist, verschlüsselt die Therapeutin nicht, sondern entschlüsselt: Beschreibt sich der Patient über eine Metapher, entschlüsselt die Therapeutin positive oder negative Aspekte der Metapher, die dem Patienten bisher verborgen blieben (Metaphernentfaltung). Beim Metaphernreframing entschlüsselt die Therapeutin für den Patienten einen Bedeutungsaspekt seines Symptoms (z.B. Angst) über eine Metapher (z.B. die Angst als Freund). Bei der *symbolischen Arbeit* versuchen Patient und Therapeutin die nicht entschlüsselbaren Ursachen seines Symptoms als Symbol zu kodieren, und über die Auseinandersetzung mit dem Symbol (z.B. Krake) das Symptom (z.B. Angst) zu beeinflussen.

Bei der Lektüre der Beispiele im vorliegenden Kapitel wird vielleicht aufgefallen sein, daß die Sprache bei Stellvertreter- und Einkreistechnik sehr offen und indirekt war. Bei diesen Methoden sind spontane und freie Assoziationen des Patienten ausreichend, um einen eher allgemeinen Gefühlsbereich (z.B. Hoffnung) bzw. Vorstellungsbereich (z.B. Kindheit) anzusprechen. Die Formulierungen bei Metaphernentfaltung und -reframing bzw. symbolischer Arbeit enthielten hingegen ziemlich direkte Anweisungen, um den Patienten an ganz konkrete Erfahrungen heran zu führen, was auch der Fall bei den therapeutischen Interventionen sein wird, die wir in den folgenden Kapiteln kennenlernen werden. Anders als in den Kapiteln 3 und 4 bezog sich 'indirekt' im vorliegenden Kapitel also nicht auf die Art der Formulierung (d.h. auf die grammatikalische Dimension), sondern auf die Art des Zugangs zu einem Sachverhalt (d.h. auf die semantische Dimension).

8 HYPNOSETHERAPEUTISCHES RAHMENMODELL

Der Leidensdruck unserer Patienten besteht in der Regel aus belastenden Gefühlen wie Angst, Unsicherheit, depressiven Verstimmungen, die oft im Zusammenhang mit seelischer Einsamkeit, Ablehnung etc. stehen. Das Ziel einer jeden Psychotherapie kann daher zunächst einmal so formuliert werden: Da wo Hoffnungslosigkeit, Angst, Verzweiflung, Minderwertigkeit, Depression, Schuld oder Scham herrschen, die auch in Zusammenhang mit psychosomatischen Störungen stehen können, soll der Therapeut Hoffnung, Zuversicht, Vertrauen, Selbstbewußtsein und Selbstakzeptanz oder Lebensfreude schaffen. Dabei ist die emotionale Erfahrung, die der Patient in der hypnotischen Trance erlebt, das wesentliche therapeutische Argument, mit dem die Hypnosetherapie ein pathogenes Selbstbild korrigiert, unangemessenes Verhalten ändert, körperliche Prozesse beeinflußt und auf die Beziehungsebene (Beruf, Familie) einwirkt. Während andere Therapierichtungen belastende Gefühle etwa über Verhaltensänderungen, Vermittlung von Einsichten, Änderungen der körperlichen Befindlichkeit oder Korrektur irrationaler Gedanken versuchen, arbeitet die moderne Hypnosetherapie direkt an der Änderung von emotionalen Erfahrungen. Dazu müssen in der Therapie unter Umständen alle Ebenen emotionalen Erlebens berücksichtigt werden, nicht nur das subjektive, 'private' Gefühl von z.B. Angst, sondern zusätzlich auch die körperliche (z.B. muskuläre Verspannung, Zittern, Magendruck) wie die Verhaltensebene emotionalen Erlebens (z.B. Rückzug und Vermeiden).

Für die erlebnisnahe therapeutische Arbeit auf diesen Ebenen eignet sich Trance in besonderem Maße. In Trance ist der Zugang zu einem gefühlsmäßigen Erfahren einer 'inneren' Realität erleichtert: Über die verbesserte Imaginationsfähigkeit werden dabei vom Therapeuten vorgegebene therapeutisch relevante Inhalte (z.B. eine angstauslösende Problemsituation aus Gegenwart oder Kindheit) intern lebendiger und deutlicher repräsentiert. Über den besseren Zugang zu Fühlen und körperlichem Erleben in Trance kann der Therapeut dem Patienten eine erfolgreiche emotionale Bewältigung der realitätsnah erlebten Problemsituation in Trance ermöglichen, indem er dem Patienten entsprechende Gefühle zu deren Bewältigung (Ressourcen) erschließt.

Damit bietet die Hypnosetherapie den Vorteil, daß in einer therapeutischen Sitzung die emotionale Wirklichkeit der Problemerfahrung aber auch die emotionale Wirklichkeit der Bewältigungserfahrung bzw. das 'Lösungserleben' beim Patienten hervorgerufen werden kann. Das Problemerleben in Trance könnte dabei etwa zur Exploration verwendet werden, um in der Altersregression die Entstehung des Problems zu verstehen. Das Lösungserleben ermöglicht die Schaffung eines emotionalen Rahmens, innerhalb dessen der Patient zum Beispiel neues bzw. angemessenes Verhalten erlernt.

Eine Patientin mit sozialen Ängsten berichtet über ihre Schwierigkeiten am Arbeitsplatz. Sie ist isoliert, traut sich nicht mit den Kolleginnen in die Mittagspause zu gehen, wo sie sich ängstlich fühlt, errötet, wenn man sie anspricht; will sie vor Anderen Kaffee einschenken, zittert ihre Hand etc. Vom Therapeuten in Trance in eine konkrete Problemsituation 'versetzt' (in der Mittagspause zusammen mit Kolleginnen zu sein) und nach ihrem Erleben befragt, berichtet sie starkes Herzklopfen, inneres Zittern bei gleichzeitigem Verkrampftsein, feuchte Hände und ein Gefühl von Angst und Unsicherheit. Diese Reaktionen hatte sie auch im Wachzustand während des Vorgesprächs erwähnt. In Trance war ihr aber noch ein weiteres Empfinden sehr lebendig gegenwärtig, das zum Problemerleben gehörte. Es handelte sich dabei um ein diffuses Erleben, das sie nur schwer in Worte fassen konnte. Es sei wie Platten um sie herum, durch die sie nicht durchkönne, die sie ausgrenzten und innerhalb dieser "Plattenhecke" fühle sie sich so "unwirklich" und auch irgendwie "schwindlig".

In der folgenden Trancesequenz wurde zunächst das "Plattenerleben" vom Therapeuten vorgegeben; danach sollte die Patientin mit diesem Gefühl einmal in ihr Leben zurückgehen und schauen, in welchen Situationen es ebenfalls aufgetreten sei. In den Fraktionierungen berichtete sie über einige Situationen, von denen sie besonders eine als bedeutsam erlebt hatte. Bei der Erstkommunion war sie ganz alleine vor der Kirche, in ihren Alltagskleidern, während die anderen Kinder alle festlich gekleidet gewesen seien und zusammen mit ihren Eltern und Verwandten dort waren. Da habe sie dieses Gefühl sehr stark gehabt. Im Nachgespräch nach der Trance berichtet sie, daß sie immer das Gefühl gehabt habe, nicht zur Familie dazuzugehören. Anders als die dunkelhaarigen, braunäugigen Geschwister sei sie halt blond und blauäugig und sie sei auch von der Mutter anders behandelt worden, zum Beispiel härter bestraft worden als die Anderen. Sie konnte sich auch erinnern, daß sie einmal eine der wenigen Zärtlichkeiten von der Mutter abgelehnt hatte, weil sie sie als unehrlich empfand. In der Kindheit habe sie oft das "Plattengefühl" gehabt, das ja eigentlich ein Gefühl von "Nichtdazugehören" gewesen sei.

Um eine Ressource zu finden, wird in der folgenden Trancesequenz ein positives Körpererleben suggeriert, zusammen mit der Empfindung "von Weite umgeben [zu] sein", was sie mit der Erfahrung assoziiert hatte, nicht ausgegrenzt zu sein. Mit diesem Empfinden findet sie in Trance eine Erfahrung, in der sie sich dazugehörig gefühlt hat. Als Mitglied eines Bachchores erlebte sie während der Aufführung einer Kantate, wie sich ihre Stimme

mit den anderen Stimmen vereinigte. Dabei habe sie ein ekstatisches Gefühl von Dazugehörigkeit empfunden, ein Verschmelzen mit allem, so als würden die Begrenzungen um sie
herum einfach umfallen und alles wäre offen.
Diese für sie geradezu existentielle Erfahrung von Dazugehörigkeit konnte in den folgenden
Sitzungen wieder wachgerufen werden und bildete in Trance den emotionalen Rahmen für
das Erlernen von sicherem Verhalten in sozialen Situationen, unter anderem auch dafür, sich
an einem Gespräch in der Mittagspause zu beteiligen, ohne viel sagen zu müssen. Dies wurde auch im Rollenspiel eingeübt (nonverbal über Kopfnicken, zustimmendes Räuspern,
Nachfragen etc.).

Mit dem Lösungserleben aus der Ressourcensituation "Bachkantate" konnte das grundlegende Problemerleben "Ich gehöre nicht dazu", zu dem neben entsprechenden körperlichen
Reaktionen und Verhaltensweisen (z.B. Vermeiden) auch sehr individuelle subjektive Empfindungen gehörten, ersetzt werden. Unter anderem wurde auch daran gearbeitet, wie sie
eine Freundin gewinnen könne, was ihr auch gelang. Die Therapie umfaßte 12 Sitzungen
von jeweils 1½ Zeitstunden.

8.1 Die Ebenen der hypnosetherapeutischen Behandlung

Wenn wir im folgenden von emotionalem Erleben reden, meinen wir damit nicht nur
das subjektive Empfinden zum Beispiel von Angst, sondern, anders als die umgangs-
sprachliche Verwendung des Begriffs 'Gefühl', auch alle Ebenen, die mit emotionalem Erleben verknüpft sind. Und dazu gehören die *körperliche* wie die *Verhaltensebene*, ebenso wie die subjektive Ebene mit der *gedanklichen* Repräsentation von Gefühlen, mit der Ebene des *'privaten' Gefühls* und des *Selbstbildes*, das u.a. durch die
Bewertung der eigenen Person auf dem Hintergrund eines wesentlichen Gefühls -
etwa eines geringen Selbstwertgefühls - bestimmt ist. Vergessen sollten wir auch
nicht die *soziale Ebene*, die an der Aufrechterhaltung bzw. Verursachung von gefühlsmäßigen Belastungen beteiligt sein kann. Alle genannten Ebenen, die auch von
der kognitiven Verhaltenstherapie berücksichtigt werden, müssen bei der hypnosetherapeutischen Anamnese und Behandlung einbezogen werden, wenn Hypnosetherapie
als eine emotionale Therapie verstanden wird. Auch wenn sich Emotionsforscher in
vielem uneins sind (z.B. über die Zahl der sogenannten primären Gefühle), in einem
stimmen sie überein: Emotionen bestehen nicht nur aus einem subjektiven Gefühl,
sondern umfassen auch körperliche Reaktionen, Kognitionen, Verhalten und soziale
Interaktionen (z.B. Izard, 1994).

Den Hypnosetherapeuten interessiert bei der Exploration nicht so sehr das kognitive *'Etikett'*, das der Patient auf sein Problemerleben 'klebt' (z.B. "Ich habe Angst."),
als vielmehr das *Angsterleben*, das in der Art der Atmung, in Körperempfindungen
wie Gelähmtsein, Spannungen, Zittern oder Druckgefühlen, in Änderungen des Körperschemas oder des Bewegungsablaufs, in Wahrnehmungsänderungen (z.B. bezüglich der eigenen Stimme), Gedanken, Verhaltensmustern beim Angsterleben aber
auch in symbolischen Beschreibungen zum Ausdruck kommt; mit anderen Worten:

Der Therapeut möchte die 'Datenbasis' kennenlernen, die zur Interpretation "Angst" geführt hat. Dazu wird der Patient gebeten, eine konkrete Situation anzugeben, in der das Symptom besonders deutlich aufgetreten ist. Für diese Situation wird dann sehr detailliert das Erlebnismosaik nachgefragt, das der Patient als "Angst" bewertet. Dabei ist es hilfreich, die Problemsituation in Trance zu explorieren, da das zu Tage geförderte Material dann gewöhnlich reichhaltiger und erlebnisnäher ist als bei Befragung im Wachzustand.

Vielleicht stellt der Patient für eine solche kritische Situation zunächst ein körperliches Symptom dar, das seinen primären Leidensdruck darstellt, z.B. periodisch auftretende Kopfschmerzen. Der Therapeut wird dann nachfragen, ob es noch weitere *körperliche* Reaktionen in der kritischen Situation gibt, um sich dann bezüglich der *subjektiven Ebene* weiter nach typischen Gedanken, Gefühlen und der Bewertung der eigenen Person, und nach dem typischen *Verhalten* in einer solchen kritischen Situation zu erkundigen, aber auch zu prüfen, welche Rolle das soziale Umfeld (Beruf, Familie) bezüglich der Symptomatik spielt. Für einen Patienten, der eine Hypnosebehandlung seiner Spannungskopfschmerzen wünscht (und der im folgenden als Beispiel dargestellt wird), später aber auch über Ängste spricht, könnte sich dann das Belastungsmosaik ergeben, das in Kasten VIII/1 zusammengefaßt ist (Der im folgenden Beispiel vorgestellte Herr C. wird uns in diesem und in den Kapiteln 9 und 10 weiter begegnen.)

Herr C., ein 35-jähriger Bankangestellter klagt über starke Kopfschmerzen und berichtet ab der dritten Sitzung auch über ab und zu auftretende Angstzustände, für die er keine plausible Erklärung findet. "Sehr deutlich war es letzte Woche am Arbeitsplatz", als er nachmittags einen Kollegen um Rat fragen mußte. Aus der Exploration im Gespräch und bei einem Nacherleben dieser kritischen Situation (Entschluß, den Kollegen um Rat zu fragen, und vorausgehende Bewertung der Begegnung mit dem Kollegen; 'Verarbeitung' der Begegnung nach dem Treffen mit dem Kollegen) in Trance ergibt sich folgendes Bild:

Körper:
Neben den in der Intensität variierenden (Spannungs-) Kopfschmerzen (im gesamten Kopfbereich), die gelegentlich von Übelkeit begleitet sind, treten starke muskuläre Spannungen im Hals- und Nackenbereich auf. Weiterhin berichtet der Patient von einem zeitweiligen Druck im Magen, von Anspannung in Beinen und Armen, die von einem Zittern begleitet sein können. Die Atmung ist in solchen kritischen Situationen flach; gelegentlich können Schweißausbrüche auftreten.

Subjektive Ebene:
Gedanken, die er aus solchen Situationen kennt, bestehen oft einesteils aus negativen Selbstbewertungen "Ich bin halt nicht gut genug, ich bin einfach zu blöd und schlecht", zum anderen aus Beurteilungen seiner Situation "Ich bin allein. Ich kann mich nur auf mich selbst verlassen. Ich brauche Euch nicht."

Gefühle von Angst, Unsicherheit zusammen mit aggressivem Empfinden gegenüber dem Kollegen, aber auch ein Gefühl von Überlegenheit stellen sich ein. Auf die Anregung, das gefühlsmäßige Erleben der kritischen Situation einmal bildhaft zu schildern, beschreibt er sein Erleben als eine Mischung zwischen einem "Ausgeliefertsein"- und einem "auf-der-Hut-sein-müssen"-Gefühl: Dabei spüre er eine Art "auf dem Sprung sein" und zum anderen ein "in der Deckung bleiben", sich schützen müssen.

Selbstbild/Selbstbewertung: Aus der Art seiner Schilderung (Mimik, Wortwahl) der Interaktion mit dem Kollegen ("Ja, der große Herr X - der ist ja auch was besseres.") läßt sich ein gering entwickeltes Selbstwertgefühl vermuten. Diese Annahme wird bei Exploration der familiären Situation in der Kindheit bestätigt.

Verhalten: In der berichteten kritischen Situation wartet er kaum die Erklärung des Kollegen ab, um möglichst schnell aus der Situation heraus zu kommen. Obwohl er später noch etwas fragen müßte, meidet er den Kontakt mit dem Kollegen. Als dieser noch einmal zu ihm kommt, reagiert der Patient unangemessen aggressiv (was sehr selten vorkommt), worauf sich bei ihm später ein Angstzustand einstellt.

Soziales System: Im Beruf erlebt sich Herr C. als von Feinden (Kunden, Kollegen) umgeben. Es gibt häufig Streit mit der Ehefrau, "aber komischerweise nicht im Urlaub". Freunde hat er keine. Kontakte außerhalb von Beruf und Familie werden ausschließlich von der Ehefrau initiiert und aufrechterhalten.

KASTEN VIII/1: *Zur Erhebung des Problemerlebens wird in einem strukturierten oder offenen Gespräch für eine (möglichst) konkrete kritische Situation (z.B. am Arbeitsplatz) nach den Reaktionen auf die belastende, kritische Situation für die körperliche, subjektive, Verhaltens- und soziale Ebene gefragt (KSVS-Analyse)*

EBENEN DER ANAMNESE

Körperliche Ebene: *"Was passiert dann in Ihrem Körper?"*

Verkrampfung im Nackenbereich
Schwindel, Schweißausbruch,
Druck auf Magen und Herz,
Atemnot, Herzrasen,
Kopfschmerzen

Subjektive Ebene:

Gedanken: *"Was denken Sie dann?"*

"Immer werden andere bevorzugt."
"Ich halte diese Ungerechtigkeit nicht mehr aus."
"Die sind nur neidisch auf meine Tüchtigkeit, haben Angst vor mir."

Gefühle: *"Was fühlen Sie dann?"*

    Angst, Haß, Überlegenheit

Selbstbild: *"Wie bewerten Sie sich dann?"*

    "Ich bin halt nichts wert."
    "Ich kann mich nur auf mich allein verlassen."
    "Ich muß noch besser sein."

Verhalten: *"Was tun Sie dann?"*

    Meiden von sozialen Situationen,
    unangemessene Aggressionen

Soziales Umfeld: *"Welche Beziehungen haben Sie zu Kollegen, Ehepartner?"*

    "Kollegen sind überheblich. Werden vom Chef bevorzugt behandelt."
    "Ich habe dauernd Streit mit meiner Frau, außer im Urlaub komischerweise."
    Keine Freunde.

Infantile Bewältigungsstrategien: (Welche kindlichen Bewältigungsstrategien
                                    sind die Probleme des Erwachsenen?)

    Keine Fehler machen, nur dann besteht Schutz vor den
    (befürchteten) Übergriffen durch andere.
    Enger persönlicher Kontakt (Nähe zu anderen) ist zu gefährlich.
    Da besteht die große Gefahr, tief verletzt zu werden.
    Aggressive Reaktionen zuzulassen ist gefährlich.

8.2 Symptome als Folge infantiler Bewältigungsstrategien

Fast alle psychotherapeutischen Ansätze nehmen überdauernde Faktoren an, die als
Ursache für das aktuelle Problemerleben oder -verhalten angesehen werden. Mit
anderen Worten, hinter aktuellen depressiven bzw. ängstlichen Reaktionen oder auch
psychosomatischen Symptomen werden (neben anlagebedingten Faktoren) erworbene Wirkungsmechanismen angenommen, die eine aktuelle Störung wesentlich mitbe-
dingen. Je nach therapeutischer Richtung gelten manifeste Symptome als Ausdruck

erlernter Reaktionsmuster (klassische Verhaltenstherapie), irrationaler Denkmuster bzw. kognitiver Schemata (Rational-Emotive Therapie, kognitive Verhaltenstherapie), eines Lebensskripts (Transaktionsanalyse), als Regression auf eine libidinös fixierte Stufe der psychosexuellen Entwicklung mit entsprechender pathologischer Kompromißbildung (klassische Psychoanalyse), eines Lebensplanes (Individualpsychologie) etc.

Über die verschiedenen psychotherapeutischen Schulen hinweg werden also überdauernde Faktoren (Disposition) angenommen, die das aktuelle Problemverhalten bzw. -erleben (Manifestation) bedingen, wobei die verschiedenen Schulen in der Regel versuchen, ursächlich zu arbeiten, d.h. die (erworbene) Disposition für die manifeste Störung zu verändern bzw. zu beseitigen. Dies geschieht aber recht unterschiedlich: Zum einen wird an der Genese der Disposition gearbeitet, wie etwa in der Psychoanalyse (Einsicht in die Entstehung von Konflikten in der Kindheit bei Bearbeitung des Verdrängungswiderstandes), zum anderen wird versucht - wie etwa in der Verhaltenstherapie -, an der gegenwärtigen Manifestation der Störung zu arbeiten (z.B. Vermeidungsverhalten), um darüber die Disposition zu verändern ('pathogene' Reiz-Reaktionsmuster).

Wie wir weiter unten sehen werden, können mit der Hypnosetherapie beide Wege der Behandlung berücksichtigt werden, sowohl die Genese der Disposition in der Kindheit als auch die Bearbeitung der manifesten Störung in der Gegenwart. Da wir also auch die Genese der Störung bei der hypnosetherapeutischen Behandlung in Betracht ziehen, wollen wir nun auf unsere Vorstellung über die Disposition zu psychischen Störungen eingehen.

Wir gehen dabei von dem Grundsatz aus, daß die Lösungsversuche bzw. die Bewältigungsstrategien, mit denen ein Kind eine schwierige Kindheit übersteht, oft für die Probleme des Erwachsenen verantwortlich sind. Die infantile Bewältigungsstrategie, mit denen ein Kind eine schwierige Kindheit überstanden hat, wird natürlich nicht mit der Pubertät aufgegeben, sondern beibehalten und kann zu psychischen Störungen des Erwachsenen führen. Für die Therapie bedeutet dies, die heute noch bestehende infantile Bewältigungsstrategie zu identifizieren und dem Patienten angemessene, reife Strategien zum Umgang mit schwierigen Situationen zu vermitteln.

Die Idee, daß die infantilen Bewältigungsstrategien des Kindes die Probleme des Erwachsenen sind, wird sich in vergleichbarer Formulierung auch bei anderen Therapieformen wiederfinden. Wir haben diesen Grundsatz verknüpft mit den Vorstellungen von Stein & Young (1992) über pathogene ("maladaptive") frühkindliche Beziehungsmuster von psychischen Störungen und dazu einige Schemata formuliert, die Sie in diesem (Schema "Ablehnung") und in Kapitel 12 (siehe unten S. 296ff) wiederfinden werden. Dabei handelt es sich nicht um Theorien, und das wollen wir ausdrücklich betonen, sondern um Heuristiken, die eine Anleitung zum biographischen Verständnis der Probleme des Patienten und damit auch Ansätze für die therapeutische Arbeit liefern wollen.

KASTEN VIII/2:   *Schema zum Verständnis der biographisch bedingten Ursachen*
für eine Störung/Symptomatik

ABLEHNUNG

Familiensituation

Ablehnung des Kindes durch die Eltern oder eines Elternteils bzw. durch Geschwister wegen unerwünschter Merkmale (z.B. Aussehen, Intelligenz, Geschlecht: "Du
bist häßlich. Dich wird nie jemand lieben." "Du bist dumm und wirst es immer
bleiben." "Aus Dir wird nie ein richtiger Junge." "Wenn wir doch nur ein Mädchen
bekommen hätten an Deiner Stelle.") oder anderer Aspekte (z.B. moralische Inte-
grität: "Du bist genauso schlecht wie Deine Mutter." oder mangelnder Religiosität:
"Gott mag Dich nicht."), wobei das Kind keine Zärtlichkeit oder Liebe von den
Eltern erfährt. In der Regel hat das Kind keine Chance, das Gegenteil zu beweisen.
Auch Ausgrenzung des Kindes ("Du gehörst nicht zur Familie.").

Resultierende belastende/bedrohende Gefühle für das Kind
- Minderwertigkeit (oft daraus resultierend Scham) und Sehnsucht nach
  Anerkennung
- Schuldgefühle ("Ich bin schlecht, sündig.")
- Ängste vor Versagen bzw. vor "Entdeckung" der angeblichen Schwächen

Bewältigungsstrategien des Kindes
Unterwerfung unter das Urteil der Eltern bei Unterdrückung aggressiver Impulse,
weil damit die Eltern zufriedengestellt werden und die existentielle Angst vor dem
Ausgestoßensein verschwindet. ("Ich bin zwar nichts wert, gehöre aber zur Familie.")
Unter Umständen Schaffung einer Phantasiewelt, in die das Kind zeitweilig flüch-
tet.

Daraus resultierende mögliche Probleme des Erwachsenen
soziale Ängste, Minderwertigkeitsgefühle, Depression
Aggressionshemmung
(nicht bewußte) Angst vor Erfolg
Beibehaltung der Phantasiewelt führt zu sozialer Isolation.
Wiederholt unglückliche Beziehungen ("fixierte" Partnerwahl)

In Kasten VIII/2 ist ein solches Schema ('Ablehnung') dargestellt, das zuerst eine
'pathogene' Familiensituation charakterisiert, in diesem Fall die Ablehnung eines
Kindes durch wichtige Personen der Kindheit. Als Reaktion auf die pathogene Situa-

tion treten *belastende Gefühle* auf, mit denen das Kind in irgendeiner Weise umgehen, sie bewältigen muß. Das können bei Ablehnung etwa Gefühle von Minderwertigkeit, Schuld oder Versagensängste sein. Um sich vor diesen belastenden Gefühlen zu schützen oder sie aushalten zu können, wird das Kind eine *Bewältigungsstrategie* entwickeln. Dies könnte zum Beispiel darin bestehen, möglichst genau die Wünsche des Vaters etc. zu 'erahnen', um sich dann entsprechend 'richtig' zu verhalten, sich also den Maximen des Vaters etc. unter Verzicht auf aggressive Impulse zu unterwerfen. Falls sich trotz Anwendung einer solchen Strategie aggressive oder demütigende Situationen nicht vermeiden lassen, könnte ein Kind eine Phantasiewelt entwickeln, in der es die Zuwendung oder Anerkennung bekommt, nach der es sich so sehnt und die ihm in der Realität verwehrt ist. Die infantile Bewältigungsstrategie, die dem Kind geholfen hat, die belastende Kindheit zu bestehen, kann dann zu den *Problemen des Erwachsenen* führen. Zum Beispiel kann die mangelnde Fähigkeit aggressiv zu sein, um sich abzugrenzen, bei stetiger Überlastung durch die Umwelt zur Entwicklung psychosomatischer Probleme wie z.B. diffusen Rückenschmerzen führen. Das 'pathogene' Schema 'Ablehnung' könnte unter Umständen auch zu einer fixierten Partnerwahl führen: Trifft der Patient oder die Patientin auf eine Person, die die gleichen äußerlichen und/oder charakterlichen Merkmale wie etwa die ablehnende Mutter oder der ablehnende Vater hat, diese Person die Patientin/den Patienten aber eben *nicht* ablehnt, sondern akzeptiert und gar liebt, wäre die Bindung an einen solchen Partner geradezu die nachgeholte Erfüllung der kindlichen Sehnsucht nach der liebevollen Zuwendung durch Vater, Mutter bzw. eine andere wichtige Person der Kindheit. Dabei wird die Wahl möglicherweise nicht auf eine äußerlich wie charakterlich sehr attraktive alternative Partnerin bzw. Partner, sondern unter Umständen auf eine eher unattraktive Person fallen, die aber den entscheidenden 'Vorteil' hat, über wesentliche Aspekte der 'ablehnenden' Mutter zu verfügen, die nun 'endlich' nicht mehr ablehnend ist.

8.3 Ressourcen

Mit Ressourcen meint die Hypnosetherapie im engeren Sinne ein emotionales Erleben, das dem Problemerleben diametral gegenübersteht. Besteht das Problemerleben zum Beispiel aus einem Erleben von 'Nichtdazugehören', Ausgeschlossensein wie bei der Patientin mit sozialer Angst in dem oben S. 224 beschriebenen Beispiel, so wäre die 'passende' Ressource ein Erleben von 'Dazugehören'. Und um es noch einmal zu betonen: Mit Erleben meinen wir das körperliche Reaktionsmuster, begleitende subjektive Erfahrungen wie Gedanken, Fühlen und Eigenbewertungen (Selbstbild), Verhaltensweisen und auch soziale Interaktionen. Gelingt es, dem Patienten anstatt des Problemerlebens das entsprechende Ressourcen- oder auch Lösungserle-

ben zu vermitteln, ist damit ein Erlebnisrahmen geschaffen, 'in' dem der Patient sich
(wieder) so verhalten, so fühlen und denken und mit anderen interagieren kann, um
sich als 'gesund' zu erleben und damit auch die Ziele erreichen bzw. die Aktivitäten
wieder aufnehmen zu können, die ihm aufgrund seiner Symptomatik unzugänglich
blieben.

Zur Gewinnung von Ressourcen gibt es viele Möglichkeiten: Frühere Erfahrungen
mit wichtigen Menschen (z.B. einem Lehrer, einem Freund oder einem Familienmit-
glied) können auch heute noch beim Wiedererleben in der Trance deutlich die Erfahrungen von Vertrauen, Geborgenheit, Verantwortung vermitteln, die dem Patienten
heute nicht mehr zur Verfügung stehen. Frühere Situationen, in denen der Patient
Schwierigkeiten schon einmal überwunden hat, die er heute aber nicht mehr bewältigt, eignen sich ebenfalls: Die Ressource für die heutige Schwierigkeit, sich gegenüber den Anforderungen anderer abgrenzen zu können, läßt sich etwa aus den früheren Erfahrungen als Fußballspieler gewinnen, als der Patient oft mit Kraft und Entschlossenheit auf Angreifer zulief und sich einer Auseinandersetzung stellte.

Problemerleben und Ressourcenerleben stehen in einem komplementären Verhältnis zueinander bzw. verhalten sich zueinander wie Schloß und Schlüssel. Schloß
(Problem) und Schlüssel (Ressource) müssen dabei nicht bezüglich der äußeren
Merkmale (von Problem*situation* und Lösungs*situation*) ähnlich sein (in beiden Fällen etwa eine Arbeitssituation), sondern bezüglich der 'inneren' Merkmale, d.h. der
Komplementarität von Problem*erleben* (Auseinandersetzungen am Arbeitsplatz ausweichen) und Lösungs*erleben* (sich Auseinandersetzungen beim Sport stellen).

Die Schlüssel-Schloß-Metapher für das Verhältnis von Problem und Ressource
beinhaltet auch, daß man den Schlüssel erst anfertigen kann, wenn man den Schließ-
mechanismus des Schlosses verstanden hat. Und dahinter verbirgt sich ein sehr
wichtiges Prinzip: Es macht erst dann Sinn, eine Ressource zu erarbeiten, wenn man
das Problem des Patienten verstanden hat - und das heißt für die hypnosetherapeutische Arbeit, wenn man das Problem*erleben* auf den erwähnten Ebenen exploriert hat.
Die Entscheidung allerdings, ob eine Ressource zu einem Problemerleben paßt, wird
nicht der Therapeut aufgrund seines Verständnisses der Problematik des Patienten
fällen, sondern wird letztlich durch die Tranceerfahrung des Patienten bestätigt.

Falls der Patient über keine Erfahrungen zu verfügen scheint, die sich als Ressourcen eignen, kann der Therapeut zumindest die Wünsche und Sehnsüchte des Patienten nutzen. Patienten wissen schon wie es wäre, wenn das Problem nicht mehr bestünde. Und auf die Frage, wie denn ihre Lebensumstände wären, wenn das Problem
nicht mehr vorhanden wäre, können sie in der Regel detaillierte Angaben machen,
auch zum Erleben, und dann oft Vorbilder angeben (Romanfiguren, Theater-, TV-
oder Filmschauspieler), die das gewünschte Erleben repräsentieren ("Ich möchte gerne so sein wie..."). Dieses Wissen des Patienten kann dann dazu dienen, daraus in
Trance eine Ressource zu erarbeiten.

Da es Herrn C. nicht möglich war, eine Situation zu erinnern, in der er sich zwar bedroht, dabei aber gelassen und voll Selbstvertrauen gefühlt hatte, wurde statt dessen eine Szene aus dem Film "Zwölf Uhr mittags" (High Noon) gewählt. In diesem Western geht ein Sheriff (Gary Cooper) völlig allein ohne weitere Unterstützung mit verletzter Hand eine staubige Straße entlang auf die Gangster zu und siegt. Diesen Film hatte sich der Patient fünfmal angesehen und war besonders von dieser Szene fasziniert. Während der Filmvorführungen hatte er in der Identifikation mit dem Sheriff ein angstfreies Zugehen auf die Gefahr nacherlebt und verfügte damit über eine gefühlsmäßige Erfahrung, die als Ressource genutzt werden konnte. Tatsächlich war es ihm dann in Trance immer wieder möglich, diese Szene als "Sheriff" nachzuerleben und dabei voller Entschlossenheit mit einem Empfinden von völliger Gelassenheit, Mut und Selbstvertrauen auf die drohende Gefahr zuzugehen.

Für die Behandlung verwendbar waren auch Begegnungen mit dem früheren Chef, der ihn gefördert hatte und mehrmals ausdrücklich gelobt hatte - auch vor Kollegen. Diese Szenen konnte er in Trance mit den entsprechenden körperlichen und emotionalen Reaktionen deutlich nacherleben. Er fühlte sich dabei groß, sicher, gelöst, innerlich weit und frei etc.

Empfindungen von Stärke und großer Energie, gepaart mit Beweglichkeit und der Erfahrung, die Kontrolle zu haben, kannte er vom Rennradfahren, das er sehr häufig und extrem, z.T. bis zur völligen Erschöpfung betrieb.

Eine weitere Erfahrung, die für die Behandlung bedeutsam wurde, betraf das Erleben von offen geäußerter Aggression gegenüber einem Unteroffizier während des Militärdienstes. Hier setzte er sich für einen ungerecht behandelten Freund während einer Übung ein. Dabei schrie er den Vorgesetzten an, der sich im übrigen später bei ihm und seinem Kameraden für seine ungerechtfertigte Kritik entschuldigte.

Für Patienten, die keinen Sinn in ihrem Leben sehen und Leere empfinden oder auch von sich behaupten: "Ich kann einfach nichts.", kann es sehr hilfreich sein, wenn im Rahmen der Therapie eine sinngebende Beschäftigung erarbeitet wird, die dann zu einer wichtigen Ressource werden kann, wie zum Beispiel das Malen. Dies wird vom Therapeuten vorgeschlagen und gefördert, wobei auch Tranceerfahrungen wie das Erleben eines künftigen Erfolges zur Förderung von Mut und Motivation verwendet werden. Die erfolgreiche Einführung einer solchen Aktivität in den Lebensalltag eines Patienten hat zwei Vorteile: Zum einen erschließt der Patient sich einer neuen Bereich, in dem er sich positiv erlebt und merkt: "Ich kann doch etwas!", und für sich selbst eine Bestätigung bekommt. Zum anderen können die befriedigenden Erfahrungen aus dieser Aktivität (Stolz, Selbstvertrauen) wiederum als Ressourcen zur Bearbeitung anderer Probleme - etwa im Umgang mit anderen Menschen - verwendet werden. Zudem wird die Zeit, die sonst mit negativem Grübeln vertan wird, sinnvoll genutzt. Bei dieser Form der Ressourcenarbeit können bei den Patienten ihnen bisher nicht bekannte Talente zutage treten und die neugewonnene Aktivität kann auch nach Abschluß der Therapie einen wichtigen Einfluß auf ihr Leben nehmen.

Ein alkoholkranker Polizist begann im Verlauf der Therapie mit Speckstein zu arbeiten. Später fertigte er Specksteinskulpturen an, in die er Uhren einbaute, für die sich dann auch Käufer fanden, was sein Selbstwertgefühl stärkte und für seine Heilung entscheidend war. Auch heute, drei Jahre nach dem erfolgreichen Abschluß der Therapie arbeitet er in seiner Freizeit immer noch mit Speckstein und verkauft seine Arbeiten.

Eine Patientin mit sozialer Phobie lernte in der Therapie ihre Gefühle, die sonst "niemand hören will", in Gedichte zu fassen, die von einem Verlag zur Veröffentlichung akzeptiert wurden. Diese Erfahrung war eine entscheidende Ressource für die hypnosetherapeutische Arbeit.

Das Maltalent einer Patientin mit psychosomatischen Problemen wurde in der Therapie geweckt und gefördert. Noch während der Therapie fand sie aufgrund ihrer Arbeiten eine Anstellung in einem Museum mit der Aufgabe, Schulkindern Bilder des Museums zu erklären.

8.4 Struktur hypnosetherapeutischer Interventionen

Hypnosetherapeutische Interventionen können allein aus direkten bzw. indirekten Suggestionen bestehen oder aus Formen der indirekten Kommunkation wie der Stellvertretertechnik oder der symbolischen Arbeit. Auch das alleinige Erlebenlassen von Ressourcen ist therapeutisch sinnvoll. Doch im Zentrum der hypnosetherapeutischen Arbeit steht die Kombination von Ressource und Problem. Die Verwendung von Ressourcen zur Veränderung des Problemerlebens geschieht mit Hilfe von Interventionsformen, die jeweils aus einer Ressource und einer Problemsituation/Problemerfahrung bestehen. Die Durchführung einer Intervention hat in der Regel folgende Struktur: Zunächst wird in Trance die Ressource, also ein Lösungserleben, erzeugt. Ist dem Patienten die Ressource erlebnismäßig präsent, wird dann mit dem Lösungserleben ein Problemerleben ersetzt. Die Interventionsformen können auf allen Behandlungsebenen der Hypnosetherapie eingesetzt werden.

Körperliche Ebene: Bei einem 72jährigen Bildhauer mit großschlägigem Tremor der Hände, der sowohl in der Ruhestellung wie bei Willkürbewegungen auftrat, wurde in Trance eine Erfahrung von Harmonie und innerem Frieden über frühere Erfahrungen bewirkt. Wir hatten vom Patienten erfahren, daß er sich während seines Kunststudiums in München häufig in der Glyptothek aufhielt, wo er viel Zeit mit der Betrachtung klassischer, antiker Plastiken verbrachte, und aus der Harmonie der Formen eine innere Gelassenheit und Ruhe schöpfte. Da eine übliche Entspannungsreaktion in Trance nicht ausreichte, um den Tremor nennenswert zu reduzieren, ließen wir den Patienten in Trance wieder der junge Student in der Glyptothek mit der Erfahrung von Harmonie und Ruhe sein. Nach Schaffung dieses Erfahrungsrahmens sollte er auf seine Hände achten und dabei war es ihm möglich, seine Hände ruhig zu halten. Was ihn zum Abschluß der Behandlung sehr beeindruckte, war die wiedererlangte Fähigkeit, eine "normale" Unterschrift leisten zu können (s. Abbildung VIII/1), die auch drei Monate später noch "normal" blieb (Bongartz & Bongartz, 1988 b).

Ressource	Problem	Ziel
Erleben von Harmonie beim Betrachten antiker Skulpturen in Trance	Zittern der Hände	Reduktion des Tremors ("normale" Unterschrift)

Abbildung VIII/1:   Handschrift eines 72jährigen Patienten mit grobschlägigem Tremor zu Beginn der Behandlung (oben) und nach Abschluß (unten).

Subjektive Ebene: Ein 18jähriger Neurodermitispatient hatte Schwierigkeiten in Diskussionen mit Familienangehörigen Kritik anzunehmen oder seine Unzufriedenheit adäquat auszudrücken. Auch nach Verlassen der Situation beschäftigte er sich intensiv weiter mit der vorausgegangenen Auseinandersetzung, was üblicherweise zu verstärkten Hautreaktionen mit verstärkten Juckreizen führte. Er berichtete, daß er gerne allein segelte und dabei zu einer inneren Ruhe und Gelassenheit finden könne. Mit dieser Ressource war es ihm zunächst in Trance möglich, eine familiäre Auseinandersetzung sowie die Verarbeitung danach gelassener und mit einem Gefühl von Ruhe und Gelassenheit zu erleben. Dies übte er in der Selbsthypnose zu Hause weiter. Später war es ihm dann möglich, familiäre Diskussionen ohne Verlassen der Situation durchzustehen und insbesondere nachher Ruhe und Gelassenheit zu erleben, ohne die Diskussionen nachher in seiner Phantasie emotional aufgewühlt weiterzuführen. Die Behandlung umfaßte noch weitere Maßnahmen und erstreckte sich mit 12 zweistündigen Sitzungen über einen Zeitraum von zwei Monaten. Danach arbeitete der Patient regelmäßig mit Selbsthypnose weiter und blieb auch während des Katamnesezeitraums von 5 Jahren mit Unterbrechungen symptomfrei (Bongartz, 1992).

Ressource	Problem	Ziel
Erleben von Gelassen-heit beim Segeln	Aufbrausen bei Ausein-andersetzungen und Verlassen der Situation	Gefühl von überlegener Ruhe

Verhaltensebene: Ein 28jähriger Patient mit multiplen Ängsten hatte u.a. auch Angst vor Höhen. So war es ihm alleine nicht möglich, einen größeren Hügel nahe seines Heimatortes zu besteigen; zusammen mit seiner Freundin ging dies schon. Nachdem die Arbeit mit ver-schiedensten Ressourcen (z.B. körperliche Entspannung oder Stärke, Geborgenheit in einer Beziehung) bezüglich dieses Problems ergebnislos blieben, war schließlich folgende Res-source erfolgreich: In Trance sollte er sich als Erwachsener erleben, der dem kleinen Jun-gen, der er selber einmal war, Verständnis, Geborgenheit und Sicherheit vermittelt, sich also "zweimal" erfahren. Von seiner bedrückenden Kindheit hatte er oft berichtet und seine da-malige Einsamkeit und Hilflosigkeit ebenso wie seine Sehnsucht nach Geborgenheit be-schrieben. Es glückte ihm, diese gefühlsmäßigen Erfahrungen des kleinen Jungen in der Trance 'real' zu erleben ebenso wie seine Fähigkeit und den Willen, diesem Jungen zu helfen und ihm zur Seite zu stehen. Danach sollte er als Erwachsener mit dem kleinen Jungen, also mit sich, in Trance den erwähnten Hügel hochgehen und dem Jungen dabei Sicherheit ver-mitteln und die Angst nehmen. Beim Erleben dieser Szenen war es ihm möglich, ein Gefühl von Verantwortung zu entwickeln und zu spüren, wie in ihm ein starker Wille auftrat, dem kleinen Jungen entschlossen zur Hilfe zu kommen. Diese Erfahrung vertiefte er zu Hause in der Selbsthypnose. Er war dann auch in der Lage, diesen Hügel tatsächlich alleine hochzu-gehen.

Ressource	Problem	Ziel
Verantwortung für den kleinen, hilflosen Jun-gen, der der Patient einmal war.	Höhenangst	Besteigen eines Hügels

Die Beispiele zeigen, daß Ressourcen natürlich nicht ausschließlich z.B. auf der körperli-chen Ebene wirken, sondern immer das "Gesamtbefinden" des Patienten über die verschie-denen Erlebnisebenen hinweg beeinflussen. So wird das nachlassende Zittern der Hände des Bildhauers natürlich ein anderes Verhalten ermöglichen, z.B. ruhig an einer Plastik zu ar-beiten, und dieses Verhalten wird subjektiv von einem Gefühl von Zufriedenheit oder Zu-versicht begleitet sein. Wenn also von einer Ressource für eine bestimmte Behandlungsebe-ne die Rede ist, ist damit eher gemeint, welche Behandlungsebene der Therapeut im beson-deren beeinflussen möchte.

Der gemeinsame Nenner der gerade beschriebenen und in den nächsten Kapiteln fol-genden Interventionsbeispiele ist die Struktur der Interventionen, die Ressourcen verwenden, sei es nun auf der körperlichen, der Verhaltens- oder der subjektiven Ebene: Zuerst wird ein 'passendes' Ressourcenerleben beim Patienten hervorgerufen, mit dem dann in der Folge eine andere körperliche Erfahrung, oder ein (neues) Verhalten in einem neuen Erlebenskontext oder eine neue, veränderte subjektive Erfahrung möglich ist. Die im emotionalen Raum der Ressource erlebten neuen, positiven Erfahrungen sind nicht nur eine Möglichkeit, die der Patient rational in Erwägung zieht, sondern es ist eine subjektiv und auch körperlich erlebte Realität. Der Patient *denkt nicht*, ich könnte ja auch anders sein, mit viel Selbstvertrauen, Freude und Kraft etc., sondern in Trance *ist* er es. Er erlebt sich nicht nur als der Mensch, der er künftig sein möchte, sondern er *ist* es schon jetzt, in diesem Moment. Hypnosetherapie bietet dem Patienten eine emotionale Wahlmöglichkeit; er kann Problemsituationen und -erleben auch anders erfahren, und macht ihm damit Mut, diesen neuen' Menschen, der er ja - in der Trance real erlebbar - ist, genauer kennenzulernen und auszuprobieren, was mit diesem Erlebnisrahmen eigentlich alles möglich ist bzw. wozu der 'neue' Mensch fähig ist.

8.5 Hypnosetherapie als eigenständige Therapieform

Hypnose wird üblicherweise nicht als eigenständige Therapie, sondern als ein zusätzliches therapeutisches Instrument angesehen (Spiegel & Spiegel, 1988. Rhue, Lynn & Kirsch, 1993 b), das mit anderen Therapiearten kombiniert werde~ kann. Dies betrifft insbesondere die Verknüpfung von Hypnose mit Verhaltenstherapie (Peter, Kraiker & Revenstorf, 1991) bzw. die Verbindung von Hypnose und Psychoanalyse (Gill & Brenman, 1959). Die Kombination mit diesen Therapien kommt augenfällig in den Begriffen "hypnobehavioral model" (Kroger & Fezler, 1976) oder "cognitive-behavioral hypnotherapy" (Kirsch, 1993) bzw. in den Begriffen "Hypnoanalysis" (Wolberg, 1967) oder "Hypnodynamic Psychology" (Kline, 1955) zum Ausdruck. Die Kombination von Hypnose mit diesen Therapieformen ist offensichtlich erfolgreich: Die Metaanalyse von Kirsch und Mitarbeitern (Kirsch, Montgomery & Sapirstein, 1995; Kirsch, 1996 a) zeigt, daß kognitive Verhaltenstherapie mit Hypnose therapeutisch effektiver ist als Verhaltenstherapie ohne zusätzliche Hypnose. Psychodynamische Therapie mit Hypnose ist effektiver als ohne Hypnose (Kirsch, 1996 b).

Die Entwicklung der modernen Hypnosetherapie geht im wesentlichen auf die klinische Arbeit von Milton Erickson zurück (Utilisationsansatz, indirekte Kommunikation; s. dazu Gilligan, 1991; Lankton & Lankton, 1983; Peter, 1987). Nun hätte man erwarten können, daß der Ericksonsche Ansatz, der weltweit auf große Resonanz gestoßen ist, Hypnosetherapie als eine eigenständige Therapieform begründet hätte. Das ist nicht geschehen. Dies mag mit der Schwierigkeit zusammenhängen, die besondere Kreativität eines herausragenden Therapeuten, wie es Erickson war, zum Programm einer neuen Therapierichtung zu machen bzw. seine Arbeit als eine eigenständige Therapie darzustellen. So beklagt Herbert Lustig (1988), ein prominenter

Ericksonianer, daß er nicht wisse, was der Begriff "Ericksonian" eigentlich bezeich-
ne. Seiner Ansicht nach benutzen andere diesen Begriff in der Bedeutung "Ich bin
kreativ (S.198)." oder "im Stile von (S. 198)" Erickson. Erickson selbst schien an
einer klärenden Beschreibung seiner therapeutischen Arbeit nicht besonders interessiert zu sein, wie der Ausschnitt aus einem Gespräch zeigt, das Lustig mit Erickson
1980 führte (Lustig, 1988, S. 199, *unsere Übersetzung*).

Lustig: Was definiert Deine klinische Arbeit, Milton?
Erickson: Ich kann meine Arbeit nicht definieren. Das muß ich Anderen überlassen
Lustig: Welchen Anderen?
Erickson: Ich weiß nicht, welche es gerade sind.
Lustig: Aber Milton, Du bist die einzige Autorität für Deine Arbeit, die es gibt.
Erickson: Ich kann's nicht. Es wäre zu verwirrend, Herb.

Die Ericksonsche Art von Therapie umfaßt auch therapeutische Interventionen,
die keine hypnosetherapeutischen Methoden darstellen (z.B. paradoxe Interventionen
wie Symptomverschreibung). Da Ericksonsche Therapie und Hypnosetherapie bezüglich ihres Bestandes an Interventionsformen nicht deckungsgleich sind, ist es
schwierig, Ericksonsche Therapie als eine eigenständige Therapieform zu erklären,
die als Hypnosetherapie bezeichnet werden könnte. Das zeigt sich auch in Umschreibungen für den Ericksonschen Ansatz wie "Ericksonian Psychotherapy" (Dimond,
1988; Sherman 1988) oder "Ericksonian Model of Hypnotherapy" (Matthews, Lankton & Lankton, 1993). Außerdem ist nach Ansicht von Barber (1988) die Grenze
zwischen Trance und Wachzustand im Rahmen 'Ericksonscher Therapie' so ver-
wischt, daß dieses - für eine eigenständige Hypnosetherapie so zentrale - Konstrukt
für Ericksonianer geradezu entbehrlich scheint. Leider haben sich Ericksonsche Autoren kaum bemüht, die Effektivität hypnosetherapeutischer Interventionen Ericksonscher Prägung nachzuweisen; auch die verfügbaren Fallberichte über Patienten, die
Erickson selbst behandelt hat (O'Hanlon & Hexum, 1990) reichen nicht aus (Hilgard,
1984).
    Obwohl Hypnosetherapie heute noch weitgehend als Zusatzinstrument zu anderen
Therapien gilt, gibt es inzwischen doch neuere Entwicklungen. So wird demnächst in
Italien Hypnosetherapie von staatlicher Seite als eine eigenständige Therapieform
anerkannt, die gleichberechtigt neben Psychoanalyse und Verhaltenstherapie etabliert
ist und zur Abrechnung mit den Krankenkassen berechtigt.
    Wenn Hypnosetherapie als eine eigenständige Therapie gelten will, muß sie eini-
gen Anforderungen genügen wie sie für andere etablierte Therapien wie Verhaltenstherapie und Psychoanalyse auch gelten. Dabei müßte eine eigenständige Hypnosetherapie über mindestens folgende Komponenten verfügen: Einen *theoretischen* Teil
(Ätiologie; Theorie über den Wirkungsmechanismus der Therapie), einen *praktischen* Teil (Interventionsformen, exploratives Vorgehen) und einen *empirischen* Teil,

d.h. *empirische Belege* für die Effektivität der Hypnosetherapie (Effektivitätsstudien, empirischer Vergleich mit anderen Therapieverfahren, Grundlagenstudien zu den angenommenen Wirkmechanismen der Hypnosetherapie).

Ein eigenes diagnostisches Klassifikationssystem ist nicht notwendig, da eine therapieschulenübergreifende Diagnosestellung anzustreben ist, wie es der DSM-IV (Saß, Wittchen & Zaudig, 1996) erlaubt. Damit wird die Beschreibung von psychischen Störungen ermöglicht, die unabhängig von der jeweiligen Terminologie der therapeutischen Schulen ist.

Falls die Hypnosetherapie über diese drei Teile (Theorie, Praxis, empirische Begründung) verfügen sollte, müßte sie sich außerdem in ihren ätiologischen Vorstellungen, Interventionsformen etc. genügend von anderen Therapien unterscheiden, um nicht als Variante einer anderen Therapie zu gelten. Außerdem sollte die hypnosetherapeutische Konzeption innerlich zusammenhängend, kohärent sein, d.h. zum Beispiel, daß die Praxis der Hypnosetherapie sich aus ihren ätiologischen Vorstellungen ergeben sollte.

Zur Zeit gibt es zwar weit über hundert kontrollierte Studien, die die klinische Wirksamkeit der Hypnose belegen und es lassen sich auch Interventionen beschreiben, die als genuin hypnosetherapeutisch anzusehen sind. Eine allgemein verbindliche theoretische Fundierung der Hypnosetherapie (Revenstorf, 1993) gibt es allerdings noch nicht; übrigens ein Schicksal, das die Hypnosetherapie mit der Verhaltenstherapie, trotz deren ungleich größeren Bemühungen in diesem Bereich, teilt, wie die vielfältigen Theorien zur Verhaltenstherapie in dem über 700 Seiten umfassenden "Theories of Behavior Therapy" (O'Donahue & Krasner, 1995) dokumentieren.

Die Diskussion über die Frage, ob Hypnosetherapie als eine eigenständige Therapie anzusehen ist, beginnt im internationalen Rahmen erst jetzt, und zwar zunächst in einigen europäischen Ländern (Italien, Österreich, Schweden, Deutschland), während dies für Übersee (USA, Kanada, Australien) kaum der Fall ist. Wir sind der Ansicht, daß die Hypnosetherapie als "emotionale Therapie" gute Chancen hat, sich als eigenständige Therapie zu etablieren. Sie verfügt über einen Bestand an Interventionen (s. Kapitel 9 und 10), die sie- gerade bezüglich der Arbeit mit Ressourcen - von anderen Therapien abgrenzt, und sie hat ihre therapeutische Effizienz nachgewiesen (Grawe et al., 1994; Revenstorf, 1996; Wadden & Anderton, 1982). Als Forschungsrichtung, die empirisch einen Zusammenhang zwischen der Erfüllung emotionaler Bedürfnisse in der Kindheit und überdauernden Bewältigungsstrategien herstellt, und die einen Rahmen für die Diskussion der theoretischen Fundierung der Hypnosetherapie bilden könnte, böte sich die attachement-Theorie von Bowlby (1982) und ihre Weiterentwicklung an (Schmidt & Strauß, 1996; Strauß & Schmidt, 1997). Ob sich Hypnosetherapie als eigenständige Therapieform etablieren wird, wird die Diskussion der nächsten Jahre innerhalb der europäischen Fachverbände zeigen. Im Rahmen der *European School of Hypnotherapy* hat sich ein entsprechendes Diskussionsforum gebildet.

9 THERAPEUTISCHE INTERVENTIONEN: EXPLORATION, KÖRPERLICHE EBENE

Im vorhergehenden Kapitel haben wir das hypnosetherapeutische Rahmenmodell vorgestellt und dabei schon Beispiele für hypnosetherapeutische Interventionen gegeben. In diesem Kapitel werden wir diese Interventionen ergänzen und bezüglich der einzelnen Behandlungsebenen ausführlicher darstellen. Dabei ist zu betonen, daß die Arbeit mit Ressourcen bzw. das Erleben einer 'inneren' Szene natürlich nicht ausschließlich z.B. auf der körperlichen Ebene wirkt, sondern immer das Gesamtbefinden des Patienten über die verschiedenen Erlebnisebenen hinweg beeinflußt. Allein das Erleben einer Entspannungsszene wird nicht nur die körperliche Seite beeinflussen, sondern auch gefühlsmäßige Änderungen mit sich bringen (z.B. Freude oder Hoffnung) und kann auch das Verhalten beeinflussen (z.B. einmal den Abend mit der Familie zu genießen und nicht zu arbeiten). Wenn also von einer Intervention für eine bestimmte Behandlungsebene die Rede ist, ist damit eher gemeint, welche Behandlungsebene die Therapeutin im besonderen beeinflussen möchte.

Das oben erwähnte Schlüssel-Schloß-Prinzip bei der Verwendung von Ressourcen setzt voraus, daß man das Problem gut kennt, um die passende Ressource suchen und anwenden zu können. Dazu ist eine entsprechende Exploration von Problemen und ihrer Ursache nötig, worauf wir zunächst eingehen.

9.1 Exploration in Trance

Wenn eine psychotherapeutische Schule die Ursachen für psychische Störungen in einem bestimmten Erfahrungsbereich (z.B. Kognitionen, Verhalten) von Patienten annimmt und daher positive Veränderungen eben in diesem Bereich als entscheidend für eine erfolgreiche Behandlung ansieht, wird sie natürlich besonderen Wert darauf legen, genau diesen Bereich zu explorieren. So werden z.B. in der klassischen Verhaltenstherapie das problematische Verhalten und dessen Auslöser in einer Verhaltes-analyse (möglichst quantitativ) erfaßt bzw. in der RET (oder der kognitiven Verhaltenstherapie) unangemessene Kognitionen exploriert; denn hier muß nach Überzeugung der jeweiligen Therapieform mit den therapeutischen Interventionen angesetzt werden, um die Probleme des Patienten zu reduzieren oder zu beseitigen.

Versteht man die moderne Hypnosetherapie als eine Therapie, die den Leidensdruck der Patienten letztlich im *Erleben* belastender Emotionen begründet sieht, das (in der Regel) im Zusammenhang mit heute noch bestehenden kindlichen Bewältigungsstrategien steht, dann wird zum Verständnis der Problematik der Patienten folgerichtig die Exploration des Problem*erlebens* und dessen biographische Wurzeln im Vordergrund stehen.

Der Vorteil der Exploration von Problemen oder Ressourcen in Trance liegt im Verlassen der verbalen, rationalen Beschreibung, mit der der Patient seine problematische Situation üblicherweise interpretiert. Statt der verbalen Beschreibung des Problems wird in Trance die Problemsituation aufgesucht, die der Patient in der 'Realität' der Trance *erlebt*. Die Hypnosetherapeutin möchte also nicht (allein) die *Interpretation* einer belastenden Situation durch den Patienten kennenlernen, sondern das *Erleben* dieser Situation. Wird daher anstelle eines explorativen Gespräches über eine kritische Situation diese Situation vom Patienten in Trance erlebt, kann oft sehr schnell der Unterschied zwischen der (rationalisierenden) Interpretation einer problematischen Situation und deren tatsächlichen Erleben offenkundig werden. Manchmal sind es die emotionalen Reaktionen, die Patienten in einer belastenden Situation nicht richtig bewerten: Statt der im Gespräch berichteten Wut, kann dann in der Tranceerfahrung Trauer, Angst oder ein Schuldgefühl auftreten:

Eine Patientin berichtet über ihre Wut, die sie immer als Kind gespürt habe, wenn sie gesehen habe, wie das Kindermädchen ihren Bruder bevorzugt habe, ihn auf den Arm genommen habe, während sie dabei saß und zuschaute. In Trance erlebt sie eine solche typische Situation aus ihrer Kindheit und es wird ihr mit starker emotionaler Beteiligung klar, daß es nie Wut war, sondern immer eine tiefe, oft von Weinen begleitete Traurigkeit über ihr "Unwertsein". Die Wut über diese Situation ist die emotionale Bewertung der heutigen Erwachsenen.

Ein Patient beklagt sich über seine Arbeitssituation in der Firma: Es mache ihm einfach keinen Spaß mehr, oft fühle er sich wie gelähmt und außerdem mache es ihn wütend, sich dauernd kontrollieren zu lassen. Da die Therapeutin den Zusammenhang zu seinen depressiven Verstimmungen überprüfen möchte, läßt sie ihn verschiedene "lähmende" Situationen am Arbeitsplatz in Trance erleben und befragt ihn jeweils in der Fraktionierung. Dabei berichtet der Patient, daß er in diesen Situationen gar keine Wut, sondern "merkwürdigerweise" Angstreaktionen spüre. Diese Reaktionen bringt der Patient im Gespräch nach der Trance von allein in Zusammenhang mit Versagensängsten und Minderwertigkeitsgefühlen in Leistungssituationen.

Manchmal verbergen sich die emotionalen Reaktionen, die der Patient bei sich nicht sehen will oder kann, auch hinter seinen verzerrten Bewertungen des Verhaltens anderer Menschen:

Ein Patient, der sehr zurückgezogen lebt, beklagt, daß er keine wirklichen Freunde habe. In der Institution, in der er arbeitet, sei er nur von oberflächlichen Leuten umgeben, mit denen er nichts anfangen könne ("Die quatschen doch nur dämlich herum."). In Trance läßt ihn die Therapeutin erleben, wie er nach einer Besprechung mit Kollegen zum Kaffeetrinken geht. Dabei tritt das im Gespräch berichtete Gefühl von Überlegenheit nicht auf, sondern ein diffuses Gefühl von "nicht da sein" zusammen mit einem Angstgefühl, das mit der Erwartung von Ablehnung zu tun hat.

Eine Patientin mit sozialen Ängsten beschreibt lächelnd ihr - wie sie meint - souveränes Verhalten im Umgang mit Familienmitgliedern: "Die muß ich schonen, sonst sind die ganz verdreht." In der Tranceerfahrung einer entsprechenden Situation erlebt die Patientin dann aber, daß sie Angst vor Auseinandersetzungen hat und sich zu schwach fühlt, um einen Konflikt zur Durchsetzung ihrer berechtigten Wünsche und Interessen durchzustehen.

Der Vorteil der Exploration in Trance besteht nicht so sehr darin, daß die Therapeutin etwas Neues erfährt, sondern vielmehr darin, daß der Patient etwas Neues *erlebt* und dabei seine Rationalisierungen selbst durch sein 'emotionales Wissen' in Frage stellt bzw. korrigiert. Die Therapeutin wird wahrscheinlich schon die Rationalisierungen des Patienten entschlüsselt haben. Dem Patienten aber auf rationaler Ebene mitzuteilen, daß seine Sicht der Dinge nicht richtig ist, er sein Problem nicht richtig bewertet, kann auf Widerstände stoßen.

Es könnte sein, daß der Patient sich nicht richtig verstanden fühlt und die Deutung nicht akzeptiert. Daher ist es ratsam, zunächst auf die Darstellung der eigenen Hypothese zu verzichten und statt dessen den Patienten seine Problematik in Trance erleben lassen. Danach wird er dann eher bereit sein, die bisherige rationalisierende Sicht seines Problems aufzugeben, und aufgrund des Erlebens seiner Problematik in Trance eine Neubewertung vorzunehmen. Wir haben oft erlebt, daß dies schon nach einer einzigen Tranceerfahrung der Fall sein kann. Allerdings kann das Ergebnis einer solchen Exploration natürlich nicht gleich als unumstößliche Wahrheit aufgefaßt werden, sondern muß zunächst einmal als Hypothese betrachtet werden, die aber das weitere Vorgehen der Therapeutin leitet.

Wie gelangt die Therapeutin nun zum Verständnis der frühen Beziehungsmuster und damit zur Kenntnis der infantilen Bewältigungsstrategie, die auch heute noch vom Patienten verwendet wird und die das Problem des Patienten verstehen läßt. Dazu bietet sich natürlich das explorative Gespräch mit dem Patienten an. Aber auch Trance kann zur lebensgeschichtlichen Exploration verwendet werden: Teile der gewonnenen Information über das Problemerleben können in Trance als "Affektbrücke"

(Watkins, 1971) zu den Lebenserfahrungen der Jugend oder der Kindheit dienen, die in Bezug zur Entstehung der Symptomatik standen. Hierzu erlebt der Patient nach einer Hypnoseinduktion zunächst die Problemsituation mit den begleitenden körperlichen und gefühlsmäßigen Reaktionen. Dann wird er in der hypnotischen Altersregression mit dieser Erfahrung in frühere Lebensabschnitte geführt bis er Situationen wiedererlebt, in denen das heutige Problemerleben auch schon aufgetreten ist. Die Exploration solcher Situationen ergibt dabei oft nicht nur die Ursache für die Entstehung der belastenden Gefühle, sondern enthüllt auch die Strategien, mit denen der Patient die belastenden Gefühle in der Kindheit bewältigt hat.

In Trance kann Herr C., den wir im vorhergehenden Kapitel schon vorgestellt haben, das von ihm beschriebene "Ausgeliefertsein"- und "auf-der-Hut-sein-müssen"-Gefühl deutlich erleben (s. oben S. 226f). Mit diesem Gefühl soll er frühere Lebenssituationen aufsuchen, in denen das gleiche Empfinden auftrat. Der Patient berichtet dabei immer wieder Erfahrungen aus früheren Leistungssituationen, sei es beim Militär, während der Berufsausbildung oder in der Schule. Das stärkste Erleben tritt aber in wiedererlebten Situationen im familiären Bereich auf: Als unehelicher Sohn der Mutter, die später heiratete, wurde er von seinem Stiefvater bei kleinsten Fehlern oder Ungenauigkeiten (sei es beim Schuhputzen, der Gartenarbeit oder in der Schule) verprügelt und dabei oft mit einem Riemen blutig geschlagen. Seine drei Stiefbrüder hingegen wurden vom Vater höchstens getadelt und konnten ihn quälen, ohne vom Vater zur Rechenschaft gezogen zu werden. Um sich vor den harten väterlichen Strafen zu schützen, versucht er perfekt zu sein. Sobald er sich nicht sicher ist, ob seine Leistung ausreicht, entwickelt er eine starke Angst in Erwartung der harten Bestrafung. Die Erfahrung, seinem Vater nicht so viel wert zu sein wie seine Brüder bzw. auch von den Brüdern abgelehnt zu werden, versucht er folgendermaßen zu bewältigen: Zum einen verzichtet er völlig auf eine (aussichtslose) aggressive Gegenwehr und auf den Wunsch, von den Brüdern akzeptiert zu werden und dazu zu gehören. Zum anderen entwickelt er ein Überlegenheitsgefühl als Gegengewicht zu seinem geringen Selbstwertgefühl ("Ich bin genauer und sauberer als die anderen. Mich kann man nicht unterkriegen."). Die Bewältigungsstrategien des Kindes (Sicherheit durch Perfektion und Bessersein als die anderen; Aggressionshemmung; sich von anderen fern halten und sich ihnen überlegen fühlen) helfen ihm durch die Kindheit und waren dort sinnvoll. Die Probleme, die dem Erwachsenen aus diesen heute noch verwendeten Strategien entstehen, sind soziale Isolation, Ängste bei Zweifeln an seinen Leistungen und (wegen der Aggressionshemmung) sich nicht durchsetzen können bei Ungerechtigkeiten. Die unterdrückte Aggression von der Arbeitsstelle wird auf seine Frau verschoben (mit der er ja im Urlaub gut auskommt) und ist vermutlich mit seinen psychosomatischen Reaktionen verknüpft. Der Zusammenhang mit heutigen belastenden Situationen und den Kindheitserfahrungen, die vom Patienten in Trance mit z.T. starker emotionaler Beteiligung erlebt wurden, waren dem Patienten zuvor nicht klar. Entlastend empfand er, daß die unverständliche und unheimliche Angst für ihn nun verstehbar war.

Mit seinem Leistungswillen und Hang zur Perfektion galt der Patient innerhalb der Bank als ein besonders effizienter Mitarbeiter, der auch entsprechend befördert wurde. Als er sich allerdings für die Leitung einer Arbeitsgruppe bewarb, die die Führung mehrerer Kollegen bedeutet hätte, hielt man ihn - vermutlich wegen seiner mangelnden sozialen Fertigkeiten - für ungeeignet. Danach begannen die massiven Kopfschmerzen, die Probleme mit seiner Frau und vermehrt die Ängste, die allerdings schon früher immer wieder aufgetreten waren. Die infantile Bewältigungsstrategie, Sicherheit durch perfekte Leistung war an ihre Grenzen gestoßen, weil er aufgrund der anderen infantilen Strategie, nämlich soziale Distanz zu anderen Menschen zu wahren, nicht die sozialen Fertigkeiten erlernen konnte, die ihm den Weg nach "oben" ermöglicht hätten.

Das praktische Vorgehen bei der Problemexploration in Trance könnte folgendermaßen aussehen: Zunächst wird dem Patienten die Problemsituation vorgegeben, dann werden die körperlichen Empfindungen wachgerufen und schließlich Gefühle angesprochen. Entweder kennt die Therapeutin die Einzelheiten der Problemsituation und kann diese genau beschreiben oder aber sie führt den Patienten über entsprechende Fragen in die Situation, um dann das Erleben der körperlichen und gefühlsmäßigen Reaktionen wachzurufen. Wichtig ist die Fraktionierung der Trancesequenz: Nachdem der Patient einen erlebnismäßigen Zugang zur Problemsituation gefunden hat, wird die Therapeutin während der Trance im Kontakt zum Patienten konkrete Einzelheiten nachfragen. Die sehr offenen Formulierungen in Kasten IX/1 sind eine Möglichkeit, dem Patienten den Zugang zum Problemerleben zu ermöglichen, um danach in der Fraktionierung vom Patienten Einzelheiten zum Problemerleben zu erfahren. Wegen der offenen Formulierung kann der Text in Kasten IX/1 auch zur Exploration einer Ressourcensituation verwendet werden.

KASTEN IX/1: *Die Exploration in Trance dient dazu, Problemerfahrungen (körperliche Reaktionen, Gefühle) 'unverfälscht' vom Patienten zu erfahren, ohne daß sie durch seine Interpretation möglicherweise verzerrt dargestellt werden. Was im Gespräch z.B. als Wut beschrieben wurde, kann sich dann in der Tranceerfahrung als Traurigkeit darstellen. Der folgende Text ist (über die Fragen der Therapeutin) völlig offen gehalten und läßt dem Patienten aber gerade dadurch alle Freiheit, ausschließlich seine eigenen Erfahrungen wieder zu erleben. Wegen seiner Offenheit eignet er sich auch zur Exploration von Ressourcen.*

EXPLORATION IN TRANCE: 'PROBLEM' - 'RESSOURCE'

Nach Tranceinduktion:

1. Äußere Merkmale der Situation:

".....und wir sprachen eben von der Situation, die Sie sich noch einmal ansehen und erleben sollten. Und diese Situation wieder zu erfahren, kann zunächst einfach nur bedeuten, sich dort umzusehen....sich Zeit zu nehmen, sich umzuschauen......einfach nur dort sein...und sehen, was um sie herum ist...was ist nahe bei Ihnen......was ist weiter weg.....und was sehen Sie, wenn Sie hochschauen würden....und was, wenn Sie nach unten schauen....und ich weiß nicht, welche Farben hier vorherrschen..... .und manchmal ist eine solche Situation auch durch einen bestimmten Geruch charakterisiert.......ich weiß nicht, ob Sie hier allein sind.....oder ob andere anwesend sind....gerade das Verhalten von anderen kann ja das Erleben einer Situation so entscheidend bestimmen...seien es der Gesichtsausdruck....die Bewegungen...oder der Tonfall, in dem etwas gesagt wird........wobei natürlich auch der Inhalt des Gesagten wichtig ist... und vielleicht achten Sie nun einmal auf den Aspekt, der die Atmosphäre in dieser Situation in besonderem Maße kennzeichnet........."

2. Erleben des Körpers:

"Das Erleben einer solchen Situation und deren Atmosphäre erfassen wir häufig auch über unsere körperlichen Reaktionen...die Art wie wir atmen zum Beispiel...wie tief die Atmung geht...oder wie schnell sie ist.....auch das Gefühl von Enge oder Weite im Brustbereich kann dabei beteiligt sein, was ja gerade beim Einatmen deutlich wird.........und jetzt in dieser Situation zu sein und einmal im Körper nachzuspüren, wo er entspannt oder verspannt ist, zeigt auch, wie man die Bedeutung einer Situation über die Befindlichkeit der Muskeln körperlich erfährt.....und ich weiß nicht, in welchen Teilen Ihres Körpers eine Anspannung oder Gelöstheit besonders deutlich ist....und in welcher Körperhaltung Sie dort sind, sei es im Stehen, Sitzen oder Liegen.....Gibt es etwas in ihrer Haltung, das genau zu dieser Situation paßt.... oder auch in Ihren Bewegungen?.....Wie würden Sie sich hier bewegen?...... Und bewegen sich Ihre Arme dabei?...... Wie drehen Sie Ihren Kopf , wenn Sie zur Seite schauen würden?.... Vermutlich wissen Sie, daß sich auch die Stimme verändert, je nachdem wie wir uns fühlen und in welcher Situation wir sind....Wenn Sie etwas in dieser Situation äußern würden, wie würde sich Ihre Stimme anhören?....Ist Ihre Stimme laut oder leise?...Was drückt sich in Ihrer Stimme aus?....Und unterstreichen Sie das, was sie sagen, auch mit Ihrer Mimik?..... Wie würde sich das Gesicht dabei anfühlen........und was machen Sie mit Ihren Armen, wenn Sie hier sprechen würden?....Und sind Ihre Hände dabei beteiligt?"

3. Gefühle:

"Wie ist Ihnen zumute hier in dieser Situation?......Mit welchem Gefühl sind Sie hier?......Und Gefühle können reichen von Angst bis hin zur übermütigen Freude, die wir auch körperlich spüren...Welche Körperempfindung ist besonders mit Ihrer Gefühlslage verknüpft.....und wie drückt sich Ihre Gefühlslage in Ihren Bewegungen oder in Ihrer Mimik aus?.......Und wir sprachen eben von Ihrer Stimme....Welches Gefühl, welche Stimmungslage könnte man aus Ihrer Stimme heraushören?......Und Gefühle bestimmen auch unsere Gedanken....vielleicht nehmen Sie sich nun einmal die Zeit, in sich hinein zu horchen, welche Gedanken Ihnen in einer solchen Situation durch den Kopf gehen...vielleicht sogar, wie Sie diese Gedanken zum Ausdruck bringen....Sind sie wie in einem inneren Selbstgespräch...und wenn ja...wie ist die innere Stimme?....Hat sie eine bestimmte Tonlage?......und die Tonlage der inneren Stimme könnte freundlich,..... vorwurfsvoll,.... ärgerlich..... oder stolz sein, um nur einige Möglichkeiten zu nennen....und solche inneren Dialoge haben nicht selten auch eine Vergangenheit....einen Ursprung............"

4. Fraktionierung:

"Und wenn ich Sie jetzt bitte, mir über Ihre Erfahrungen zu berichten, mit geschlossenen oder geöffneten Augen, so wie es Ihnen recht ist, können Sie von den Schultern ab bis zu Ihren Füßen in dem jetzigen Zustand bleiben."

Bei der Affektbrücke (Kasten IX/2) wird dieses Vorgehen noch durch eine Altersregression ergänzt, um die lebensgeschichtliche Entwicklung der Problematik verstehen zu können. Dazu wird in Trance die heutige Problemerfahrung wachgerufen, mit der der Patient zurück in die Vergangenheit geht bis er auf ähnliche Erfahrungen stößt. Die Vorgabe der Vergangenheit erfolgt mit Hilfe der Einkreistechnik und ihren offenen Formulierungen (s. oben S. 204ff).

KASTEN IX/2:

EXPLORATION IN TRANCE: 'AFFEKTBRÜCKE'

Die 'Affektbrücke' dient zum Auffinden der Erfahrungen der Vergangenheit, die an der Entstehung von Problemerleben und -verhalten beteiligt waren. Dabei wird das aktuelle Problemerleben in Trance wachgerufen und mit dieser Erfahrung geht der Patient zurück in die Vergangenheit bis entsprechende Situationen gefunden wurden.

Vorgehensweise:
1. Vorgabe einer konkreten Problemsituation
2. Wachrufen der körperlichen und gefühlsmäßigen 'Problemreaktionen'
3. 'Einkreisen' der Vergangenheit (Studium, Lehre, Freunde, Schule, Kindheit) bis der Patient auf eine Situation stößt, in der ähnliche körperliche und gefühlsmäßige Reaktionen aufgetreten sind wie in der Ausgangssituation.

Die Affektbrücke kann aber auch verwendet werden, um Ressourcensituationen zu finden. Wenn die Therapeutin das Problemerleben des Patienten kennt (z.B. verkrampfte Schultern, Druck im Magen, ein Gelähmtsein etc.), kann sie daraus die Ressourcenerfahrung als 'Gegenteil' des Problemerlebens entnehmen (gelöste Schultern, Entspanntheit und Offenheit im Magen, ein Gefühl von innerer Beweglichkeit etc.) und dem Patienten in Trance über direkte Suggestionen vermitteln. Mit der Einkreistechnik begibt sie sich dann mit dem Patienten auf die 'Suche' nach Ressourcensituationen, die eventuell weitere Erfahrungen beinhalten, die für die Therapie wichtig werden könnten.

9.2 Interventionen auf der körperlichen Ebene

In Trance werden mit dem Patienten Erfahrungen zur Beeinflussung des Körpers erarbeitet, die ihm ein Mittel in die Hand geben, mit dem er in belastenden Situationen die üblicherweise auftretenden Reaktionen (z.B. muskuläre Anspannung, Druck im Magen, Enge in der Brust etc.) bekämpfen kann. Dazu dienen zunächst einmal einfache Entspannungstrancen wie sie in Kapitel 4 beschrieben sind, die der Patient

auch in Selbsthypnose zu Hause fortführen soll, oder auch die Induktion von einem
Stärkegefühl wie wir es oben in Kapitel 6 beschrieben haben (Stärkeinduktionen, S.
169ff). Darüber hinaus versucht die Therapeutin zusammen mit dem Patienten Ressourcen (d.h. eigene oder erarbeitete Erfahrungen) des Patienten zu finden, in denen
ein (Körper-)Erleben bestand, das möglichst das 'Gegenteil' des Problemgefühls sein
sollte.

Herr C. beschrieb zwei verschiedene Arten des Problemerlebens: Zum einen das "auf-dem-
Sprung-sein"-Gefühl, das mit dem Gefühl verbunden war, nichts tun zu können. Körperlich
wurde es vom Patienten als eine starke muskuläre Anspannung empfunden, die von einem
"Gefesseltsein" begleitet war. Das Körperempfinden, das für den Patienten das 'Gegenteil'
dieses Gefühls darstellte, war das Körpererleben beim Rennradfahren, von dem er Empfindungen von Stärke und großer Energie, gepaart mit Beweglichkeit und der Erfahrung, die
Kontrolle zu haben, kannte und das er sehr häufig und extrem, z.T. bis zur völligen Erschöpfung betrieb. Zwar war auch hier ein Erleben von Anspannung, die er aber als eine Energie
erlebte, mit der er beweglich war, über die er frei verfügte und die er gezielt einsetzen
konnte.
  Zum anderen gab es in belastenden Situationen das Gefühl eines "Ausgeliefertseins" und
eines sich "Schützenmüssens". Diese Erfahrung wurde völlig aufgehoben durch das Erleben
der Gegenwart des Meisters von seiner früheren Lehrstelle. In dessen Anwesenheit hatte er
sich aufgehoben, geschützt und voll Selbstvertrauen gefühlt.
  Das Ersetzen des Problemerlebens durch das Ressourcenerleben (Radfahren, Meister) für
kritische Situationen am Arbeitsplatz wurde in der Therapie und vom Patienten zu Hause in
der Selbsthypnose mehrfach wiederholt. In belastenden Situationen sollte der Patient dann
über das Bild des Radfahrens oder der erlebten Gegenwart des Meisters als 'hypnotischem
Begleiter' sein körperliches Erleben beeinflussen.

9.2.1 Hypnotischer Begleiter

Um Unruhe, körperliche Verspannungen, Hyperventilation, Schwitzen etc. in belastenden Situationen zu beeinflussen, eignet sich auch die 'hypnotische Begleiterin'
bzw. der 'hypnotische Begleiter'. Dabei erlebt der Patient zunächst in Trance wie allein die Nähe einer Person, zu der er Vertrauen hat oder die eine besondere emotionale Bedeutung hat, ihm das Erleben von Ruhe, Entspannung oder Stärke vermittelt.
Mit dieser Erfahrung erlebt er dann in Trance und von der Therapeutin geleitet, wie
es ihm möglich ist, in einer belastenden Situation mit einem imaginierten 'hypnotischen Begleiter' körperlich gelöst und ruhig zu bleiben. Mit dieser Technik gelang es
einem Kollegen aus unserer Supervision, einer Kleptomanin zu helfen, die Unruhe zu
kontrollieren, die üblicherweise einem Diebstahl vorausging, und damit auch Dieb-
stähle zu verhindern. Die Verwendung dieser Technik bei einer Kleptomanin berichtet auch Kossak (1985). Natürlich ist diese Methode auch bei anderen Problemfällen
geeignet, bei denen gerade die körperliche (und natürlich auch die gefühlsmäßige)
Seite einer Beruhigung bedarf.

Eine Pianistin berichtet, daß sie vor jedem Auftritt großes "Lampenfieber" hätte, was nach ihrer Ansicht die Qualität ihres Spiels beeinträchtigen würde. Die Kontrolle der inneren Unruhe und der Erwartungsangst gelang ihr mit zwei 'hypnotischen Begleitern'. Zum einen spürte sie nach dem Platznehmen auf der Bühne, wie die Hände der Therapeutin auf ihren Schultern lagen, von denen eine beruhigende Kraft ausging; zum anderen 'sah' sie das lächelnde Gesicht ihrer verstorbenen Mutter vor sich und bereitete sich innerlich darauf vor, für ihre Mutter zu spielen (und nicht für die Kritiker der Zeitungen) und ihre Liebe zu ihr mit ihrem Spiel auszudrücken. Dieser emotionale Erfahrungsraum war in drei Trancesitzungen mit der Therapeutin erarbeitet worden und von der Patientin in der Selbsthypnose eingeübt worden. Die Therapeutin fungierte auch schon in der Künstlergarderobe als hypnotische Begleiterin, um zu verhindern, daß sich die Unruhe schon vor dem Auftritt so weit steigert, daß deren Kontrolle auf der Bühne zu schwierig würde.

Einen 'hypnotischen Begleiter' kann man natürlich zusammen mit dem Patienten im Gespräch entwickeln und dann in der Trance testen oder erst nach einer Tranceinduktion entstehen lassen. Das hätte u.U. den Vorteil, die Bewertungen der rationalen Ebene auszuschalten. In Kasten IX/3 finden Sie ein Beispiel für die letztere Möglichkeit, wobei die Einhaltung von Pausen wichtig ist.

KASTEN IX/3: *Um in belastenden Situationen körperliche Reaktionen von Unruhe, Verspannungen etc. zu reduzieren, erlebt der Patient in der kritischen Situation einen 'hypnotischen Begleiter', der zuvor in Trancesitzungen eingeführt wurde. Der folgende Text könnte zur ersten Einführung eines solchen 'Begleiters' verwendet werden.*

'HYPNOTISCHER BEGLEITER'

Nach Tranceinduktion und körperlicher Entspannung:

"Insbesondere Künstler verfügen über kreative Fähigkeiten, was sich gerade bei ungewöhnlichen Vorstellungen, die wir nicht jeden Tag haben, besonders deutlich zeigt. Hier können Künstler oft leichter den üblichen, alltäglichen Vorstellungsrahmen verlassen und z.T. auch bizarre, ungewöhnliche Vorstellungen entwickeln, die sie für eine Zeit lang lebendig aufrechterhalten können. Um eine solche Erfahrung geht es gleich.
Wie Sie sicher wissen, ist eine bequeme Körperhaltung förderlich, um ohne Anstrengung innere Bilder zu entwickeln. Deshalb möchte ich Sie bitten, ruhig noch einmal hin- und her zu rücken bis Sie eine bequeme Haltung gefunden haben. Und da man am besten Vorstellungen mit geschlossenen Augen bilden kann, bitte ich Sie, jetzt einfach die Augen zu schließen. Stellen Sie sich nun eine Person vor, zu der Sie ein wirklich tiefes Vertrauen haben oder hatten, eine Person, die Ihnen eine starke Sicherheit vermittelt oder vermittelt hat, an Ihre Fähigkeiten glaubt oder glaubte und Sie für einen wertvollen Menschen hielt oder hält. Dabei spielt es keine Rolle, ob diese vertrauensvolle Beziehung schon früher in der Kindheit bestand oder sich erst später entwickelt hat. Ebensowenig spielt es eine Rolle, ob es sich bei dieser Person um einen Verwandten, einen Freund oder eine Freundin, einen Lehrer oder eine Lehrerin oder einen Bekannten handelt oder gehandelt hat. Wichtig ist aber, die Vorstellung wirklich realistisch als inneres Bild zu erleben und im weiteren Ihrer Imaginationsfähigkeit entsprechend aufrecht zu erhalten.

Im folgenden werde ich immer wieder kleine Pausen machen, in denen Sie die bei Ihnen
aufgetretenen Vorstellungen bitte deutlich und lebendig vor Ihrem inneren Auge wahrnehmen. Stellen Sie sich jetzt also bitte einen Menschen vor, der Ihnen Vertrauen und
Sicherheit vermittelte .... Und ich weiß natürlich nicht, wen Sie sich ausgewählt
haben und in welcher ganz konkreten Situation Sie einmal wirklich ein solches Vertrauen
ganz deutlich zu dieser Person gespürt haben. Ich weiß auch nicht, ob diese Person jünger oder älter ist als Sie und in welcher Situation oder Situationen Sie ihr begegnet sind,
wie weit oder nah Sie von ihr entfernt waren und ob andere Menschen dabei waren und
welche Kleidung diese Person trägt oder trug. Aber einfach dort zu sein, ist wie eine
Einladung, den Zugang zu wichtigen Erfahrungen zu erhalten, die alle Menschen brauchen können.......
Oft braucht man dann nur in dieses Gesicht zu schauen, um genau zu wissen, wie es aussieht, wenn es lächelt und eine Heiterkeit ausdrückt oder Ernst und Gelassenheit zum
Ausdruck bringt, um den Zugang zu der Erfahrung von Vertrauen, Sicherheit oder Akzeptanz zu bekommen ...... Oft fällt einem dann auch die Augen- oder Haarfarbe auf,
oder bestimmte typische Gesichtszüge. Manchmal ist es auch die Stimme und die Art und
Weise, wie etwas gesagt wird, die die entsprechenden Empfindungen wach werden läßt,
wobei auch hier typische Wörter oder Redewendungen, die Sie selbst betreffen, erinnert
oder gar innerlich gehört werden, manchmal in einem besonderen Tonfall, Betonung oder
mit einer gerade für diese Person eigentümlichen Klangfarbe....... Und das innere Aufklingen dieser Stimme ist dann der Zugang zu diesen Empfindungen, Erfahrungen, die
Sie sich bei dieser betreffenden Person akzeptiert und sicher fühlen läßt, was dann auch
körperlich in einer zunehmend kraftvollen Ruhe oder einem gefestigten In-Sich-Ruhen
erlebbar ist oder sich gar in einer offenen Gelassenheit und einem tiefen, sicheren Gegründetsein bemerkbar macht....... Dies ist eine Erfahrung, die Ihnen sagt, "Ich kann in
mich vertrauen!" oder auch: "Ich fühle mich völlig sicher." Vielleicht können Sie sich,
was die von Ihnen gewählte Person betrifft, sogar vorstellen, wie es ist, ihre Hand zu
halten....zu spüren, welche Temperatur diese Hand hat, ob sie weich oder fest ist, ob sie
größer oder kleiner als Ihre Hand ist, ob sie kühl oder warm ist....... Mit einer solchen
Person kann man auch über Dinge sprechen, die belasten, was oft verbunden ist mit einem Gefühl des Angenommenseins und einer Sicherheit und der Erfahrung und dem
Wissen, daß die eigenen Fähigkeiten wertvoll und wichtig sind. Bei dieser Person können
Sie sich so geben, wie Sie sich halt gerade empfinden und sich in ihrer Begleitung in
jeder Situation gelassen und sicher fühlen....... Und wenn man dann wirklich in diese
Erfahrung eintaucht, erlebt man das vielleicht auch in der Atmung, die gelassen und ruhig geht, was manchmal gerade beim Ausatmen besonders deutlich wird....... Oder die
Sicherheit und das vertrauensvolle Erleben in der Gegenwart dieser Person wird geradezu in den Schultern, dem Nacken, den Armen und dem Oberkörper spürbar....... Oder
man bemerkt auf einmal wie sich der Magen anfühlt, wenn Sicherheit und Akzeptanz in
der Gegenwart dieser Person erfahren werden. ...... Und kann es nicht sein, daß auch die
Bewegungen, die man macht, in einer solchen Atmosphäre anders sind, vielleicht gelöster oder bestimmter, spontaner und freier. Vielleicht können Sie sich sogar vorstellen
wie es ist, neben dieser Person zu gehen und dabei den Bewegungen der Arme und Beine
nach zu spüren oder die Bewegungen des Kopfes zu erleben....... Und ich weiß nicht,
worüber Sie sich mit ihr oder ihm unterhielten oder unterhalten, aber wenn Sie sich die
Zeit nehmen, dabei der eigenen Stimme zuzuhören, fällt es gar nicht schwer, Ihre Gefühlslage in der Begleitung dieser Person sogar im Klang und im Rhythmus der eigenen
Stimme widergespiegelt zu finden. ...... Wenn ich Sie jetzt bitte, noch einmal in das Ihnen
so bekannte Gesicht zu schauen und die Gegenwart dieses Menschen ganz lebendig werden zu lassen, dann erleben Sie dessen Gegenwart einmal insgesamt, mit dem gesamten
Körperempfinden und den begleitenden Gefühlen von Vertrauen und Sicherheit.... Ein
solches Erleben vermittelt dann den Eindruck, "Ich kann fest in mir ruhen." oder "Ich

stehe fest und sicher auf dem Boden." und man spürt, daß man sich mit dieser Erfahrung in der Begleitung dieser Person vielen Herausforderungen stellen kann, mit großer Gelassenheit und Ruhe....... Und allein die gespürte Anwesenheit einer solchen Person ist dann wie eine Bot-schaft, die einem sagt: "Das kriegst Du hin!" oder "Ich bin völlig sicher, daß Du das schaffst." Und wenn man die Gegenwart der Person, die für Sie wichtig ist, geradezu unmittelbar spürt, mit jedem Atemzug Sicherheit und Akzeptanz in sich aufnimmt, wird damit die Erfahrung von innerer kraftvoller Ruhe und gelassener Festigkeit noch deutlicher."

9.2.2 Rapidentspannung

Manche belastenden Situationen treten oft unvorhersehbar auf, so daß ein Patient kaum Zeit hat, sich auf das Auftreten der belastenden Situation imaginativ vorzubereiten wie es etwa der Pianistin in dem eben beschriebenen Beispiel möglich war, die genau absehen konnte, wann ihr Lampenfieber auftreten wird. Dies ist bei sozialen Ängsten zum Beispiel anders, wenn der Patient nicht vorhersehen kann, wann er seinem Chef am Arbeitsplatz begegnen wird oder wann jemand ihn anruft und ihn bittet, unverzüglich zu einer Arbeitsbesprechung zu kommen. In solchen Situationen ist die negative körperliche Reaktion schon aufgetreten, bevor der Patient etwas dagegen unternehmen kann. Und dann ist es u.U. schwieriger, eine entsprechende Imagination zur Auslösung einer angemessenen körperlichen Reaktion (Entspannung, Stärkeerleben) zu bilden, da dafür Aufmerksamkeit und eine gewisse Konzentration notwendig sind. In einer solchen Situation könnte es dann leichter fallen, die Entspannungs- oder Stärkereaktion an einen Prozeß zu knüpfen, der sowieso auftritt und nicht extra vorbereitet werden muß. Die Atmung ist so ein Vorgang, der sich für die Auslösung einer plötzlichen Entspannungsreaktion eignet und bei der *Rapidentspannung* verwendet wird.

Das Erlernen der plötzlichen Entspannungsreaktion (Rapidentspannung) erfolgt in drei Stufen:

1. Nach der Erfahrung einer Entspannung über die Vorgabe von Entspannungsszenen oder über direkte Entspannungssuggestionen in Trance lernt der Patient, sich über eine vorausgehende aktive muskuläre Entspannung nach Jacobson zu entspannen. Dabei werden wesentliche Muskelgruppen des Körpers (z.B. Hände, Oberarme, Schultern, Gesäß, Oberschenkel, Waden etc.,) einzeln für einige Sekunden angespannt und wieder gelöst, wodurch in der Regel ein Entspannungsgefühl in der betreffenden Muskelgruppe auftritt (Maerker, 1996; Peter & Gerl, 1988). Schon in dieser Phase soll der Patient An- und Entspannung mit einem Bild verbinden (z.B. das Anspannen mit dem Bild, einen Berg mit dem Rad hinaufzufahren, und das Entspannen mit dem Bild, sich entspannt den Berg herunterrollen zu lassen).

2. Danach wird der Patient gebeten, im Sitzen den gesamten Körper anzuspannen: Der Patient sitzt dabei nach vorne gebeugt, die Ellenbogen auf den Beinen, atmet tief ein, hält die Atmung an und preßt die geballten Fäuste gegeneinander, wäh-

rend die Muskulatur von Unter- und Oberarmen sowie Schultern-, Brust-, Magen-, Gesäß- und Beinmuskulatur stark angespannt sind. Nach drei Sekunden erfolgt dann eine plötzliche Lösung der Anspannung, indem der Patient plötzlich ausatmet und sich geradezu "nach unten fallen" läßt, d.h. er läßt die Arme nach unten hängen und neigt sich dabei schnell ganz nach vorne. Auf das plötzliche 'Loslassen' der gesamten Körpermuskulatur erfolgt dann eine sofortige Entspannungsreaktion im ganzen Körper. Auch in dieser Phase sollte das zuvor gewählte Bild verwendet werden.

3. In der dritten Phase lernt er die durch Anspannung des gesamten Körpers vorbereitete Entspannung durchzuführen, ohne daß dies 'von außen' bemerkt werden kann. Dazu setzt er sich bequem hin, hält nach dem Einatmen kurz den Atem an (was der muskulären Anspannung im ganzen Körper entsprechen soll) und auf diesen Auslöser hin erfährt er beim Ausatmen eine Entspannung im ganzen Körper. Auch dieses Vorgehen sollte von der gewählten bildhaften Vorstellung begleitet sein. Da die zweite Phase schnell zu einem Schwindelgefühl führen kann, könnte zur Übung folgender Zyklus eingeführt werden: Dreimal Phase 2 (Anspannung des gesamten Körpers mit Entspannung des ganzen Körpers) und siebenmal Phase 3 (Auslösen der Gesamtentspannung nach Anhalten des Atems bei der Ausatmung). Dieser Zyklus wird bei der Übung zu Hause mehrmals wiederholt. Das Ziel besteht darin, in belastenden Situationen allein über die Atmung (und das entsprechende Bild) eine Entspannungsreaktion herbeizuführen, ohne daß es 'von außen' sichtbar ist.

4. In einer anschließenden Trancesequenz sucht der Patient unter Anleitung der Therapeutin belastende Situationen auf und erlebt in Trance, wie er diese Form der körperlichen Entspannung in belastenden Situationen durchführen kann. Diese Phase wird vom Patienten ebenfalls zu Hause in der Selbsthypnose wiederholt. Die Verwendung des zuvor gewählten Bildes sollte dazu beitragen, die Entspannungsreaktion leichter auszulösen und zu intensivieren.

9.2.3 Selbsthypnose

Schon zu Beginn der Therapie wird der Patient in Selbsthypnose unterwiesen, um ihm die Möglichkeit zu geben, auch außerhalb der Therapiesitzungen an seinen Problemen zu arbeiten. Damit wird ihm überdies verdeutlicht, daß die Therapeutin nicht beabsichtigt, ihn in einer 'hypnotischen Abhängigkeit' zu halten, sondern letztlich die Autonomie des Patienten im Umgang mit seinen Problemen fördern möchte, er also in die Lage versetzt werden soll, auch außerhalb der Therapie an der Bewältigung seiner Schwierigkeiten zu arbeiten. Nachdem der Patient eine positive Tranceerfahrung bzw. -erfahrungen gemacht hat, ist die selbständige Einleitung der Hypnose einfach. Dem Patienten wird erklärt, daß seine bisherige Hypnoseerfahrung in der Therapie eigentlich nur auf *seiner* Fähigkeit beruhe, die Aufmerksamkeit 'nach innen' zu lenken und innere Bilder zu entwickeln. Und dies könne er auch alleine, ohne Anleitung durch die Therapeutin. Die Therapeutin fragt den Patienten zunächst, welche von den Hypnoseinduktionen, die er kennengelernt hat, und welche Entspannungsszene er bevorzugt. Im Beisein der Therapeutin wird der Patient dann gebeten, die Induktion (z.B. 'Fixation der Farbtafel' oder 'Körpervorstellung'; s. Kapitel 6) bei sich selbst durchzuführen, danach auf die körperliche Entspannung einzugehen und anschließend die vorher vereinbarte Entspannungsszene (z.B. 'Waldspaziergang' s. oben S. 95ff) imaginativ für sich selbst umzusetzen und die Trance eventuell mit direkten Suggestionen zu beenden. Während die Therapeutin also beobachtend dabei sitzt, führt der Patient eine Selbsthypnose durch, was den Patienten in der Regel ohne Schwierigkeiten gelingt. Manchmal wird noch die Frage gestellt, ob man denn die Selbsthypnose immer selbst beenden könne. Die Therapeutin wird dabei auf die gerade gemachte Erfahrung verweisen und dem Patienten versichern, daß er genauso wie hier in der Praxis auch künftig zu Hause in der Lage sei, den Ablauf der selbst herbeigeführten Trancesequenz selbständig zu gestalten und zu beenden. Zur Vorsicht könne er ja einen Wecker so einstellen, daß die gewünschte Trancedauer durch ein Wecksignal beendet wird, oder die Selbsthypnose vor dem Einschlafen durchführen.

Häufig berichten Patienten, daß die Selbsthypnose nicht so 'tief' wie die Hypnose bei der Therapeutin ist und befürchten, etwas nicht richtig zu machen. In der Tat wird Selbsthypnose üblicherweise nicht als so 'tief' erlebt wie eine Fremdhypnose. Bei der Selbsthypnose muß der Patient selbst planen und kontrollieren, was er erleben möchte. Und diese kognitive Kontrolle verhindert, daß der Patient - wegen der begrenzten menschlichen Aufmerksamkeitskapazität - sein ganzes imaginatives Potential ausschöpfen kann. Auch während der Fremdhypnose treten immer wieder kontrollierende Gedanken beim Patienten auf und können das Tranceerleben dann beeinträchtigen. Bei der Selbsthypnose sind derartige Gedanken natürlich häufiger und deswegen die Trance u.U. weniger tief. Mit diesem Hinweis kann man dann dem Patienten versichern, daß er schon alles richtig mache, es eher auf die Inhalte als auf die Tiefe der Trance ankomme, und er deswegen auch von der Selbsthypnose profitieren werde.

Nun könnte die Therapeutin ja für den Patienten ein Band besprechen. Wir tun dies in der Regel nicht, da der Patient zu Hause in der Selbsthypnose die neuen Erfahrungen aus der Sitzung für sich nacherleben bzw. die Interventionen rekapitulieren soll. Dabei würde die Selbsthypnose des Patienten zu Hause bei fortschreitender Therapie nicht mehr nur aus Entspannungs- oder Stärkeerfahrungen bestehen, sondern u.U. die Vorbereitung von neuen Verhaltensweisen oder die emotionale Auseinandersetzung mit seiner Kindheit beinhalten. Da die Inhalte der Selbsthypnose des Patienten zu Hause also in der Regel den Inhalten der Therapie entsprechen, an denen die Therapeutin mit dem Patienten in der Praxis arbeitet, wäre ein Hypnoseband schnell veraltet.

Auch wenn wir die Selbsthypnose unter "Interventionen auf körperlicher Ebene" behandelt haben, sollte klar geworden sein, daß die Inhalte der Selbsthypnose den Inhalten der Therapie entsprechen, Selbsthypnose also auf allen Behandlungsebenen eingesetzt wird. Da wir aber oft mit der Behandlung eines Patienten auf der körperlichen Ebene beginnen, lernen die Patienten zunächst, Selbsthypnose für Entspannung oder Stärkeerleben zu verwenden.

10 THERAPEUTISCHE INTERVENTIONEN BEI SCHMERZEN

10.1 Komponenten der hypnotischen Schmerzkontrolle

Der Einfluß von Hypnose auf die körperliche Ebene umfaßt nicht nur die Erfahrung von Entspannung, Schwere bzw. Leichtigkeit oder Stärke, sondern auch die Reduktion oder Beseitigung von Schmerzen. Insofern gehören die Inhalte dieses Kapitels im wesentlichen noch zu den "Hypnosetherapeutischen Interventionen auf körperlicher Ebene". Wie weit die Beeinflussung von Schmerzen auf der körperlichen Ebene gehen kann, zeigt die wichtige Arbeit von Kiernan et al. (1995), die belegt, daß hypnotische Analgesiesuggestionen schon auf dem Niveau von Rückenmarksreflexen wirken: Die Autoren der genannten Arbeit konnten nachweisen, daß der "R-III", ein Schmerzreflex, der auch bei Rückenmarksdurchtrennung auslösbar ist, über Analgesiesuggestionen reduzierbar ist, wohingegen ein Kontrollreflex ("H"), der nicht auf Schmerzreize reagiert, unbeeinflußt blieb.

Eine Fülle von Fallberichten sowie experimentelle und klinische Untersuchungen belegen die Möglichkeit, akute und chronische Schmerzen mit Hypnose zu reduzieren (Crasilneck & Hall, 1975; Hilgard & Hilgard, 1975; Meinzer, 1984; Spanos, 1989; Peter, 1993 b). Personen mit besonders hoher Hypnosefähigkeit können sogar über hypnotisch suggerierte Analgesie eine größere Schmerzreduktion erfahren als mit Morphium (Stern et al., 1977). Auch das Kriterium für die Wirksamkeit von Hypnose, nämlich die positive Korrelation zwischen therapeutischem Erfolg und

Hypnosefähigkeit (siehe oben S. 33f), trifft auf die hypnotische Behandlung von Schmerzen zu (Wadden & Anderton, 1982).

Es wurde vermutet, daß an der hypnotischen Analgesie körpereigene Opiate, sog. Enkephaline oder Endorphine, beteiligt sind. Diese zentralen Neurotransmitter bzw. -modulatoren (Birbaumer & Schmidt, 1990, S. 236 f) werden bei Schmerzen u.a. in der Hypophyse gebildet und bewirken eine Abnahme der Schmerzen. Da die Wirkung der hypnotischen Analgesie aber nach Gabe von Naloxon, einem die Wirkung von Endorphinen aufhebenden Morphinantagonisten, aufrechterhalten bleibt (Goldstein & Hilgard, 1975; Nasralla, Holley & Janowsky, 1979; Spiegel & Albert, 1983), wird vermutet, daß Hypnose keinen Einfluß auf die körpereigene Produktion von Endorphinen hat. Dies wird auch von Studien bestätigt, die eine direkte Messung von Plasma-Betaendorphinen als Maß für die Aktivität endogener Opiate vornehmen (Domange et al., 1985; Guerra, Guantieri & Tagliaro, 1985).

Die positive Beeinflussung von Schmerzen war auch schon zu Zeiten des Mesmerismus bekannt, dem Vorläufer der Hypnose (Bongartz, 1988), als die Äther-Anästhesie noch nicht eingeführt war. In der Mitte des vorigen Jahrhunderts nahm der englische Arzt John Elliotson chirurgische Eingriffe bei Patienten vor, wobei er Hypnose (unter Verwendung mesmerischer Bestreichung) als Anästhetikum einsetzte (Elliotson, 1843). James Esdaile führte mit der gleichen Methode in Indien 345 chirurgische Eingriffe erfolgreich durch, zum Teil so schwerwiegende wie die Amputation von Gliedmaßen oder die Entfernung von Tumoren (Esdaile, 1847). Eine Zahnextraktion in Trance (mit mesmerischen "passes" eingeführt) wurde schon 1836 durch den Pariser Arzt Oudet vorgenommen (Fourmestraux, 1934). Im übrigen kann - je nach Patient - 'Mesmerismus' auch heute noch wirksam sein (Bongartz, 1988; s. oben S. 32f).

Ohne Mesmerismus wurde im Jahre 1794 bei einem neunjährigen Jungen ein Tumor chirurgisch entfernt, dem als alleiniges 'Anästhetikum' ein Märchen erzählt wurde. Der phantasiebegabte Junge erlebte die Märcheninhalte so intensiv, daß er keine Schmerzen während des Eingriffes gespürt hatte. Wir alle kennen diesen Jungen. Es handelt sich um Jakob Grimm, einen der Grimmschen Brüder, der 18 Jahre später das Märchen "Schneewittchen" veröffentlichen sollte (Hypnos, 1982, Mai/Juni, S. 1). Vielleicht hat er sich später zusammen mit seinem Bruder so intensiv mit Märchen beschäftigt, weil er die Macht der Märchen am eigenen Leibe erfahren hatte.

Auch wenn beim jungen Grimm keine formale Hypnoseeinleitung verwendet werden mußte, enthält seine 'Behandlung' alle Elemente, die auch bei einer hypnotischen Beseitigung von akutem Schmerz verwendet wird. Die *Aufmerksamkeit* des Patienten wurde auf das Erleben einer 'inneren' Realität, nämlich die des Märchens, eingeengt, wodurch die *Erwartung* von starken Schmerzen beseitigt und damit gleichzeitig die *Aktivität des sympathischen Nervensystems* weit unter dem Niveau gehalten wurde, das sich sonst bei bewußter Verfolgung der Operation ergeben hätte.

Eine Reihe von experimentellen Untersuchungen belegt, daß das Schmerzempfinden über zentralnervöse Prozesse wie Aufmerksamkeit oder Erwartung moduliert werden kann (eine Übersicht geben McCaul & Malott, 1984).

Dies zeigen auch Erfahrungsberichte. Soldaten, denen im Krieg während eines Gefechtes eine schwere Schußwunde zugefügt wurde, verspürten erst nach Ende des Gefechtes starke Schmerzen. Während des Kampfes waren sie von den Vorgängen auf dem Gefechtsfeld so in Anspruch genommen, daß keine *Aufmerksamkeit* übrig blieb, um den durch die Schußwunde verursachten Schmerz wahrzunehmen.

Schadewaldt & Meschig (1980) beobachteten in Kenia eine Trepanation (Schädelöffnung) bei einem neunjährigen Jungen, dessen Schädel durch einen Steinwurf verletzt worden war. Der vom Medizinmann vorgenommene Eingriff dauerte zwei Stunden. Während dieser Zeit war der Junge ohne Vollnarkose oder lokale Betäubung bei vollem Bewußtsein und zeigte keine Anzeichen von Schmerzempfindung. Die Mitglieder des Stammes wachsen wohl mit dem 'Wissen' und damit der *Erwartung* auf, daß eine Schädelöffnung durch den Medizinmann nicht schmerzt. Allein die sichere Erwartung trägt also dazu bei, die Schmerzwahrnehmung zu unterbinden.

Prozesse wie Aufmerksamkeit oder Erwartung lassen sich über das Tranceerleben beeinflussen und auch die *Dämpfung der Sympathikuserregung* ist mit Hypnose möglich (siehe oben S. 22ff). Es ist bekannt, daß ein hohes sympathisches Erregungsniveau zu einer schmerzsteigernden Veränderung des 'Erregungsmilieus' von Nozizeptoren führt. Daher kann mit Hypnose eine Schmerzminderung auch über die Dämpfung des Sympathikus bewirkt werden.

So wird u.a. vermutet, daß die Sensibilisierung von Nozizeptoren durch eine erhöhte Sympathikuserregung über die biochemische Einwirkung der Neurotransmitter des Sympathikus (Adrenalin, Noradrenalin, Neuropeptide) und dadurch auch indirekt durch übermäßige Kontraktion der lokalen glatten Muskulatur vermittelt wird. Weiterhin kann ein direktes elektrisches Überspringen efferenter Sympathikusaktivität auf benachbarte nozizeptive Afferenzen stattfinden (Zimmermann, 1993).

Dabei sind vermutlich die Einengung der Aufmerksamkeit auf innere positive Erfahrungen bzw. die Erwartung von geringen Schmerzen einerseits und Dämpfung des Sympathikus andererseits zwei Seiten derselben Medaille. Das gleiche trifft auf die hypnosetherapeutische Arbeit mit Gefühlen zu. Wut und Aggression, die nicht bewußt werden dürfen und nicht offen ausgedrückt werden können, oder auch Angstzustände können via sympathischer Erregung Schmerzzustände verstärken oder gar auslösen. Wenn wir also in der Hypnosetherapie mit Gefühlen arbeiten, werden wir darüber natürlich auch die Ebene der sympathischen Erregung erreichen und können damit auch bestehende Schmerzen beeinflussen. Hierbei ist allerdings zu berücksichtigen, daß Emotionen nicht einfach nur aus einem kognitiven Etikett wie "Freude" oder "Angst" plus einer unspezifischen sympathischen Erregung bestehen. Dies behauptete noch die inzwischen verworfene Emotionstheorie von Schachter und Singer (Schachter & Singer, 1962). Inzwischen gilt es als erwiesen, daß unterschiedliche Emotionen nicht die gleiche physiologische Basis haben, sondern unterschiedliche endokrinologische und neurophysiologische Muster aufweisen (Ekman, Levenson & Friesen, 1983). Daher macht es auch Sinn bei der Ressourcenarbeit in Trance nach dem Schlüssel-Schloß-Prinzip vorzugehen, d.h. bei verschiedensten emotionalen Problemen nicht einfach nur eine unspezifische Erregungsdämpfung z.B. mit progressiver Muskelrelaxation zu bewirken, sondern das emotionale Problemerleben durch ein komplementäres emotionales Lösungserleben zu ersetzen.

Natürlich ist das Schmerzgeschehen und dessen zentralnervöse Beeinflussung weitaus komplexer (Jessell & Kelly, 1991), was wir hier aber nicht darstellen wollen. Auch auf Theorien zur Schmerzminderung durch Hypnose wollen wir nicht eingehen (Als die wichtigsten wären hier die Neo-Dissoziationstheorie von Hilgard (1979) und die sozio-kognitive Theorie von Spanos (1989) zu nennen.).

10.2 Praktisches Vorgehen

Die Maßnahmen zur hypnotischen Bekämpfung von Schmerzen lassen sich vier Kategorien zuordnen, nämlich der

- Änderung des Schmerzempfindens
- 'Verlassen' der Gegenwart
- Dissoziation von Schmerzen
- Arbeit an der emotionalen Basis von Schmerzen

Die Interventionen der ersten drei Kategorien sind insbesondere für die Behandlung von akuten Schmerzen (etwa im Rahmen einer Zahnbehandlung (Schmierer, 1986) oder bei einer Geburt (Kroger, 1968; Hilgard & Hilgard, 1975) geeignet, wobei die Interventionsformen dieser Kategorien durchaus miteinander kombiniert werden können (z.B. 'Änderung des Schmerzempfindens' mittels "Handschuhanästhesie" plus 'Verlassen der Gegenwart' über Erleben von Urlaubsszenen).

10.2.1 Änderung des Schmerzempfindens

Die Änderung des Schmerzempfindens kann auf verschiedene Weise geschehen:

1. Arbeit am Schmerz: Der Therapeut läßt den Schmerz bestehen, versucht aber, den Schmerz so zu verändern, daß der Patient anstatt eines z.B. stechenden, brennenden Schmerzes nur ein Kribbeln oder einen Druck erfährt. Dazu wird er sich vom Patienten zunächst dessen Schmerzempfinden differenziert berichten lassen und darauf achten, ob die verschiedenen Aspekte des Schmerzempfindens von unterschiedlicher Belastung sind. So könnte ein Patient den Schmerz als stechend, brennend, pulsierend, mit einem dumpfen Druck beschreiben und das Stechende und Brennende als besonders unangenehm empfinden, das kaum auszuhalten ist. Das

Pulsierende und den Druck wird er hingegen als Empfindungen bezeichnen, die eigentlich nicht den Schmerz ausmachen, sondern ihn eher nur begleiten und erträglich
sind. In Trance wird der Therapeut den Patienten zunächst differenzierende Wahrnehmungen machen lassen, die noch nichts mit dem Schmerz zu tun haben, etwa den
Unterschied in der Schwere zwischen dem linken und dem rechten Arm erfahren
lassen (z.B. mit der Induktion 'Handlevitation', s. oben S. 157f) und vielleicht die
Schwere eines Armes suggestiv verstärken, um dem Patienten zu demonstrieren, daß
Empfindungen suggestiv veränderbar sind. Danach läßt er ihn erfahren, daß manchmal eher der linke als der rechte Arm im Vordergrund des Bewußtseins stehen kann,
um dem Patienten zu zeigen, daß Empfindungen auswählbar sind. Wichtig ist in dieser Phase, daß der Therapeut fraktioniert, um zu erfahren, ob der Patient die suggerierten Empfindungen erleben konnte. Nach diesem 'Wahrnehmungstraining' wird er
die Wahrnehmung des Patienten nun auf den Schmerz lenken. Hier läßt er den Patienten differenzieren zwischen Brennen und Pulsieren, um danach das Pulsieren in
den Vordergrund und das Brennen in den Hintergrund der Wahrnehmung treten zu
lassen und dann aus dem Pulsieren ein Kribbeln zu 'machen'.

2. Änderung der Schmerzumgebung: Anstatt zu versuchen den Schmerz
direkt zu verändern, wird oft die Wahrnehmung des Körperteils verändert, 'in' dem
sich der Schmerz befindet. Diesen Körperteil kann der Therapeut als kühl, warm,
leicht, schwer, weich, fest, stark, taub etc. suggerieren, um damit auch den Schmerz
zu beeinflussen. Die Veränderung des Körperteils kann direkt suggeriert werden
("Die Wange fühlt sich völlig taub und unempfindlich an.") oder auch durch Vorstellungen angeregt werden, die Erfahrungen des Patienten ansprechen: Die Taubheit
in Wange, Arm oder Rücken kann über die Vorstellung bewirkt werden, daß er eine
entsprechende Spritze bekommen habe oder der Körperteil eingeschlafen sei bzw.
sich so anfühle wie nach längerem Kontakt mit Schnee oder eiskaltem Wasser. So
konnte eine Migränepatientin in Trance wieder die Erfahrung aus einem Kuraufent-
halt im Winter erleben, als sie im Freien in einem heißen Mineralbad saß. Dabei waren Rumpf und Extremitäten sehr warm, während der Kopf, vom Wind gekühlt, sich
wegen der Winterkälte eiskalt anfühlte.

Derartige therapeutische Vorgaben müssen nicht nur die Veränderung des Körperteils betreffen, sondern können auch Suggestionen enthalten, die einen Einfluß des
'veränderten' Körperteils auf den Schmerz zum Ziel haben:

- Die Schwere des Oberarmes *erdrückt* den Schmerz.
- Hitze bzw. Wärme im unteren Rückenbereich bringt den stechenden, kalten
  Schmerz zum *Schmelzen*.
- Die Weite im Brustbereich macht für den 'eingeengten' Schmerz Platz, so daß
  er sich *ausbreiten* kann und sich *in der Weite verliert*.

Die aus der klassischen Hypnose bekannte 'Handschuhanästhesie' stellt eine Sonder-
form der 'Veränderung der Schmerzumgebung' dar. Die Vorgehensweise ist die fol-

gende: Nachdem der Therapeut in einer Hand des Patienten eine Unempfindlichkeit erzeugt hat, berührt der Patient mit der nun 'anästhetisierten' Hand den Bereich, der schmerzt (z.B. den Magen) bzw. den Bereich, wo eine Unempfindlichkeit wegen zu erwartender Schmerzen gewünscht wird (z.B. den Mundbereich vor einer zahnärztlichen Behandlung). Damit wird sozusagen die Unempfindlichkeit der Hand auf einen anderen Körperteil übertragen.

KASTEN X/1: *Zur der 'Veränderung der Schmerzumgebung' kann auch die aus der klassischen Hypnose bekannte 'Handschuhanästhesie' eingesetzt werden. Dabei wird nach einer Hypnoseinduktion in einer Hand des Patienten eine Unempfindlichkeit erzeugt und dann diese Unempfindlichkeit der Hand auf einen anderen Körperteil übertragen.*

'HANDSCHUH'-ANÄSTHESIE

Nach einer Tranceinduktion (z.B. "Körpervorstellung", s. oben S. 167f) oder auch im Rahmen einer "Handlevitation" (s. oben S. 157f); dabei ist es günstig, wenn ein Arm von der Kleidung bedeckt ist und der Arm, dessen Hand anästhetisiert werden soll, frei bleibt (für unser Beispiel der rechte) und sich damit für den Patienten leichter Temperaturunterschiede wahrnehmen lassen:

"Auch wenn wir unseren Körper in der Regel als Einheit erleben, erleben wir doch manchmal Unterschiede zwischen den verschiedenen Körperteilen....so könnten zum Beispiel rechte Hand und rechter Arm eingeschlafen sein, ohne daß man darauf geachtet hat und die würden sich dann ganz anders anfühlen als linke Hand und linker Arm....aber solche Phänomene lassen sich auch aktiv erzeugen.....denken Sie nur an einen eiskalten Bach im Frühjahr und stecken Sie hier einmal den rechten Arm hinein und schätzen Sie dabei einmal die Fließgeschwindigkeit des Baches ein.........Wie groß wäre dann der Temperaturunterschied nach einer Minute zwischen dem entblößten rechten Arm in dem fließenden kalten Gewässer und dem linken Arm, der noch in der warmen Kleidung steckt?.........Und dabei könnte der rechte Arm zunehmend kälter und unempfindlicher werden......und ich weiß nicht, ob es Ihnen auch hier möglich ist, diesen Temperaturunterschied zwischen links und rechts zu erleben, wenn Sie jetzt einmal wirklich das eiskalte Wasser des Baches in Fingern, Handfläche und Arm spüren... und darauf achten, wie kalt und unempfindlich ihr rechter Arm in einem solchen kalten Bach wird, was ja zunächst gerade auf der Oberfläche der Haut gespürt wird, aber dann auch tiefer gehen wird als würde man es auf den Knochen spüren bis dann alles taub und gefühllos wird.........wobei rechte Hand und Unterarm immer unempfindlicher werden...völlig kühl und taub....so kalt, als ob sich alle Blutgefäße zusammengezogen haben und kein Blut mehr dadurch fließen kann....so als wäre der Unterarm wie tiefgefroren...völlig kühl und unempfindlich..... (*Therapeut hebt die Hand des Patienten so an, daß auch Unterarm und Ellenbogen nicht mehr auf der Unterlage liegen*) Und nachdem ich nun Ihre Hand angehoben habe, ...und nun die Hand frei schwebt (*Therapeut läßt die Hand los*).....spüren Sie wie der Unterarm sich im Ellenbogengelenk leicht nach oben bewegen läßt...wie in einem gut geölten und gekühlten Eisenscharnier...und bei jedem Einatmen kann sich der Unterarm ein wenig mehr nach oben bewegen....mit jedem Atemzug...während dabei die Taubheit und Unempfindlichkeit zunimmt....taub und unempfindlich....und sich nun Hand und Unterarm, die sich steif anfühlen, langsam aus dem Ellenbogen heraus nach oben bewegen.....mehr und mehr aufsteigen und dabei mit jedem Zentimeter unempfindlicher werden...ganz taub und kühl.......je länger Sie den Unterarm so frei spüren und erleben wie Hand und Unterarm in der Bewegung ganz steif nach oben zeigen, um so mehr spüren Sie wie die Hand zunehmend kühler und unempfindlicher wird......kühler und unempfindlicher und die Steifheit und Taubheit sehr deutlich zunimmt, als würde die Hand hier in der Höhe vollkommen vereisen...völlig taub werden...und während der Unterarm in der Bewegung ganz steif nach oben zeigt, wird spürbar wie nun jede Empfindung aus Hand und Unterarm herausfließt....herausfließt..... und Hand und Unterarm dabei ganz taub werden...völlig ohne Empfindung.....unempfindlich, kühl und taub......die automatische Bewegung nach oben verstärkt das Gefühl der Steifheit und Taubheit im Unterarm und in der Hand, verstärkt die Unempfindlichkeit.....macht die Hand völlig unempfindlich, die sich nun mehr und mehr dem Mund nähert......noch höher steigt und dem Mund näher kommt....sich dabei zunehmend steifer und tauber anfühlt....(*diese Phase 'verlängern' bis die Hand des Patienten den Mund erreicht*) .....und wenn nun Ihre Hand den Mundbereich erreicht, spüren sie wie die Unempfindlichkeit und das taube Gefühl auf den Mundbereich übergeht....(*Der Therapeut nimmt nun die Hand des Patienten, die wegen des Hochhaltens wahrscheinlich tatsächlich etwas kühler ist als die Hand des Therapeuten, führt seine Hand sanft an den Mund heran und bestreicht mit ihr den Mund und gegebenenfalls auch den Wangenbereich des Patienten. Da die Hand des Patienten nicht aktiv wird, wird somit deren Unbeweglichkeit und Steifheit betont*). ......das Gefühl von Taubheit und Steifheit hat nun Ihren Mund erreicht und weitet sich im Mundbereich aus ...weitete sich mehr und mehr aus und erreicht nun auch das Zahnfleisch..... Sie spüren die Taubheit und die Steifheit im Zahnfleisch mehr und mehr, spüren wie im Mundbereich die Unempfindlichkeit zunimmt....noch mehr, so als ob Mund und Zahnfleisch Teil der unempfindlichen Hand wären....die nun auch eine Kühle in diesen Bereich übertragen wird, so als würde ein anästhetisierendes Mittel aus der Hand in den Mundbereich hinüber fließen, was den ganzen Mundbereich unempfindlich und taub macht...unempfindlich und völlig taub...so als würden Mund und Zahnfleisch geradezu müde und als

---

Handschuhanästhesie

würde *ihnen* alles gleichgültig....*ihnen* ist alles gleichgültig und *sie* werden dabei richtig müde... Und ich weiß nicht, ob Sie es schon bemerkt haben, aber nun werden auch die Innenseiten der Wangen, die das Zahnfleisch berühren ebenfalls unempfindlich und taub...völlig taub und unempfindlich, mit einem Gefühl der Steifheit,.....auch die Innenseiten der Wangen können diese unempfindliche Müdigkeit spüren...*sie* sind einfach müde und alles wird *ihnen* gleichgültig .....Mund, Zahnfleisch und Wangeninnenseiten fühlen sich taub und unempfindlich an......eine Erfahrung, die man kennt, wenn man schon einmal eine anästhetisierende Spritze bekommen hat, was sich auch so anfühlen kann, als wäre das gefühllose Zahnfleisch etwas größer als normal und damit durchlässiger, so als könnte etwas spurlos hindurch....
(*Hier eventuell eine Entspannungsszene, z.B. ein Urlaub am Meer (s. oben S. 87ff) anschließen, falls der Patient über entsprechende Erfahrungen verfügt*) ....und während die Unempfindlichkeit im Mund- und Wangenbereich sich von alleine vertiefen kann, können Sie diesen Bereich sich selbst überlassen und eigene Wege gehen, können nun vielleicht wieder einmal auf ihre Spuren im Sand achten, an dem Strand in Ihrem Urlaub am Meer...und am Meer zu sein bedeutet....."

Der Name dieser häufig verwendeten Methode aus der klassischen Hypnose hat übrigens nichts damit zu tun, daß etwa dem Patienten suggeriert wird, ein undurchdringlicher Lederhandschuh lasse keine Schädigung der Hand zu bzw. ein besonders präparierter Handschuh führe zu Unempfindlichkeit oder ähnliche Vorstellungen, obwohl diese Suggestion manchmal schon bei der Handschuhanästhesie verwendet wird (z.B. bei Hargadon, Bowers & Woody, 1995; S. 509). Die Bezeichnung 'Handschuhanästhesie' ist vielmehr einem Phänomen entlehnt, daß bei psychogenen Lähmungen anzutreffen ist. Patienten geben hier oft einen Lähmungsbereich an, der nicht dem Muster der motorischen Innervation entspricht, das bei neurologischen Ausfällen zu erwarten wäre, sondern dessen Grenzen durch die Begrenzung von Kleidungsstücken bestimmt ist (Hilgard, 1977, S. 117).

KASTEN X/2: *Die Maßnahmen zur hypnotischen Schmerzkontrolle lassen sich vier Kategorien zuordnen, wobei die Interventionsformen der ersten drei Kategorien insbesondere für die Reduktion von akuten Schmerzen (z.B. im Rahmen einer Zahnbehandlung) geeignet sind.*

HYPNOTISCHE REDUKTION VON SCHMERZEN

1. Änderung des Schmerzempfindens

(a) *Arbeit am Schmerz*
Der Therapeut läßt den Schmerz bestehen, verändert aber den Schmerz so, daß der Patient anstatt eines z.B. stechenden, brennenden Schmerzes nur ein Kribbeln oder einen Druck erfährt.

(b) *Änderung der Schmerzumgebung*
Suggestiv wird die Wahrnehmung des Körperteils verändert, 'in' dem sich der Schmerz befindet. Diesen Körperteil kann der Therapeut als kühl, warm, leicht, schwer, weich, fest, stark, taub etc. suggerieren, um damit den Schmerz zu beeinflussen.

(c) *Verschiebung*
Bei Patienten, die der Schmerz in ihrer Bewegungsfreiheit hindert, kann der Schmerz in einen anderen Körperbereich verschoben werden, so daß Bewegungen wieder möglich sind. Dies bietet sich besonders für Patienten an, die den Schmerz nicht aufgeben können, ihn 'brauchen' (sekundärer Krankheitsgewinn, Symbolisierung unbewußter psychodynamischer Vorgänge).

2. 'Verlassen' der Gegenwart

Erleben von (möglichst emotional bedeutsamen) angenehmen Szenen, die aus der schmerzfreien Vergangenheit (*Altersregression*) oder aus der Zukunft (*Altersprogression*) stammen. In der Trance 'verläßt' der Patient damit die schmerzvolle Gegenwart.

3. Dissoziation von Schmerzen

Mit hypnotischer Dissoziation ist das '*Abspalten*' von Bewußtseinsinhalten gemeint. Das Schmerzempfinden wird durch die Suggestion 'abgespalten', daß der Körperteil, 'in' dem sich der Schmerz befindet (z.B. der Arm), nicht zum Körper gehört.
Eine 'Abspaltung' des Schmerzes ist auch über die *Symbolisierung des Schmerzes* möglich, wobei sich dann der Patient in Trance mit dem Symbol auseinandersetzt.

---

4. Arbeit an der emotionalen Basis von Schmerzen

Psychogenen Schmerzen, die als Ausdruck belastender Emotionen oder Konflikte verstanden werden, bedürfen zusätzlich zu den unter (1) bis (3) erwähnten Maßnahmen einer Hypnosetherapie, die sich an dem in Kapitel 8 dargestellten Rahmenmodell orientiert, um dauernde Schmerzfreiheit oder -reduktion zu erreichen.

---

3. V e r s c h i e b u n g   v o n   S c h m e r z e n : Schmerzen tun nicht nur weh, sondern behindern darüber hinaus den Patienten in vielfacher Hinsicht, u.a. auch in seiner motorischen Bewegungsfreiheit. Wenn ein Schmerz in einer Hand bzw. Arm den Patienten am Schreiben oder der Bedienung eines Computers hindert, könnte dem Patienten mit einer Verschiebung des Schmerzes geholfen werden, wenn andere Vorgehensweisen, den Schmerz zu reduzieren, erfolglos waren. Dabei würde der Schmerz in einen zunächst schmerzfreien Bereich, z.B. den Nacken, übertragen. Patienten, denen dies gelingt, berichten manchmal, der Schmerz habe auf seinem Weg hin zum schmerzfreien Bereich an Intensität verloren und sei nun leichter zu ertragen. Die Verschiebung von Schmerzen bietet sich insbesondere bei Patienten an, die den Schmerz 'brauchen', sei es im Sinne eines sekundären Krankheitsgewinnes oder als Ausdruck unbewußter psychodynamischer Vorgänge wie etwa zur Symbolisierung eines unbewußten Konflikts über den Konversionsmechanismus (Hoffmann & Egle, 1993).

10.2.2 'Verlassen' der Gegenwart

Bei der Schmerzreduktion über das 'Verlassen' der Gegenwart geht man so ähnlich vor wie 1794 beim jungen Jakob Grimm (s. oben S. 256), der während der operativen Entfernung eines Tumors ja von der Erzählung eines Märchens so gefangen war, daß er die Gegenwart mit dem schmerzvollen Eingriff vergaß. Dazu wird der Therapeut den Patienten mittels Altersregression in eine Zeit zurückschicken, als er angenehme Erfahrungen machte und noch keine Schmerzen hatte. Sind etwa die Schmerzen des Patienten in der Wange lokalisiert (z.B. bei Trigeminusneuralgie), könnte er ihn in die Zeit seiner ersten Liebe zurückversetzen, ihn hier einen langsamen Tanz mit seiner Freundin oder seiner Frau tanzen und in dem ruhigen Rhythmus der Musik die zärtliche Zweisamkeit erleben lassen und zwar gerade auch in der Berührung seiner (heute schmerzhaften) Wange mit der Wange der damaligen Partnerin. Hier kann es u.U. hilfreich sein, den Patienten dabei nicht direkt seine eigene Wange wahrnehmen zu lassen, sondern ihn anzuweisen, die *andere* Wange, die Wange der Freundin zu spüren. Natürlich spürt er damit auch seine eigene Wange, aber sie wird nun eine Wahrnehmungsfläche für die empfundene Zärtlichkeit in dieser Situation.

Statt einer Altersregression kann natürlich auch eine Altersprogression verwendet werden. Bei Wundschmerzen etwa kann man den Patienten in eine angenehme Zukunft 'schicken', wenn die Wunden verheilt sein werden. Bei der Vorgabe solcher Szenen aus der Vergangenheit oder der Zukunft scheinen innere Erlebnisse, die mit emotional bedeutsamen Erfahrungen zu tun haben (Geborgenheit, Zärtlichkeit, Stolz, Verantwortung), besser geeignet zu sein als reine Entspannungsszenen.

10.2.3 Dissoziation von Schmerzen

Mit hypnotischer Dissoziation ist das 'Abspalten' von Bewußtseinsinhalten gemeint, einem Prozeß, mit dem die posthypnotische Amnesie, also die (subjektive) Abspaltung von Gedächtnisinhalten oder das automatische Schreiben in Trance (Hilgard, 1977, S.136 ff) erklärt wird. Die Dissoziation von Bewußtseinsinhalten kann auch für die hypnotische Schmerzkontrolle genutzt werden, wobei das Schmerzempfinden sozusagen abgespalten wird. Dazu wird vom Therapeuten suggeriert, daß der Körperteil, 'in' dem sich der Schmerz befindet (z.B. der Arm), nicht zum Körper gehört. Diese Suggestion kann dadurch unterstützt werden, das dem Patienten weiterhin suggeriert wird, der Arm sei 'anders' als der restliche Körper, z.B. aus Stein oder Holz.
  Eine Trennung von Patient und Schmerz kann auch über andere Vorgehensweisen erreicht werden. Mit den oben S. 215ff geschilderten Möglichkeiten zur Symbolisierung könnte der Schmerz dem Patienten in Trance als Symbol (z.B. als Tier) gegenüber treten, das der Patient dann mit einem Gefühl von Stärke und Aggression oder souveräner Vorsicht bekämpft. Der Schmerz wird dabei durch die Symbolisierung 'abgespalten'. Diese Form der Schmerzbekämpfung könnte besonders bei Patienten geeignet sein, deren Schmerzen in Zusammenhang mit privaten oder beruflichen Situationen stehen, in denen sie sich eingeengt, dominiert fühlen, ohne die Möglichkeit, sich zur Wehr setzen zu können. Natürlich ist auch eine andere Form der Interaktion mit dem symbolisierten Schmerz denkbar. Falls er im Zusammenhang mit einer unverarbeiteten Trauer stehen sollte, könnte der Schmerz bzw. seine Symbolisierung tröstend in den Arm genommen werden, was manchen Patienten allerdings nicht möglich ist.

10.2.4 Arbeit an der emotionalen Basis von Schmerzen

Mit den genannten Vorgehensweisen, zu denen noch das Einstreuen von schmerzreduzierenden Suggestionen in die Schilderung neutraler Szenen zu zählen wäre (Erickson, 1966; Hoppe, 1983) kann eventuell ein länger andauernder Erfolg erzielt werden, aber in der Regel werden Schmerzen mit derartigen Interventionen nicht dauerhaft reduziert oder beseitigt, die oft kurz nach der Hypnose wieder auftreten. Aber die Ausschaltung oder Reduktion von akuten Schmerzen während der Dauer der Hypnose ist ja immerhin ein großer Vorteil bei zeitlich begrenzten medizinischen Eingriffen, z.B. beim Zahnarzt (Schmierer, 1993), Knochenmarkspunktierung bei krebskranken Kindern (Hilgard & LeBaron, 1984), chirurgischen Eingriffen wie Rachenmandeloperation (Loth & Kahan, 1986) oder dem Wechseln von Verbänden bei Patienten mit Verbrennungen (Crasilneck, McCranie & Jenkins, 1956) oder nach Gesichtsoperationen (von Heimburg, 1996), um nur einige zu nennen.

Patienten mit chronischen Schmerzen, die in Praxis oder Klinik von den genannten Methoden unter Anleitung eines Therapeuten profitieren, sollten natürlich lernen, diese in der Selbsthypnose anzuwenden.

Bei psychogenen Schmerzen reicht die symptomatische Schmerzbehandlung in der Regel nicht aus, um dauernde Schmerzfreiheit oder -reduktion zu erreichen. Sie muß dazu durch eine Hypnosetherapie ergänzt werden, die sich an dem in Kapitel 8 dargestellten Rahmenmodell orientiert, und die den psychogenen Schmerz als Ausdruck belastender Emotionen oder Konflikte sieht (siehe dazu auch unsere Fallberichte zu Phantomschmerzen, oben S. 32f, bzw. zu Spannungskopfschmerzen, der oben S. 226f beginnt).

In diesem Zusammenhang wollen wir betonen, daß Hypnosetherapie selbstverständlich kein Mittel sein sollte, um Schmerzen einfach 'wegzuhypnotisieren', um welchen Schmerz es sich auch immer handeln mag. Zwar kann in der Regel mit Hypnose schon bei der ersten Trance zumindest eine Schmerzreduktion bewirkt werden. Aber man wird sich nach einer neurologischen /internistischen Abklärung ohne klare Befundlage natürlich zuerst fragen, welche Funktion der Schmerz haben könnte und die therapeutischen Bemühungen dann auf das eigentliche Problem richten, auf das der Schmerz aufmerksam machen 'möchte'. Würde man in einem solchen Fall nur den Schmerz hypnotisch beseitigen, würde sozusagen die Alarmglocke abgestellt, während der Brand weiter schwelt.

Eine Patientin mit Unterleibsschmerzen bemerkte in der ersten Sitzung unmittelbar nach der ersten Trance: "Gleich sind sie aber wieder da." Die Schmerzen waren wohl schon während der Trance und kurz danach verschwunden. Daß sich die Patientin darüber nicht zufrieden äußerte, sondern die Schmerzen wieder 'herbeibeschwor' machte dem Therapeuten deutlich, daß die Schmerzen eine Funktion hatten. Im Verlauf der weiteren Exploration und der zunehmenden Vertrautheit zwischen Patientin und Therapeut wurde dann auch die Funktion der Schmerzen klar, die sich im übrigen neurologisch nicht begründen ließen: Die Patientin hatte drei Söhne, von denen einer behindert war und um den sie sich im Laufe der Jahre besonders liebevoll bemüht hatte. Als der Junge 18 Jahre wurde, wollte der Vater ihn nicht länger zu Hause haben und 'warf' ihn hinaus. Die Patientin wagte nicht, sich gegen den Ehemann zu stellen, entwickelte aber während dieser Zeit die Schmerzsymptomatik, die zwei Funktionen erfüllte. Zum einen konnte sie damit ihren seelischen Schmerz zum Ausdruck bringen, den sie nicht offen zu äußern wagte. Zum zweiten konnte sie den Ehemann mit den Unterleibsschmerzen bestrafen, in dem sie jede sexuelle Intimität mit dem Hinweis auf die "unerträglichen Schmerzen" abwies. Anstatt einer hypnotischen Behandlung der Schmerzen führte der Therapeut eine Paartherapie durch mit dem Ziel, den behinderten Jungen wieder in die Familie einzugliedern, ohne daß er dabei zu Hause wohnte. Dies führte dann auch zu einer deutlichen Verbesserung der Schmerzsymptomatik.

11 THERAPEUTISCHE INTERVENTIONEN: VERHALTENSEBENE

Bei der therapeutischen Arbeit zur Veränderung von Verhaltensweisen des Patienten wird in Trance zuerst eine passende Ressource wachgerufen und dann - ebenfalls in Trance - in eine aktuelle belastende Situation übertragen, d.h. der Patient erlebt eine Problemsituation, in der er normalerweise bestimmte Verhaltensweisen nicht ausführen kann, nun in einem subjektiven Erlebnisrahmen, der ihm das gewünschte bzw. angemessene Verhalten ermöglicht (s. auch oben S. 224f). Mit der Intervention wird also das Problemerleben durch ein Lösungserleben ersetzt. Wie in der Verhaltenstherapie läßt sich mit dem 'Kopieren' einer Ressource in eine kritische Situation neues Verhalten aufbauen bzw. unangemessenes Verhalten modifizieren. Anders als in der Verhaltenstherapie wird aber keine unspezifische Entspannung (wie progressive Muskelrelaxation) verwendet, sondern ein emotional-erlebnismäßiger Kontext geschaffen, der auf die Veränderung des Problemerlebens 'zugeschnitten' ist, wobei eine Ressource unter Umständen auch aus einer starken, körperlichen Anspannung bestehen kann. Der Schwerpunkt der Intervention liegt dabei mehr auf der Veränderung des Erlebnisrahmens, in dem ein bestimmtes Verhalten durchzuführen ist, und nicht auf der Veränderung des Verhaltens. Als Kriterium für ein erfolgreiches 'Kopieren' gilt natürlich auch die tatsächliche Durchführung des veränderten Verhaltens im Alltag des Patienten; aber nicht allein. Wesentlich ist das begleitende Erleben der Veränderung.

Dies wird auch von Patienten so gesehen: Eine agoraphobische Patientin, die es seit einer Verhaltenstherapie schafft, wieder in den Supermarkt zu gehen, Bus zu fahren oder einen Konzertsaal zu betreten, sucht eine Hypnosetherapeutin auf und berichtet ihr im Vorgespräch, daß sie das nun zwar wieder könne, aber ihre Angst in solchen Situationen immer noch da sei. Deswegen gehe sie z.B. auch gar nicht mehr in ein Konzert, weil sie da einfach nur mit ihrer Angst sitze und die Musik überhaupt nicht genießen könne.

Eine depressive Patientin berichtet, daß sie sich ihrem behandelnden Arzt 'zuliebe' immer wieder bemüht habe, das Haus zu verlassen, spazieren zu gehen und manchmal auch Verwandte aufzusuchen. "Aber das brauche ich nicht zu üben; das kann ich doch. Wenn nur diese Gedanken und dieses schlimme Gefühl weg wären, dann ging das doch wieder von alleine." In ihrer Jugend war sie eine begeisterte Bergsteigerin. Die Therapeutin nutzt diese Erfahrung als Ressource für die folgende Trance und läßt sie noch einmal eine frühere, erfolgreiche Gipfelbesteigung erleben. Nach der Trance ist die Patientin sehr optimistisch und unternehmungslustig und trifft sich am nächsten Tag mit einer Bekannten zu einer Bergwanderung, ohne daß dies von der Therapeutin angeregt worden wäre.

Zur Verhaltensänderung in Trance stehen zwei Varianten zur Verfügung: Das 'Kopieren' bzw. die 'Kopierkaskade' und das 'Ja'-Erleben, das das angemessene Verhalten aus einer Reihe von Einzelreaktionen zusammensetzt.

11.1 'Kopieren'

Das Vorgehen beim Kopieren folgt der Struktur von hypnosetherapeutischen Interventionen wie wir sie oben S. 234ff beschrieben haben:

> 1. Erzeugung der Ressourcenerfahrung ('Lösungserleben') in Trance und Bestätigung vom Patienten, daß dieses nun präsent ist.

> 2. 'Betreten' der Problemsituation mit der Ressourcenerfahrung, wo nun das neue oder geänderte Verhalten durchgeführt wird, wobei das Problemerleben durch das Lösungserleben ersetzt ist.

Es ist wichtig, daß die angegebene Reihenfolge eingehalten wird. Wenn in Trance zuerst die Problemsituation wachgerufen wird, kann das begleitende Problemerleben (Angst, unkontrollierbare Wut, depressive Reaktion) so stark sein, daß die dann folgende Ressource das Problemerleben nur schwer reduzieren oder ersetzen kann. Außerdem läßt sich die Therapeutin nach der ersten Phase, also der Erzeugung der Ressource, vom Patienten bestätigen, daß er die Ressource auch erlebt. Falls der Patient die Ressource nicht erlebt und so in die Problemsituation geführt würde, wäre er der Problemsituation 'schutzlos' ausgesetzt und würde damit sozusagen 'retraumatisiert'. Die Bestätigung des Patienten, daß er die Ressourcenerfahrung präsent hat, kann durch Kopfnicken bzw. Heben eines Fingers erfolgen, oder aber auch verbal in der Fraktionierung geschehen Die Fraktionierung bietet dabei die Gelegenheit, die Ressource noch zu korrigieren oder zu intensivieren.

Nach der Trance bittet die Therapeutin den Patienten, das neue oder veränderte Verhalten im Rollenspiel vorzumachen, z.B. sich durchzusetzen, sich aktiv an einem Gespräch zu beteiligen oder auf jemanden zuzugehen und ihn anzusprechen. Patienten, die mit dem neuem Verhalten wenig oder gar keine Erfahrung haben, setzen das neue Verhalten manchmal nur unvollständig oder gar falsch um, auch wenn sie über das entsprechende Lösungserleben in der Trance verfügen. Dabei wird u.U. auffallen, daß das starke Durchsetzen ohne Blickkontakt und ohne eine entsprechende Körperhaltung erfolgt; bei der Beteiligung an einem Gespräch hat der Patient Schwierigkeiten 'einzusteigen' und weiß nicht, was er sagen soll; oder das Zugehen auf einen Kollegen ist z.B. zu linkisch oder zu unsicher. Mit anderen Worten, wenn das neue Verhalten nicht im Verhaltensrepertoire des Patienten enthalten ist, muß es zusammen mit der Therapeutin im Rollenspiel erarbeitet werden und in die folgenden Trancesequenzen miteinbezogen werden, damit der Patient darüber verfügen kann. Geschieht dies nicht, könnte das neue Verhalten zu einem Mißerfolg werden. Dies würde den Patienten natürlich sehr verunsichern und es bedarf dann u.U. intensiver therapeutischer Bemühungen bis er sich einen nächsten Versuch zutraut.

Welche Ressourcensituationen sich zum Kopieren eignen, läßt sich nicht durch Regeln festlegen. Die Ressourcen müssen nur nach dem Schlüssel-Schloß-Prinzip in der Lage sein, das Lösungserleben in Trance herbeizuführen, das in der Lage ist, das Problemerleben zu ersetzen (s. oben S. 232f). Ansonsten können die Ressourcen aus den unterschiedlichsten Bereichen stammen:

Ein Musiker, bei dem eine funktionelle Beeinträchtigung der Beweglichkeit der Finger der linken Hand zur Aufgabe des Berufes führte, stammte aus einem gefühlskalten Elternhaus, in dem Musik weniger mit Genuß als mit Leistung und Disziplin verbunden war. Musik war in seiner frühen Kindheit nur dann schön, wenn die Putzfrau ihn in den Arm nahm, ihn streichelte und ihm Kinderlieder vorsang. Er fühlte sich dann sehr geborgen und genoß diese Zärtlichkeit. Die Therapeutin bat den Patienten, sich vor sein Instrument zu setzen, und nach der Tranceinduktion zu erleben, wie seine linke Hand nicht seine, sondern die Hand der Putzfrau war. Nachdem der Patient rückgemeldet hatte, daß ihm dies möglich sei, sollte er in Trance die Augen öffnen, die Hand der Putzfrau sehen (also seine linke Hand) und zuschauen, wie diese Hand für ihn spielte. Und während die 'Hand der Putzfrau' für ihn spielte, sollte er auch erleben, wie damit wieder das Gefühl der liebevollen Geborgenheit auftrat. Tatsächlich konnte diese (dissoziierte) Hand dann mit verbesserter Beweglichkeit auch eine Melodie spielen, was in folgenden Sitzungen noch weiter verbessert werden konnte. In der Folge war der Patient wieder in der Lage, öffentlich aufzutreten und zu musizieren.

Bei einem Patienten trat während einer Trance spontan die Erfahrung auf, von einer intensiv rot-orangenen Farbe umgeben zu sein, die ihm das Gefühl völliger Sicherheit und "Unverwundbarkeit" gab. Diese spontane Erfahrung konnte auch in folgenden Trancen von der Therapeutin, aber auch in der Selbsthypnose vom Patienten hervorgerufen werden. Der Patient, ein Lehrer, konnte sich die Farbe (und damit die begleitende "Unverwundbarkeit") auch in der Schule vergegenwärtigen und sie zur Überwindung seiner Unsicherheiten einsetzen.

Ein neunjähriger Junge mit Enkopresis vermied Situationen, die er eigentlich sehr gerne aufsuchte (z.B. Fußballverein), wegen der (für ihn unvorhersehbaren) Inkontinenz, für die er sich dann sehr schämte. Die Therapeutin nutzte den Wunsch des Jungen, Polizeibeamter zu werden bzw. ein Cowboy zu sein, als Ressource. In Trance ließ sie ihn erleben, wie es ist, ein überlegener Kriminalkommissar oder ein furchtloser Cowboy zu sein, der "alles unter Kontrolle hat." Mit dieser Erfahrung ließ sie ihn in Trance zum Fußballspielen gehen. Diese Erfahrung war für den kleinen Patienten so intensiv, daß er sich dann auch wieder in die zuvor gemiedenen Situationen traute. Die Enkopresis trat danach nicht mehr auf.

Eine andere Persönlichkeit zu sein, kann auch bei Erwachsenen genutzt werden. Wir hatten oben S. 233 die 'Gary-Cooper'-Ressource von Herrn C. beschrieben, die zur Veränderung

seines Verhaltens am Arbeitsplatz verwendet wurde. Das erste Ziel bestand in der Aufgabe seiner Passivität gegenüber seinen Kollegen. Um ihn mit der Selbstsicherheit auszustatten, mit der er die angstvolle Spannung im Zusammensein mit den Kollegen abbauen konnte, wurde in Trance das 'Gary-Cooper'-Erleben wachgerufen, mit dem er völlig gelassen und in sich ruhend in Trance zunächst einmal auf einen Kollegen zugehen sollte und ihn fragen sollte, ob er etwas für ihn mit zur Verwaltung nehmen könnte. Dieses Verhalten sollte er dann tatsächlich am Arbeitsplatz durchführen. Eine Ressource kann in Trance öfter eingesetzt werden; auch das 'Gary-Cooper'-Erleben wurde während der Therapie öfter verwendet, um ihn in der Trance erleben zu lassen, wie es sich 'anfühlt', ein Verhalten durchführen zu können (z.B. mit Kollegen zum Essen zu gehen), das ihm sonst verwehrt war.
In Trance wurden auch positive Verhaltensweisen gegenüber seiner Frau erarbeitet, um sein passives Verhalten in der Beziehung zu verändern (z.B. unerwarteterweise ein Abendessen zu kochen; einen Spaziergang nach Feierabend vorzuschlagen und sich nicht mit 'Capital' und ähnlichen Zeitschriften in sein Arbeitszimmer zu 'verkriechen'). Als Ressourcen wurden dazu Situationen aus früheren Urlauben verwendet, in denen er sich gut mit seiner Frau verstand und eine tiefe Zuneigung verspürte, z.B. beim Essen in harmonischer Stimmung am Strand in Griechenland; aber auch aus einer häuslichen Situation, als es seiner Frau gelang, ihn von einer schlechten Stimmung zu befreien und zum Lachen zu bringen, wobei in dieser Situation für ihn das Spontane im Vordergrund stand, d.h. zu erfahren, daß etwas in ihm 'anspringen' kann, ohne daß er es erwartet.

Falls der Patient über keine eigenen Erfahrungen verfügt, die sich als Ressource eignen, würde die Therapeutin dem Patienten z.B. den emotionalen Rahmen einer 'anderen Persönlichkeit' vermitteln. Wie den 'hypnotischen Begleiter' (s. oben S. 248ff) kann die Therapeutin die 'andere Persönlichkeit' zusammen mit dem Patienten im Gespräch entwickeln oder in Trance entstehen lassen (s. dazu Kasten XI/1). Eine weitere Möglichkeit bestünde darin, aus Kenntnis der körperlichen Reaktionen des Problemerlebens (z.B. unangenehme Leichtigkeit) die körperlichen Reaktionen abzuleiten, die als Ressource (festes, sicheres Gegründetsein) verwendet werden können.

KASTEN XI/1:   *Wenn der Patient über keine eigenen Erfahrungen verfügt, die als Ressourcen eingesetzt werden können, könnte die Therapeutin dem Patienten den emotionalen Rahmen einer 'anderen Persönlichkeit' vermitteln.*

ANDERE PERSÖNLICHKEIT

Nach Tranceinduktion:

"Wie Sie sicher wissen, ist eine bequeme Körperhaltung förderlich, um ohne Anstrengung innere Bilder zu entwickeln. Deshalb möchte ich Sie bitten, ruhig noch einmal hin- und her zu rücken bis Sie eine bequeme Haltung gefunden haben. Und natürlich kann man am besten Vorstellungen mit geschlossenen Augen bilden, weswegen ich Sie bitte, jetzt einfach die Augen zu schließen.

Ich bitte Sie nun, sich eine Person vorzustellen, die für Sie viel Selbstvertrauen und Selbstsicherheit verkörpert, eine Person, die Vertrauen in die eigenen Fähigkeiten besitzt, die Sicherheit und Vertrauen in die eigenen Fähigkeiten ausstrahlt und bei der sie diese wertvollen Eigenschaften auch wahrgenommen haben. Dabei spielt es keine Rolle, ob Ihnen diese Person von früher her oder erst seit kürzerer Zeit bekannt ist. Ebensowenig spielt es eine Rolle, ob diese Person aus dem Kreis der Verwandten oder Bekannten stammt, oder ob es sich dabei um eine Schauspielerin oder einen Schauspieler, einen Rocksänger oder eine Rocksängerin, eine historische Persönlichkeit, eine Romanfigur oder eine Sportlerin oder einen Sportler handelt. Wichtig ist aber, die Vorstellung dieser Person so realistisch zu erleben, als wären Sie diese Person und diese Vorstellung im weiteren aufrecht zu erhalten. Im folgenden werde ich immer wieder kleine Pausen machen, in denen Sie die bei Ihnen aufgetretenen Vorstellungen bitte deutlich und lebendig vor Ihrem inneren Auge wahrnehmen. Schlüpfen Sie also jetzt gleichsam in diese Person hinein, die über diese Eigenschaften von Selbstvertrauen und Sicherheit verfügt, und Vertrauen in die eigenen Fähigkeiten hat.......

Und ich weiß natürlich nicht, in welche Person Sie sich hineinversetzt haben und in welcher ganz konkreten Situation diese Person ein solches Selbstvertrauen ganz deutlich zum Ausdruck gebracht hat. Ich weiß auch nicht, ob Sie als diese Person jetzt jünger oder älter sind, in welcher Umgebung Sie sich aufhalten und was sie dort tun, welche anderen Menschen dann um Sie herum sind und welche Kleidung Sie tragen. Aber nun einfach diese Person zu sein, ist wie eine Einladung, den unmittelbaren Zugang zu wichtigen Erfahrungen zu erhalten, die alle Menschen brauchen können........

Man braucht sich dann nur des Gesichtes bewußt zu sein, das man jetzt hat, um genau zu wissen, wie es sich anfühlt, wenn es lächelt oder Gelassenheit zum Ausdruck bringt, um den Zugang zu der Erfahrung von Selbstvertrauen, Sicherheit oder ein Gefühl von Überlegenheit und Unangreifbarkeit zu bekommen .... Vielleicht kann man sich jetzt auch der Augen-, oder Haarfarbe bewußt sein, die man nun hat, oder sich eines bestimmten typischen Gesichtsausdruckes bewußt sein. Vielleicht ist es auch die Stimme und die Art und Weise, wie man jetzt spricht, was die entsprechenden Empfindungen wach werden läßt, wobei Sie typische Wörter oder Redewendungen, die Sie jetzt verwenden würden, in einem besonderen Tonfall, oder mit einer eigentümlichen Klangfarbe und Betonung aussprechen .... Und das Sprechen mit dieser Stimme ist dann der Zugang zu diesen Empfindungen, Erfahrungen, über die Sie nun als diese Person verfügen, was dann auch körperlich in einer zunehmend kraftvollen Ruhe oder einem gefestigten In-Sich-Ruhen oder in bestimmten Bewegungen erlebbar ist oder sich gar in einer offenen Gelassenheit und einem tiefen, sicheren Gegründetsein bemerkbar macht........ Dies ist eine Erfahrung, die Ihnen sagt, "Ich kann in mich vertrauen!" oder auch: "Ich fühle mich völlig sicher.".... Vielleicht können Sie als diese Person, die Sie jetzt sind, auch erleben, wie sich die Hände anfühlen, spüren, wie groß, wie fest oder wie warm Ihre Hände sind, und wie diese Hände etwas halten würden........ Als diese Person kann man auch an belastende Situationen denken, die man souverän gemeistert hat, was verbunden sein kann mit einem Gefühl von Sicherheit und Selbstvertrauen und der Erfahrung und dem Wissen, daß die eigenen Fähigkeiten wertvoll und wichtig sind. Als diese Person können Sie sich so geben, wie Sie halt gerade empfinden und sich in jeder Situation gelassen und sicher fühlen....... . Und wenn Sie jetzt wirklich tief in diese Erfahrung eintauchen, erleben Sie diese Erfahrung auch in der Atmung, die gelassen und ruhig geht, was manchmal gerade beim Ausatmen besonders deutlich wird........ Oder die erlebte Sicherheit und das Selbstvertrauen wird geradezu in den Schultern, dem Nacken, den Armen und dem Oberkörper spürbar........ Oder man bemerkt auf einmal wie sich der Magen anfühlt, wenn Sicherheit und Gelassenheit erfahren werden. .... Und kann es nicht sein, daß auch die Art von Bewegungen, die Sie als diese Person machen, anders sind, vielleicht gelöster oder bestimmter, spontaner und freier. Vielleicht ist es jetzt für Sie sogar erlebbar, wie es ist, wie diese Person zu gehen und dabei den Bewegungen der Arme und Beine nach zu spüren oder die Bewegungen des Kopfes zu erleben........ Und ich weiß nicht, ob es Ihnen gelingt, mit der Stimme der Person, die Sie jetzt sind, zu sprechen. Aber wenn Sie dieser Stimme

---

ANDERE PERSÖNLICHKEIT

zuhören, mit der Sie sprechen würden, dann fällt es gar nicht schwer, Ihre Gefühlslage sogar im Klang und im Rhythmus dieser Stimme widergespiegelt zu finden. ....
Wenn ich Sie jetzt bitte, noch einmal das Ihnen so bekannte Gesicht ganz lebendig als das eigene zu erfahren und sich mit dem ganzen Körper als diese Person zu erleben, mit den begleitenden Gefühlen von Selbstvertrauen und Sicherheit, dann vermittelt ein solches Erleben den Eindruck, "Ich kann fest in mir ruhen." oder "Ich stehe fest und sicher auf dem Boden." und man spürt, daß man mit dieser Erfahrung, gleichsam in dieser Person, sich vielen Herausforderungen stellen kann, mit großer Gelassenheit und Ruhe........
Und allein die Erfahrung, diese Person zu sein, ist dann wie eine Botschaft, die einem sagt: "Das schaffst Du!" oder "Ich bin völlig sicher, daß Du das schaffst." Und wenn man sich nun als diese Person unmittelbar spürt und mit jedem Atemzug Sicherheit und Selbstvertrauen in sich aufnimmt, wird damit die Erfahrung von innerer kraftvoller Ruhe und gelassener Festigkeit noch deutlicher."

11.2 Kopierkaskade

Bei der bisher dargestellten Form des Kopierens wurde für jeweils eine kritische Situation eine Ressource verwendet. Nun wird das Problemverhalten des Patienten sich nicht nur auf eine Situation beziehen, sondern in mehreren, verschiedenen Situationen auftreten. Um in einer therapeutischen Sitzung während einer Trancesequenz mehrere Problemsituationen bearbeiten zu können, ohne daß für jede Problemsituation immer wieder ein Ressourcenerleben erzeugt werden müßte, kann eine Variante des Kopierens, die 'Kopierkaskade', wie wir sie nennen, verwendet werden. Dabei wird wie beim Kopieren zunächst die Ressourcenerfahrung erzeugt, mit der der Patient in Trance die belastende Situation betritt, in der ein neues oder verändertes Verhalten durchgeführt werden soll (Situation 1). Hat er diese Situation bewältigt und meldet dies der Therapeutin zurück, wird sie den Patienten mit der Erfahrung, diese Situation erfolgreich bestanden zu haben, in eine weitere belastende Situation (2) schicken. Dabei ist die Erfahrung der Problembewältigung von Situation (1) die Ressource für die folgende kritische Situation (2). Wird auch diese Situation (2) vom Patienten in Trance erfolgreich durchgeführt, wird diese Erfahrung die Ressource für Situation (3) und so fort. Bei dieser Art des Kopierens, der 'Kopierkaskade' kann sich ein 'Schneeball'-Effekt aufbauen, d.h. mit jeder positiv bewältigten Situation wird das ursprüngliche Ressourcengefühl verstärkt. Die Problemsituationen können dabei durchaus hierarchisch, von einfach bis schwer, angeordnet sein.
Wir wollen das Vorgehen noch einmal an einem Beispiel verdeutlichen: Eine Patientin hat Schwierigkeiten, in sozialen Situationen auf andere Menschen zuzugehen bzw. deren Annäherung 'auszuhalten'. Sie zieht sich dann schnell zurück oder wehrt die Annäherung der anderen ab. Auf der Verhaltensebene möchte die Therapeutin der Patientin in Trance die Erfahrung vermitteln, wie es sich 'anfühlen' kann, wenn die

Patientin in verschiedenen Situationen (Familienfest, Urlaub, Beruf) die Annäherung anderer nicht abwehrt bzw. sich nicht zurückzieht, sondern diese 'aushält' und darauf positiv reagiert. Anstatt nun für jede Situation immer wieder eine Ressource aufzubauen, arbeitet sie mit der Kopierkaskade. Als Ausgangsressource bietet sich dazu folgende Erfahrung an: Als 16jährige war die Patientin in den Ferien auf einem Bauernhof, wo sie von den Bauern und ihren Kindern sehr positiv aufgenommen wurde. Nach einiger Zeit kam sie aus ihrem 'Schneckenhaus' heraus und ging auch von sich aus auf die anderen zu. Sie fühlte sich damals voll und ganz akzeptiert und nannte die Bauern dann auch ihre "Ferieneltern". Diese Erfahrung ruft die Therapeutin in Trance wach und verwendet sie als Ausgangsressource für die erste Problemsituation, nämlich das 'Aushalten' der Annäherung von Cousine A auf einem Familienfest. Nachdem die Patientin zurückmeldet, daß sie die Begegnung mit Cousine A positiv bewältigt hat, dient diese Erfahrung dann als Ressource für die Begegnung mit Onkel B auf dem Familienfest. Wie in der folgenden Abbildung dargestellt, kann dieses Vorgehen dann für weitere Situationen wiederholt werden.

RESSOURCE *Positive Erfahrung*	PROBLEMSITUATION *'Aushalten' der Annäherung*
mit Akzeptanz durch "Ferieneltern"	
	von Cousine A (Familienfest)
mit Cousine A	
	von Onkel B (Familienfest)
mit Onkel B	
	von Zeltnachbarin A (Urlaub)
mit Zeltnachbarin A	
	von Zeltnachbarin B (Urlaub)
mit Zeltnachbarin B	
	Kollegin A (Betriebsfest)

Abb. XI/1: Kopierkaskade

Mit der 'Kopierkaskade' kann die Therapeutin also mehrere Problemsituationen in einer Trancesequenz bearbeiten, ohne jedesmal eine neue Ressourcensituation aufbauen zu müssen. Dabei ist aber darauf zu achten, daß die verwendete Ressource auf alle Problemsituationen paßt. Eine Ressource, die aus der emotionalen Erfahrung besteht, die Zuneigung und Nähe von anderen zulassen zu können und darauf positiv zu reagieren, wird sich für eine Reihe von Problemsituationen eignen, die dazu passen; wie etwa die in Abb. XI/1 angegebenen Problemsituationen. Dies wird aber nicht der Fall sein für eine Situation, in der es um ein aggressives Abgrenzen gegen andere geht.

11.3 'Ja'-Erleben

Mit dem 'Ja'-Erleben ist ein Vorgehen zur Verhaltensänderung gemeint, bei dem die Ressource über ein gesprochenes 'Ja' erzeugt wird. Der Patient wird dabei im Sitzen gebeten, einmal ein 'Ja' zu äußern, mit dem er vorbehaltlos zum Ausdruck bringen würde, das alles in Ordnung ist (Das 'Ja' sollte beim Ausatmen gesprochen werden, mit einem langgezogenen 'a' beim Ausatmen.). Die Therapeutin macht dem Patienten dieses 'Ja' vor, das sie mit einem Seufzer der Erleichterung begleitet und wobei sie auch eine entsprechende Körperbewegung macht, d.h. beim Ausatmen die Schultern fallen und den Oberkörper entspannt hängen läßt. Beim Einatmen richtet sich der Oberkörper wieder etwas auf, um dann beim 'Ja' wieder eine entspannt hängende Haltung einzunehmen. Dies wird zusammen mit dem Patienten mehrmals wiederholt bis die Therapeutin den Eindruck hat, daß der Patient mit dem 'Ja' in eine körperlich gelöste und entspannte Haltung gelangt; u.U. kann das 'Ja'-Erleben auch durch eine Entspannungstrance vorbereitet werden.

Gelingt dem Patienten ein zufriedenstellendes 'Ja', wird er gebeten, dieses 'Ja' weiterhin beim Ausatmen zu sagen und es mit den entspannt gelösten Körperbewegungen zu begleiten. Die Therapeutin wird dann nach einer Tranceinduktion den Ablauf einer Verhaltenssequenz beschreiben. Die Beschreibung besteht dabei aus einer Abfolge von direkten Suggestionen. Die direkten Suggestionen werden zeitlich so gesprochen, daß sie am Ende immer durch das 'Ja' des Patienten quittiert werden, der Patient sie also mit seinem 'Ja' bestätigt. Dabei wird es nicht immer gelingen, zu jedem 'Ja' des Patienten eine direkte Suggestion zu formulieren. Manchmal wird die Formulierung einer direkten Suggestion über zwei 'Ja' gehen, was aber üblicherweise nicht stört.

Diese Interventionsform eignet sich für Patienten, bei denen die Gefahr besteht, daß sie die Durchführung einer Verhaltenssequenz, die in Trance mit dem Kopieren vorbereitet wurde, im Alltag nicht vollständig ausführen und sie unterbrechen. Bei einem depressiven Patienten etwa, für den schon das morgendliche Aufstehen, Waschen und Ankleiden mit den vielen Zwischenschritten sehr schwierig ist, kann eine Ressource für Optimismus, Kraft oder Selbstwert vielleicht zum Aufstehen ausreichen. Danach wird die Ressource aber möglicherweise im Verlaufe der vielen Verhaltenssegmente mit der Zeit 'versanden'. Hier ist es besser, den Patienten nicht einfach nur mit der Ressource in die Zeit des morgendlichen Aufstehens zu versetzen und darauf zu vertrauen, daß mit dieser 'Anschubenergie' dann alles seinen Gang geht. Statt dessen sollte man mit dem Patienten alle Verhaltenssegmente ansprechen und Segment für Segment durchgehen. Da es aber zeitlich nicht möglich ist, für jedes einzelne Segment der gesamten Verhaltenssequenz immer wieder langwierig eine Ressourcensituation einzuführen und auch eine Kopierkaskade für die vielen Einzelsegmente zu aufwendig wäre, benutzt die Therapeutin die körperliche Entspanntheit und die positive Haltung, die mit dem 'Ja' zum Ausdruck gebracht wird, als Ressouce.

Das 'Ja'-Erleben ist auch für Angstpatienten geeignet, die sich im Verlaufe einer längeren Verhaltenssequenz durch angstauslösende Aspekte der Situation immer mehr bedroht fühlen, so daß sie dann letztlich die Durchführung des neuen Verhaltens abbrechen.

Ein 22jähriger Mechaniker kann zwar mit seinem Auto innerhalb und in der Nähe seines Heimatortes ohne Probleme fahren. Soll er von seinem Heimatort aus mit dem Auto längere Strecken zurücklegen, bekommt er Angstzustände mit massiven körperlichen Begleiterscheinungen (z.B. starkes Schwitzen), die mit zunehmender Entfernung intensiver werden. Eine Autofahrt über eine Entfernung von mehr als 20 km ist ihm bei Behandlungsbeginn nicht möglich; die Autobahn meidet er völlig. Für die therapeutische Arbeit auf der Verhaltensebene wird im folgenden Beispiel das 'Ja'-Erleben für eine Autofahrt in Trance verwendet.

Th: Gleich möchte ich zusammen mit Ihnen in Hypnose daran arbeiten, daß Sie künftig wieder so Auto fahren können wie Sie es wünschen. Bevor wir das tun, möchte ich Sie bitten, einmal ein 'Ja' zu sagen - so wie ich es Ihnen gleich vormache - ein Ja', mit dem man zum Ausdruck bringt, "Alles ist in Ordnung. Gott sei Dank, es gibt absolut keine Schwierigkeiten oder Probleme mehr.", also so ein völlig erleichtertes 'Ja', das dann auch von einem erleichterten Hängenlassen, Entspannt- und Gelöstsein beim Ausatmen begleitet ist. Ich mache es Ihnen einmal vor. *(Therapeutin demonstriert das 'Ja'.)* Und nun machen Sie es doch bitte einmal nach.

P: 'Ja'.... War es gut so?

Th: Ja, das war schon gut. Aber es läßt sich noch verbessern. Vielleicht noch mehr das erleichterte Ausströmen des Atems beim 'Ja' betonen und noch ein bißchen mehr den Körper beim Ausatmen loslassen, was auch ein Gefühl von Gelassenheit mit sich bringt. Ich mache es Ihnen noch einmal vor *(Therapeutin demonstriert das 'Ja'.)*.

P: 'Jaaaa'. Und jetzt?

Th: Viel besser. Vielleicht noch mehr die Schultern dabei lösen....etc.

Die Therapeutin arbeitet weiter an dem 'Ja' des Patienten bis er ein geeignetes 'Ja' äußert, das jedesmal von einem entspannten muskulären Loslassen begleitet ist. Sie wird dieses 'Ja' etwa fünf Mal vom Patienten wiederholen lassen, wobei mit jedem 'Ja' die Entspannung des Patienten weiter zunimmt.

P: Jetzt merke ich schon so richtig, wie ich entspannter bin.....so ein Gefühl von 'Gut, das klappt schon alles.' Es ist angenehm. Aber warum machen wir das jetzt eigentlich?

Th:

In der Hypnose werden wir uns gleich wieder mit dem Autofahren beschäftigen und dazu brauchen wir das 'Ja', das Sie gerade kennengelernt haben. Von den früheren Hypnosen wissen Sie ja, daß Sie in der Regel mehr oder minder dem zuhören, was ich sage, ohne daß Sie darauf reagieren müssen. Diesmal ist es etwas anders. Ich bitte Sie gleich bei jedem Ausatmen das 'Ja' zu sagen. Und nach einer Weile muß es nicht mehr unbedingt hörbar sein, sondern Sie können es dann ruhig zu sich, sozusagen innerlich, sagen. Wichtig ist dabei, daß Sie immer dieses zustimmende, Erleichternde spüren, also dieses 'Ja'-Gefühl deutlich erleben und auch an das begleitende Loslassen der Muskeln beim Ausatmen denken. Genauso wie Sie es gerade gemacht haben. Sie können mir natürlich jederzeit ein Zeichen geben, wenn Sie unterbrechen wollen. Wenn ich Sie dann gleich in der Hypnose an das Autofahren heranführe, werden Sie feststellen, wie Sie dann das Autofahren in ihrem Vorstellungsraum mit dem 'Ja'-Gefühl ganz befreit und gelassen erleben, und zwar genauso wie es dann demnächst auch sein wird. Aber zuerst wollen wir uns etwas Zeit nehmen, die Hypnose einzuleiten.

Zur Tranceinduktion könnte jetzt eine Entspannungsinduktion verwendet werden, die am besten sehr direkt formuliert sein sollte, da beim 'Ja'-Erleben auch direkte Suggestionen verwendet werden. Im folgenden ist ein Ausschnitt aus der Induktionsphase wiedergegeben, wobei die Therapeutin ihre Suggestionen mit dem Ausatmen und damit der 'Ja'-Reaktion des Patienten synchronisiert.

Th:		P:	
"...und wie sich nun auch eine Schwere in den Beinen ausbreitet,			..."Ja"
....			..."Ja"
gerade beim Ausatmen, ...			..."Ja"
die sich mehr und mehr vertieft, ...			..."Ja"
und nun eine Gelöstheit und Schwere im ganzen Körper zu spüren ist,			..."Ja"
..			..."Ja"
die mit der Atmung durch den ganzen Körper fließt,			..."Ja"
....			..."Ja"
Dabei spüren sie nun eine große Gelassenheit,			..."Ja"
....			..."Ja"
eine große Gelassenheit und tiefe, innere Ruhe, ...			..."---"
ein unverrückbares Ruhen in sich selbst, ...			*(Nur*
und damit eine große Sicherheit, ...			*noch*
die Ihnen viel freien Raum gibt, ...			*Ausat-*
und die Möglichkeit bietet, alles das zu tun, was sie möchten			*men.)*
....			
Diese Sicherheit und Gelassenheit deutlich und tief spüren,			
....			
und dabei wissen "Ich schaffe es."			
"Dies ist meine Gelassenheit und Sicherheit, ...			
mit der ich das kann, was ich tun möchte."			

Auf die Entspannungsinduktion folgt nun die eigentliche Intervention. Dabei wird das künftige angstfreie Verhalten des Patienten in Form von direkten Suggestionen beschrieben, die der Patient jeweils mit einer zustimmenden, erleichterten 'Ja'-Reaktion bestätigt. Zuerst werden Verhaltenssegmente beschrieben, die noch angstfrei sind.

Th:		P:	
Und nun bitte ich Sie, sich in Ihr Auto zu setzen, ...			..."---"
und Sie wissen genau wie sich das Lenkrad anfühlt, ...			..."---"
und wie weit Sie greifen müssen, um es sicher zu umfassen			..."---"
....			..."---"
Und nun machen Sie den Motor an, ...			..."---"
der zuverlässig anspringt und hören das Motorengeräusch,			..."---"
....			..."Ja"
das wie die Stimme eines Freundes klingt, ...			..."Ja"
eines Freundes, auf den Sie sich verlassen können,			
....			..."Ja"
und beim Losfahren schauen Sie auf die Straße, ...			..."Ja"
und Sie wissen daß der Boden der Straße auch in einem km genauso			..."--"
aussieht wie jetzt, ...			..."--"
und Sie sicher tragen wird, ...			..."--"
sie wird nicht weichen, sondern da sein, ...			..."--"
auch in 5 km, ...			..."--"

oder in 15 km, ... "--"
oder auch so weit Sie fahren möchten, ... "--"
Sie müssen nur auf ihr bleiben, ..."--"
und dem ruhigen Geräusch des Motors zuhören, ...
der über eine große Kraft verfügt. ....
die jetzt nur für Sie da ist ....
....etc.

Nachdem der Patient mit diesen Suggestionen Sicherheit gewonnen hat und bisher noch nicht übermäßig mit angstauslösenden Momenten konfrontiert wurde, geht die Therapeutin nun dazu über, den Patienten die eigentliche Problemsituation (weiter als 20 km bzw. auf die Autobahn zu fahren) mit der 'Ja'-Ressource erleben zu lassen.

Th: Und Sie fühlen sich sicher und gelassen .... P: ._"--"
     Und Sie wissen, daß das zuverlässige Geräusch des Motors und der
     Asphalt der Straße ...._"--"
     auch in 25 km genauso wie jetzt sein werden ...._"--"
     Und jetzt bitte wieder das 'Ja' lauter äußern ...._"--"
     und das positiv Zustimmende und die Gelassenheit spüren   ..."Ja'
     ...."Ja'
     und ganz deutlich jetzt auch die Ruhe im Körper ...."Ja'
     Und Sie wissen auch, daß Sie ein guter Fahrer sind ....
     und daß die Bedienung des Wagens auch in 30 km die gleiche bleibt,   ."Ja"
     so wie jetzt   ."Ja"
     ...."Ja"
     Und Sie wissen wie das Schild für die Autobahnausfahrt aussieht
     ...."Ja"
     Sie können es sich in aller Ruhe und Gelassenheit vorstellen   .."Ja"
     ...."Ja"
     und Sie bleiben so ruhig und gelassen wenn Sie das Schild gleich se-   .."Ja"
     hen werden,   ._"--"
     ...._"--"
     um dann die Geschwindigkeit herunterzunehmen ...._"--"
     und in aller Ruhe auf den Zubringer zu fahren ...._"--"
     und zu wissen, daß der Motor und der Asphalt gleich geblieben sind,   .._"--"
     ...   .._"Ja '
     und sie weiter begleiten werden,..   .._"Ja '
     genau in der Ruhe und Gelassenheit, in der Sie sich jetzt befinden,
     ....
     Sie sind völlig entspannt und ruhig ....
     und Sie spüren eine tiefe Gelassenheit ....
     und eine aufkeimende Freude ....
     darüber, daß Sie es geschafft haben ....
     und darüber, daß Sie es weiter schaffen werden ....
     ....etc.

Der Patient fuhr 1 ½ Wochen nach dem 'Ja'-Erleben von seinem Heimatort im Stuttgarter Raum alleine nach München und am nächsten Tag wieder zurück. Hier muß allerdings betont werden, daß die Angst vor dem Autofahren, deren Beseitigung der Patient zu Beginn der Therapie als Therapieziel nannte, nur Symptom einer vermeidend-selbstunsicheren Persönlichkeitsstörung war. Die Arbeit am Verhalten war dann Teil einer komplexeren Hypnosetherapie, die später auch familientherapeutische Sitzungen umfaßte, zu denen der Patient zusammen mit seinem sehr dominanten Vater kam.

Mit dem 'Ja'-Erleben wird das Vorgehen zur Verhaltensänderung in Trance in viele kleine Schritte aufgelöst, deren Summe den Verlauf der Verhaltensänderung wiedergibt. Anders als beim Kopieren wird die Verhaltensänderung nicht auf dem Hintergrund einer einmal eingeführten Ressource durchgeführt, sondern die Ressource wird permanent durch die immer wieder (laut oder innerlich) geäußerten 'Ja' des Patienten aufrechterhalten. Dabei besteht die Ressource, die bei jedem einzelnen Segment der Problemsituation angesprochen wird, nicht nur in der immer wieder betonten körperlichen Gelöstheit. Auch das Zustimmende des 'Ja' unterstreicht eine aktive Beteiligung des Patienten.

In unserem Beispiel haben wir das 'Ja' mit Gelassenheit und Entspannung verknüpft. Je nach Problemsituation gibt es auch ein furchtloses, gutmütiges, verständnisvolles oder freudiges 'Ja', das mit dem Patienten für das 'Ja'-Erleben erarbeitet werden kann.

Das 'Ja'-Erleben kann auch als eine Variante des klassischen Suggerierens aufgefaßt werden, wobei das 'Ja' immer wieder den emotionalen Rahmen verstärkt, in dem die Suggestionen aufgenommen werden.

12 THERAPEUTISCHE INTERVENTIONEN: SUBJEKTIVE EBENE, KONFLIKTE

12.1 Interventionen auf der subjektiven Ebene

Wenn wir von Interventionen auf der subjektiven Ebene sprechen, wollen wir damit natürlich nicht die Interventionen auf den anderen Ebenen wie etwa der körperlichen als objektiv bezeichnen. Auch wenn wir mit einer Entspannungstrance den Katecholaminspiegel im Blut vermindern, also einen 'objektiven' Entspannungsindikator beeinflussen, so wird der Patient nicht etwa die Änderung seines Hormonspiegels erleben, sondern das *subjektive* Empfinden seines Körpers als gelöst und entspannt. Mit der subjektiven Ebene meinen wir die Vorgänge, die wir von 'außen' nicht direkt beobachten können, und die etwas mit der privaten Bewertung der eigenen Persönlichkeit zu tun haben wie wertende Gefühle (z.B. Minderwertigkeit) und Gedanken ("Ich bin einfach zu schlecht und nichts wert.").

12.1.1 Gefühl

Im Verlauf einer Hypnosetherapie kann es gerade zu Beginn der Therapie wichtig sein, dem Patienten den Zugang zu Gefühlen zu ermöglichen, die er lange nicht mehr gehabt hat, zum Beispiel zu Hoffnung oder Vertrauen, oder zu Gefühlen, die er sich nicht mehr zugetraut hat wie ein Gefühl von Stärke oder Aggression. Auch wenn diese Gefühle noch nicht als Ressourcen gegen ein Problem verwendet werden, etwa zur Korrektur von problematischem Verhalten, haben sie eine nicht zu unterschätzende, wichtige Bedeutung für die Therapie. Der Patient erlebt ganz real in der Praxis, daß etwa die permanente Angst oder Hoffnungslosigkeit kein unausweichliches Schicksal für ihn sind. Durch den unmittelbaren Zugang zu Gefühlen wie Freude oder Selbstvertrauen spürt der Patient "Das bin ich ja auch noch. So könnte ich ja auch wieder sein.", was zu dem als lebendigen Impuls gespürten Entschluß führt: "Und so will ich auch wieder sein." Mit anderen Worten, die in der Trance erlebte Realität der Gefühle schafft einen therapeutischen Rahmen, der die therapeutische Motivation des Patienten stärkt und ihm Hoffnung macht. Und dies ist keine 'kognitive' Hoffnung, die nicht viel an seinem gegenwärtigen Befinden ändert, sondern eine 'erlebte' Hoffnung, die schon jetzt seine Befindlichkeit positiv verändert hat. Die Hoffnung leitet sich also nicht aus einer 'rationalen Wahrscheinlichkeitsberechnung' für eine zu erwartende Besserung ab; statt des Umweges über die rationale Erwägung einer Möglichkeit wird in der Trance Hoffnung direkt erzeugt.

Gefühle werden dem Patienten in Trance dadurch zugänglich, daß er frühere Lebenssituationen wiedererfährt, in denen diese Gefühle aufgetreten sind; also Wut beim Wiedererleben einer Auseinandersetzung auf dem Schulhof, Freude bei der Wiederholung des Besuches einer bestimmten Party, Hoffnung bei der Erfahrung der Situation nach Überreichung des Abiturzeugnisses, als die Welt offen vor ihm lag. Aber es muß nicht nur die Vergangenheit sein. Auch das Erleben künftiger Situationen, etwa die Erfahrung eines künftigen Erfolges, der in der Trance jetzt präsent ist, wird zu Gefühlen führen. Weiterhin können auch völlig irreale Erfahrungen wie das Erleben, eine andere Person zu sein, zu ganz realen Gefühlen führen. In Kapitel 7 haben wir die Stellvertretermethode dargestellt, mit der ebenfalls Gefühle hervorgerufen werden können. Sie empfiehlt sich insbesondere dann, wenn der Patient bestimmte Gefühle (z.B. Wut) noch nicht zulassen kann (s. auch oben "Funktion indirekter Kommunikation in der Hypnosetherapie", S. 189ff).

Für Herrn C. wurde zur Vorbereitung einer Intervention auf der Verhaltensebene manchmal auch eine indirekte Vorbereitung gewählt: Der Patient hatte Schwierigkeiten, in beruflichen Diskussionen seinen Standpunkt zu vertreten. Da er sich dann zurückhaltend verhielt und aggressionsnahe Gefühle vermied, was er zudem mit seiner Überlegenheitshaltung rationalisierte, wurde ein konfrontatives Verhalten am Arbeitsplatz erarbeitet, das er in Trance erleben und einüben sollte (z.B. einen eigenen Vorschlag bei einer Arbeitsbesprechung durchzusetzen). Um den entsprechenden emotionalen Rahmen für diese Intervention vorzubereiten, wurde ein starkes, aggressives Gefühl zunächst indirekt über den Stellvertreter "Wasser" folgendermaßen vorbereitet: Unter der Vorgabe, daß es sich um eine Entspannung handele, wurde der Patient in Trance in eine Szene in den Bergen geführt und ihm geschildert, wie das Wasser einer Quelle voller Sauerstoff und frei, den eigenen Weg zu finden, in das Tal hinunterfließt. In einem Stausee wird es aufgehalten, Algen nehmen ihm den Sauerstoff und es droht abzusterben. Die bedrohten Wassermassen sprengen den Staudamm, stürzen in das Tal, verlassen das für sie vorgesehene, die Zukunft einengende Betonbett und finden einen eigenen Weg etc. (s. oben Kasten VII/2).

12.1.1.1 'Nein'-Erleben

Zur Mobilisierung und zur Vermittlung eines Gefühls von Stärke wird der Patient beim 'Nein'-Erleben zunächst gebeten, doch einmal ein 'Nein' zu allem, was ihn stört, zu sagen. In der Regel ist dieses 'Nein' am Anfang eher schwach. Der Therapeut wird dann mit dem Patienten daran arbeiten, daß er ein starkes 'Nein' erlebt, was bis zum lauten Rufen des 'Nein' gehen kann. Dazu wird er den Patienten immer wieder ermuntern, das 'Nein' stärker zu äußern und es ihm unter Umständen auch vormachen. Berichtet der Patient dann, daß er nun eine Festigkeit und Kraft fühle, wird der Therapeut dieses Empfinden in einer unmittelbar folgenden Trance vertiefen (dies kann in Anlehnung an die oben S. 169ff dargestellten Stärkeinduktionen erfolgen) und eventuell schon als eine Ressource für eine Intervention verwenden.

Mit der Aufforderung an den Patienten, "Nein" zu sagen zu allem, was ihn belastet, wird indirekt auch die Symptomatik vom Patienten dissoziiert, d.h. es wird durch das 'Nein' ein 'kranker' Bereich ausgegrenzt, der etwas Fremdes ist und ein gesunder Bereich, der den Patienten repräsentiert. Das kann etwa über die Metapher 'Krankheit als Diebstahl an Ihrem Leben' unterstützt werden: "Sagen Sie ein starkes 'Nein' zu all' dem, was Sie bedrückt und das Ihnen Ihr Leben stiehlt." Eine andere Metapher wäre etwa die 'Erkrankung als Eindringling in das Terrain der an sich gesunden Persönlichkeit', das vom Eindringling mit einem starken "Nein" zurückzuerobern ist, so daß der Patient dabei mehr und mehr an Terrain zurückgewinnt und die Invasion rückgängig macht. Gerade bei depressiven Patienten, die bei ihren unablässigen negativen Grübeleien ihren Selbstwert in Frage stellen, wäre dies eine indirekte Möglichkeit, die negative Selbstbewertung als 'ich-fremd' einzuführen, gegen die der Patient selbst einschreiten kann.

Th: An dieser Stelle möchte ich das Gespräch unterbrechen, um es wieder aufzugreifen, nachdem wir eine kleine praktische Übung eingeschoben haben. So, wie ich Sie vor mir sehe und erlebe, spüre ich geradezu Ihre Bedrücktheit, und doch weiß ich, daß in Ihnen andere Seiten und Möglichkeiten sind. Ich möchte, daß Sie wieder einmal Ihre gesunde, aktive Seite erleben, die Sie auch durch schwierige Situationen trägt. Und dazu bitte ich Sie jetzt, einfach einmal ein starkes 'Nein' zu all' dem zu sagen, was Sie bedrückt, was Ihnen Ihr Leben stiehlt.

P: Sie meinen, einfach so...einfach ein "Nein".

Th: Ja, aber eines, mit dem sie wirklich stark zum Ausdruck bringen, wie Sie alles über
     haben, daß es nun reicht und anders werden muß, daß Sie das alles, was Sie so bela-
     stet, so nach unten zieht, einfach nicht mehr wollen, daß Sie sich nicht Ihr Leben
     stehlen lassen wollen.

P: (*schwach*): Nein.

Th: So ist es richtig. Das 'Nein' war schon gut für den Anfang. Äußern Sie nun wieder das
     'Nein', mit dem Sie alles, was Sie belastet und das Ihnen die Lebensfreude raubt, ver-
     treiben wollen. Und Sie können das ruhig laut machen. Ich mache es Ihnen einmal
     vor (*Therapeut äußert ein kräftiges 'Nein'.*)

P: (*lächelt verlegen*): Wirklich so laut?.....(*weniger schwach*) Nein.

Th: Gut. Und nun bitte ich Sie, einmal die rechte Faust (*bzw. die dominante Hand*) fest
     unterhalb Ihres Halses zu legen (*unterhalb des Schlüsselbeins*) und das 'Nein' aus
     diesem Bereich kommen zu lassen und zu spüren, wie Sie sich damit gegen das Bela-
     stende zu Wehr setzen, sozusagen das anschreien, was Ihnen das Leben wegnimmt.
     Und dabei fangen Sie an, schon zu merken, wie Sie all' das Bedrückende und Bela-
     stende vertreiben können.

P: (*stärkeres*) Nein.

Th: Das ging ja noch besser. Und nun legen Sie bitte die Faust fest auf das Brustbein und
     spüren Sie erst einmal, woher jetzt das 'Nein' kommt. Damit es die Strecke hoch bis
     zum Mund schafft und dort kraftvoll herauskommt, müssen Sie das 'Nein' jetzt aber
     richtig mit Kraft herausbringen. (*Der Therapeut macht auf diese Weise mit dem Pati-
     enten weiter, läßt den Patienten die Faust immer tiefer legen bis das 'Nein' des Pati-
     enten stark 'aus dem Bauch' kommt. Unter Umständen soll der Patient das 'Nein'
     auch mit einer starken Armbewegung unterstreichen.*) Das war jetzt aber wirklich
     gut. Wie fühlen Sie sich jetzt?

P: (*mit merklich festerer Stimme*) Irgendwie stärker, ja, kräftiger. Am Anfang fand ich
     das ja ziemlich komisch mit dem 'Nein', aber hinterher war das Komische weg. Jetzt
     habe ich wirklich ein kräftigeres Gefühl.

Th: Und das wollen wir nun noch in der Hypnose vertiefen (*Therapeut fährt mit einer
     Stärkeinduktion fort*).

Diese Vorgehensweise eignet sich insbesondere bei eher passiven Patienten und hilft,
die Patienten zu mobilisieren, sie aus ihrer passiven, lethargischen Haltung herauszu-
holen und ihnen die Erfahrung zu vermitteln, daß sie selbst durch eigene Aktivität
eine Besserung erreichen können.

In der ersten Sitzung beschreibt ein depressiver Patient (Computerfachmann, seit einem
halben Jahr arbeitsunfähig; frühere Diagnose einer bipolaren affektiven Störung; Einliefe-
rung in psychiatrische Fachklinik nach manischer Episode vor 2 Jahren, seitdem Lithiumbe-
handlung) unter Tränen seine Minderwertigkeit, geistige Unfähigkeit und die Unmöglich-
keit, sich von seinem permanenten Grübeln über seine Wertlosigkeit zu befreien. Insbesondere das Grübeln sei das Schlimmste. Während der Schilderung versucht der Patient immer
wieder den Therapeuten mit Fragen in das Grübeln einzubinden ("Und dann sage ich mir,
jetzt will ich nicht mehr drüber nachdenken. Aber dann tue ich es doch wieder. Sagen Sie
mir, warum tue ich das bloß?"). Auf anfängliche Antworten des Therapeuten folgen jedes

Mal wieder neue Fragen an den Therapeuten bis das Gespräch zwischen Patient und Therapeut der fruchtlosen Grübelei des Patienten zu gleichen droht.

Der Therapeut bittet den in sich zusammengesunkenen Patienten, zu seinen Problemen 'Nein' zu sagen, und mit diesem 'Nein' zum Ausdruck zu bringen, wie sehr er sich wünscht, von seinem Problem befreit zu sein. Nach entsprechender Anleitung durch den Therapeuten gelingt es dem Patienten über ein starkes, lautes 'Nein' ein Körpergefühl von Kraft und Festigkeit zu entwickeln, was sich auch in seiner Körperhaltung ausdrückt. In Trance wird dieses Körpererleben vertieft. Obwohl sich der Patient zunächst sehr befremdet über die Intervention des Therapeuten zeigte, war er am Ende der Sitzung erstaunt, daß es ihm doch schon nach einer Sitzung besser gehe und deutete einen leichten Optimismus an. In den folgenden drei Sitzungen arbeitet der Therapeut im wesentlichen weiter auf der Körperebene (neben dem 'Nein' verwendet der Therapeut nun auch Körpererfahrungen des Patienten aus seiner Zeit als aktiver Sportler). Nach der vierten Sitzung treten keine depressiven Symptome mehr auf und der Patient kann nach drei Wochen wieder eine Arbeit aufnehmen.

Anderthalb Jahre nach der Behandlung setzt der Patient selbständig das Lithium ab. Inzwischen liegt die Behandlung fünf Jahre zurück, während der der Patient keine Symptome einer Major Depression mehr zeigte. (Leider, möchte man hinzufügen, ist dies natürlich eine große Ausnahme bei der Behandlung von Depressionen, die üblicherweise länger dauern und nicht immer so erfolgreich sind).

Wenn man in einer 'hellhörigen' Klinik oder in einer Praxis in einem Mehrfamilienhaus arbeitet, sollte man daran denken, daß die Umgebung ein lautes 'Nein'-Rufen von Patienten hören kann und sich natürlich auch Gedanken darüber machen wird. Die 'Nein'-Übung läßt sich aber auch mit einem stummen 'Nein', einem inneren Schreien durchführen. Der Therapeut, der ein solches 'Nein' natürlich nicht hören kann, wird dann aus Mimik und Motorik des Patienten schließen müssen, wie stark dieses 'Nein' ist.

Ein Kollege berichtete in der Supervision, daß er die 'Nein'-Übung erfolgreich bei einer jungen Patientin durchgeführt hätte. Allerdings hätte es vieler laut geschriener 'Neins' seitens seiner Patientin bedurft, bis sie endlich den Zugang zu einem starken Gefühl gefunden hätte, welches dann als Ressource für eine Verhaltensänderung geeignet war. Als er unmittelbar nach der Sitzung seine Praxis verließ, die in einem 'hellhörigen' Mehrfamilienhaus liegt, sei er von der Nachbarin, die über seiner Praxis wohnt, mit "empörenden Blicken" gemustert worden. Er würde zwar weiter mit der 'Nein'-Übung arbeiten, seitdem allerdings mit der 'stummen' Ver-sion.

Manchmal profitieren aber auch die Nachbarn von dem 'Nein'. Von der über der Praxis wohnenden älteren Dame auf das laute 'Nein' von Patienten angesprochen, erklärten wir ihr den Grund für dieses Vorgehen. Bei der nächsten Begegnung berichtete sie, daß ihr das eingeleuchtet hätte und sie es auch selbst einmal ausprobiert habe; "und das tut ja wirklich gut."

12.1.1.2 Trennung von Konfliktalternativen

Die Symptome unserer Patienten haben manchmal mit scheinbar unauflösbaren Konfliktsituationen zu tun. So kann das Verharren in einer unglücklichen Beziehung, bei deren Aufgabe schwerwiegende Konsequenzen wie sozialer Abstieg oder Verlust der Kinder drohen, zu depressiven Reaktionen führen. Die kaum zu ertragenden Demütigungen bzw. Belästigungen durch Kollegen am Arbeitsplatz, der aber wegen langfristiger finanzieller Verpflichtungen einfach nicht aufgegeben werden kann, können schwere psychosomatische Störungen mit sich bringen. Bei der Auseinandersetzung mit den Alternativen zu einer bestehenden untragbaren Situation können beim Patienten Ängste vor den möglichen Konsequenzen auftreten und um diese Ängste und Spannungen zu reduzieren, wird der Konflikt dann oft heruntergespielt. Von den Patienten wird dabei die negative Seite eines Konflikts bagatellisiert ("So schlimm ist es nun auch wieder nicht." - "Das hat auch seine guten Seiten." - "Man kann nicht alles haben." - "Jetzt weiß ich wenigstens, was ich habe.") und die positive Seite wird weniger positiv geschildert ("Am Anfang sieht das alles so gut aus und hinterher bleibt doch alles beim alten.") oder das Positive wird durch die Erwartungen negativer Ereignisse gemindert, für die eigentlich keine große Wahrscheinlichkeit besteht ("Und was ist, wenn ich krank werde?" - "Auch das Neue nutzt sich ab und dann ist wieder alles beim alten."). Mit derartigen Bagatellisierungen werden Konflikte zwar verbal entschärft, nicht aber die Konsequenzen der Konflikte, d.h. die begleitenden psychosomatischen Symptome oder depressiven Reaktionen bleiben.

Um die Bereitschaft des Patienten zu fördern, nicht alles beim alten zu lassen mit der Konsequenz, weiterhin depressiv zu bleiben oder unter psychosomatischen Symptomen zu leiden, soll der Patient die Alternativen seiner Konfliktsituation unverzerrt erleben, ohne Bagatellisierung der negativen oder Abwertung der positiven Aspekte. Dies soll nun nicht dazu führen, daß der Patient unbedingt eine schwierige Situation oder Beziehung verläßt. Im Gegenteil, durch die realistische, unverzerrte Erfahrung der Konfliktalternativen ergeben sich unter Umständen auch Lösungsmöglichkeiten, die ein Verbleiben in der bisher als untragbar empfundenen Situation ermöglichen könnten.

Das Erleben von Konfliktalternativen dient also dazu, die aktuelle Problemsituation nicht immer aus demselben verfestigten und rationalisierenden Blickwinkel zu *beurteilen*, sondern die Alternativen in Trance zu *erleben* und damit nicht nur ein realistischeres Bild zu bekommen, sondern auch gefühlsmäßige Erfahrungen zu machen, die den Patienten motivieren, etwas in seinem Leben zu verändern. Dies kann zum einen dazu führen, etwas an der aktuellen Situation zu verändern, ohne sie zu 'verlassen'‚ also eine Beziehung nicht zu beenden, sondern an ihrer Verbesserung zu arbeiten, oder aber die aktuellen Lebensumstände zu verlassen und sich ein neues Leben aufzubauen.

Die praktische Durchführung des Erlebens von Konfliktalternativen besteht aus folgenden Schritten:

1. Induktion:
   Der Patient wird vor der Tranceinduktion gebeten, beide Hände mit den Handflächen nach oben so zu legen (z.B. auf die Oberschenkel), so daß die Hände räumlich voneinander getrennt sind. Danach erfolgt die Tranceinduktion.

2. Motivation zum Verlassen der aktuellen Lebensumstände:

Wechsel zwischen einer aktuellen negativen Erfahrung und einer positiven Erfahrung in der Zukunft:

In Trance werden die aktuellen belastenden Lebensumstände durch eine konkrete negative Situation (z.B. Demütigung durch den Partner) mit allen negativen Konsequenzen (Gefühl von Minderwertigkeit, Herzrasen, Atemnot etc.) 'auf' einer Hand, etwa der linken, repräsentiert. Diese Situation wird dann vom Patienten 'betreten und erlebt und in der Fraktionierung vom Therapeuten nachgefragt.

Danach wird 'auf' der rechten Hand eine künftige positive Situation erlebt (z.B. sich in der eigenen neuen Wohnung befinden und sich dort frei zu fühlen), die ebenfalls vom Therapeuten nachgefragt wird.

Der Therapeut kennt nun beide Situationen und das jeweilige körperliche und gefühlsmäßige Erleben der Situationen. Er läßt nun den Patienten den Gegensatz zwischen beiden Erfahrungsbereichen erleben, indem er den Patienten den Wechsel von der linken zur rechten Hand erleben läßt und damit den Wechsel von der heutigen einengenden, demütigenden Erfahrung mit Minderwertigkeitsgefühlen hin zur Erfahrung, in der künftigen eigenen Wohnung frei zu sein und sich sicher vor Grenzverletzungen zu fühlen. Der Therapeut wird dann auch noch den Wechsel von der rechten zur linken Hand vom Patienten nachvollziehen lassen, um damit den erlebten Gegensatz zwischen beiden Bereichen weiter heraus zu arbeiten.

Linke Hand		Rechte Hand
Demütigung durch Ehemann		Freiheit in der eigenen neuen Wohnung
Minderwertigkeitsgefühle	← →	Selbstwertgefühl
Schlaflosigkeit		Schlaf

3. Motivation zum Verbleiben in den aktuellen Lebensumständen:

Wechsel zwischen einer aktuellen positiven Erfahrung und einer negativen Erfahrung in der Zukunft:

Hier wird wie unter (2) verfahren, allerdings mit dem Unterschied, daß nun eine positive Erfahrung aus der aktuellen Lebenssituation auf der linken Hand repräsentiert wird (z.B. die Erfahrung von Gemeinsamkeit mit dem Ehepartner beim Zusammensein mit den Kindern) und eine negative auf der rechten (z.B. das Gefühl von Einsamkeit in der neuen künftigen Wohnung).

Linke Hand		Rechte Hand
Gemeinsamkeit mit Ehepartner	← →	Alleinsein in der neuen Wohnung
im Kontakt mit den Kindern		Einsamkeit, Leere, Zweifel

Mit dieser Vorgehensweise werden beide Alternativen des Konflikts klar gegenübergestellt, ohne rationalisierende Bagatellisierung der negativen Gegenwart und ohne Abwertung einer möglicherweise positiven Zukunft. Der deutlich erlebte Unterschied beim Wechsel von einer negativen Erfahrung aus der Gegenwart zu einer positiven Erfahrung in der Zukunft kann dann eine starke Motivation zum Verlassen der aktuellen Lebensumstände bewirken.

Eine 47jährige Patientin leidet an depressiven Verstimmungen mit Durchschlafstörungen und nächtlichen Anfällen von Atemnot (Orthopnoe). Sie lebt mit einem 22 Jahre älteren

Mann zusammen, der sie betrügt, häufig beschimpft und vor anderen bloßstellt. In der gemeinsamen Wohnung mit den schweren Eichenmöbeln kann sie "kaum atmen". In der Trance erlebt sie die Konfliktalternativen als "Bleiben und Ersticken" oder "Fortgehen und frei Atmen können". Wenn sie so wäre, wie sie sich in der Trance in der Zukunft erlebt hat, würde sie niemals zulassen, was man jetzt alles mit ihr machen kann. Sie entscheidet sie sich für eine Trennung, die sie später auch durchsetzt. Anstatt im Betrieb ihres Freundes zu arbeiten, sucht sie sich eine Stellung in der öffentlichen Verwaltung, wo sie schnell aufsteigt, und findet auch eine eigene Wohnung, die sie sich nach ihrem eigenen Geschmack einrichtet.

Auf der anderen Seite kann ein Wechsel vom Erleben einer negativen Situation in der Zukunft zum Erleben einer positiven Erfahrung in der Gegenwart eine Motivation zum Verbleiben in den aktuellen Lebensumständen bedeuten.

Eine 45jährige Patientin mit depressiven Verstimmungen, diffusen Rückenschmerzen und Zwangssymptomen ist mit einem 20 Jahre älteren, reichen Mann verheiratet, der oft pflegebedürftig ist. Partnerschaftliche Probleme weist sie zunächst weit von sich. Erst im Verlaufe der Therapie berichtet sie, daß sie diese Situation einfach nicht mehr aushalte, daß das Leben einfach an ihr vorbeigehe. In Trance erlebt sie, wie sie in Zukunft allein in ihrer eigenen Wohnung sitzt, sich einsam fühlt und dort mit Schuldgefühlen an ihren kranken Mann denkt. Beim Wechsel zu einer positiv erlebten Situation aus der Gegenwart rührt sie die Dankbarkeit ihres Mannes und sie empfindet die Geborgenheit in seiner Nähe. Sie entscheidet sich, bei ihrem Mann zu bleiben ("Ich bleibe nicht, weil ich muß, sondern weil ich will - weil ich Verantwortung übernehmen will.").

Solche schwerwiegenden Entscheidungen wie das Verlassen einer Beziehung etc., die die Patientin oder der Patient natürlich selbst zu treffen hat, wird in der Regel nicht von heute auf morgen gefällt werden und in der Regel wird man auch versuchen, den Partner in den Sitzungen dabei zu haben. Das Erleben der Konfliktalternativen kann aber der Anstoß zur notwendigen Auseinandersetzung mit der zu treffenden Entscheidung sein. Wenn aber eine Entscheidung gefällt wurde, kann man - je nach Entscheidung des Patienten - mit ihm daran arbeiten, daß er entweder die bestehende belastende Situation ändert (z.B. auch mit begleitender Paartherapie) oder aber sich mit Unterstützung des Therapeuten auf die Zukunft vorbereitet.

12.1.2 Selbstbild

12.1.2.1 Änderung negativer Gedankenroutinen

Täglich denken wir über uns nach und bewerten uns häufig selbst in Gedanken, wobei wir unsere Bewertung in der Regel von aktuellen Umständen abhängig machen, z.B. vom Erfolg unserer Arbeit oder dem Urteil anderer über uns. Aber es gibt auch überdauernde Bewertungsgrundlagen, die unabhängig sind vom aktuellen Tagesgeschehen bzw. der jüngeren Vergangenheit, und die in die Zeit zurückreichen als sich unsere Persönlichkeit in der Kindheit zu formen begann. Teil dieses Formungsprozesses waren die Urteile wichtiger Menschen über uns; Urteile, die wir oft gehört haben. Und derartige Urteile können auch negativ gewesen sein und uns noch heute in Form von negativen Selbstbewertungen begleiten.

Patienten berichten häufig Routinegedanken mit derartigen negativen Selbstbewertungen ("Ich bin zu dumm, zu häßlich, zu schlecht etc."). Oft handelt es sich dabei eben um solche Urteile, die in der Kindheit von Familienmitgliedern (Eltern, Geschwistern) geäußert ("Du bist...") und vom Patienten übernommen wurden ("Ich bin...") und auch im weiteren Leben immer und immer wieder im Selbstgespräch geäußert wurden. Die Urteile oder besser die 'Verurteilungen' aus der Vergangenheit blieben damit immer Gegenwart, auch nachdem die 'Richter' verstummten. Da diese negativen Äußerungen im inneren Dialog als negative Suggestionen über Jahre hin das Selbstbild des Patienten wesentlich mitbestimmt haben und bestimmen, ist es sinnvoll diese 'Stimmen der Vergangenheit' Lügen zu strafen.

12.1.2.1.1 'Stimmen der Vergangenheit' Lügen strafen

Um die 'Stimmen der Vergangenheit' lügen zu strafen, wird in Trance eine Ressourcensituation wachgerufen, auf die genau das zutrifft, was dem Patienten als Kind nicht zugetraut bzw. abgesprochen wurde (z.B. ein persönlicher Erfolg des Patienten). Die Person (Vater, Schwester etc.), von der die negativen (Selbst-)Beurteilungen stammen, betritt dann die Situation und äußert die Zweifel/Ablehnung der Vergangenheit, die nun aber vom Patienten als unwahr *erlebt* werden.

Wurde z.B. ein Kind - wie eine unserer Patientinnen - in der Kindheit permanent als "dumm bezeichnet", die nichts könne, während der Bruder, der später Handwerker wurde, immer als leuchtendes Vorbild hervorgehoben wurde, so kann es sein - wie es bei unserer Patientin war -, daß sie diese Botschaft aus der Vergangenheit auch noch als Erwachsene am Leben erhält, indem sie sie immer wieder im Gespräch mit sich selbst verbalisiert ("Ich bin sowieso zu dumm. Ich bin sowieso nichts wert."). Sie kann aber wohl nicht so dumm sein, da sie ihre Promotion in Physik mit "summa cum laude" abgeschlossen hat. Und das ist genau die Ressource, die die Patientin in Trance erlebt. Und während dann ihr Professor sie zu dieser außerordentlichen intellektuellen Leistung beglückwünscht, läßt der Therapeut während dieser Trancesequenz die Mutter in den Hörsaal kommen und sagen: " Du bist einfach zu dumm. Laß das Deinen Bruder machen." Und dabei fühlt und erlebt die Patientin, daß dies einfach nicht wahr ist.

Dadurch, daß die routinemäßige negative Selbstverbalisierung in Trance von einer anderen Stimme gesprochen wird und gleichzeitig diese Botschaft als unwahr erlebt wird, da sie im Widerspruch zum momentanen Erleben steht, wird sie als "ich-fremd" markiert und damit vom Erleben des Patienten dissoziiert.

Eine junge, gut aussehende Frau beklagt, daß ihre Partnerschaften immer nach demselben Muster ablaufen: Zuerst fühlt sie sich sehr wohl in der Beziehung, dann tritt aber sehr schnell die Angst auf, daß sie über kurz oder lang vom Partner wegen ihres Äußeren abgelehnt werden wird. Diese Angst, vom Partner abgelehnt zu werden, wird dann zunehmend so stark, daß sie von sich aus die Beziehung abbricht. Rational ist ihr klar, daß ihre Befürchtungen unzutreffend sind. Sie weiß um ihre Attraktivität und nimmt durchaus entsprechende Reaktionen von Männern wahr. Aber "innerlich" kann sie es nicht annehmen und auch die gut gemeinten Kommentare von Bekannten helfen ihr nicht weiter. Sie leidet sehr unter dieser Beziehungsunfähigkeit, da sie sich gerade Nähe, Zärtlichkeit wünscht. Ihre Selbstverbalisierung "Mich kann man ja nicht liebhaben." läßt sich in die Kindheit zurückverfolgen. Ihre Mutter sagte häufig: "Du mit Deinen vorstehenden Zähnen. Dich wird nie jemand küssen wollen. Wie kann man so was nur liebhaben." Zur Zeit steht sie wieder am Beginn einer Beziehung. In Trance läßt der Therapeut die Patientin mit allen Sinnen erleben, wie sie gerade von ihrem Freund geküßt wird und wie er seine Liebe zu ihr zum Ausdruck bringt. Nachdem die Patientin ein Zeichen mit dem Zeigefinger gibt, daß sie nun genau dieses tiefe Gefühl von Nähe und Akzeptanz hat, läßt der Therapeut die Mutter in Erscheinung treten, die sagt:" Dich wird nie jemand küssen und niemals jemand liebhaben." In diesem Moment fühlt sie ganz deutlich, daß diese Botschaft einfach nicht stimmt, daß sie anders ist und die Stimmen der Vergangenheit lügen und keine Macht mehr über sie haben.

Aus der Exploration von Herrn C. war bekannt, daß der Vater des Patienten ihn tatsächlich oft verbal herabgesetzt hatte ("Du bist einfach schlecht und blöd und nichts wert."), was später von ihm selbst beim 'inneren' Dialog in belastenden Situationen übernommen worden war. Um diese 'Stimmen der Vergangenheit' Lügen zu strafen, erlebte er in Trance eine Situation, in der ihn sein früherer Meister vor anderen Kollegen gelobt hatte, worauf er mit starken Empfindungen von Sicherheit und Stolz reagierte. Während er die Sicherheit und den Stolz spürte, kam dann der Vater in der Trancesequenz hinzu und sagte: "Du bist einfach nichts wert." Beim gleichzeitigen Erfahren der 'Meister-Ressource' in Trance erlebte er, daß die Botschaft des Vaters einfach nicht wahr war. Diese Erfahrung sollte er sich jeweils beim Auftreten entsprechender innerer Dialoge vergegenwärtigen. Natürlich konnte er im Gespräch im Wachzustand *einsehen*, daß er die Botschaften der Vergangenheit in seinen negativen Selbstbewertungen übernahm, aber das *Erleben* in Trance war für ihn weitaus bedeutsamer.

Im folgenden haben wir noch einmal beispielhaft die Komponenten zur Beseitigung negativer Routinegedanken, die letztlich 'Stimmen der Vergangenheit' sind, zusammengefaßt.

Negative Gedankenroutine	Ressource in Trance	Stimme der Vergangenheit
"Ich bin zu dumm. Ich kann nichts."	Erleben der ausgezeichneten mündlichen Promotions prüfung	*Die Mutter kommt hinzu und sagt*: "Du bist einfach zu dumm. Laß' das Deinen Bruder machen."
"Ich bin nicht attraktiv. Mich kann ja niemand liebhaben."	Erleben einer intensiven erotischen Erfahrung mit dem Freund (Küssen).	*Die Mutter kommt hinzu und sagt*: "Du mit Deinen vorstehenden Zähnen. Dich wird niemals jemand küssen."

"Ich bin schlecht und nichts wert."	Erleben einer Situation, in der der Patient vor anderen von seinem Meister besonders gelobt wird.	*Der Vater kommt dazu und sagt:* "Du bist einfach nichts wert."

Manchmal äußern Patienten negative Selbstbewertungen, die sich nicht in die Vergangenheit zurückverfolgen lassen; vielleicht einfach deswegen, weil es dort keine negativen Botschaften gab und der Patient erst später mit den negativen gedanklichen Selbstbewertungen begann. Hier kann der Therapeut die negativen Stimmen im Rahmen des beschriebenen Vorgehens dadurch abwerten und vom Patienten dissoziieren, indem er die negativen Botschaften in Trance von solchen Personen sprechen läßt, die der Patient ablehnt oder ablehnte.

Vielleicht kann der Patient auch keine Stimmen der Vergangenheit identifizieren, weil die Ablehnung eines Kindes durch die Eltern nicht über Worte, sondern nonverbal z.B. über Gebärden vermittelt wurde. In einem solchen Fall kann die Ablehnung durch die Eltern in der Altersregression explizit gemacht werden, indem die Eltern die Ablehnung in der Trance nun verbal ausdrücken, und zwar mit den Worten, in denen der Patient routinemäßig seine negative Selbstbewertung faßt.

Die Dissoziation routinemäßiger, negativer Gedanken sollte vom Patienten in der Selbsthypnose, aber auch im Alltag weiterverfolgt werden. Wenn der Patient sich wieder dabei 'ertappt', wie er im inneren Dialog eine negative Selbstbewertung äußert, soll er sie mit der Stimme der Vergangenheit wiederholen, sich also vorstellen, wie etwa die Stimme des Vaters die negative Bewertung äußert, und dazu gleichzeitig seine Ressourcensituation erleben.

12.1.2.2 Änderung der emotionalen Basis des Selbstbildes

Die Entwicklung des Selbstbildes ist sicherlich mitbestimmt durch die Interaktion mit wichtigen Personen in der Kindheit und den daraus resultierenden Erfahrungen. Verlaufen diese emotionalen Erfahrungen negativ, kann sich daraus ein verzerrtes oder negatives Selbstbild entwickeln, das den Leidensdruck des Patienten (z.B. soziale Angst) mitbedingt. Wird etwa ein Kind massiv abgelehnt, weil es angeblich nicht leistungsfähig etc. sei, können sich daraus persistierende Versagensängste, Minderwertigkeitsgefühle oder resignativ-depressive Gefühle entwickeln. Und diese Gefühle können für das weitere Leben bestimmend sein, nicht nur für den Umgang mit anderen, sondern auch für den Umgang mit sich selbst; sie bilden die Basis eines negativen Selbstbildes.

12.1.2.2.1 Interaktion 'Kind-Ich' - 'Erwachsenen-Ich'

Um die emotionale Basis eines 'pathogenen' Selbstbildes zu korrigieren, bearbeitet die Hypnosetherapie die dafür verantwortlichen negativen emotionalen Erfahrungen der Kindheit, indem sie in der hypnotischen Altersregression die traumatisierenden Interaktionen (mit wichtigen Bezugspersonen wie Vater, Mutter etc.) vom Patienten emotional anders verarbeiten läßt. Dazu erlebt sich der Patient in Trance zunächst als der heutige Erwachsene mit einem Ressourcengefühl (z.B. Wut über eine Ungerechtigkeit) und wird dann mit diesem Gefühl in eine traumatische Situation der Kindheit geführt, in der er sich zum einen als das kleine, verletzte Kind erlebt, aber gleichzeitig auch als der Erwachsene, der sich nun für das Kind einsetzt, indem er etwa gegen die Person vorgeht, die das Kind gedemütigt, herabgesetzt oder verletzt hat. Daraufhin nimmt er dieses Kind - also sich selbst - in den Arm und vermittelt ihm ein Empfinden von Nähe und Geborgenheit. Von einer rationalen Betrachtungsebene her scheint dies ein bizarres Vorgehen zu sein, aber mit der in Kapitel 1 beschriebenen Toleranz gegenüber Widersprüchen in Trance ('Trancelogik') fällt es Patienten leicht, die Kindebene (mit negativen Gefühlen) und die Erwachsenenebene (mit starken Ressourcengefühlen) gleichzeitig zu erleben, häufig mit starker emotionaler Beteiligung.

Natürlich können wir mit derartigen Interventionen nicht mehr die Vergangenheit ändern. In diesen kritischen Situationen der Vergangenheit begegnet der Patient aber den kindlichen Erfahrungen von Bedrohung, Abwertung oder Überforderung, die zur Herausbildung von infantilen Bewältigungsstrategien für derartige Situationen geführt haben. Diese infantilen Bewältigungsstrategien bestehen heute noch und sind die Grundlage für die Probleme der Gegenwart (siehe oben "Symptome als Folge infantiler Bewältigungsstrategien", S. 228ff und unten "Konflikte", S. 296ff). Auch heute noch greift der Patient in Situationen, die den kritischen Situationen der Kindheit ähnlich sind, also bei Bedrohung, Abwertung etc. auf die Bewältigungsstrategien zurück, die in der Kindheit 'geholfen' haben (z.B. Rückzug und Selbstabwertung oder unangemessene Aggressionen). Durch die Arbeit mit der Vergangenheit in der Altersregression wird gerade in dem Erfahrungsbereich, aus dem die heutigen Probleme stammen und der damit die Basis für die Probleme des Erwachsenen bildet, für den Patienten erlebbar, daß hier ein anderes Fühlen, Denken und Verhalten *möglich* ist.

Und die Erfahrung der *Möglichkeit anderen Erlebens* angesichts von Bedrohung, mangelnder Akzeptanz oder Überforderung ist neben den *Inhalten des neuen Erlebens* der entscheidende Punkt bei der Arbeit mit der Vergangenheit: Während der heutige Erwachsene weiß, daß er z.B. die Ablehnung durch Kollegen anders erleben bzw. anders darauf reagieren könnte und sollte, war dies in seiner frühen Kindheit vermutlich nicht möglich. Die Konstruktion der Realität wurde durch das Verhalten und die Urteile von Mutter, Vater und anderen bestimmt. Sündig, schlecht oder dumm zu sein, war für das kleine Mädchen oder den kleinen Jungen nicht nur das Urteil der Eltern, das als bedrückend erlebt wurde, sondern es war die Wirklichkeit, zu der es keine Alternative gab. Und bei der Arbeit mit der Vergangenheit erlebt der Patient gerade in dem Kontext, in dem sein Selbstbild geformt wurde, daß das negative Selbstbild nicht die unverrückbare Wirklichkeit widerspiegelt. Er erlebt, daß es eine Alternative gibt, daß es tatsächlich möglich und zulässig ist, z.B. auf Bedrohung mit Widerstand ohne Schuldgefühl zu antworten. Diese erlebten Einsichten bilden dann auch die Grundlage für das 'Durcharbeiten' (siehe unten S. 304ff, Abschnitt "Durcharbeiten").

Die praktische Durchführung der Interaktion 'Kind-Ich' - 'Erwachsenen-Ich' besteht aus folgenden Schritten:

1. **Ressource:** Nach Tranceinduktion (und eventuell indirekter Vorbereitung der Intervention) wird dem Patienten eine Ressource für die folgende Intervention vermittelt, die z.B. die Erfahrung von Wut über ein Unrecht zum Inhalt hat. Die Ressource sollte also ein kraftvolles Erleben enthalten.

2. **Kritische Situation in der Kindheit:** Ausgestattet mit dieser Ressource betritt der Erwachsene eine konkrete kritische Situation in der Kindheit, in der er nun als Erwachsener anwesend ist, aber gleichzeitig auch als Kind, das eine der typischen negativen Erfahrungen (Ablehnung, Abwertung) durch die entsprechende(n) Person(en) erfährt. Dabei verspürt der Erwachsene ein Gefühl von Empörung, Wut oder starkes Mitleid und damit die Motivation etwas zu tun.

3. **Interaktion in der kritischen Kindheitssituation:** Danach läßt der Therapeut den Erwachsenen etwas gegen die ablehnende oder bedrohende Person (z.B. den Vater) unternehmen, um das Kind zu verteidigen bzw. zu schützen. Anschließend kommt es zu einer Interaktion in der kritischen Kindheitssituation zwischen dem Patienten als Erwachsenen und dem Patienten als Kind, wobei der Erwachsene dem Kind das vermittelt, daß es so sehr vermißt (Nähe, Anerkennung, Geborgenheit, Schutz).

Herr D., ein 60jähriger Patient mit sozialer Phobie, die sich u.a. auf Situationen bezog, in denen er eine Rede halten sollte, führt seine Redeangst auf seine Kindheit zurück. Hier wurde er von seinem Vater, einem Studienrat für Latein und Griechisch, brutal mit Prügel für zu geringe Leistungen bestraft, der ihn auch mit Worten herabsetzte und demütigte. Gelobt wurde er nie. Zärtlichkeit gab es weder vom Vater noch von der Mutter, die ihn auch nicht gegenüber der Brutalität des Vaters in Schutz nahm. Er schien immer irgendwie im Wege zu sein, alles falsch zu machen und nicht wert zu sein, der Sohn seines Vaters zu sein. Die permanente Ablehnung durch den Vater führte schon in der Kindheit zu depressiven Reaktionen und Selbstmordgedanken. Nach einer besonders brutalen Bestrafung durch seinen Vater, lief der Junge nachts von zu Hause fort und gelangte von Süddeutschland nach Oberitalien, wo er bei einer italienischen Bäckersfamilie bleiben und arbeiten konnte. Hier fand er die Freundlichkeit, Wärme und Anerkennung, die er zu Hause nie bekommen hatte. Es war die Zeit kurz nach dem Zweiten Weltkrieg und wegen der wirren Verhältnisse blieben die Nachforschungen der deutschen Behörden erfolglos.

Sein weiteres Leben verläuft erfolgreich. Herr D. hat später in Deutschland eine gute Stellung in einem Betrieb, sich ein Haus gebaut, das er mit seiner Frau bewohnt; die Kinder sind bereits aus dem Haus. Er hat eine künstlerische Begabung und malt häufig in seiner Freizeit. Eines seiner letzten Bilder liegt ihm besonders am Herzen: Es zeigt den Jesusknaben, der auf den breiten Schultern vom Heiligen Christopherus durch einen reißenden Strom getragen wird. Dieses Bild, das er mit in die Praxis bringt, bekommt als Ressource eine besondere Bedeutung für die Arbeit mit der Vergangenheit.

Da er viele Stunden an dem Bild gearbeitet hat und sich dabei auch mit dem Thema des Bildes immer wieder auseinandergesetzt hat, fällt es ihm leicht, in Trance die Kraft von Christopherus zu spüren, mit der er Jesus, der so klein und doch so wichtig und wertvoll ist, durch den gefährlichen Strom trägt. Ebenfalls kann er die Erfahrung des Jesusknaben nacherleben, wie er sich auf den kraftvollen Schultern von Christopherus sicher und geborgen fühlt und welche Achtung Christopherus vor ihm hat. Diese beiden Erfahrungsaspekte des Bildes werden als Ressourcen für die Interaktion 'Kind-Ich' - 'Erwachsenen-Ich' genutzt:

In Trance erlebt Herr D. zunächst die 'Christopherus-Erfahrung'. Zum einen besteht diese aus dem Gefühl von Stärke, mit der er dem reißenden Strom standhalten kann und durch eine schwierige Situation kommt. Zum anderen besteht sie aus dem Verantwortungsgefühl gegenüber dem kleinen Knaben, der die gefährliche Situation nicht alleine bestehen kann und seine Stärke braucht, ebenso wie aus dem Wissen um den Wert und die Bedeutung des Knaben. Nachdem der Patient ein Zeichen gibt, daß er diese Erfahrung erleben kann, führt ihn der Therapeut in eine konkrete Situation aus der Kindheit. Dabei handelt es sich um die Bestrafung (Prügel, Demütigung) durch den Vater für ein schlechtes Schulzeugnis. In dieser Situation erlebt der Patient mit der Christopherus-Ressource, wie der kleine, wertvolle Junge bedroht wird. Er ergreift den Vater, wirft ihn in eine Ecke und schreit ihn an. Auf der anderen Seite erlebt sich der Patient unter Anleitung des Therapeuten auch als den kleinen Jungen, der wichtig ist, der der Brutalität des Vaters nicht hilflos ausgeliefert ist, sondern angesichts der Bedrohung geschützt ist. Nach der Abwehr des Vaters nimmt der Patient (als Erwachsener) den kleinen Jungen auf den Arm und zeigt ihm das Haus, das er einmal bauen wird und die Bilder die er einmal malen wird. Nach der Trance war Herr D. sehr bewegt von dieser Erfahrung, die in der Therapie weiterhin verwendet und von ihm auch zu Hause in der Selbsthypnose wiederholt wurde.

In Trance erlebt sich Herr C. in einer Situation, in der er sich aggressiv für einen Freund beim Militär eingesetzt hat. Mit diesem kraftvollen Gefühl ausgestattet, geht er als Erwachsener zurück in die Kindheit und verteidigt den kleinen Jungen (sich selbst) gegenüber dem Vater, um dann dem kleinen Jungen Nähe und Geborgenheit zu vermitteln. Dabei fiel ihm die Auseinandersetzung mit dem Vater leichter als die Vermittlung von Nähe und Wärme, die ihm zunächst Schwierigkeiten bereitete. Weiterhin war es ihm leicht möglich, sich in den belastenden Kindheitssituationen sehr groß zu erleben und allein durch seine Körpergröße und Körperschwere den Aggressionen des Vaters standzuhalten.

Die Vorgehensweise zur 'Kind-Ich' - 'Erwachsenen-Ich' - Interaktion ist folgend noch einmal anhand der gerade beschriebenen Patientenbeispiele skizziert:

Ressource des Erwachsenen	Kritische Situation in der Kindheit	Interaktion in der kritischen Kindheitssituation
Aggressive Verteidigung eines Freundes gegenüber einem Vorgesetzten beim Militär durch den Patienten	Patient erlebt als kleiner Junge Beschimpfung und Prügel durch den Vater, während gleichzeitig der Patient als Erwachsener präsent ist.	Patient (als Erwachsener) wehrt den Vater massiv ab und gibt dem kleinen Jungen Schutz und Nähe

Emotionale Erfahrung des Patienten beim Malen des Bildes "Christopherus trägt den Jesusknaben über den Fluß"	Vater demütigt und prügelt den Patienten als kleinen Jungen bei schlechtem Zeugnis ("Du bist sündig, schlecht und faul."), während gleichzeitig der Patient als Erwachsener präsent ist.	Patient (als Erwachsener) ergreift Partei für den Jungen, wehrt den Vater ab, schreit ihn nieder, nimmt den Jungen auf den Arm und zeigt ihm seine künftigen Erfolge.

12.1.2.2.2 Änderung des 'Körper-Ich'

Beim Tranceerleben kann sich spontan die subjektiv erlebte Körpergröße in Abhängigkeit von den Inhalten der Trance verändern, wobei die Bedeutung des 'Ich' sozusagen über die Körpergröße definiert wird: Bei der Exploration von Problemen berichten Patienten manchmal, daß sie sich ganz klein gefühlt hätten. Sie meinen dies nicht im übertragenen Sinne, sondern beziehen dies z.B. auf die Konfrontation mit wichtigen Personen der Vergangenheit, denen sie sich gegenüber körperlich viel kleiner 'als normal' erlebten. Auf der anderen Seite erleben sich Patienten bei der Arbeit mit Ressourcen manchmal spontan als größer, wenn sie sich etwa voller Selbstvertrauen fühlen.

Die Veränderung des Körperschemas kann auch therapeutisch verwendet und als Ressource bei der Arbeit mit der Vergangenheit eingesetzt werden. Dazu wird in Trance das 'Körper-Ich' des Kindes in der belastenden Situation suggestiv verändert. Der Patient soll sich dabei zwar wieder als Kind, aber nun sehr groß (z.B. drei Meter groß) erleben, wodurch ein Empfinden von Unangreifbarkeit und Sicherheit erzeugt wird, mit der nun die Bedrohung in der belastenden Kindheitssituation ohne Angst, Scham oder Schuld leicht ausgehalten werden kann; der bedrohliche Erwachsene erscheint nun im Vergleich zur eigenen Körpergröße klein und schwach.

Eine unserer Kolleginnen, die viel mit Hypnose arbeitet, wollte diese Vorgehensweise einmal bei sich selbst erfahren. Sie war als Kind eine Linkshänderin, die dazu erzogen wurde, Löffel und Messer ausschließlich mit der rechten Hand zu benutzen. Wenn sie in der Kindheit beim gemeinsamen Essen der Familie am Tisch saß und z.B. den Löffel wieder in die linke Hand nehmen wollte, zog ihr Vater eine Nadel aus seinem Jackettrevers und tat so, als wolle er sie stechen. Daraufhin nahm sie den Löffel schnell in die rechte Hand. In Trance befand sie sich wieder als Mädchen am Tisch der Familie und wurde dort so groß, daß sie mit dem Kopf die Zimmerdecke berührte. Sie nahm dann den Löffel in die linke Hand, worauf der (kleine) Vater wieder zum Revers griff, um die Nadel zu ziehen. Daraufhin hob sie nur ihre 'riesige' Hand, so als wolle sie den Vater schlagen. Der Vater zog daraufhin geduckt seine Hand schnell zurück. Ohne daß es vom Therapeuten vorgegeben wurde, stand sie dann in der imaginierten Kindheitsszene spontan vom Tisch auf, nahm das gute Geschirr aus dem Schrank und warf es aus dem Fenster. Nach dieser Trancesequenz berichtete die Kollegin amüsiert, daß es eine interessante Erfahrung gewesen sei.

Bei einem folgenden Treffen erzählte sie dann, daß ihr Ehemann einige Wochen später bei einem gemeinsamen Essen überrascht festgestellt habe, daß sie beim Essen der Suppe den Löffel auf einmal mit links halte, was ihr selbst nicht aufgefallen war.

Es kann auch passieren, daß die wohlgemeinte Absicht, dem Patienten über die Vergrößerung des 'Körper-Ichs' Stärke und Sicherheit in der Auseinandersetzung mit seinem Vater zu
vermitteln, spontan ganz anders abläuft. Ein (überangepaßter) Patient wurde zwar in Trance
ca. 40 m groß, aber anders als beabsichtigt, erlebte sich der Patient als ganz dünn, schwan-
kend und so schwach, daß er sich an der Spitze einer Tanne festhalten mußte, um nicht um-
zufallen. In der Tiefe sah er unter sich seinen Vater, der ganz klein aussah und für den er
nun ein tiefes Mitleid empfand. Hier hatte die Trancesequenz mit der suggerierten Vergrößerung des Körpers also eher explorativ-projektiven Charakter; es wurde keine Veränderung
erlebt, sondern ein Aspekt der schwierigen Beziehung zum Vater symbolisch abgebildet.

Die Vergrößerung des 'Körper-Ichs' mag merkwürdig erscheinen, und man wird sich
als Therapeut fragen, ob Patienten diese bizarre Vorgehensweise überhaupt nachvollziehen können. Wir haben damit in der Regel gute Erfahrungen gemacht. In einer
Untersuchung mit Studenten der Universität Konstanz, in der wir die Probanden ba-
ten, eine solche Erfahrung zu machen, war dies allen der 21 Probanden mehr oder
minder möglich. Und die Erfahrung von Sicherheit mit einem vergrößerten 'Körper-
Ich' war zur Bewältigung einer (imaginierten) Redesituation signifikant besser geeignet als eine Kontrollbedingung. Zur Vorbereitung auf eine angstauslösende Situation
(drohender Angriff von einem bissigen Hund) war die Vergrößerung des Körperschemas nicht nur der Kontrollbedingung, sondern auch der Progressiven Muskelrelaxation gegenüber signifikant überlegen. Die bei diesen Experimenten verwendete
Induktion zum Erleben eines vergrößerten 'Körper-Ichs' ist im folgenden wiedergegeben.

KASTEN XII/1

'KÖRPER-ICH'

Nach Tranceinduktion:

"Ich bitte Sie nun, sich Ihres ganzen Körpers bewußt zu sein und zu spüren, daß der Körper viel größer und gleichzeitig auch proportional breiter wird. Das scheint zunächst eine
bizarre Vorstellung zu sein, aber vielleicht werden Sie gleich bemerken, daß Sie die Fähigkeit zu dieser Erfahrung haben, wenn Sie jetzt einmal mit jedem tiefer werdenden
Atemzug, den Sie einatmen, spüren wie die Schultern breiter und Sie selbst größer werden,
so, als würden Sie mit dem Kopf dieses großen Körpers die Decke dieses Raumes hier
oben berühren und tief unter sich Stühle oder einen Tisch sehen und von oben auf die
Köpfe anderer Menschen schauen; mit jeder tief werdenden Atmung spüren wie es Ihnen
gelingt zu erfahren, daß Sie ganz groß werden, Ihr Körper an Breite zunimmt und nach
oben, zur Decke hin, wirklich größer wird. Dabei kann ein Gefühl von tiefem in sich Ruhen auftreten, das begleitet sein kann von einer Erfahrung des Vertrauens in sich selbst
und dem Erleben einer festgegründeten Sicherheit. Im folgenden werde ich immer wieder
kleine Pausen machen, in denen Sie diese Vorstellung bitte deutlich und lebendig spüren
und wahrnehmen. Erleben Sie sich also jetzt mit zunehmender Körpergröße, vielleicht im
Rhythmus der Atmung größer werdend, mit den begleitenden Erfahrungen von Selbstver-

trauen und Sicherheit.......Und ich weiß natürlich nicht, inwieweit es Ihnen gelungen ist, sich subjektiv größer zu erleben und wie breit Sie Ihre Schultern erfahren. Aber wenn Sie jetzt sozusagen in Ihre Beine hineinatmen, läßt sich die zunehmende Körpergröße auch hier erfahren, wie weit dabei die Knie vom Boden sind und welchen Umfang die Waden haben. Schauen Sie, ob es Ihnen möglich ist, auch die Oberbeine länger und mit größerem Umfang zu erleben und jetzt auch mit tiefer Atmung den Rumpf sich weiten lassen und den zunehmenden Körperumfang deutlich erleben; und beim nächsten Atemzug den Körper insgesamt jetzt groß erfahren.......

Vielleicht können Sie sich nun auch des Gesichtes so bewußt sein, daß es zum subjektiv großen Körper paßt, um genau zu wissen, wie es sich anfühlt, wenn es lächelt oder Gelassenheit zum Ausdruck bringt....... Vielleicht können Sie jetzt auch die Art und Weise wie Sie mit diesem Körpergefühl sprechen würden, nachvollziehen, so als würde die Stimme aus einem Zentrum der Gelassenheit und Souveränität klingen, was vielleicht von der Erfahrung von Selbstvertrauen, Sicherheit oder einem Gefühl der Unangreifbarkeit begleitet ist. Mit der Atmung zu diesem Zentrum der Gelassenheit hinatmen und die Größe des Körpers spüren....... Und das Sprechen mit dieser Stimme ist dann der Zugang zu Empfindungen, Erfahrungen, über die Sie nun mit diesem Körpergefühl verfügen, was dann auch körperlich in einer zunehmend kraftvollen Ruhe oder einem gefestigten In-Sich-Ruhen oder -Bewegen erlebbar ist oder sich gar in einer offenen Gelassenheit und einem tiefen, sicheren Gegründetsein bemerkbar macht....... Dies ist eine Erfahrung, die Ihnen sagt, "Ich kann auf mich vertrauen!" oder auch: "Ich fühle mich völlig sicher." Vielleicht können Sie mit dieser Körpererfahrung auch erleben, wie sich die Hände anfühlen, spüren, wie groß, wie fest oder wie warm Ihre Hände sind, und wie diese Hände etwas halten würden ......

Mit diesem Körpergefühl können Sie sich auch in belastenden Situationen ganz souverän und überlegen erfahren, was verbunden sein kann mit einem Gefühl von Sicherheit und Selbstvertrauen und dem Wissen, daß die eigenen Fähigkeiten wertvoll und wichtig sind. Mit dieser Körpergröße können Sie sich so geben, wie Sie halt gerade empfinden und sich in jeder Situation gelassen und sicher fühlen....... Und wenn Sie jetzt wirklich tief in diese Erfahrung eintauchen, erleben Sie diese Erfahrung auch in der Atmung, die gelassen, tief und ruhig geht, was manchmal gerade beim Ausatmen besonders deutlich wird....... Oder die erlebte Sicherheit und das Selbstvertrauen wird geradezu in den Schultern, dem Nakken, den Armen und dem Oberkörper spürbar....... Oder man bemerkt auf einmal wie sich der Magen anfühlt, wenn Sicherheit und Gelassenheit erfahren werden. ...... Und kann es nicht sein, daß auch die Art von Bewegungen, die Sie mit diesem großen Körpergefühl machen, anders sind, vielleicht gelöster oder bestimmter, spontaner und freier. Vielleicht ist es jetzt für Sie sogar erlebbar, wie es ist, mit einer solchen Größe zu gehen und dabei den Bewegungen der Arme und Beine nach zu spüren oder die Bewegungen des Kopfes zu erleben....... Und ich weiß nicht, ob es Ihnen gelingt, mit der Stimme aus dem tiefen Zentrum der Gelassenheit zu sprechen. Aber wenn Sie dieser Stimme zuhören, mit der Sie sprechen würden, dann fällt es gar nicht schwer, Ihre Gefühlslage sogar im Klang und im Rhythmus dieser Stimme widergespiegelt zu finden. ...... Wenn ich Sie jetzt bitte, noch einmal diesen großen Körper insgesamt zu erleben, mit den begleitenden Gefühlen von Selbstvertrauen und Sicherheit, dann vermittelt ein solches Erleben den Eindruck, "ich kann fest in mir ruhen" oder "ich stehe fest und sicher auf dem Boden" und man spürt, daß man sich mit dieser Erfahrung vielen Herausforderungen stellen kann, mit großer Gelassenheit und Ruhe....... Und allein die Erfahrung, daß es gelingt, diese Körpererfahrung zu haben, ist dann wie eine Botschaft, die einem sagt: "Das kriegst Du hin!" oder "Ich bin völlig sicher, daß ich das schaffe." Und wenn man deutlich diese Körpergröße unmittelbar spürt und mit jedem Atemzug Sicherheit und Selbstvertrauen in sich aufnimmt, wird damit die Erfahrung von innerer kraftvoller Ruhe und gelassener Festigkeit noch deutlicher."

12.2 Intrapsychische Konflikte

Manchmal nimmt eine anfänglich erfolgreiche Therapie in ihrem weiteren Verlauf eine ungünstige Wendung. Zeigte sich der Patient zu Beginn der Therapie zufrieden über die schnellen Fortschritte, die er mit Hilfe des Therapeuten erzielte und war die Patient-Therapeuten-Beziehung herzlich, kam der Patient immer pünktlich und wünschte gar zusätzliche Termine, so kann sich das ändern. Der Patient macht keine Fortschritte mehr oder erleidet sogar Rückschläge, er kritisiert offen oder versteckt die Vorgehensweise des Therapeuten, kommt zu spät, und sagt auch schon einmal einen Termin ab. Nun kann das natürlich damit zusammenhängen, daß der Therapeut trotz der anfänglich richtigen Vorgehensweise Fehler macht, den Patienten z.B. überfordert und damit Rückschläge bewirkt, was den Patienten natürlich enttäuscht. Mangelnde Fortschritte in der Therapie können aber auch einen anderen Grund haben, die mit intrapsychischen Konflikten zusammenhängen. Hier ist dann die hypnosetherapeutische Arbeit mit der Vergangenheit des Patienten wichtig (Interaktion 'Kind-Ich' - 'Erwachsenen-Ich'), um eine infantile Bewältigungsstrategie, die der Erwachsene noch heute verwendet und die seine Probleme bedingt, durch eine reife, angemessene Strategie zu ersetzten. Das wollen wir im folgenden genauer erläutern.

12.2.1 Frühe 'pathogene' Beziehungsmuster

Wir hatten oben S. 229 darauf hingewiesen, daß ein Kind zur Bewältigung von belastenden Konflikten mit wichtigen Bezugspersonen der Kindheit Strategien zur Reduktion unerträglicher Emotionen wie Angst, Schuld oder Scham entwickelt und diese infantilen Bewältigungsstrategien später zu den Problemen des Erwachsenen führen können. Als Beispiel hatten wir ein Beziehungsmuster gewählt, daß durch die Ablehnung des Kindes durch die Eltern bzw. durch einen Elternteil charakterisiert ist (Kasten VIII/2). Aufgrund der Abweisung durch die Eltern (*Familiensituation*) entstehen beim Kind Gefühle von z.B. Minderwertigkeit oder starker Angst vor der Ablehnung (*belastende Gefühle*), auf die das Kind z.B. mit der Schaffung einer Phantasiewelt reagiert, in der es sich seine Wünsche nach Geborgenheit und Akzeptanz erfüllt (*infantile Bewältigungsstrategie*). Die infantile Bewältigungsstrategie wird natürlich nicht mit der Pubertät aufgegeben, sondern auch im Erwachsenenalter beibehalten, wobei die Beibehaltung der Phantasiewelt z.B. zu sozialer Isolation mit begleitender depressiver Symptomatik führen kann (*Probleme des Erwachsenen*).
Arbeitet dann der Therapeut daran, daß der Patient die infantile Bewältigungsstrategie zugunsten einer reiferen Strategie aufgibt (also z.B. Nähe und Geborgenheit statt bei imaginären Personen bei realen Menschen sucht), um dadurch den Leidensdruck des Patienten (Depression) zu reduzieren, kann es zu den erwähnten Wider-

ständen des Patienten kommen. Da die infantile Strategie über Jahre oder gar über Jahrzehnte ein Schutz vor den gefürchteten belastenden Gefühlen (Angst vor der Ablehnung) war, fällt es dem Patienten schwer, sie aufzugeben; er hat Angst davor. Und damit steht der Patient im Konflikt zwischen Reduktion der Symptomatik (durch *Aufgabe* der infantilen Bewältigungsstrategie) auf der einen Seite und Reduktion der belastenden Gefühle, die aus der Kindheit stammen (durch *Beibehaltung* der infantilen Bewältigungsstrategie) auf der anderen Seite. In der folgenden Abbildung haben wir diesen Konflikt noch einmal dargestellt: Die gegenwärtige negative Lebenssituation ist durch die infantile Bewältigungsstrategie bestimmt (Meiden von echten Kontakten; Kontakte mit imaginären Personen). Sie führt zum Leidensdruck des Patienten, derentwegen er einen Therapeuten aufsucht (depressive Symptomatik infolge sozialer Isolation). Der Therapeut versucht die Symptomatik zu reduzieren, indem er dem Patienten anstelle der infantilen eine angemessene Bewältigungsstrategie vermittelt (Fähigkeit, den Kontakt zu realen Personen zu suchen). Dabei treten dann aber wieder die alten Ängste der Kindheit auf (Angst vor Ablehnung), die den Patienten wieder zur infantilen Bewältigungsstrategie greifen lassen.

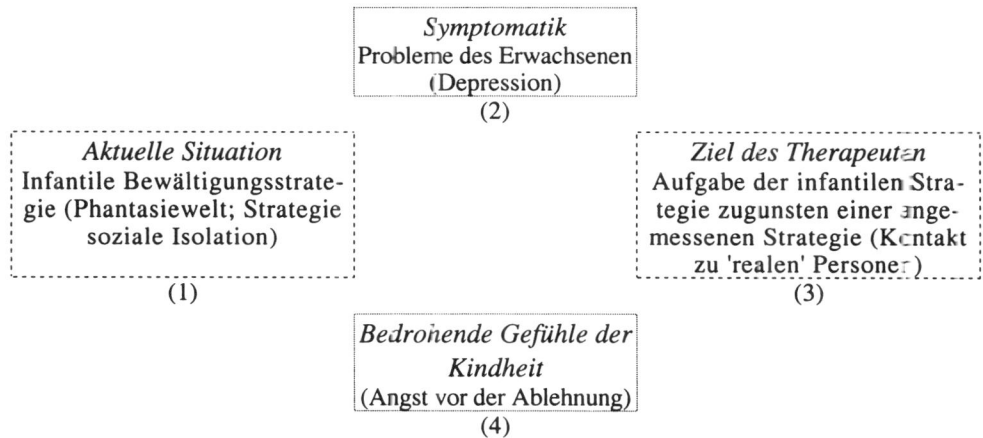

Manchmal kann die infantile Strategie als Ressource verwendet werden: Eine depressive Patientin überstand eine extrem schwierige Kindheit mit Hilfe einer von ihr geschaffenen Phantasiewelt, in der ihr Phantasiegeschöpfe wie das "Einhorn" oder der "alte, weise Mann" Verständnis und Geborgenheit vermittelten. Als der Therapeut ihre Phantasiewelt in Frage stellte und mit ihr daran arbeitete, Nähe und Akzeptanz bei realen Personen zu finden, verschlechterte sich ihr Zustand deutlich. Erst als der Therapeut die Phantasiewesen in Trance verwendete, sie sozusagen als 'Ko-Therapeuten' einsetzte, trat eine Besserung ein: In Trance spürte sie auf Anweisung des Therapeuten zunächst die Gegenwart der Wesen, die ihr Sicherheit und Ruhe vermittelten. Mit dieser Erfahrung von Ruhe und Sicherheit sollte sie sich dann - ebenfalls zunächst nur in Trance - belastenden Situationen stellen, z.B. auf andere Menschen zugehen. Ihre Phantasiewesen dienten auch als 'hypnotische Begleiter' (s. oben S. 248ff), um ihre Ängste im Alltag zu reduzieren (z.B. beim Besuch eines Supermarktes oder beim Busfahren).

Wenn also nach anfänglich gutem Verlauf der Therapie ein Stocken auftritt, kann dies unter Umständen damit zusammenhängen, daß der Patient in einem Konflikt der genannten Art steht und große Ängste bestehen, die infantile Bewältigungsstrategie aufzugeben. Das Auftreten solcher Konflikte wollen wir noch an weiteren Beispielen verdeutlichen.

Das folgende Beispiel orientiert sich an dem in Kasten XII/2 dargestellten Schema "Pflicht über Neigung", das die gleiche Gliederung (Familiensituation, belastende Gefühle etc.) aufweist wie das oben S. 230 dargestellte Schema "Ablehnung" und die folgenden Schemata "Unterdrückung der emotionalen Autonomie" sowie "Instabilität".

KASTEN XII/2: *Schema zum Verständnis der biographisch bedingten Ursache für eine Störung/Symptomatik*

PFLICHT ÜBER NEIGUNG

Familiensituation

Nur (puritanische) Werte wie Pflicht, Arbeit, Status, Geld und damit zusammenhängende Verhaltensweisen gelten etwas in der Familie, während Vergnügen, Lachen, Körperkontakt, Sexualität, Unbeschwertheit verdächtig sind und sanktioniert werden. Das Kind ist nur wertvoll und akzeptiert, wenn es diesen Familienstandards entspricht.

Resultierende belastende/bedrohende Gefühle
- Angst vor Ausgestoßensein
- Angst vor Wertlosigkeit, Angst vor Körperkontakt
- Angst und Schuldgefühle als Reaktion auf Wünsche, die dem Wertesystem der Familie nicht entsprechen.

Bewältigungsstrategien des Kindes
- Unterwerfung unter die Normen der Eltern unter Verdrängung von Gefühlen und Wünschen, um die Wertschätzung bzw. 'Duldung' durch die Eltern nicht zu verlieren.
- Abwertung von Genießen und Gefühlen als wertlos.

Probleme des Erwachsenen
-   Schwierigkeit, eigene Gefühle zu empfinden und auszudrücken.
- Gefühl der Leere, Depression (verdrängte Sehnsucht nach persönlichem Glück, Genießen)
- Genußunfähigkeit, mangelnde Lebensfreude, Pessimismus
- Perfektionismus, Zwanghaftigkeit
- Soziale Ängste

Eine 42jährige Patientin mit depressiven Störungen war in einer Familie aufgewachsen, deren Wertesystem dem in Kasten XII/2 beschriebenen ('Pflicht über Neigung') entsprach. Sie hatte in der Kindheit gelernt, ihr Selbstwertgefühl durch Leistung und Pflichten zu definieren. Seit ihrer Kindheit übernahm sie 'gern' Arbeiten und Pflichten, ohne sich selbst viel zu gönnen. Und so war auch ihre heutige Situation: Sie betrieb zusammen mit ihrem Mann eine kleine Landwirtschaft und einen kleinen Landgasthof. Da der Mann arbeiten ging, war sie für die Führung des Gasthofes verantwortlich und übernahm einen Großteil der landwirtschaftlichen Arbeit. Zusätzlich hatte sie noch die Schwiegereltern zu versorgen, wobei insbesondere die bettlägerige und inkontinente Schwiegermutter intensiver Betreuung bedurfte. Während ihr Mann zweimal die Woche alleine ausging (Stammtisch, Musikverein), hatte sie so gut wie keine Freizeit. Die Depression begann einige Zeit, nachdem ihr Mann ihrer Tochter ein Pony schenkte. Sie war damals nicht damit einverstanden, weil sie annahm, daß die Pflege des Tieres auch wieder von ihr zu leisten sein würde und ihr Zeit zur Erfüllung der anderen Pflichten wegnehmen würde (Eventuell bedeutete das Geschenk an ihre Tochter auch eine Kränkung für sie, die ihr aber nicht bewußt war bzw. die sie nicht verbalisierte.)

Obwohl die Tochter sich dann - anders als befürchtet - doch einigermaßen um das Pony kümmerte, beklagte sie sich zu Beginn der Therapie öfters darüber, daß ihr Mann ihrer Tochter das Pony geschenkt habe. Es schien, als ob sie sich damit indirekt beklagen wollte, daß niemand ihr etwas schenke oder ihr etwas Schönes im Leben zubillige. Der Beginn der Erkrankung schien zu signalisieren, daß die Strategie aus der Kindheit, ihr Selbstwertgefühl durch Übernahme von Pflichten und Arbeit für andere zu stabilisieren, an die Grenzen gekommen war. Im Verlauf der Therapie gelang es ihr dann, einige Pflichten zu delegieren, sich Freiräume zu schaffen (zwei frei Abende) und diese auch in der Familie zu verteidigen. Zunächst besserten sich dadurch auch deutlich ihre depressiven Reaktionen. Doch dann traten nach einiger Zeit Selbstvorwürfe und Schuldgefühle auf, ihren Mann und die Familie im Stich zu lassen. Sie nahm dann die freien Abende weniger wahr, hatte keine Freude mehr daran und begann dann vermehrt, an diesen Abenden zu Hause zu bleiben und zu arbeiten. In dieser Phase wurde dann die Arbeit mit der Vergangenheit wichtig. In Trance erlebte sie als Kind in der Auseinandersetzung mit den Eltern (s. Interaktion 'Kind-Ich' - 'Erwachsenen-Ich', oben S. 290ff), daß es eine emotionale Alternative zu den zu hohen Anforderungen gab, nämlich anstatt der angstvollen Unterwerfung Wut und Zorn angstfrei zulassen zu können und den eigenen Gefühlen und Wünschen zu trauen.

Der Konflikt der gerade beschriebenen Patientin läßt sich folgendermaßen zusammenfassen:

Aufgabe der infantilen Strategie, um den gegenwärtigen Leidensdruck zu reduzieren.	*Beibehaltung* der infantilen Strategie, um den aus der Vergangenheit stammenden Leidensdruck zu reduzieren.
Zur Reduktion der depressiven Störungen: Abgrenzung gegen Überforderung und übergroße Pflichten; Verwirklichung eigener Wünsche und Bedürfnisse	Zur Reduktion der Angst vor Wertlosigkeit und Ausgestoßensein: Übernahme zu vieler Pflichten und damit permanente Überforderung.

Das gleiche läßt sich auch in Form eines chronologisch angeordneten circulus vitiosus darstellen: Die aktuelle Lebenssituation (*Überforderung*) bedingt einen Leidensdruck (*Depression*), der die Patientin eine Therapie aufsuchen läßt. Die hier begonnene Arbeit (*Verwirklichung eigener Bedürfnisse*) führt zu einem Leidensdruck, der aus den Erfahrungen der Kindheit stammt (*Angst vor Wertlosigkeit und Ausgestoßensein*) und den die Patientin mit der Bewältigungsstrategie bekämpft, der sie in der Kindheit wie auch in der Adoleszenz und im Erwachsenenalter vor den belastenden Gefühlen von Wertlosigkeit etc. geschützt hat (*übermäßige Erfüllung von Pflichten*).

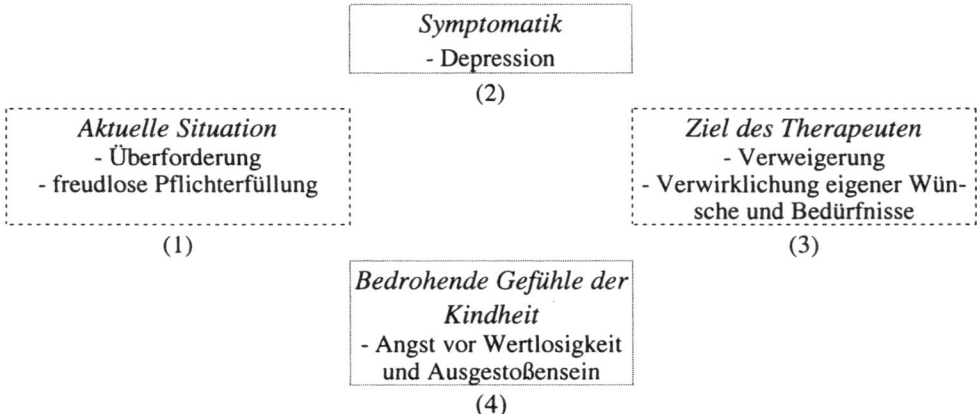

Das folgende Schema "Unterdrückung der emotionalen Autonomie" (Kasten XII/3) bezieht sich auf eine Familiensituation, in der eigentlich alles in Ordnung ist. Das Kind wird nicht geschlagen und bekommt auch Zuwendung, allerdings nur dann, wenn es auf die Wünsche anderer eingeht, unter Verzicht auf die eigenen emotionalen Bedürfnisse. Eine typische Situation aus einer solchen Kindheit könnte etwa die folgende sein: Die Mutter hat Kuchen gebacken und das Kind hat schon drei Stück davon gegessen. Es weist das vierte zurück, weil es halt schon satt ist. Die Mutter wird dann vielleicht so reagieren: "Jetzt habe ich mir extra soviel Mühe gemacht, damit es Dir recht ist. Und jetzt willst Du das alles nicht. Das macht mich sehr traurig, wo ich doch soviel Arbeit hatte und dabei nur daran gedacht habe, Dir eine Freude zu machen." Wenn dann die Mutter für einige Zeit nicht zugänglich ist oder das Kind gar massiv abweist, wird das Kind Schuldgefühle entwickeln und bei einer künftigen ähnlichen Situation Angst davor haben, die Mutter zu verstimmen und nicht wagen, die Wünsche der Mutter nicht zu erfüllen. Wiederholen sich derartige Situationen über die Jahre der Kindheit, begleitet von massiven Vorwürfen oder auch nonverbaler Zurückweisung seitens der Eltern oder anderer wichtiger Personen, wird das Kind mit der Zeit lernen, Angst vor den eigenen Wünschen oder Gefühlen zu haben. Statt auf die eigenen Wünsche und Gefühle wird es darauf achten, was die anderen wollen, um sich vor Schuldgefühlen oder der Angst vor der Zurückweisung zu schützen.

KASTEN XII/3:   *Schema zum Verständnis der biographisch bedingten Ursachen für eine Störung/Symptomatik*

UNTERDRÜCKUNG DER EMOTIONALEN AUTONOMIE

Familiensituation

Die Eltern bestimmen, was schön ist, worüber man sich freut, was nicht schön oder
was unangenehm ist. Bei Aufbegehren des Kindes kommt es zu indirekten Sanktio-
nen. ("Wenn Du Dich nicht freust, bin ich traurig." "Jetzt habe ich mich so angestrengt und Du freust Dich nicht."). Dem Kind bleibt versagt, die eigenen Gefühle
ernst zu nehmen.

Resultierende belastende/bedrohende Gefühle
- Angst vor Liebesverlust
- Schuldgefühle als Ausdruck der Angst, "schlecht, undankbar" zu sein.

Bewältigungsstrategien des Kindes
- Geschärfte Wahrnehmung, was die Eltern wünschen
- Übernahme der Wertesysteme anderer, unter Verzicht auf eigene Gefühle.
- Freude, es anderen recht zu machen als Ersatz für die Verwirklichung der
  eigenen Gefühle
- Verdrängung aggressiver Impulse

Probleme des Erwachsenen
- Gefühl von Leere, Angst vor dem Alleinsein
- Schwierigkeit, eigene Gefühle auszudrücken
- soziale Ängste
- Psychosomatische Probleme (z.B. als Folge verdrängter Aggression)

Ein Patient (Beamter), der in einer Familiensituation aufwuchs wie sie in Kasten XII/3 skizziert ist ("Unterdrückung der emotionalen Autonomie"), entwickelte diffuse Rückenschmerzen als ein Kollege in sein Büro versetzt wurde, in dem er bisher allein gearbeitet hatte. Der
Kollege erkannte wohl sehr schnell, daß er dem Patienten einen Teil der Arbeit übertragen
konnte, ohne daß der Patient sich dagegen zur Wehr setzte. Zunächst schien es dem Patienten auch Freude zu machen, dem neuen Kollegen 'helfen' zu können. Mit der Zeit nützte ihn
dieser aber immer mehr aus. Den Ärger darüber, den der Patient nicht zum Ausdruck bringen konnte und der ihm vielleicht noch nicht einmal bewußt war, schien sich auf der körperlichen Ebene als Schmerz auszudrücken. Um den Schmerz zu beseitigen, arbeitete der
Therapeut mit dem Patienten daran, seinen Ärger wahrzunehmen und sich gegen die Zumu-
tungen des Kollegen zur Wehr zu setzen. Nach einigen Anfangserfolgen stellt der Patient
aber die Therapie in Frage, beginnt Diskussionen darüber, ob denn dieses aggressive Auftreten wirklich nötig sei und die Schmerzen tatsächlich dauerhaft beseitigt werden können
etc. Auch hier mag die vom Therapeuten beabsichtigte Aufgabe der infantilen Bewältigungsstrategie (Wahrnehmung und Erfüllung der Wünsche anderer unter Verzicht auf die
eigenen Gefühle und Wünsche) dazu geführt haben, daß sich der Patient den bedrohlichen

Gefühlen aus der Kindheit (Angst vor Zurückweisung) schutzlos ausgeliefert fühlte und daher den infantilen Schutzmechanismus verteidigt und beibehalten möchte. Auch hier mußte erst eine therapeutische Phase eingeschoben werden, in der der Patient in verschiedenen Kindheitssituationen über die oben beschriebene Interaktion von 'Kind-Ich' und 'Erwachsenen-Ich' lernte, eine emotionale Alternative zur Unterwerfung zu haben, nämlich ein aggressives Abgrenzen gegen die Aufgabe seiner eigenen Wünsche - eine Erfahrung, die ihm in der Kindheit nicht möglich war.

Der Konflikt des gerade beschriebenen Patienten läßt sich wieder folgendermaßen zusammenfassen:

Aufgabe der infantilen Strategie, um den gegenwärtigen Leidensdruck zu reduzieren.	*Beibehaltung* der infantilen Strategie, um den aus der Vergangenheit stammenden Leidensdruck zu reduzieren.
Zur Reduktion der Rückenschmerzen: Wahrnehmung und Zulassen der eigenen Gefühle; 'aggressives' Abgrenzen	Zur Reduktion der Angst vor Liebesverlust: Hemmung aggressiver Impulse; Erfüllung von Wünschen anderer.

Und der therapeutische circulus vitiosus sähe wie im folgenden Diagramm dargestellt aus:

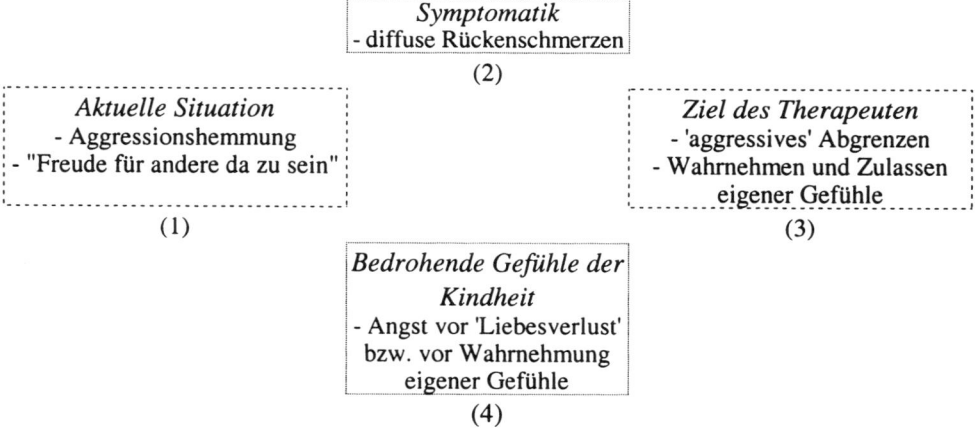

Als letztes Beispiel wollen wir noch den Fall eines Patienten skizzieren, der aufgrund einer instabilen Mutter-Kind-Beziehung (Kasten XII/4) die Strategie entwickelt hatte, keine Nähe zu anderen Menschen zu suchen. Diese Strategie, mit der er sich in der Kindheit schützte, wurde das Problem des Erwachsenen, da sie ihn in dauernder Isolation hielt. Beim Bemühen um Kontakte und Beziehungen, also bei der Aufgabe der infantilen Strategie, treten dann wieder die bedrohlichen Gefühle der Vergangenheit auf, vor denen er sich mit seiner Isolation schützte. Der Patient steht also zwischen den beiden Polen 'Sehnsucht nach Nähe' und 'Angst vor Nähe'. Im folgenden ist wieder der Konflikt zusammengefaßt.

Aufgabe der infantilen Strategie, um den gegenwärtigen Leidensdruck zu reduzieren.	**Beibehaltung** der infantilen Strategie, um den aus der Vergangenheit stammenden Leidensdruck zu reduzieren.
Zur Reduktion der depressiven Störungen: Aufgabe der Isolation und Bemühen um Beziehungen.	Zur Reduktion der Angst vor Nähe: Flucht in die Isolation

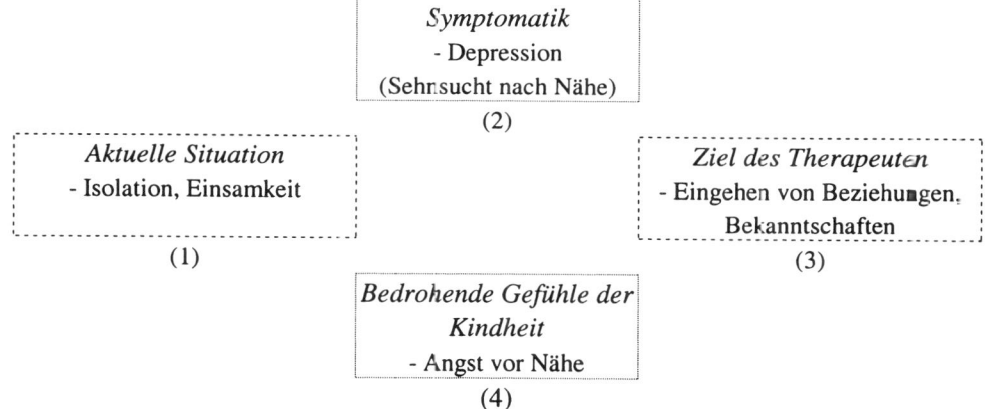

Symptomatik
- Depression
(Sehnsucht nach Nähe)
(2)

Aktuelle Situation
- Isolation, Einsamkeit

(1)

Ziel des Therapeuten
- Eingehen von Beziehungen, Bekanntschaften

(3)

Bedrohende Gefühle der Kindheit
- Angst vor Nähe
(4)

KASTEN XII/4:	*Schema zum Verständnis der biographisch bedingten Ursache für eine Störung/Symptomatik*

INSTABILITÄT

Familiensituation

Für das Kind unvorhersehbarer Wechsel von Bedrohung, Ablehnung, Gleichgültigkeit und Zuwendung. Das Kind wird von den Eltern 'benutzt' zur Abreaktion von Aggressionen oder als Ersatz bei Liebesbedürftigkeit oder zum verbalen Abladen von Belastungen. Die Bedürfnisse des Kindes spielen oft keine Rolle.

Resultierende belastende/bedrohende Gefühle
- Wertlosigkeit
- Angst (schutzlos ausgeliefert sein; "Ich kann die Welt nicht kontrollieren.")
- Unsicherheit (kein Maßstab für richtiges Verhalten vorhanden)

Bewältigungsstrategien des Kindes
- Distanz zur eigenen Gefühlsebene, um emotional weniger verwundbar zu sein.
  ("Wenn ich keine Liebe erwarte, tut es nicht weh, wenn ich keine bekomme.")
- Abwertung von Liebe/Zärtlichkeit
- Mißtrauen vor Zuwendung anderer (immer auf der Suche nach der Gefahr bzw.
  dem Betrug im Verhalten anderer)

Probleme des Erwachsenen
- soziale Isolation, soziale Ängste
- 'frei flottierende Angst' (immer auf der Suche nach der Gefahr - 'freie Angst wird
  'gebunden' in hypochondrischen Symptomen)
- Paarprobleme (Angst, Mißtrauen bei Nähe)

Falls im Verlaufe einer Hypnosetherapie ein Konflikt der beschriebenen Art auftreten sollte, muß sich der Therapeut in der Arbeit mit der Vergangenheit mit den belastenden Gefühlen aus der Kindheit des Patienten auseinandersetzen, bevor er sich wieder der Arbeit mit der Gegenwart (z.B. Änderung von aktuellem Verhalten) zuwendet. Unter Umständen muß neben der Arbeit mit der Vergangenheit auch ein 'Durcharbeiten' stattfinden.

12.2.2 Das 'Durcharbeiten'

'Durcharbeiten' in der Psychotherapie bedeutet, eine grundlegende Intervention auf verschiedene Variationen des gleichen Problems anzuwenden. Dabei bleibt die Struktur der therapeutischen Intervention, mit der die verschiedenen Versionen eines Grundproblems behandelt werden, immer gleich. Der metaphorische Hintergrund von 'Durcharbeiten' suggeriert, daß nach dem (gründlichen) Durcharbeiten des Problembereichs das fragliche Problem ein für allemal erledigt ist: In der Verhaltenstherapie sollte das Durcharbeiten einer Angsthierarchie im Rahmen einer systematischen Desensibilisierung dazu führen, daß z.B. alle Ängste des Bereiches Leistungsangst nach dem Durcharbeiten der Hierarchie nicht mehr auftreten. In der Psychoanalyse, die den Begriff des 'Durcharbeitens' eingeführt hat (Freud, 1914, S. 126f), ist damit gemeint, daß die vielfältigen Widerstände des Patienten gegen eine grundlegende Einsicht soweit verändert oder reduziert sind, "daß in der Therapie gewonnene Einsichten strukturverändernd wirksam werden (Heigl-Evers, Heigl & Ott, 1993. S. 181)."

Als Freud das Durcharbeiten 1914 einführte, kannte er natürlich nur die klassische Hypnose, die als Suggestionstherapie ein Durcharbeiten nicht vorsah: "Dieses Durcharbeiten der Widerstände mag in der Praxis zu einer beschwerlichen Aufgabe für den Analysierten und zu einer Geduldprobe für den Arzt werden. Es ist aber jenes Stück der Arbeit, welches die größte verändernde Einwirkung auf den Patienten hat und das die analytische Behandlung von jeder *Suggestionsbeeinflussung* unterscheidet. Theoretisch kann man es dem "Abreagieren" der durch die Verdrängung eingeklemmten Affektbeträge gleichstellen, ohne welches die *hypnotische Behandlung* einflußlos blieb (Freud, 1946, S. 136; unsere Hervorhebung)."

Auch in der Hypnosetherapie sollte das Durcharbeiten etwas Endgültiges bewirken; allerdings nicht über rationale Einsicht oder Verhalten, sondern über das Erleben in Trance. Dazu werden mit dem Patienten eine Reihe von kritischen Situationen von der Kindheit bis zur heutigen Zeit zusammengestellt, in denen immer das Gleiche geschehen ist, nämlich die Wiederholung der infantilen Strategie. Wenn wir etwa an das Schema "Unterdrückung der emotionalen Autonomie" (s. oben S. 301) und die damit zusammenhängende Familiensituation denken, wird sich der Patient in vergleichbaren, späteren Problemsituationen nicht gegen Wünsche anderer zur Wehr setzen bzw. die Wünsche anderer sogar gerne erfüllen, ohne dabei an sich zu denken - und damit die Bewältigungsstrategie der Kindheit wiederholen: In der Schule verlangt der Bank-nachbar immer wieder das Pausenbrot des Patienten, was dieser ihm auch gibt. Im Sportverein widersetzt er sich nicht der gehäuften Übernahme von Aufräumarbeiten. Im Beruf hat er sich nicht über die ungerechte Urlaubsregelung oder über die Übernahme von Überstunden beschwert und so fort. Der Therapeut wird den Patienten in Trance immer wieder in diese vergangenen Situationen führen und es dem Patienten mit entsprechenden Ressourcen ermöglichen, sich nun anders zu erleben, einen anderen Erlebnisrahmen zu betreten. Anstelle der Angst vor der möglichen Ablehnung tritt nun die kraftvolle Erfahrung des Eintretens für sich, was zunächst für frühe Kindheitsszenen in der 'Kind-Ich' - 'Erwachsenen-Ich' - Interaktion erarbeitet wurde, um dies dann auf die Wiederholungen der infantilen Problembewältigung im späteren Leben (Schule, Lehre, Beruf etc.) zu übertragen. Nachdem der Patient eine Reihe solcher Situationen erlebnismäßig durchgearbeitet hat, wird er gegen künftige ähnliche Situationen 'immunisiert' sein. Das heißt, er wird in einer solchen Situation erkennen, daß er gerade wieder dabei ist, auf Kosten des eigenen Vorteils oder Wohlbefindens anderer zu Diensten zu sein, aber dann durch die therapeutische Arbeit befähigt sein, sich in einer solchen Situation anders zu erleben und zu verhalten.

Die Arbeit an Konflikten muß natürlich nicht notwendigerweise Bestandteil einer Hypnosetherapie sein. Auch wenn der Therapeut zu Beginn der Therapie einen solchen Konflikt klar erkennt, wird er nicht unbedingt damit beginnen, sondern vielleicht zunächst nur auf der körperlichen oder Verhaltensebene arbeiten, was oft schon ausreicht, um dauernde Therapieerfolge zu erzielen (s. auch im folgenden Kapitel "'Tiefe' der Hypnosetherapie", S. 312ff).

13 PLANUNG UND 'TIEFE' DER HYPNOSE-THERAPIE

13.1 Planung der Hypnosetherapie

Die Therapeutin wird das Problem des Patienten nicht auf allen Behandlungsebenen gleichzeitig behandeln, sondern wird zunächst mit einer der Ebenen (Körper, subjektive Ebene, Verhalten, soziales System) beginnen. Aber mit welcher Ebene sollte man beginnen? Zur Beantwortung dieser Frage bieten sich folgende Alternativen an:

1. Die Therapeutin wählt die Ebene aus, von der sie vermutet, hier am schnellsten therapeutisch erfolgreich zu sein. Diese Strategie hätte den Vorteil, daß der Patient zu Beginn der Therapie greifbare Erfolge sieht und bei ihm damit die Erwartung zunimmt, auch weiterhin Erfolg zu haben. Dies macht ihm Hoffnung und wird ihn motivieren, aktiv mitzuarbeiten. Außerdem stärkt dies sein Vertrauen in die Kompetenz der Therapeutin, was ein wichtiges Fundament für die sich entwickelnde Patient-Therapeutin-Beziehung bedeutet.

2. Die Therapeutin wählt die Ebene des Problems aus, auf der der Patient den größten Leidensdruck verspürt bzw. die der Patient als relevant akzeptieren kann, auch wenn die Therapeutin vermutet, hier nicht so schnell Erfolge zu sehen. Dies hat den Vorteil, daß der Patient sich verstanden und mit seinem Problem ernst genommen fühlt, was nicht der Fall wäre, wenn die Therapeutin eine Behandlungsebene wählt, die dem Patienten eher peripher erscheint. So ist etwa für einen psychotherapeutisch unerfahrenen Patienten mit einem psychosomatischen Problem nur schwer einsehbar, was das mit der Beziehung zur Mutter (Selbstbild des Patienten) zu tun haben könnte. Er erwartet, daß die Behandlung auf der körperlichen Ebene stattfindet.

Für die Wahl zwischen beiden Alternativen läßt sich natürlich keine Regel angeben und es muß der Beurteilung der Therapeutin überlassen bleiben, welche Ebene für die beginnende Behandlung geeignet ist. Überdies müssen sich beide Alternativen nicht gegenseitig ausschließen: Die Behandlungsebene, die der Patient anbietet, ist oft auch die Ebene, auf der nach Ansicht der Therapeutin am ehesten Änderungen zu erwarten sind, was bei psychosomatischen Patienten üblicherweise die körperliche Ebene ist.

Der in Kasten XIII/1 dargestellte Therapieplan bezieht sich auf die Behandlung von Herrn C., deren Beschreibung oben auf S. 226f begann. Seine Therapie umfaßte 16 Sitzungen à 1 ½ Stunden. Es wurde zunächst mit der körperlichen Ebene begonnen (siehe oben S. 248), die auch für Herrn C. mit seinen Spannungskopfschmerzen im Vordergrund stand. Wie so häufig bei körperlichen Symptomen, spürte der Patient eine deutliche Verminderung der Spannungskopfschmerzen schon nach der ersten Trance.
Es folgten einige Sitzungen zur Erarbeitung von Ressourcen für die Verhaltensebene, ohne mit diesen Ressourcen schon im Sinne des 'Kopierens' zu arbeiten. Da der Patient zu Beginn der Therapie seine Spannungskopfschmerzen nur schwer in Verbindung mit psychischen Faktoren bringen konnte und Hypnose eher als eine Art Medikament betrachtete und nicht als eine psychotherapeutische Methode, wurden Gefühle wie verdrängte Wut mit der Stellvertretertechnik indirekt angegangen. In dieser Phase wurde dann auch begonnen, dem Patienten den Zusammenhang zwischen seiner Symptomatik und psychischen Faktoren bzw. seinem Verhalten zu erläutern, unter anderem über Metaphernentfaltung ('Denkmal', siehe unten S. 311). Gegen Ende dieser Behandlungsphase begann der Patient auch erstmals über seine Ängste zu berichten.
Der nächste Behandlungsabschnitt war zum einen den Ängsten und Unsicherheiten des Patienten am Arbeitsplatz und den entsprechenden Verhaltensweisen gewidmet, die er nun auch in Verbindung mit seinen Spannungskopfschmerzen brachte, und zum anderen dem Verhalten gegenüber seiner Frau (siehe oben S. 270). Mit den (+)- bzw. (-)-Zeichen in den Spalten Verhalten(Beruf) bzw. Verhalten(Familie) des Therapieplans in Kasten XIII/1 ist folgendes gemeint: Zu Beginn der Änderung auf der Verhaltensebene sollte der Patient Verhaltensweisen zeigen, die nicht auf Ablehnung durch die Kollegen bzw. die Ehefrau stoßen, indem er etwas für die anderen tut und damit 'angenehm auffällt'. Da sein neues Verhalten von der Umgebung akzeptiert wird und von ihm nicht 'verteidigt' werden muß, gewinnt er Sicherheit in seiner neuen Rolle und traut sich aus seiner Passivität heraus. Erst später, wenn die Umgebung seine neue Rolle akzeptiert hat, können dann auch Verhaltensweisen eingeübt werden, die nicht unbedingt den Beifall der Kollegen finden (z.B. Arbeit zurückzuweisen oder den Urlaubsplan der Abteilung in Frage zu stellen).
Im Verlaufe der Arbeit auf der Verhaltensebene öffnete sich der Patient mehr und mehr für die Frage, woher denn seine Ängste kämen und warum er sich denn eigentlich oft nicht richtig verhalten habe. Er war dann auch bereit für die Auseinandersetzung mit seiner Vergangenheit, um dabei die Erfahrung zu vertiefen, daß er in angstauslösenden Situationen eine emotionale Wahlmöglichkeit hat und nicht unausweichlich einer angstvollen unsicheren Reaktionsweise ausgeliefert bleiben muß. Die Spalte 'Soziales System' des Therapieplans betrifft die Einbeziehung eines Teils des sozialen Umfeldes, in der Regel Familienangehörige und im Falle unseres Patienten, seine Frau. Gerade am Anfang einer Therapie kann es unter Umständen hilfreich sein, während der Exploration zeitweilig einen Angehörigen dabei zu haben, der die verzerrte Wahrnehmung des Patienten korrigiert (Patient: "Die Kopfschmerzen sind immer gleich stark, tagein, tagaus." Ehefrau: "Aber am Wochenende geht es doch oft besser. Und auch letztens vor dem Feiertag waren sie doch fast ganz weg.").

KASTEN XIII/1

THERAPIEPLAN

Ebenen der Behandlung

Sitzung	Körper	Ressourcen, Einsicht	Verhalten Beruf	Verhalten Familie	Selbstbild	Soziales System
1 E						◆
2 x						
3 p						
4 l						
5 o						
6 r						
7 a						
8 t	⟷	⟷	(+) ⟷ (-)	(+) ⟷ (-)	⟷	
9 i						
10 o						
11 n						
12						
13						
14						◆
15						
16						
Inhalte:	- Entspannungs-trance - hypnot. Begleiter (Meister) - Selbsthypnose	- Metaphernent-faltg ('Denkmal') - Stellvertreter ('Staudamm')	- 'Kopieren' von Ressourcen in kritische Situationen	- 'Kopieren' von Ressourcen ('Zu-neigung') in kriti-sche häusliche Situationen.	- 'Arbeit mit der Vergangenheit' - 'Durcharbeiten' - 'Stimmen der Vergangenheit'	- Korrektur für verzerrte Wahr-nehmung - Partnertrance

Da die Belastung am Arbeitsplatz zur Zufriedenheit des Patienten abgenommen hatten (die Spannungskopfschmerzen traten nach der vierten Sitzung kaum noch auf), war es für den Patienten auch nicht mehr nötig, seine unterdrückte Wut vom Arbeitsplatz in den häuslichen Bereich zu verschieben. Eine Behandlung von partnerschaftlichen Problemen schien ihm und auch seiner Frau nicht mehr notwendig. Nur am Ende der Therapie, in der letzten Sitzung, wurde noch eine Partnertrance durchgeführt, in der beide gemeinsam in Trance eine harmonische und emotional bedeutsame Situation aus der Zeit des Kennenlernens vor ihrer Hochzeit erlebten.

Nachdem die Therapeutin nun eine Behandlungsebene ausgewählt hat, ist es natürlich sinnvoll, einen Plan für den weiteren therapeutischen Verlauf zu haben. Allerdings wird man als Therapeutin darauf vorbereitet sein, daß sich die therapeutischen Ziele im Verlaufe der Therapie ändern. So ist es ja nicht selten, daß Patienten zunächst ein 'unschuldiges' Problem 'anbieten' (z.B. diffuse Rückenschmerzen) und sich erst später trauen oder durch die Vermittlung von Einsichten durch die Therapeutin erkennen, daß hinter dem ursprünglich angegebenen Problem ein anderes, gewichtigeres Problem steht (zum Beispiel hinter partnerschaftlichen Problemen traumatische Erfahrungen aus der Kindheit). Außerdem kann sich der Patient bei fortschreitender, erfolgreicher Therapie neue Ziele setzen, die er sich zu Beginn der Therapie nicht zugetraut hätte. Derartige Entwicklungen während der Therapie würden von einem starren Therapieplan nicht berücksichtigt. Deswegen wird die Therapeutin natürlich jeweils die Behandlungsebene auswählen, die der Entwicklung der Therapie angemessen ist und dabei unter Umständen mehrfach zwischen Behandlungsebenen wechseln (z.B. von der Verhaltensebene auf die subjektive Ebene und danach wieder zurück auf die Verhaltensebene). Und natürlich wird man manchmal auch Sitzungen brauchen, in denen Rückschläge zu verarbeiten sind.

Bedenkt man die Notwendigkeit einer Anpassung der Behandlungsebenen an den aktuellen Problemstand in der Therapie, so ist verständlich, daß der Therapieplan in Kasten XIII/1 eher ein Nachzeichnen des Therapieverlaufes als einen von vornherein feststehenden Plan darstellt. Auf der anderen Seite ist er aber gerade für Patienten typisch, die eine Behandlung (zunächst) wegen einer psychosomatischen Störung suchen.

Der erwähnte Therapieplan enthält auch eine Behandlungsphase, die keiner der Behandlungsebenen (Körper, subjektive Ebene, Verhalten, soziales System) zugeordnet werden kann. Dies ist eine Vorbereitungsphase für die 'eigentliche 'Therapie, in der der Patient noch nicht 'gefordert ' ist, sondern Ressourcen erarbeitet werden, die Exploration vertieft wird und der Patient, gerade über die Ressourcenarbeiten, Sicherheit im Umgang mit Hypnose gewinnt. In dieser Phase wird die Therapeutin unter Umständen auch versuchen, beim Patienten Einsichten zu fördern, um den Patienten für die folgenden therapeutischen Maßnahmen zu motivieren. Eine Möglichkeit dazu besteht z.B. in der Entfaltung einer Metapher, mit der der Patient sich beschreibt.

Im Verlauf der Exploration stellt Herr C. sein "Überlegenheitsgefühl" gegenüber den Kollegen, das er schon in der Kindheit gegenüber seinen dominanten Brüdern entwickelt hatte, so dar (mit einem entschuldigenden Lachen): Er fühle sich dann wie eine Denkmalsfigur, die einen siegreichen Feldherrn oder einen großen Philosophen darstelle, die über den anderen stehe, mit einem überlegenen Lächeln auf den Lippen. In Trance sollte er sich genauso, d.h. als eine überlegen lächelnde Denkmalsfigur, auf einem Betriebsfest erleben und dabei zunächst die für ihn positive überlegene Distanz zu den anderen spüren. Dann aber wurden Szenen suggeriert, in denen er die Denkmalhaltung als nachteilig und hinderlich spürte. Z.B. als ihn sein neuer Chef, von dem er sich nicht akzeptiert fühlte, zu sich rufen wollte, um ihn persönlich seiner Frau vorzustellen oder eine Kollegin, die er sehr respektierte, ihn zum Tanzen aufforderte. In Situationen wie diesen spürte er, wie ihn seine Unbeweglichkeit und sein starres Lächeln vom Leben, das sich rings um ihn abspielte, abschnitt und ihm das verwehrte, was er sich so sehr wünschte. Auf diese Weise war es ihm möglich, über die Entfaltung der Denkmalmetapher seine soziale Unbeweglichkeit und soziale Verarmung zu erleben und, was ihm im Gespräch nicht zu vermitteln war, seine "Denkmalhaltung" als eine unangemessene Schutzhaltung zu begreifen. Dies machte ihn tief betroffen und motivierte ihn sehr, den Umgang mit seinen Kollegen zu verbessern, was in Trance gemeinsam mit der Therapeutin über die Einübung von Verhaltensänderungen am Arbeitsplatz vorbereitet wurde.

Bei Betrachtung des Therapieplans in Kasten (XIII/1) fällt vielleicht auf, das keine Zeit zur Überprüfung der Suggestibilität des Patienten vorgesehen ist, die etwa mit der Stanford Hypnotic Clinical Scale für Erwachsene bzw. Kinder (Morgan & Hilgard, 1978-1979 a,b) bestimmt werden könnte. Wir raten wie auch Barber (1993) davon ab, weil der Hypnosetest zu Beginn einer Hypnosetherapie möglicherweise nicht das tatsächliche Trancepotential des Patienten erfasst. Wie Barber (1980) berichtet, kann es also durchaus geschehen, daß der Patient sich im Hypnosetest als nicht geeignet für eine Hypnosetherapie erweist, aber später dennoch eine Reduktion seiner Schmerzen durch Hypnose erfährt.

Wenn der Patient vor seiner ersten Hypnoseerfahrung steht, kann es sein, daß er aufgrund seiner Befürchtungen, z.B. Kontrolle aufgeben zu müssen, bzw. wegen des noch nicht ausreichenden Vertrauens gegenüber der Therapeutin seine Trancemöglichkeiten noch nicht voll ausschöpft und mehr auf der beobachtenden Ebene bleibt. Damit würde er bei einem Hypnosetest 'schlecht' abschneiden und erwarten, daß er für diese Art der Therapie ungeeignet ist. Ob der Patient Hypnose gut erfahren kann oder nicht, wird die Therapeutin sowieso bei den ersten Tranceinduktionen (ohne Suggestibilitätstest) erfahren. Außerdem hat die Therapeutin abgesehen von dem zunehmenden Rapport zum Patienten bei weiteren Hypnosen auch die Möglichkeit, die Tranceerfahrung des Patienten dadurch zu optimieren, daß sie ihre Vorgehensweise immer besser dem Bedürfnis des Patienten anpasst (Art der Tranceinduktion, Pausen, Rhythmus, Bilder, Inhalte). Dies ist bei einem standardisierten Hypnosetest natürlich nicht möglich, der nur einmal und zwar für alle Patienten gleich durchgeführt wird. In der klinischen Forschung hingegen ist die Bestimmung der Suggestibilität der Patienten natürlich trotz der erwähnten Einschränkungen sinnvoll, um zu überprüfen, ob der therapeutische Erfolg tatsächlich mit der Hypnosefähigkeit der

Patienten positiv korreliert. Wenn das nicht der Fall ist, wird man einen therapeutischen Erfolg schwerlich auf die Verwendung von Trance zurückführen können.

Zu Beginn dieses Kapitels haben wir gesagt, daß die Therapeutin die Behandlung nicht auf allen Ebenen gleichzeitig durchführen könne und daher einen Behandlungsplan vorgestellt, bei der die Therapie auf jeweils nur einer Behandlungsebene (z.B. der körperlichen Ebene) durchgeführt wird bevor zu einer weiteren Behandlungsebene (z.B. Verhalten) übergegangen wird. Nun könnte man aber argumentieren, daß das Erleben einer Ressource (z.B. die Erfahrung von Entschlossenheit und Kraft aus einer früheren Zeit als Sportler) doch nicht nur das Körpererleben verändert. Wenn es nämlich dem Patienten gelingt, diesen Erlebnisrahmen in den Alltag zu übertragen, wird dies einen Einfluß auf sein Körpergefühl, sein Verhalten, sein Selbstwertgefühl und auch auf den Inhalt seiner Gedanken haben. In der Tat ist jede Ressource geeignet, alle Ebenen des Erlebens anzusprechen, doch meist ist nur ein bestimmter Anteil des Ressourceerlebens für die geplante therapeutische Intervention geignet. Und nur diesen Aspekt des Ressourceerlebens wird die Therapeutin herausarbeiten (z.B. aus der Sportressource den Aspekt, ohne zu Zögern auf eine Schwierigkeit zuzugehen), den der Patient dann in Trance als eine subjektiv reale Alternative zu seinem Problemerleben bzw. -verhalten erfährt.

Wie gesagt, alle Behandlungsebenen können nicht *gleichzeitig* erreicht werden. Es besteht aber immerhin die Möglichkeit, mehrere Ebenen *nacheinander* in derselben Trancesequenz anzusprechen .

13.2 'Tiefe' der Hypnosetherapie

Hypnosetherapie als eine psychotherapeutische Behandlung auf einer Folge verschiedener Behandlungsebenen bietet die Möglichkeit, die 'Tiefe' der Therapie 'dosieren' zu können. Damit meinen wir, daß die Behandlung auf einer Ebene schon ausreichen kann, zum Beispiel der körperlichen, ohne daß alle Behandlungsebenen durchlaufen werden müßten bzw. ohne daß das gesamte Arsenal hypnosetherapeutischer Interventionen aufgeboten werden muß. Für die Praxis bedeutet dies etwa, daß die Therapeutin schon auf der körperlichen Ebene beginnen kann (Vermittlung von Entspannung oder Kraft, Ressourcen für Körpererfahrung), ohne daß die Exploration schon abgeschlossen wäre, was dann auch nicht mehr nötig ist, wenn die Behandlung auf der körperlichen Ebene schon zum Erfolg geführt hat. Gerade bei funktionellen Störungen haben wir öfter erlebt, daß die Behandlung allein auf der körperlichen Ebene mit wenigen Sitzungen zum Erfolg führte, ohne daß die Symptomatik - auch bei längerer Katamnese - wieder auftrat. Die weitere Beschäftigung mit der Kindheit des Patienten oder die Änderung von Verhalten im Alltag war dabei nicht nötig, ebensowenig wie die Exploration dieser Bereiche.

Anstelle eigener Beispiele für die Behandlung funktioneller Störungen mit Hypnose (Bongartz 1992; Bongartz & Bongartz, 1988b) wollen wir ein Beispiel von Levy-Suhl (1922) anführen, das überdies zeigt, wie kreativ mit klassischer Hypnose gearbeitet werden kann: "Der Kanonier D., vor dem Krieg als Hilfsschaffner der Staatsbahn tätig, verlor infolge Granatschock Gehör und Sprache. Er war, als ich ihn im dortigen Lazarett kennen lernte, bereits monatelang im Zustand absoluter Stummheit und Taubheit. Er erschien und war auch unter den Kameraden als ein verständiger, ordentlicher und williger Mann bekannt, machte aber stets einen gedrückten Eindruck, offenbar, weil er sich, wie auch der Briefwechsel mit seiner Frau ergab, für unheilbar hielt und um seine Zukunft sorgte (wie weit das Leiden gleichwohl etwa epithymogen fixiert war, lasse ich dahingestellt).

Nachdem bereits mehrere Kameraden seines Saales von schweren psychogenen Störungen anderer Art hypnotisch geheilt waren, sollte D., zufolge Aufforderung des Chefarztes, wenn möglich, binnen 24 Stunden geheilt vorgeführt werden. Ich liess den Patienten zunächst der hypnotischen Einschläferung und Heilung eines an schwerer Gehstörung leidenden Kameraden beiwohnen, gab ihm dann schriftlich die Erklärung ab, dass er genau so geheilt werden könne, wenn er meinen Anweisungen folge. Auch bei ihm sei nichts n den Organen zerstört, sondern es stecke lediglich die schwere Erschütterung und Aufregung noch in den Gehörs- und Sprachnerven und versperrte ihm den Weg zum Gebrauch seiner Organe.

Die Anweisungen, die ich ihm gab, waren keine anderen, als die bei der Fixationsmethode gebräuchlichen, nur dass sie ihm niedergeschrieben werden mussten. Ich fügte für ihn noch hinzu, dass er nach dem Einschlafen zunächst das *Hören* wieder lerne. Zunächst vernehme er Tönen und Pfeifen, dann aber, wenn der Weg gebahnt sei, rasch auch alles andere. Wenn er dann meine Sprache verstehe, würde ich ihn weiterhin mündlich beeinflussen und ihn auch rasch von seiner *Stummheit* befreien. Es wurde noch vereinbart, dass er durch Kopfnicken u.dgl. mir Zeichen gebe, sobald er den ersten Laut vernommen.

D. wird mittels Fixieren eines Metallknopfes und gestikulatorischer Hinweise rasch in Hypnose mit Gliedstarre versetzt. Das gestreckt erhobene Bein bleibt starr stehen, ebenso wird ihm die Unbeweglichkeit der Arme demonstriert. Hiernach setze ich ihm eine Stimmgabel auf den Processus mastoid. in der Erwartung, dass die psychogene Absperrung durch die ungewöhnliche Erregung des Hörnerven mittels Kopfleitung am leichtesten zu durchbrechen sei. In der Tat bestätigt D. sogleich durch das vereinbarte Zeichen, dass er rechts wie links etwas wahrnehme und auch, als nunmehr die Stimmgabel direkt vor das Ohr gehalten wird. Ebenso kann ich durch Pfeifen, Händeklatschen sein Ohr erregen und schliesslich reagiert er auch auf gewöhnliche Sprache. Er befolgt jetzt - die ganze Prozedur hat bisher 10 Minuten gedauert - jede mündliche Aufforderung prompt. Ich erkläre ihm unter zweckmässigen Belobigungen seines guten Willens, seiner raschen Auffassung, dass er, soweit sein Ohr in Frage komme, *dauernd geheilt* sei und kündige die nunmehr folgende Heilung der Stummheit an.

Die durch einen leichten *elektrischen Reiz* des Kehlkopfes von außen unterstützte Eingebung, dass die Sprache da sei, *führt sofort zum Erfolg*. Ich lasse ihn zählen, nachsprechen und selbständig antworten. Zum Schluss erhält er die posthypnotische Suggestion, sich um 11 Uhr am folgenden Tag beim Chefarzt "geheilt von Hör- und Sprachverlust" zu melden. Nach vorschriftsmäßiger Erweckung ist D., der nur einzelne Erinnerungsinseln von den Vorgängen hat, wie umgewandelt in seinem Wesen, spricht in fliessender Sprache und realisierte auch den ihm gegebenen Auftrag am nächsten Tag in prompt militärischer Form. Nach seiner den damaligen Grundsätzen entsprechenden baldigen Entlassung aus dem Heeresdienst nahm er seine Berufstätigkeit wieder auf. Er berichtete mir etwa 1 Jahr später, als ich ihn in Berlin aufsuchte, dass er inzwischen eine Prüfung im Bahndienst bestanden und nichts wieder von seinem Leiden verspürt habe (Levy-Suhl, 1922, S.95 f)."

In diesem Zusammenhang stellt sich auch die Frage nach der Dauer einer Hypnose-therapie. Ist sie eher eine Kurzzeit- oder eine Langzeittherapie? Hypnosetherapie läßt sich weder der einen noch der anderen Kategorie eindeutig zuordnen. Wir finden eine zweigipflige Verteilung der Therapiedauer, wobei die meisten Hypnosetherapien um 25 Sitzungen dauern und die restlichen weitaus länger, z.T. weit über 1 ½ Jahre hin-aus. Bei den längeren Therapien steht in der Regel die subjektive Ebene (Selbstbild) und die Arbeit an grundlegenden Konflikten im Vordergrund, die oft ein längeres 'emotionales Durcharbeiten' erfordern.

13.3 Verlaufskontrolle

Zur Kontrolle des Verlaufs einer Hypnosetherapie geben wir unseren Patienten Re-portbögen mit, auf denen sie jeweils für einen Tag die Dauer und Schwere von Stö-rungen (z.B. Ängsten, psychosomatischen Symptomen) eintragen. Jeder Reportbogen enhält 7 blocks von jeweils fünf Linien (s. Abbildungen XIII/1a,b). Ein Block reprä-sentiert einen Tag, so daß ein Blatt Eintragungen für eine Woche ermöglicht. Die unterteilten Linien stellen Zeitskalen dar (von 0 Uhr bis 24 Uhr). Die Schwere der Symptomatik kann über die 'Tiefe' einer Eintragung angegeben werden, wobei die obere Linie einen Skalenwert von "1" hat, d.h. keine Symptome, und die unterste Linie einen Skalenwert von "5" hat, d.h. maximale Ausprägung des Symptoms. Jeden Abend soll der Patient den Verlauf seins Symptoms über den Tag hinweg durch eine Linie eintragen, was nur wenig Zeit in Anspruch nimmt. Zudem sollte der Patient auf den Reportblättern besondere Ereignisse vermerken.

Die Abbildungen XIII/1a,b zeigen den Verlauf einer Behandlung von Dreh-schwindel, die acht Sitzungen à 2 Stunden in Anspruch nahm (Bongartz 1991).

Und damit sind wir am Ende unseres Buches. Gegen Ende von Kapitel 1 hatten wir auf die Verwendung von Trance in traditionellen Kulturen hingewiesen. Diesen 'Fa-den' wollen wir zum Schluß wieder aufgreifen, aber diesmal nicht auf andere Unter-suchungen verweisen, sondern unsere persönliche Begegnung mit Trance in einer traditionellen Kultur beschreiben und damit noch einmal unterstreichen, daß Hypnose die älteste Form von Psychotherapie ist (s. dazu auch Ellenberger, 1973 Bd. I, Kap. 1-3), die auch über kulturelle Schranken hinweg einsetzbar ist.

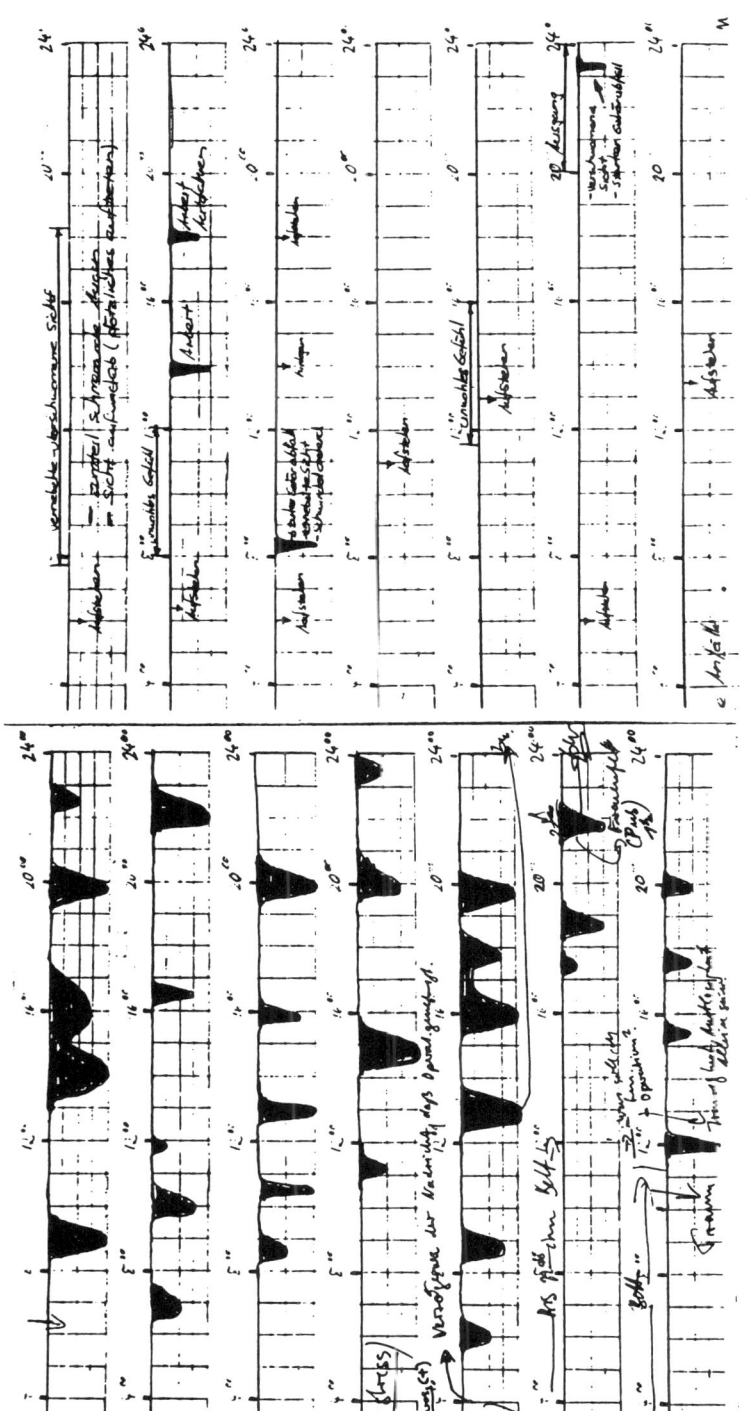

Abbildung XIII/2b: Zahl der Drehschwindelanfälle in der dritten Woche
                    vor Abschluß der Behandlung.

Abbildung XIII/2a: Zahl der Drehschwindelanfälle in der zweiten Woche
                    der Behandlung (Bongartz, 1991).

Im Sommer des Jahres 1989 begannen wir von Puerto Ayacucho in Süd-Venezuela eine Reise zu den Yanomami-Indios, die im Grenzgebiet von Venezuela und Brasilien am oberen Orinoco leben. Die Erteilung einer Erlaubnis durch zuständige Behörde war relativ schwierig, da wir nicht nur für Touristen geschlossenes Gebiet betreten wollten, sondern zur Zeit unseres Aufenthaltes auch eine Malariaepedemie im Yanomamigebiet herrschte und überdies etwa eine Woche zuvor zwei venezuelanische Soldaten von Yanomamis mit Curarepfeilen getötet worden waren (Es zeugt für die Behutsamkeit der venezuelanischen Regierung im Umgang mit den Yanomamis, daß keine militärischen Strafexpeditionen folgten. Im übrigen leben die Yanomamis in völliger Autonomie in einem riesigen Gebiet, das nicht mehr von der Regierung Venezuelas kontrolliert wird). Da es keine Straßenverbindungen durch den Regenwald gibt, hatten wir einen Einbaum, ein sogenanntes 'Bongo' gemietet, mit einem Bootsmann, einem Yekuana-Indio ('Tameyni') und dem Venezuelaner Cruz Sanchez als Führer. Nach einigen Schwierigkeiten (z.B. hatten wir nach zwei Tagen auf dem Orinoco einen Motorschaden und mußten anderthalb Tage warten, bis ein Ersatzmotor eingeflogen wurde) und weiteren langen Tagen auf dem Orinoco erreichten wir einen Tag nach dem letzten Militärposten Yanomamigebiet. In einem Yanomamidorf, wo wir nur außerhalb des Dorfes in Hängematten schlafen durften (Wer weiß, welche Dämonen wir in unserem Gepäck mitführten?), hatten wir abends Gelegenheit, einem schamanistischem Ritual zuschauen zu können. Die Behandlung fand in einer großen Wohnhütte mit Kindern, Erwachsenen und Hunden statt, die durch mehrere offene Feuer erleuchtet wurde. Dabei wurden dem Patienten von einem Schamanenschüler die Krankheit aus dem Körper "gesogen" und auf den Boden gespuckt (in Form von Splittern), eine sehr alte Form des Krankheitsverständnisses und der Behandlung, die als steinzeitlich zu gelten hat. Vor der Behandlung hatte sich der Schamane Yopo in die Nase blasen lassen, ein kurzfristig wirkendes Halluzinogen, um in der drogenerzeugten Trance das Ritual durchführen zu können.

Kurz nach dem Ritual kam der Schamanenmeister aus dem Hintergrund der Hütte und berichtete über Schmerzen im unteren Rückenbereich. Zuerst dachten wir an die Verabreichung von Schmerztabletten, erinnerten uns aber an unsere Erfahrung mit der Verteilung von Malariatabletten, die wir in anderen Yanomamidörfern versucht hatten; hier hatten die Indios die Tabletten größtenteils nicht genommen oder ausgespuckt, vermutlich weil nach ihrer Vorstellung von Behandlung einer Krankheit etwas 'raus' und eben nicht 'rein' muß. Wir entschieden uns daher gegen Aspirin und für Hypnose. Wenn Hypnose wirklich so ein altes Phänomen ist, sollten wir auch unserem prähistorischen Kollegen damit helfen können. Dabei versuchten wir, die drei Stufen einer Trancesequenz zu berücksichtigen, nämlich Einengung der Aufmerksamkeit, Änderung der Körperwahrnehmung und Aktivierung des Vorstellungsraumes. Zunächst wurde versucht, die Augen des Schamanen über entsprechende Bewegungen mit den Händen auf die Augen des Gegenübersitzenden zu lenken, was aber mißlang; der Schamane schaute nur auf die Bewegung der Hände, nicht aber in die Augen, auf die die Hände verwiesen. Danach versuchten wir die Körperwahrnehmung des Schamanen zu beeinflussen. Einer von uns setze sich hinter ihn, und einer saß vor ihm. Dann massierten wir von vorne seine Schläfen und von hinten seine Schultern. Dies nahm er mit einem gewissen Befremden zur Kenntnis, ohne sich davon aber besonders beeinflussen zu lassen. Zum Schluß blieb uns nur noch die Aktivierung des Vorstellungsraumes. Wir wußten aus der Literatur, daß der Schamane sich jeden Tag mehrere Male in der Yopo-induzierten Trance in einen Jaguar verwandelt. Diese so häufig wiederholte Erfahrung des Schamanen versuchten wir zu nutzen, indem wir ihm sagten, er solle an einen Jaguar denken, der durch den Urwald geht, was wir ihm über mehrere Dolmetscherstationen mitteilen ließen (Englisch, Spanisch, Yekuana, Yanomami). Unmittelbar nach dem Verstehen unserer Botschaft verlor sich sein Blick 'in die Ferne' und er schloß von alleine die Augen. Er erhielt dann auf Deutsch direkte Suggestionen zur Entspannung, und zwar sehr langsam mit 'Verweilen' auf den Vokalen. Nach zehn Minuten beendeten wir die Trance, indem seine Augenlider manuell hochgezogen wurden. Er berichtete dann, daß seine Schmerzen vergangen seien. Bei unserer Nachuntersuchung am nächsten Morgen in Gegenwart der im offiziellen Schmuck erschienen Ältesten gewannen wir den Eindruck, daß er unter Nierensteinen litt. Vermutlich war uns am Vortag wohl geglückt, eine schmerzhafte, muskuläre Verkrampfung in Zusammenhang mit einer Schutzhaltung vorübergehend zu lösen. Für uns war beeindruckend, wie es möglich war über die tiefgreifenden kulturellen Schranken hinweg eine Trance zu erzeugen, indem wir eine Ressource nutzten, nämlich die so häufig erlebte 'Jaguar-erfahrung'

Abb. XIII/2 Yanomami-Schamane mit Patient

Verzeichnis der Kästen

Literatur

Andersen, M.S. (1985). Hypnotizability as a factor in the hypnotic treatment of obesity. International Journal of Clinical and Experimental Hypnosis. 33, 150-159.

Arendt-Nielsen, L., Zachariae, R. & Bjerring, P. (1990). Quantitative evaluation of hypnotically suggested hyperaesthesia and analgesia by painful laser stimulation. Pain, 42, 243-251.

Banyai, E. & Hilgard, E.R. (1976). A comparison of active-alert hypnotic induction with traditional relaxation induction. Journal of Abnormal Psychology, 85, 218-224.

Barabasz, A.F. & Barabasz, M. (1992). Research designs and considerations. In: Fromm, E. & Nash, M.R. (Hrsg.). Contemporary hypnosis research. New York: Guilford.

Barabasz, A.F. & Lonsdale, C. (1983). Effects of hypnosis on P300 olfactory evoked potential amplitudes. Journal of Abnormal Psychology, 92, 520-523.

Barber, J. (1980). Hypnosis and the unhypnotizable. American Journal of Clinical Hypnosis. 23, 4-10.

Barber, J. (1993). The clinical role of responsivity tests. International Journal of Clinical and Experimental Hypnosis, 41, 165-168.

Barber, T.X. (1964). Hypnotizability, suggestibility and personality:V. A critical review of research findings. Psychological Reports, 14, 299-320.

Barber, T.X. (1969). Hypnosis: A scientific approach. New York: Van Norstrand Reinhold.

Barber, T. X. & Calverly, D. S. (1964). Toward a theory of "hypnotic" behavior: Enhancement of strength and endurance. Canadian Journal of Psychology, 18, 156-167.

Barber, T.X., Karacan, I. & Calverley, D.S. (1964). Hypnotizability and suggestibility in chronic schizophrenics. Archives of General Psychiatry, 11, 439-451.

Bauer, G. (1994). Eberhard Gmelin. Leben und Werk. Stadtarchiv Heilbronn.

Benson, H. (1975). The relaxation response. New York: Morrow.

Birbaumer, N. & Schmidt, R.F. (1990). Biologische Psychologie. Springer: Berlin.

Blum, G. S. (1963). Programming people to simulate machines. In: S. S. Tomkins & S. Messick (Hrsg.), Computer simulation of personality: Frontier of psychological theory. New York: Wiley.

Boos, B. (1996). Zeitdauerschätzung in Hypnose in Abhängigkeit von erlebten emotionalen Inhalten. Konstanz: Unveröffentlichte Diplomarbeit.

Bongartz, B. (1992). Using self-hypnosis for behavioral change in the treatment of neurodermatitis. In Bongartz, W. (Hrsg.). Hypnosis: 175 years after Mesmer. Recent developements in theoretical and applied hypnosis. Konstanz: Universitätsverlag.

Bongartz, B. & Bongartz, W.(1988 a). Hypnose. Wie sie wirkt und wem sie hilft. Zürich: Kreuz-Verlag (1999 als Rowohlt-Taschenbuch in 3. Auflage erschienen).

Bongartz, B. & Bongartz, W. (1988 b). Hypnotische Behandlung von grobschlägigem Tremor. Experimentelle und Klinische Hypnose, 4, 143-147.

Bongartz, W. (1982). Harvard Group Scale of Hypnotic Susceptibility, Form A (Deutsche Übersetzung). Universität Konstanz.

Bongartz, W. (1985) German norms for the Harvard Group Scale of Hypnotic Susceptibility, Form A. International Journal of Clinical and Experimental Hypnosis, 33, 131-139.

Bongartz, W. (1986). Abnahme von Plasmacortisol und weissen Blutzellen nach Hypnose. Experimentelle und Klinische Hypnose, 2, 101-108.

Bongartz, W. (1988). Behandlung von Phantomschmerzen mit "Animalischem Magnetismus". Fallbericht. Experimentelle und Klinische Hypnose 4, 1-10.

Bongartz, W. (1988). Das Erbe des Mesmerismus: Die Hypnose. In: Wolters, G. (Hrsg.), Franz Anton Mesmer und der Mesmerismus. Konstanz: Universitätsverlag, 1988.

Bongartz, W. (1990). Schmerz und Hypnose. Gazette Medicale, 6, 495-501.

Bongartz, W. (1990). The mechanism of hypnotic control of white blood cell count. In: van Dyck, R., Spinhoven, Ph., van der Does, A.J.W., van Rood, Y.R. & de Moor, W.: Hypnosis: Current theory, research and practice. Amsterdam: VU University Press.

Bongartz, W. (1991). Drehschwindel (Morbus Menière). In Peter, B., Kraiker, C. & Revenstorf, D: Hypnose und Verhaltenstherapie. Bern: Huber

Bongartz, W. (1992). Utilization of life experiences for treatment of functional disorders. In Bongartz, W. (Hrsg.). Hypnosis: 175 years after Mesmer. Recent developements in theoretical and applied hypnosis. Konstanz: Universitätsverlag.

Bongartz, W. (1996). Der Einfluß von Streß und Hypnose auf das Blutbild. Psychohämatologische Studien. Frankfurt: Lange.

Bongartz, W. (1997). Direct and indirect suggestions: A physiological comparison. Paper presented at the 14th Congress of the International Society of Hypnosis, San Diego, USA, June 21-27.

Bongartz, W. & Blum, G. (1986). Aufhebung der proaktiven Interferenz durch posthypnotische Amnesie? Experimentelle und Klinische Hypnose, 1986, 2, 49 - 57.

Bongartz, W., Lyncker, I. & Kossmann, K.T. (1987). Central nervous influences on white blood cell count and urinary levels of catecholamines and vanillyl mandelic acid. Swedish Journal of Hypnosis, 14, 52-61.

Bourguignon, E. (1973). Introduction: A framework for the comparative study of altered states of consciousness. In: E. Bourguignon (Hrsg.), Religion, altered states of consciousness and social change. Columbus: Ohio State University Press.

Bowers, K.S. (1976) Hypnosis for the seriously curious. Monterey/California: Brooks.

Bowers, K.S. (1979). Time distortion and hypnotic ability: Underestimating the duration of hypnosis. Journal of Abnormal Psychology, 88, 435-439.

Bowlby, J. (1982). Attachment. 2. Auflage. New York: Basic Books.

Bradshaw, J.L. & Nettleton, N.C. (1983). Human cerebral asymmetry. Englewood Cliffs, N.J.: Prentice-Hall.

Braid, J.(1843). Neurypnology; or the rationale of nervous sleep, considered in relation with animal magnetism. London: Churchill.

Brodmann, K. (1898). Zur Methodik der hypnotischen Behandlung. Zeitschrift für Hypnotismus, 7, 266-284.

Brugsch, H. (1893). Aus dem Morgenlande. Leipzig: Reclams Universalbibliothek, Nr. 3151-52, 43-53.

Chaves, J.F. (1993). Hypnosis in pain management. In: Rhue, J.W., Lynn, S.J. & Kirsch, I. (Hrsg.), Handbook of Clinical Hypnosis. Washington, D.C.: American Psychological Association.

Cikurel, K. & Gruzelier, J.H. (1990). The effect of active-alert hypnotic induction on lateral asymmetry in haptic processing. British Journal of Experimental and Clinical Hypnosis 1, 17-25.

Coe, W.C., Basden,B., Basden, D. & Graham, C. (1976). Posthypnotic amnesia: Suggestions of an active process in dissociative phenomena. Journal of Abnormal Psychology, 85, 455-458.

Colgan, S.M., Faragher, E.B. & Whorwell, P.J. (1988). Controlled trial of hypnotherapy in relapse prevention of duodenal ulceration. Lancet, June 11, 1299-1300.

Covino, N.A., Jimerson, D.C., Wolfe, B.E., Franko, D.L., Frankel, F.H. (1994). Hypnotizability, dissociation, and bulimia nervosa. Journal of Abnormal Psychology, 103, 455-459.

Crasilneck, H.B. & Hall, J.A. (1975). Clinical Hypnosis. New York: Grune & Stratton.

Crasilneck, H.B., McCranie, E.J. & Jenkins, M.T. (1956). Special indications for hypnosis as a method of anesthesia. Journal of the American Medical Association, 162, 1606-1608.

Crawford, H. J. & Allen, S. N. (1983). Enhanced visual memory during hypnosis as mediated by hypnotic responsiveness and cognitive strategies. Journal of Experimental Psychology, General, 112, 662-685.

Crawford, H.J. & Barabasz, A.F. (1993). Phobias and intense fears: Facilitating their treatment with hypnosis. In: Rhue, J.W., Lynn, S.J. & Kirsch, I. (Hrsg.), Handbook of Clinical Hypnosis. Washington, D.C.: American Psychological Association.

Crawford, H.J. & Gruzelier, J.H. (1992). A midstream view of the neurophysiology of hypnosis: Recent research and future directions. In: Fromm, E. & Nash, M.R. (Hrsg.). Contemporary hypnosis research. New York: Guilford.

Dana, R.H. & Cooper, G.W. (1964). Prediction of susceptibility to hypnosis. Psychological Reports, 14, 251-265.

DeBenedittis, G. & Sironi, V.A. (1988). Arousal effects of electrical deep brain stimulation in hypnosis. International Journal of Clinical and Experimental Hypnosis, 36, 96-105.

Deckert, G.H. & West, L.J. (1963). The problem of hypnotizability: A review. International Journal of Clinical and Experimental Hypnosis, 11, 205-235.

De Pascalis, V; Marucci, F., Penna, P.M. & Pessa, E. (1989). Hemispheric activity of 40 Hz EEG during recall of emotional events: Differences between low and high hypnotizables. International Journal of Psychophysiology, 5, 167-180.

de Puységur, C. (1807). Du magnétisme animal, considéré dans ses rapports avec diverses branches de la physique générale. Paris: Desenne.

Diamond, M.J. (1974). Modification of hypnotizability: A Review. Psychological Bulletin 81, 180-198.

Dierks, T., Mauer, K. & Zacher, A. (1989). Brain mapping of EEG in autogenic training (AT). Psychiatry research, 29, 433-434.

Domange, B.B., Margolis, C.G., Lieberman, D. & Kaji, H. (1985). Biochemical correlates of hypnoanalgesia in arthritic pain patients. Journal of Clinical Psychiatry, 46, 235-238

Edmonston, W.E. (1968). Hypnosis and electrodermal responses. American Journal of Clinical Hypnosis, 11, 16-25.

Edmonston, W. E. (1981). Hypnosis and relaxation. New York: Wiley.

Egle, U.T. (1994). Das chronische Schmerzsyndrom. Psychotherapeut, 39, 177-194.

Ekman, P., Levenson, R.W. & Friesen, W.V. (1983). Autonomic nervous system activity distinguishes among emotions. Science, 221, 1208-1210.

Ellenberger, H.F. (1973). Die Entdeckung des Unbewussten, 2 Bde. Bern: Huber.

Ellis, A. (1993). Rational-emotive therapy and hypnosis. In: Rhue, J.W., Lynn, S.J. & Kirsch, I. (Hrsg.), Handbook of Clinical Hypnosis. Washington, D.C.: American Psychological Association.

Elliotson, J. (1843). Numerous cases of surgical operations without pain in the mesmeric state. Philadelphia: Lea and Blanchard.

Erdelyi, M.H. (1988). Hypermnesia: The effect of hypnosis, fantasy, and concentration. In Pettinati, H.M. (Hrsg.), Hypnosis and memory. New York: Guilford.

Erickson, M. H. (1952). Deep hypnosis and its induction. In: LeCron, L.M. (Hrsg.), Experimental Hypnosis: A symposium of articles on research by many of the world's leading authorities. New York: MacMillan.

Erickson, M.H. (1966). The interspersal hypnotic technique for symptom correction and pain control. American Journal of Clinical Hypnosis, 8, 198-209.

Erickson, M.H. & Rossi, E.L. (1979). Hypnotherapy. New York: Irvington.

Esdaile, J. (1847). Mesmerism in India and its practical application in surgery and medicine. Hartford: Silas Andrus & Son.

Evans, F.J. (1967). An experimental indirect technique for the induction of hypnosis without awareness. International Journal of Clinical and Experimental Hypnosis, 15, 72-85.

Evans, F.J. (1972). Hypnosis and sleep: Techniques for exploring cognitive activity during sleep. In: Fromm, E. & Shor, R. E. (Hrsg.), Hypnosis: Research Developments and Perspectives. Chicago: Aldine-Atherton.

Evans, F.J. & Schmeidler, D. (1964). Reliability of two observers scoring the Stanford Hypnotic Susceptibility Scale, Form C. International Journal of Clinical and Experimental Hypnosis, 12, 239-251.

Evans, F.J. & Orne, M.T. (1971). The disappearing hypnotist: The use of simulating subjects to evaluate how subjects perceive experimental procedures. International Journal of Clinical and Experimental Hypnosis, 19, 277-296.

Evans, F.J., Gustafson, L. A., O'Connell, D. N., Orne, M. T. & Shor, R. E. (1969). Sleep-induced behavioral response: Relationship to susceptibility to hypnosis and laboratory sleep patterns. Journal of Nervous and Mental Disease, 148, 467-476.

Evans, F.J., Gustafson, L. A., O'Connell, D.N., Orne, M.T. & Shor, R.E. (1970). Verbally induced behavioral responses during sleep. Journal of Nervous and Mental Disease, 150, 171-187.

Ewer, T.C. & Stewart, D.E. (1986). Improvement in bronchial hyperresponsiveness in patients with moderate asthma after treatment with a hypnotic technique: A randomised controlled trial. British Medical Journal, 293, 1129-1132.

Faria, J.C. (1819). De la cause du sommeil lucide ou l'étude de la nature d'homme. Tome 1er. Paris: chez Mme Horiac.

Fehr, F.S. & Stern, J.A. (1967). The effect of hypnosis on attention to relevant and irrelevant stimuli. International Journal of Clinical and Experimental Hypnosis, 15, 134-143.

Fourmestraux, I. de. (1934). Histoire de la chirurgie Francaise (1790-1920). Paris: Masson.

Freud, S. (1892). Buchbesprechung "Forel: Der Hypnotismus, seine Bedeutung und seine Handhabung", Wiener Medizinische Wochenschrift, Nr. 47, 1892-1896.

Freud, S. (1946). Erinnern, Wiederholen, Durcharbeiten. In: Freud, A. (Hrsg.), S. Freud: Gesammelte Werke, Bd. 10 (Werke aus den Jahren 1913-1917), 121-136.

Friedman, H. & Taub, H. (1977). The use of hypnosis and biofeedback procedures for essential hypertension. International Journal of Clinical and Experimental Hypnosis, 25, 335-347.

Friedman, H. & Taub, H. (1978). A six month follow-up of the use of hypnosis and biofeedback procedures in essential hypertension. American Journal of Clinical Hypnosis, 20, 184-188.

Frischholz, E.J., Lipman, L.S., Braun, B.G. & Sachs, R.G. (1992). Psychopathology, hypnotizability and dissociation. American Journal of Psychiatry, 149, 1521-1525.

Fromm, E. & Nash, M.R. (1992). Contemporary hypnosis research. New York: Guilford.

Galbraith, G. C., Cooper, L. M. & London, P. (1972). Hypnotic susceptibility and the sensory evoked response. Journal of Comparative and Physiological Psychology, 80, 509-514.

Garries, R., Unterweger, E. & Bongartz, W. (1996). Herzschlagvariabilität als physiologischer Indikator für die Effekte einer Konfusionsinduktion (in Vorbereitung).

Gheorghiu, V.A. (1989). The difficulty in explaining suggestion: Some conceivable solutions. In: Gheorghiu, V.A., Netter, P., Eysenck, H.J. & Rosenthal, R. (Hrsg.), Suggestion and Suggestibility. Berlin: Springer.

Gheorghiu, V.A. & Orleanu, P. (1982). Dental implant under hypnosis. American Journal of Hypnosis. 25, 68-70.

Gheorghiu, V.A., Netter, P.. Eysenck, H.J. & Rosenthal, R. (1989). Suggestion and Suggestibility. Berlin: Springer.

Gill, M.M. & Brenman, M. (1959). Hypnosis and related states: Psychoanalytic studies in regression. New York: International Universities Press, 1959.

Gilligan, S. (1991). Therapeutische Trance. Das Prinzip Kooperation in der Ericksonschen Hypnotherapie. Heidelberg: Auer.

Gmelin, E. (1787). Über thierischen Magnetismus. In einem Brief an Herrn Geheimen Rath Hoffmann in Mains.Tübingen, Heerbrandt.

Goldstein, E. & Hilgard, E. (1975). Failure of opiate antagonist naloxone to modify hypnotic analgesia. Proceedings of the National Academy of Science USA, 71, 1041-1043.

Graffin, N.F., Ray, W.J. & Lundy, R. (1995). EEG concomitants of hypnosis and hypnotic susceptibility. Journal of Abnormal Psychology, 104, 123-131.

Grawe, K., Donati, R. & Bernauer, F. (1994). Psychotherapie im Wandel. Von der Konfession zur Profession. Göttingen: Hogrefe.

Griffith, F.L. & Thompson, H. (1974). The Leyden Papyrus. New York: Dover.

Grond, M., Pawlik, G., Walter, H., Lesch, O.M. & Heiss, W. (1995). Hypnotic catalepsy-induced changes of regional cerebral glucose metabolism. Psychiatry Research: Neuroimaging, 61, 173-179.

Gruzelier, J.H. (1990). Neuropsychophysiological investigations of hypnosis: Cerebral laterality and beyond. In: van Dyck, R., Spinhoven, Ph., van der Does, A.J.W., van Rood, Y.R. & de Moor, W. (Hrsg.), Hypnosis: Current theory, research and practice. Amsterdam: VU University Press.

Guerra, G., Guantieri, G. & Tagliaro, F. (1985). Hypnosis and plasmatic beta-endorphins. In D. Waxman, P.C. Misra, M. Gibson & M.A. Basker (Hrsg.), Modern trends in hypnosis. New York: Plenum.

Gutmann, B. (1924-1925) Der Beschwörer bei den Wadschagga. Archiv für Anthropologie, 20, 46-57.

Halper, C., Pivik, T. & Dement, W. (1969). An attempt to reduce the REM rebound following REM deprivation by the use of induced waking mentation. Paper presented at the meeting of the Association for the Psychophysiological Study of Sleep, Boston, March 1969. (zitiert in: Evans, F.J. (1972). Hypnosis and sleep: Techniques for Exploring cognitive activity during sleep. In: Fromm, E. & Shor, R. E. (Hrsg.), Hypnosis: Research Developments and Perspectives. Chicago: Aldine-Atherton.

Haley, J. (1967). Advanced techniques of hypnosis and therapy. Selected papers of Milton H. Erickson, MD. New York: Grune & Stratton.

Ham, M.W. & Spanos, N.P. (1974). Suggested auditory and visual hallucinations in task-motivated and hypnotic subjects. American Journal of Clinical Hypnosis. 17, 94-101.

Hammond, D.C. (1986). Mythen um Erickson und die Ericksonsche Hypnose. Experimentelle und Klinische Hypnose, 2, 5-16.

Hargadon, R., Bowers, K.S. & Woody, E.Z. (1995). Does counterpain imagery mediate hypnotic analgesia? Journal of Abnormal Psychology, 104, 508-516.

Harris, G. (1993). Hypnosis for child sexual abuse: A case study. International Journal of Psychosomatics, 40, 84-85.

Heigl-Evers, A.; Heigl, F.S. & Ott, J. (1993). Abriß der Psychoanalyse und der analytischen Psychotherapie. In: Heigl-Evers, A.; Heigl, F.S. & Ott, J. (Hrsg.), Lehrbuch der Psychotherapie. Stuttgart: Fischer.

Hellige, J.B. (1990). Hemispheric asymmetry. Annual Review of Psychology, 41, 55-80.

Hess, W. R. (1957). The functional organization of the diencephalon. J. R. Hughes (Ed.). New York: Grune & Stratton.

Hilgard, E.R. (1965). Hypnotic susceptibility. New York: Harcourt, Brace u. Jovanovich.

Hilgard, E.R. (1977). Divided consciousness. Multiple controls in human thought and action. New York: Wiley.

Hilgard, E.R. (1979). Divided consciousness in hypnosis: The implications of the hidden observer. In Fromm, E. & Shor, R.E. (Hrsg.), Hypnosis: Developments in research and new perspectives. Chicago: Aldine.

Hilgard, E.R. (1984). A book review of M.H.Erickson (E.L.Rossi, Ed.), The collected papers of Milton H. Erickson on hypnosis. (Vols. I-IV). International Journal of Clinical and Experimental Hypnosis, 32, 257-265.

Hilgard, E.R. & Cooper, L.M. (1965). Spontaneous and suggested posthypnotic amnesia. International Journal of Clinical and Experimental Hypnosis, 13, 261-273.

Hilgard, E.R. & Hilgard, J.R. (1975) Hypnosis in the relief of pain. Los Altos, California: Kaufmann.

Hilgard, J.R. & LeBaron, S. (1984). Hypnotherapy of pain in children with cancer. Los Altos, California: Kaufmann.

Hoffmann, S.O. & Egle, U.T. (1993). Psychodynamische Konzepte bei psychogenen und psychosomatischen Schmerzzuständen. In: Basler, H.-D., Franz, C., Kröner-Herwig, B., Rehfisch, H.P. & Seemann, H. (Hrsg.), Psychologische Schmerztherapie. Berlin: Springer.

Holroyd, J. (1985). Hypnosis applications in psychological research. Imagination, Cognition and Personality, 5,103-116.

Hoppe, F. (1983). Schmerzbeeinflussung mit der hypnotischen Einstreutechnik. Eine Untersuchung zur Verarbeitung eingestreuter Suggestionen bei chronischen Schmerzpatienten. Zeitschrift für experimentelle und angewandte Psychologie, 30, 232-262.

Hughes, D.E. & Bowers, K.S. (1987). Hypnotic ability as a mediator of heart rate responsiveness to imagery. Vortrag auf dem 38th Annual Meeting of the Society for Clinical and Experimental Hypnosis, Los Angeles.

Hull, C. L. (1933). Hypnosis and suggestibility: An experimental approach. New York: Appleton-Century-Crofts.

Izard, C.E. (1994). Die Emotionen des Menschen. Weinheim: Psychologie Verlags Union.

Jackson, T.L., Barkley, R.A. & Pashko, S.M. (1976). The effects of hypnotic induction versus high motivation on oral temperature. International Journal of Clinical and Experimental Hypnosis, 1976, 24, 22-28.

Jacobson, E. (1929). Progressive Relaxation. Chicago: University of Chicago Press.

Jasiukaitis, P., Nouriani, B., Hugdahl, K. & Spiegel, D. (1997). Relateralizing hypnosis: Or, have we been barking up the wrong hemisphere? International Journal of Clinical and Experimental Hypnosis, 36, 38-52.

Jessell, T.M. & Kelly, D.D. (1991). Pain and analgesia. In: Kandel, E.R.; Schwartz, J.H. & Jessell, T.M. (Hrsg.), Principles of neural science. Englewood Cliffs, New Jersey: Prentice-Hall.

Kiernan, B.D., Dane, J.R., Phillips, L.H. & Price, D.D. (1995). Hypnotic analgesia reduces R-III nociceptive reflex: further evidence concerning the multifactorial nature of hypnotic analgesia. Pain, 60, 39-47.

King, L.W. (1975). Babylonian magic and sorcery. Hildesheim: Olms.

Kirsch, I. (1990). Changing expectations. Pacific Grove/California: Brooks/Cole.

Kirsch, I. (1996 a). Hypnotic enhancement of cognitive-behavioral weight loss treatments: Another meta-reanalysis. Journal of Consulting and Clinical Psychology, 64, 517-519.

Kirsch, I. (1996 b). Hypnosis in psychotherapy: Efficacy and mechanisms. Contemporary Hypnosis, 15, 109-114.

Kirsch, I., Montgomery, G. & Sapirstein, G. (1995). Hypnosis as an adjunct to cognitive-behavioral psychotherapy: A meta-analysis. Journal of Consulting and Clinical Psychology, 63, 214-220.

Kossak, H.-C. (1985). Verhaltenstherapie unter Hypnose: Selbstkontrolltraining mit dem 'hypnotischen Begleiter'. Experimentelle und Klinische Hypnose, 1, 113-142.

Kossak, H.-C. (1989). Hypnose. München: Psychologie Verlags Union.

Kosslyn, S.M. (1987). Seeing and imagining in the cerebral hemispheres: A computational approach. Psychological Review, 94, 148-175.

Kranhold, C. (1990). Hypnotisierbarkeit bei Bulimikerinnen und Kontrollpersonen. Diplomarbeit, Universität Salzburg.

Kroger, W.S. (1968). Childbirth with hypnosis. Hollywood, Cal.: Wilshire.

Kroger, W.S. & Doucé, R.G. (1979). Hypnosis in criminal investigation. International Journal of Clinical and Experimental Hypnosis, 27, 358-374.

LaBaw, W.L. (1975). Auto-hypnosis in haemophilia. Haematologia, 9, 103-110.

Lamas, J.R., del Valle-Inclan, F., Blanco, M.J. & Albo Diaz, A. (1989). Spanish norms for the Harvard Group Scale of Hypnotic Susceptibility, Form A. International Journal of Clinical and Experimental Hypnosis, 37, 264-273.

Lang, P.J. (1979). A bio-informational theory of emotional imagery. Psychophysiology, 16, 495-511.

Lange, O. (1996). Erlebte Hypnosetiefe in Abhängigkeit von emotionalem Inhalt und Dauer der Suggestionen. Konstanz: Unveröffentlichte Diplomarbeit.

Langen, D. (1972). Kompendium der medizinischen Hypnose. Basel: Karger

Lankton, S.R. & Lankton, C.H. (1983). The answer within: A clinical framework of Ericksonian hypnotherapy. New York: Brunner/Mazel.

Lavoie, G., Liebermann, J., Sabourin, M. & Brisson, A. (1978). Individual and group assessment of hypnotic responsivity in coerced volunteer chronic schizophrenics. In: Frankel, F.H. & Zamansky, H.S. (Hrsg.), Hypnosis at its Bicenntennial. New York: Plenum.

Levy-Suhl, M. (1922). Die hypnotische Heilsweise und ihre Technik. Stuttgart: Enke.

Lindsley, D.B. (1960). Attention, consciousness, sleep and wakefulness. In: Field, J. (Hrsg.), Handbook of physiology: Neurophysiology. Washington, D.C.: American Physiological Society, 1960.

Loth, N. & Kahan, M. (1986). Tonsillektomie (Rachenmandeloperation) unter Hypnose. Experimentelle und Klinische Hypnose, 2, 125-128.

Lustig, H.S. (1988). So whose therapy am I using anyhow? In Zeig, J.K. & Lankton, S.R. (Hrsg.), Developing Ericksonian Therapy. State of the Art. New York: Brunner/Mazel.

Lynn, S.J. & Rhue, J.W. (Hrsg.). (1991). Theories of Hypnosis. Current Models and Perspectives. London: Guilford.

Maerker, A. (1996). Entspannungsverfahren. In Margraf, J. (Hrsg.). Lehrbuch der Verhaltenstherapie, Bd. 1. Berlin: Springer.

Maher-Loughnan, G.P. (1970). Hypnosis and autohypnosis for the treatment of asthma. International Journal of Clinical and Experimental Hypnosis, 18, 1-14.

Maher-Loughnan, G.P., MacDonald, N., Mason, A.A. & Fry, L. (1962). Controlled trial of hypnosis in the symptomatic treatment of asthma. British Medical Journal, 2, 371-376.

Matthews, W. (1902). The night chant. A Navaho ceremony. New York: Memoirs of the American museum of natural history, Bd. 6.

McCaul, K.D. & Malott, J.M. (1984). Distraction and coping with pain. Psychological Bulletin, 95, 516-533.

Meinzer, V. (1984). Druckempfindlichkeit bei hypnotischer und pharmakologischer Analgesie. Konstanz: Unveröffentlichte Diplomarbeit.

Mesmer, F. A. (1781). Abhandlung über die Entdeckung des thierischen Magnetismus. Aus dem Französischen übersetzt, Carlsruhe.

Mesmer, F. A.. (1814). Mesmerismus. Oder System der Wechselwirkungen, Theorie und Anwendung des thierischen Magnetismus als die allgemeine Heilkunde zur Erhaltung des Menschen. Hrsg. v. Karl Christian Wolfart. Berlin: Nikolaische Buchhandlung.

Milgram, S. (1965). Some conditions of obedience and disobedience to authority. Human Relations, 18, 57-76.

Miller, L.S. & Cross, H.J. (1985). Hypnotic susceptibility, hypnosis, and EMG biofeedback in the reduction of frontalis muscle tension. International Journal of Clinical and Experimental Hypnosis, 32, 258-272.

Morgan, A.H., Johnson, D.L. & Hilgard, E.R. (1974). The stability of hypnotic susceptibility: A longitudinal study. International Journal of Clinical and Experimental Hypnosis, 22, 249-257.

Morse, D.R., Martin, J.S., Furst, M.L. & Dubin, L.L. (1977). A physiological and subjective evaluation of meditation, hypnosis, and relaxation. Psychosomatic Medicine, 39, 304-324.

Moss, C.S. (1967). The hypnotic investigation of dreams. New York: Wiley.

Mulder, G. & Mulder, L.J.M. (1981). Information processing and cardiovascular control. Psychophysiology, 18, 392-405.

Murray-Jobsis, J. (1992). Hypnotherapy with severely disturbed patients: Presentation of case studies. In Bongartz, W. (Hrsg.), Hypnosis: 175 years after Mesmer. Recent developments in theory and application. Konstanz: Universitätsverlag.

Murray-Jobsis, J. (1993). The borderline patient and the psychotic patient. In: Rhue, J.W., Lynn, S.J. & Kirsch, I. (Hrsg.), Handbook of Clinical Hypnosis. Washington, D.C.: American Psychological Association.

Nace, E.P., Orne, M.T. & Hammer, A.G. (1974). Posthypnotic amnesia as an active psychic process: The reversibility of amnesia. Archives of General Psychiatry, 31, 257-260.

Nadon, R., Laurence, J.R. & Perry, C. (1991). The two disciplines of scientific hypnosis: A synergistic model. In: Lynn, S.J. & Rhue, J.W. (Hrsg.), Theories of hypnosis. New York: Guilford.

Nasralla, H.A., Holley, T. & Janowsky, D.S. (1979). Opiate antagonism fails to reverse hypnotic-induced analgesia. Lancet, 1, 1335.

O'Donohue, W. & Krasner, L. (Hrsg.; 1995). Theories of behavior therapy. Washington, DC: American Psychological Association.

Orne, M. T. (1959). The nature of hypnosis: Artifact and essence. Journal of Abnormal and Social Psychology, 58, 277-299.

Orne, M.T. (1962). Hypnotically induced hallucinations. In L.J. West (Hrsg.), Hallucinations. New York: Grune & Stratton.

Orne, M.T. (1972). On the simulating subject as a quasi-control group in hypnosis research: What, why and how? In: Fromm, E. & Shor, R.E. (Hrsg.), Hypnosis: Research developments and perspectives. Chicago: Aldine-Atherton.

Orne, M. T. (1983). Kann man mit Hypnose jemanden dazu zwingen, etwas zu tun, was er sonst nicht tun würde? Experimentelle und Klinische Hypnose, 1, 19-33.

Orne, M.T., Whitehouse, W.G., Dinges, D.F. & Orne, E.C. (1988). Reconstructing memory through hypnosis: Forensic and clinical implications. In: Pettinati, H.M. (Hrsg.), Hypnosis and memory. New York: Guilford.

Perlini, A.H. & Spanos, N.P. (1991). EEG alpha methodologies and hypnotizability: A critical review. Psychophysiology, 1991, 28, 511-530.

Perry, C. (1977). Is hypnotizability modifiable? International Journal of Clinical and Experimental Hypnosis, 1977, 25, 125-146.

Perry, C., Nadon, R. & Button, J. (1992). The measurement of hypnotic ability. In Fromm, E. & Nash, M.R. (Hrsg.), Contemporary hypnosis research. New York: Guilford.

Peter, B. (1987). Milton H. Ericksons Weg der Hypnose. Experimentelle und Klinische Hypnose, 3, 129-142.

Peter, B. (1993a). Hypnotische Phänomene. In: Revenstorf, D. (Hrsg.), Klinische Hypnose. Berlin: Springer.

Peter, B. (1993b). Hypnose. In: Basler, H.-D., Franz, C., Kröner-Herwig, B., Rehfisch, H.P. & Seemann, H. (Hrsg.), Psychologische Schmerztherapie. Berlin: Springer.

Peter, B. & Gerl, W. (1988). Entspannung. München: Mosaik.

Peters, J.E. & Stern, R.M. (1973). Peripheral skin temperature and vasomotor responses during hypnotic induction. International Journal of Clinical and Experimental Hypnosis, 21, 102-108.

Pettinati, H.M., Horne, R.L. & Staats, J.S. (1985). Hypnotizability in patients with anorexia nervosa and bulimia. Archives of General Psychiatry, 42, 1014-1016.

Piccione, C., Hilgard, E.R. & Zimbardo, P.G. (1989). On the degree of stability of measured hypnotizability over a 25-years period. Journal of Personality and Social Psychology, 56, 289-295.

Putnam, W. H. (1979). Hypnosis and distortions in eyewitness memory. International Journal of Clinical and Experimental Hypnosis, 27, 437-448.

Radtke, H.L. & Spanos, N.P. (1982). The effect of rating scale descriptors on hypnotic depth reports. Journal of Psychology, 111, 235-245.

Radtke, H.L. & Stam, H.J. (1991). The relation between absorption, openness to experience, anhedonia, and hypnotic susceptibility. International Journal of Clinical and Experimental Hypnosis, 39, 39-56.

Rausch, V. (1980). Cholecystectomy with self-hypnosis. American Journal of Clinical Hypnosis, 22, 124-129.

Reid, A.F. & Curtsinger, G. (1968). Physiological changes associated with hypnosis The effect of hypnosis on temperature. International Journal of Clinical and Experimental Hypnosis, 16, 111-119.

Revenstorf, D. (1993). Zur Theorie der Hypnose. In: Revenstorf, D. (Hrsg.), Klinische Hypnose. Berlin: Springer.

Revenstorf, D. (1996). Klinische Hypnose. In Margraf, J. (Hrsg.). Lehrbuch der Verhaltenstherapie, Bd. 1. Berlin: Springer.

Rhue, J.W., Lynn, S.J. & Kirsch, I. (1993). Handbook of Clinical Hypnosis. Washington, D.C.: American Psychological Association.

Rothbauer, J. (1993). Einfluß von Hypnose und Streß auf das Blutbild und auf allergische Reaktionen vom verzögerten Typ. Diplomarbeit, Universität Konstanz.

Sabourin, M.E., Cutcomb, S.D., Crawford, H.J. & Pribram, K. (1990). EEG correlates of hypnotic susceptibility and hypnotic trance: Spectral analysis and coherence. International Journal of Psychophysiology, 10, 125-142.

Sachar, E.J., Cobb, J.C. & Shor, R.E. (1966). Plasma cortisol changes during hypnotic trance: Relation to depth of hypnosis. Archives of General Psychiatry, 14, 482-490.

Saß, H., Wittchen, H.-U. & Zaudig, M. (1996). Diagnostisches und Statistisches Manual Psychischer Störungen DSM-IV. Göttingen: Hogrefe.

Savage, G. (1993). The use of hypnosis in the treatment of complicated bereavement: A case study. Contemporary Hypnosis, 10, 99-104.

Schachter, S. & Singer, J.E. (1962). Cognitive, social and physiological determinants of emotional states. Psychological Review, 69, 379-399.

Schadewaldt, H. & Meschig, R. (1980). Medizinmann als Operateur: Schädelöffnung ohne Narkose. Mitteilungen der Deutschen Forschungsgemeinschaft, Heft 3, 22-24.

Schmidt. S. & Strauß, B. (1996). Die Bindungstheorie und ihre Relevanz für die Psychotherape. Teil 1: Grundlagen und Methoden der Bindungsforschung. Psychotherapeut, 41, 139-150.

Schmierer, A (1986). Analgesie bei zahnärztlichen Eingriffen durch Hypnose. Experimentelle und Klinische Hypnose, 2, 87-91.

Schmierer, A. (1993). Eine Einführung in die zahnärztliche Hypnose. Berlin: Quintessenz.

Schultz, J. H. (1942). Das autogene Training. Leipzig: Thieme (5. Auflage).

Schwartz, W. (1978). Time and context during hypnotic involvement. International Journal of Experimental and Clinical Hypnosis, 1978, 26, 307-316.

Sheehan, P.W. & Perry, C.W. (1976). Methodologies of hypnosis. Hillsdale, N.J.: Lawrence Erlbaum.

Sheehan, P.W., Obstoj, I. & McConkey, K.M. (1976). Trance logic and cue structure as supplied by the hypnotist. Journal of Abnormal Psychology, 85, 459-472.

Shor, R. E. & Orne, E. C. (1962). Harvard Group Scale of Hypnotic Susceptibility, Form A. Palo Alto, California: Consulting Psychologists Press.

Smith, M.L., Glass, G.V. & Miller, T.I. (1980). The benefits of psychotherapy. Baltimore: Johns Hopkins University Press.

Spanos, N.P. (1986). Hypnotic behavior: A social-psychological interpretation of amnesia, analgesia, and "trance logic". The Behavioral and Brain Sciences, 9, 449-502.

Spanos, N.P. (1989). Experimental research on hypnotic analgesia. In Spanos, N.P. & Chaves, J.F. (Hrsg.). Hypnosis. The cognitive-behavioral perspective. Buffalo, New York: Prometheus.

Spanos, N.P. (1990). Imagery, hypnosis and hypnotizability. In: Kunzendorf, R.G. (Hrsg.), Mental imagery. New York: Plenum.

Spanos, N.P. & Chaves, J.F. (1989). The cognitive-behavioral perspective. Synopsis and suggestions for research. In Spanos, N.P. & Chaves, J.F. (Hrsg.). Hypnosis. The cognitive-behavioral perspective. Buffalo, New York: Prometheus.

Spanos, N.P., Stenstrom, R.J. & Johnston, J.C. (1988). Hypnosis, placebo, and suggestion in the treatment of warts. Psychosomatic Medicine, 50, 245-260.

Spanos, N.P., Bridgeman, M., Stam, H.J., Gwynn, M. & Saad, C.L. (1983). When seeing is not believing. The effect of contextual variables on the reports of hypnotic hallucinators. Imagination, Cognition and Personality, 195-209.

Spanos, N.P., de Groot, H.P., Tiller, D.K., Weekes, J.R. & Bertrand, L.D. (1985). 'Trance logic' duality and hidden observer responding in hypnotic, imagination control, and hypnotic subjects. Journal of Abnormal Psychology, 94, 611-623.

Spiegel, D. & Albert, L. (1983). Naloxone fails to reverse hypnotic alleviation of chronic pain. Psychopharmacology, 81, 140-143.

Spiegel, D., Cutcomb, S., Ren, C. & Pribram, K. (1985). Hypnotic hallucination alters evoked potentials. Journal of Abnormal Psychology, 94, 249-255.

Spiegel, D.T., Hunt, T. & Dondershine, H.F. (1988). Dissociation and hypnotizability in posttraumatic stress disorder. American Journal of Psychiatry, 145, 301-305.

Stanley, S.M., Lynn, S.J. & Nash, M.R. (1986). Trance logic susceptibility screening, and the transparency response. Journal of Personality and Social Psychology, 50, 447-454.

Stein, D.J. & Young, J.E. (1992). Schema approach to personality disorder. In: Stein, D.J. & Young, J.E. (Hrsg.): Cognitive Science and clinical disorders. San Diego: Academic Press.

Stern, J.A., Brown, M., Ulett, G.A. & Sletten, I. (1977). A comparison of hypnosis, acupuncture, morphine, valium, aspirin and placebo in the management of experimentally induced pain. Annals of the New York Academy of Science, 296, 175-193.

St.Jean, R., MacLeod, C., Coe, W. & Howard, M.(1982). Amnesia and hypnotic time estimation. International Journal of Clinical and Experimental Hypnosis, 30, 127-137.

St.Jean, R., McInnis, K., Campbell-Mayne, L. & Swainson, P. (1994). Hypnotic underestimation of time: The busy beaver hypothesis. Journal of Abnormal Psychology, 103, 565-569.

Stocksmeier, U. (1984). Lehrbuch der Hypnose. Basel: Karger.

Stokvis, B. (1955). Hypnose in der ärztlichen Praxis. Basel: Karger.

Strauß, B. & Schmidt, S. (1997). Die Bindungstheorie und ihre Relevanz für die Psychotherapie. Teil 2. Mögliche Implikationen der Bindungstheorie für die Psychotherapie und Psychosomatik. Psychotherapeut, 42, 1-16.

Swirsky-Sacchetti, T. & Margolis, C.G. (1986). The effects of a comprehensive self-hypnosis training program on the use of factor VIII in severe hemophilia. International Journal of Clinical and Experimental Hypnosis, 34, 71-83.

Tart, C. (1963). Hypnotic depth and basal skin resistance. International Journal of Clinical and Experimental Hypnosis, 11, 81-92.

Tebecis, A.K. & Provins, K.A. (1976). Further studies of physiological concomitants of hypnosis: Skin temperature, heart rate and skin resistance. Biological Psychology, 4, 249-258.

Tellegen, A. & Atkinson, G. (1974). Openness to absorbing and selfaltering experiences ("absorption"), a trait related to hypnotic susceptibility. Journal of Abnormal Psychology, 83, 268-277.

Unterweger, E., Lamas, J. & Bongartz, W. (1992). Heart rate variability of high and low susceptible subjects during the administration of the Stanford Scale, Form C. In Bongartz, W. (Hrsg.), Hypnosis: 175 years after Mesmer. Recent developments in theory and application. Konstanz: Universitätsverlag.

Vogt, O. (1896). Zur Kenntnis des Wesens und der psychologischen Bedeutung des Hypnotismus. Zeitschrift für Hypnotismus, 4, 32-45; 122-167; 229-244.

von Eichendorff, J. (1987). Aus dem Leben eines Taugenichts. In Neunzig, H.A., Joseph von Eichendorff. Ausgewählte Werke, Bd. II. München: Nymphenburger Verlagshandlung.

von Heimburg, D. Persönliche Mitteilung, März 1996.

von Kirchenheim, C. & Persinger, M.A. (1991). Time distortion - a comparison of hypnotic induction and progressive relaxation procedures. International Journal of Clinical and Experimental Hypnosis, 39, 63-66.

Wadden, T.A. & Anderton, C.H. (1982). The clinical use of hypnosis. Psychological Bulletin, 91, 215-243.

Wallace, R. K., Benson, H. & Wilson, A. F. (1971). A wakeful hypometabolic physiological state. American Journal of Physiology, 221, 797-799.

Watkins, J. (1971). The affect bridge: A hypnoanalytic technique. International Journal of Clinical and Experimental Hypnosis, 19, 21 - 27.

Waxman, D. (1989). Hartland's medical and dental hypnosis. London: Baillière Tindall

Weitzenhoffer, A. M. & Hilgard, E. R. (1959). Stanford Hypnotic Susceptibility Scale, Form A and B. Palo Alto, California: Consulting Psychologists Press.

Weitzenhoffer, A. M. & Hilgard, E. R. (1962). Stanford Hypnotic Susceptibility Scale, Form C. Palo Alto, California: Consulting Psychologists Press.

Weitzenhoffer, A. M. & Hilgard, E. R. (1967). Revised Stanford Profile Scales of Hypnotic Susceptibility, Forms I and II. Palo Alto, California: Consulting Psychologists Press.

Wiggermann, F.A.M. (1992). Mesopotamian protective spirits. Groningen: Styx.

Wolberg, L.R. (1967). Hypnoanalysis. New York: Basic Books.

Wolpe, J. (1996). Hypnosis and the evolution of behavior therapy. In Peter, B., Trenkle, B., Kinzel, F.C., Duffner, C. & Iost-Peter, A. (Hsrg.), Munich lectures on hypnosis and psychotherapy. München: Hypnosis International Monographs, Vol. 2.

Wolters, G. (1988). Franz Anton Mesmer und der Mesmerismus. Konstanz: Universitätsverlag.

Yapko, M.D. (1992). Hypnosis and the treatment of depression. New York: Brunner/Mazel.

Zachariae, R., Sommerlund, B. & Molay, F. (1996). Danish norms for the Harvard Group Scale of Hypnotic Susceptibility, Form A. International Journal of Hypnotic Susceptibility, 44, 140-152.

Zimbardo, P.G., Marshall, G., White, G. & Maslach, C. (1973). Objective assessment of hypnotically induced time distortion. Science, 1973, 181, 282-284.

Zimmermann, M. (1993). Physiologie von Nozizeption und Schmerz. In: Basler, H.-D., Franz, C., Kröner-Herwig, B., Rehfisch, H.P. & Seemann, H. (Hrsg.), Psychologische Schmerztherapie. Berlin: Springer.

Sachwortverzeichnis

Psychotherapie

Reinhard Fuhr / Milan Sreckovic
Martina Gremmler-Fuhr (Hrsg.)
Handbuch der Gestalttherapie
1999, XVI/1245 Seiten, geb., DM 98,– / sFr. 85,–
öS 715,– · ISBN 3-8017-1286-9

Dieses Handbuch bietet erstmals im deutschsprachigen Raum eine umfassende Bestandsaufnahme der Theorie und Praxis sowie der Anwendungsbereiche der Gestalttherapie. Neben der geschichtlichen Entwicklung werden die Konzepte und Praxisprinzipien sowie die Methoden und Techniken der Gestalttherapie dargestellt. Weitere Kapitel beschäftigen sich mit gestalttherapeutischer Diagnostik, der Anwendung von Gestalttherapie bei speziellen Klientengruppen und in speziellen Arbeitsfeldern sowie mit empirischer Forschung im Bereich der Gestalttherapie.

Rainer Sachse
Lehrbuch der Gesprächspsychotherapie
1999, 306 Seiten, DM 59,– / sFr. 51,–
öS 431,– · ISBN 3-8017-1242-7

Mit diesem Buch liegt erstmals eine umfassende Bestandsaufnahme der Klientenzentrierten Psychotherapie bzw. Gesprächspsychotherapie vor. Themen sind u.a. die Erfolgs- und Prozeßforschung, die Stellung der Diagnostik, störungsspezifische Interventionsstrategien sowie therapeutische Verarbeitungs- und Handlungsmöglichkeiten. Dabei wird deutlich, daß diese Therapieform nicht nur wissenschaftlich äußerst gut fundiert ist, sondern auch sehr anwendungsorientierte, differenzierte, ellaborierte und effektive Vorgehensweisen für praktisch tätige Psychotherapeuten entwickelt hat.

Rudolph F. Wagner / Peter Becker (Hrsg.)
Allgemeine Psychotherapie
Neue Ansätze zu einer Integration
psychotherapeutischer Schulen
1999, 244 Seiten, DM 59,– / sFr. 51,–
öS 431,– · ISBN 3-8017-1185-4

Ziel des Buches ist es, das von Grawe in die Diskussion eingebrachte Konzept einer Allgemeinen Psychotherapie weiter auszuarbeiten. Leitidee ist eine theoretisch und empirisch fundierte Psychotherapie jenseits der psychotherapeutischen Schulen. Dazu werden neue Ansätze dargestellt, die sich einer solchen Integration psychotherapeutischer Schulen widmen. Die dargestellten Integrationsmöglichkeiten berücksichtigen u.a. allgemein-, persönlichkeits- und neuropsychologische sowie system- und wissenschaftstheoretische Perspektiven.

Hansruedi Ambühl / Bernhard Strauß (Hrsg.)
Therapieziele
1999, 336 Seiten, DM 59,– / sFr. 51,–
öS 431,– · ISBN 3-8017-1126-9

Prominente Vertreter der wichtigsten Psychotherapierichtungen setzen sich in diesem Buch mit der Frage der Therapieziele auseinander und diskutieren diese sowohl aus historischem Blickwinkel als auch hinsichtlich ihrer Erfaßbarkeit in empirischen Untersuchungen. Darüber hinaus werden ethische Aspekte bei der Setzung von Therapiezielen und die Frage des »Informed Consent« behandelt. Das Buch bietet Psychotherapeuten und Wissenschaftlern eine wichtige Basis zur kritischen Bewertung ihres Handelns und nicht zuletzt zur Planung wissenschaftlicher Untersuchungen auf dem Gebiet der Therapieevaluation.

 Hogrefe - Verlag für Psychologie
Rohnsweg 25, 37085 Göttingen • Tel. 0551/49609-0 • http://www.hogrefe.de